被爆70年
ジェンダー・フォーラム
in広島
「全記録」

ヒロシマという視座の可能性をひらく

ひろしま女性学研究所

まえがき

被爆七〇年だからジェンダー・フォーラムを開催したわけではない。ジェンダー視点で「廣島・ヒロシマ・広島」を検証することがようやく可能になったと思えたのが、被爆七〇年にあたる二〇一五年だったに過ぎない。節目を記念するほど、ジェンダー視点は広島に根付いてはいない。

もちろん一九七〇年以降、ウーマン・リブ、フェミニズム、女性学、ジェンダー学と、性差別構造を問う活動と理論はこの広島にも届いたが、「廣島・ヒロシマ・広島」を批判的に検証するまでには至らなかった。それはなぜか。と問う以前に、〈わたしたち〉の違和感は「ヒロシマが女性化されて語られる」ことにあった。そのことを解かなければ、というよりそのことを解くなかでしか、わたしたちはヒロシマに出会うことはできないという思いを強く持った市民、研究者ら〈わたしたち〉が出会うために七〇年を要した、と言っていい。

しかし、この間、まったくそうした試みがなかったわけではない。

一九七〇年代に始まった全国的な地域女性史興隆に先駆けるように、広島女性史研究会は一九七二年にいち早く発足している。戦前・戦時、廣島を生きた女性たちの足跡をたどり『新聞集成広島の女性史：この時代に生きた女たち一九二〇－一九三五』（一九八一年）にまとめたうえで、敗戦・被爆後を生きた多様な女性たちに聞き取りをし、人物史として『ヒロシマの女たち』（一九八七年）『続ヒロシマの女たち』（一九九八年）などに結実させている（いずれもドメス出版）。

しかし、本格的にジェンダー・フェミニズム視点でヒロシマ女性戦後史を見直す仕事は、『女がヒロシマを語る』（江刺昭子・関千枝子・加納実紀代・堀場清子編、インパクト出版会）が出版された一九九六年からではないだろうか。

筆者は当時、家族をフェミニズムで検証するミニコミ紙「月刊家族」（一九八六～二〇〇五年）を発行していたが、『女がヒロシマを語る』を手にしたのが契機となって、関心が「家族」から「ヒロシマ」へとだんだん移行し始めたのを記憶している。

さらに決定的だったのが、本書でもたびたび参照される『広島　記憶のポリティクス』（米山リサ、岩波書店、二〇〇五年）。「エスニックな記憶・コロニアルな記憶」（同書）は置き去りにされ、広島の記憶が女性化されることで紡がれた広島の戦後。こうしたポリティクスは、いったい何を不可視化し、どのような可能性を閉じたのか、と問うた。

少なからずジェンダー・フェミニズムに関心を持ってきた者は、「原爆乙女、サダコ、嵐の中の母子像、夢千代日記…なぜヒロシマの被害は女性化されるのか」という疑問、違和の前で、長らく立ち往生していたと言っていい。その立ち往生していた広島在住の市民や研究者は、三〇年の「ヒロシマ女性史」の仕事の中から、ようやくその疑問の扉をともに開き、思考することを試みることにした。被爆から七〇年たっていた。「広島はひとつではない」ということのために――。

フォーラム当日まで、準備は二年間。毎月一回、研究報告、読書会、交流会、会議など（詳細五一二ページ）を開き、出入り自由の実行委員、常時約一五人が、〈思考する広島〉に向けて動き始めた。実行委員は、それぞれの長年の疑問、違和に分け入ろうとする意欲に満ち満ちていた。

本書は、フォーラムの登壇者、参加者、実行委員が、見事にヒロシマという視座で共振した二日間の「全記録」である。フォーラムは以下四つのセクションで進行し、本書の編集もそれに沿っている（以下パンフレットより引用する）。

思考する広島へ

一九四五年八月六日、アメリカによって原子爆弾が投下された広島は、今日では「緑と水の美しい街＝国際平和文化都市」となり、原爆による被害地として世界に向けて「平和希求メッセージ」を発信している。

しかし、その「国際」「平和」「文化」の内実は問われることなく、ひたすら「ノー・モア・ヒロシマ」と叫ぶだけのスローガン都市になっているようにも見える。本フォーラムは「ジェンダー視点だけでは世界は語れないが、ジェンダー視点なしでも世界は語れない」ということを共通認識とし、「廣島・ヒロシマ・広島」をジェンダー視点で検証する。そして、これまでとは違った「平和」への回路を拓くために、「ヒロシマという視座の可能性」を探る試みである。

広島は、「記憶と忘却」という問題に満ちている。たとえば、被爆や原爆表象が無罪無垢の女性被害者として「女性化」「母性化」される傾向にあること、広島の被害が強調されることで加害の側面が不可視化されること、被害者を「日本人」だけに捉えがちなこと、呉・岩国という日・米基地を周辺に持つ広島で性暴力事件が起きていてもほとんど問題にされないことなど。こうした傾向は、私たちの現在・未来の何を開き、閉ざしたのだろうか。そして広島は、現在「戦争をする国づくり」に邁進する日本政府にあらがう力となり得ているのだろうか。

これまでもジェンダー視点からの問題提起は少なからず行われてきたが、被爆から七〇年の節目を迎える今日においてさらにそれを推し進めたい。そして図らずもジェンダー視点が不十分であるがゆえに、誰と、何と出会い損ねていたのかを検証し、新たな連帯への道を拓く。そのための強力な〈磁場〉となるべく、これまでジェンダー視点やフェミニズムに関心を持ってきた、あるいは持とうとする市民、学生、研究者らが集い、〈思考する広島〉へと一歩をすすめる。

一、「廣島・ヒロシマ・広島」についてのもうひとつの語り

広島では一九五〇年代初めから、ヒロシマの表象として「記憶の女性化」、「平和の母性化」が際立ってき

た。「原爆乙女」「嵐の中の母子像」「サダコ」「夢千代日記」などがその一例として挙げられるのではないか。一方、軍港都市・呉は、一〇年前に開館した大和ミュージアムに象徴されるように、「記憶の男性化」が進行しているように見える。はたしてこの広島と呉のあいだは無関係と言えるのか。こうしたジェンダー化された平和言説や原爆表象、都市表象が繰り返されることによって、何が不可視化され、どんな政治性が生まれてきたのかを考える。

二、つながるために　そのⅠ

一九五〇年半ば「原子力の平和利用」推進の一翼を担い、一九七〇年代になってようやく在韓被爆者支援運動が起きた広島。そして今も日米の深い傷を背負う沖縄と被爆地広島との関係はいかなるものだったのか。マイノリティと連帯してきたとは決して言えない歴史をもつ広島は、在日・在韓朝鮮人被爆者、東日本大震災による重大な原発事故に苦しむ福島の人々、辺野古への米軍新基地・高江へのヘリパッド基地建設阻止で闘い続ける沖縄の人々――こうした人々のアイデンティティ・闘い・表象もまたジェンダーの要素を帯びている――とどのような形でつながることができるのだろうか。その回路を探る。

三、つながるために　そのⅡ

戦争を終わらせるための正当な手段だった、と原爆の使用を正当化するアメリカ。そのアメリカの核の傘の下にいながら、核兵器廃絶を訴え続ける日本。原爆投下を日本の植民地支配の帰結と捉え、それによって解放されたと考えるアジアの人々。こうした引き裂かれた状況と向き合い、対米従属に突き進むことなく、東アジアとのつながりのなかにヒロシマを位置づけることはできるのだろうか。ジェンダーとの絡み合いや国家・国境を横断するフェミニズムの試みについても考察しながら、その可能性を考える。

四、フェミニズムと民族・国家・戦争――ヒロシマという視座の可能性

敗戦後の女性の参政権獲得は、在日朝鮮人の権利剥奪と表裏一体であったこと、女性は「平和を願う存在」だけではなく「戦争のチアガール」でもあったこと、そして日米軍人のための「慰安婦」制度を受容してきたことなどを考えれば、「女」に位置づけられ、「女」（または「婦人」）として運動してきた人々も国民・民族に依拠し、国家と共犯関係にあったことは否定できない。それらの矛盾にも目を向けながらフェミニズムや女性平和運動を語り直し、ヒロシマを語る新たな視点、つまり、ジェンダー・セクシュアリティ・民族・階級などを交差させながら、それらのカテゴリーに敏感な「ヒロシマの視座」を紡ぎだす。そしてこうした作業を通して、〈わたし〉たちはどのような回路を拓けば、ヒロシマを個の生存と深い関わりを持つ課題として捉えうるのか、さらに個々の〈わたし〉たちはどのようにつながりうるのかについて考える。「思考する広島」へ、一歩でも近づくために。

本論考は、当日発表の内容を改めて書き下ろしていただいた。フォーラム開催、本書刊行にご協力、ご尽力いただいたあらゆるみなさまに深く感謝する。

編集者　高雄きくえ

目次

第二章　つながるために　そのI

パネル3

パネル4

パネル5

第三章　つながるために　そのII

パネル6

パネル7

はじめに

鍋　島　ただいまから「被爆七〇年ジェンダー・フォーラムin広島」を開催いたします。進行は広島市立大学院生の鍋島が担当いたします。よろしくお願いいたします。はじめにお断りしなければならないことがあります。二〇日に講演をお願いしておりましたマヤ・モリオカ・トデスキーニさんが急病のため参加できなくなりました。プログラムが変更しますこと、お詫び申し上げます。それではフォーラムの開催にあたり、主催者を代表して高雄さんとヴェールさんがご挨拶します。

高　雄　みなさん、おはようございます。こんなにたくさんお集まりいただき胸が一杯です。ありがとうございます。皆さんをお迎えするために練習してきました韓国伝統楽器による演奏はいかがでしたか。私たち主催者の歓迎の意を込めて、楽しく演奏いたしました。皆さまおわかりのように、このフォーラムは研究発表だけではなく、音楽あり、アーティストによる作品展示あり、さらには夕方の懇親会のお料理を手づくりで提供します。このような多彩な場を実現するために、実行委員とともに約二年間をかけて準備してきました。この間、月一回の学習会・上映会・読書会などをしながら議論を積み重ね、やっとこの日を迎えることができました。参加者も多様です。南は沖縄から北は北海道まで、二〇代から八〇代までの老若男女、ＬＧＢＴ、遠く韓国、アメリカから、あるいは中国人・インドネシア人留学生、在日ドイツ人も参加下さっています。多様かつ豊かな研究発表を可能にしたこのフォーラムが目指したものは、集約すると「ヒロシマは一つではない」ということです。皆さんも、どうぞこのことを頭のすみにとどめていただき、二日間たっぷりこの時間と空間をお楽しみください。

それではフォーラムの趣旨・内容につきましては、ヴェールさんにお願いいたします。

ヴェール　おはようございます。私たちは、このイベントを「ジェンダー・フォーラム」と名付けたのですが、そもそも、ジェンダー視点で、文化や歴史、社会を見るということはどういうことなのか、最初に確認しておきたいと思います。私たちは、教育や就職差別、セクハラ、マタハラ、そしてさまざまな性暴力を暴き、闘わなければいけませんが、そのときにジェンダーの視点を入れることで、そこで差別され、被害者となった女性というのはそもそもどういうものなのか、その「女」という括り自体を問うことができるということです。たとえば、女、母、フェミニスト、在日外国人の女性として発言する場合は、そのカテゴリー自体が社会的につくられたもの、あるいは権力にからめとられたものであるということを、私たちが意識する、表明する。それが、ジェンダーの視点に立てば可能となります。そしてジェンダーで社会を見るということは、女性だけではなく、男性もジェンダーシステムに内在するものとして、人間の標準・基準ではないということを認識することができます。また、ジェンダーは国民国家というシステムにおいてどのように再生産されるのか、どのように利用されるのかも考えることができるのです。

このジェンダー視点で広島を考えることは、原爆・被爆の関連で「男」は、「女」は、どのように表象されてきたのか、その表象の構造と政治性を考えることです。女性化された原爆や被爆体験、女性化された平和は何を意味し、何を隠しているのか、それが根本的な問いです。この問いについて一九九〇年代から様々な発言、様々な研究がなされてきました。ひろしま女性学研究所の仕事もその一つです。その試みに関わってきた人たちの多くが、今日ここにいます。

その中でも私が特に重要だと思うのは、鄭暎恵さんと米山リサさんがヒロシマとの関連で、それと交差している民族に注目していることです。「ジェンダーだけでは何も語れないが、ジェンダー抜きでも何も語れない」は上野千鶴子さんの言葉ですが、私のようにジェンダー研究、フェミニズム研究をしてきた人間は、特にその前半を、心にとどめなければいけません。「ジェンダーだけでは何も語れない」。つまりジェンダーは、差別する側の理屈としても、解放運動のアイデンティティとしても使われた、諸々のカテゴリー、例えばセクシュアリティ、民族、国籍、階級、年齢、地域、被爆者、避難者というカテゴリーの全てと交差しているということです。

それらのカテゴリーや括りは、ジェンダーと同じように無視をしてはいけないし、絶対視をしてもいけません。そしてこのカテゴリーやアイデンティティをもとにした主張は、何を不可視化してきたのか。どのようにして私たちの思考を止めさせたのか。例えば「被爆者」「ヒロシマ」の立場から行われた運動のなかで、どのようなポリティックスがフクシマへの道に抵抗しないようにさせたのか、あるいは沖縄とつながるのを妨げたのか。原爆被害の女性化は、どのようにして民族差別による被害を忘れさせたのか、またセクシュアリティの問題もそこで排除されたのではないか。そして私たちはそうしたメカニズムにどのように加担してきたのか。このジェンダー・フォーラムはこういった問いからスタートするもので、廣島・ヒロシマ・広島をジェンダー・民族・セクシュアリティなどの視点、またそれらを交差させた視点から広島を複雑に考えることを中心にしています。

私は二〇年間広島に住んでいますが、このプロジェクトに参加することでようやく広島に辿りついた気がしています。この大事なフォーラムをともにできることを嬉しく思います。

第一章

「廣島・ヒロシマ・広島」についてのもうひとつの語り

パネル 1

パネル 2

「フェミニスト栗原貞子」の発見
占領下のミニコミ紙を読む

高雄きくえ

はじめに

私は今回、「生ましめんかな」（広島の希望）と「ヒロシマというとき」（広島の加害性）という詩で世界的に有名な「栗原貞子」についてお話しします。しかし、これまでのこの二つの詩を書いた反核詩人としての栗原ではなく、その詩を書いた栗原の骨格にあると思われるフェミニストとしての栗原貞子についてです。栗原がフェミニスト？皆さんには意外かもしれませんが、占領下に栗原は「女」の視点による「ヒロシマ婦人新聞」「廣島生活新聞」というミニコミ紙を発行していました。さらに最近、栗原肉筆の未完フェミニズム小説『涸れた泉』が、この後お話される中国新聞記者・森田裕美さんによって発見されました。私と森田さんは断然盛り上がってきたんですが、最近は若い人の中で栗原、ついでに言えば山代巴を知らない人も多く、戦後広島の女性運動を考えるうえで不可欠なお二人の存在が消え去ろうとしていることもあり、別な光を当ててみようと思いました。

実はこれまで私も栗原には関心がありませんでした。が、ある時から強く関心を持つようになりました。その一つは、私と同じようにミニコミ紙を発行していたこと、二つ目に、その紙面に栗原のフェミニズム性を発見したことにあります。直接のきっかけは、ある研究会（二〇一〇年）で栗原の娘・真理子さんの「聞き取り」に同席したことです。その時に、一つだけとても印象に残ったことがありました。それは「私の母さんは結婚なんてするもんじゃないとずっと言ってました」と、こぼれ話的に言われたことです。

私は一九八六年から「月刊家族」というミニコミ紙を一九年間発行していました。紙名からわかりますように、主なテーマが「家族」とか「結婚」でしたので、その言葉を聞くとすぐに耳をそばだててしまう癖がありまして、「えっ、なんだって」となったわけです。あの反核詩人・栗原貞子が、娘には「結婚するな」と言っていた、ということがひどく気になり始めました。

栗原は一八歳のとき、アナーキスト栗原唯一と駆け落ちしてまで結婚し、一生涯をともにしています。では「結婚をするな」と言っていた栗原の結婚観はいかなるものだったのでしょうか。さらに栗原の「反核と反結婚のあいだ」をつなぐものはいったいなんだったのでしょうか。資料を読み進めていくうちに、これまで全く語られてこなかった栗原の「女という経験」に注目していく必要があるのではないかと思うようになりました。

今日はそのような問題意識をもって、「個人的なことは政治的なこと」というフェミニズムの実践者とも言える栗原貞子を追いかけてみます。

一、二人のサダコ

栗原貞子

佐々木禎子

さて、広島には二人の有名な「サダコ」がいます。一人は、佐々木「禎子」。一九五五年一〇月、一二歳で白血病で亡くなった「原爆の子の像」のモデルです。最近、禎子が実際に折った折り鶴を彼女の兄と甥がトルーマン博物館に寄贈したということで話題になりました。「禎子」は、無辜なる少女被害者として、今では世界中で、と言っていいほど「ヒロシマの象徴」として生き続けています。「原爆乙女」とともにヒロシマという被害の「少女化・女性化＝ジェンダー化」に大きく貢献したわけですが、今回は立ち入りません。

もう一人の「サダコ」が栗原「貞子」です。栗原は二〇〇五年に亡くなっていますが、その後、真理子さんや協力者が遺品を整理して広島女学院大学図書館に寄贈、「栗原貞子記念平和文庫」（二〇〇八年）が設置されました。彼女がどんな仕事をし、どのような本や雑誌を読み、どのような人と交流があったのか、大変興味深い文庫になっています。私も栗原のフェミニズム性を明らかにできるかもしれないという、ちょっとスリリングな気持ちに引きづられて何回か通いました。

そこで、たぶん「発見」と言っていいと思うのですが、文庫とは別の、鍵のかかった書庫に収められていた「ヒロシマ婦人新聞」「廣島生活新聞」というフェミニズム的批判精神に満ちたミニコミ紙を発見したわけです。内容は後で触れますが、私は少し興奮を覚え、ますます一人で盛り上がってきました。

敗戦後、被爆後の占領下という時代につくられたミニコミがこれまでまったく注目もされず、研究もされてこなかったことに改めて驚き、ミニコミを発行してきた私は、栗原に申し訳ない気持にもなりました。と同時に、広島で栗原の仕事としてちゃんと位置づけられていないのはなぜかという疑問も強く湧きました。栗原自身も自分の経歴に位置付けていないのです。それはなぜなのでしょうか。

こうして、少女「禎子」と女「貞子」という二人の「サダコ」がはっきりと私の中に潜入してきました。

二、栗原貞子は誰によってどのように評価されてきたか

栗原は反核詩人として世界的に有名と言われますが、実際、広島では、いつからどのように評価されてきたのでしょうか。

一九七〇年に出版したエッセー集『どきゅめんとヒロシマ二四年』（社会新報社）のあとがきには「ひとりの主婦の眼を通して…ヒロシマの意味を追求したものである。」と記しています。社会的には「広島県議会議員・栗原唯一の妻」（一九五五〜六七年、社会党）という立場だったようです。栗原貞子生誕百年記念に刊行された『人類が滅びぬ前に』（広島文学資料保全の会、二〇一四年）の「著作目録」をみると、数多くある詩集や評論は主に一九七〇年以

降に発行されたものであることがわかります。私の推測にすぎませんが、一九七二年に「ヒロシマというとき」という広島の加害性を告発した詩を発表して以後、「栗原貞子」は注目され始めたのではないでしょうか。しかし、栗原が「主婦や妻」という名前で生きていた、それまでの栗原の苦悩こそ、広島の加害性を詩にする栗原の骨格をつくっていたのではないかと私は想像しますが、誰の視野にも入りませんでした。

さてそれでは、誰がどのように評価してきたのでしょうか。

男性では、「ヒロシマ　表現の軌跡　栗原貞子と周辺」（全一六回、一九八七年）という長期連載記事を書いた中国新聞記者の安藤欣賢、「広島に文学館を！市民の会」代表だった広大名誉教授の水島裕雅、文芸評論家の黒古一夫などがいますが、おおむね、詩人としてより反戦・反核・反原発・平和運動家としての栗原を評価しています。

もう少しきっちりと思想家として評価したのが、元広島平和研究所所長の浅井基文です。浅井は「栗原は広島が内包している亀裂（被爆者と非被爆者、戦争被害者と原爆被害者、障害者、外国人被爆者、在外被爆者、被爆者内の区分など）を告発した人であるため異端視されていたが、もっと評価されるべき人だ」と言っています。彼は、栗原が異端視された理由を、①夫・唯一が戦前からアナーキストであったこと、②個の確立が際立っていたことなどを挙げ、さらに、功績として①被爆体験ではなく原爆体験という視点をもっていたこと、②加害性を告発したこと、③原子力の平和利用を当初から批判したこと、④天皇の戦争責任を追及し、天皇の来広を批判したこと、などを挙げています。結果、栗原は被爆者運動そのものを「原爆ローカリズム」「被爆ナショナリズム」と批判することにもなったので、広島ではかなり嫌われていた、と言うのです（『ヒロシマと広島』かもがわ出版、二〇一一年）。

女性では、同じ詩人の伊藤真理子が「人間解放を理想としたが、広島には受け入れられていなかった」、作家の故古浦千穂子は「戦後活躍したとみられがちだが、戦争時から強い思想を持っていた」詩人だと言います。歌人の相原由美は「骨太で女丈夫で社会派の闘士だが、夫婦の葛藤をも素直に描く人」と述べ、栗原への尊敬と温かいまなざしを向けています。

こうした栗原の評価に賛同しつつ、私は栗原のそうした強靭な「個」の核心にあるのはフェミニズムではないかという仮説を立てています。

もともと栗原は一七歳から中国新聞に短歌を投稿することから自己表現を始めています。文学少女からアナーキストである栗原唯一と結婚した後、一挙に政治性を帯びていくところがありますが、唯一との出会いが栗原の人生に大きく影響を与えたことは否定できないでしょう。

それでは、夫・栗原唯一（一九〇六〜八一年）とはどんな人だったのでしょうか。唯一についても資料がほとんどありませんが、一九〇三年、貞子と同郷（現安佐北区可部町）に生まれ、青年期、平民社に共感、関東大震災のときの朝鮮人虐殺を知って上京し、活動していたこともあるようです。アナーキストで準禁治産者、甲号特別要視察人（共産主義者対象）であった栗原唯一と一九三一年に結婚した貞子は、両親から結婚を反対され駆け落ちしたという話は、栗原自身も書いています。唯一の求婚の言葉は「われわれの前途は茨の道だ。それが承知できるのなら、ついてこい」。唯一のこの言葉通りに、栗原貞子の人生は「茨の道」だったのでしょうか。娘への「結婚なんてするもんじゃない」という伝言が一つの解答なのでしょうか。

三、占領下のミニコミ紙発行

栗原は、まず『中国文化』（栗原貞子編集・栗原唯一発行、一九四六〜四八年）という雑誌を刊行しています。被爆の翌年、三月です。その『中国文化』の発行所「中国文化聯盟」の綱領には「特に女性の教養を高めその解放に拍車せんとす」とあります。栗原は、創刊号に八月九日に隣家の娘の遺体を引き取りに行ったときの体験をうたった短歌を投稿していますが、一方で「新しき恋愛と結婚への遠景」という短いエッセーも寄稿しています。「原爆特集号」にです。私は驚きました。この状況下でもなお、「恋愛や結婚」というテーマを手離せなかった栗原の心情やいかなるものだったのでしょうか。そうとう考え詰めていたと思われます。

「婦人の解放は恋愛と結婚を抜きにしては考えられないのであるし、婦人が彼女の女性性を意識するのは実に彼女のはじめての恋愛における激しい自覚に他ならない」

「参政権によって又如何なる立法によって、婦人が自由を保証せられようとも、彼女の最初の支配者である家長としての男性と同じ屋根の下に彼女が住んでいる以上、彼女の生殺与奪の権は夫の名の下になされるであろう。わたしはかつて解放された女性を知らない。」

「かつての家庭の敵は、妻にとっては、娼婦であり、肉の長期的供給者である妾と称するものだったし、夫にとっては賣色役者であり、若きつばめであって、どこまでも直接的な性の供給者であった。然し、文明社会の家庭の恐怖は、実に夫の或は、妻の自由なる精神的共感者の出現である。」

「家族制度――私有財産制度から発し財産を真正な子孫に譲らんとすることのみによって完成された家長制度は、今やデモクラシーの前に動揺している。婦人はもはや子女の教育と台所のためにのみの存在ではなく、婦人自身の存在について考え始めたのである。一方新しい男性は従来の家族制度を決して幸福な制度とはしない。新しき制度は当然新母権制度へと発展するであろう。」

（『中国文化』創刊号から抜粋、一九四六年三月）

二人で『中国文化』を発行しながら、夫・唯一は、一九四七年、東京のアナーキスト新聞「平民新聞」に連なる「廣島平民新聞」（〜一九四八年）を発行します。一方、栗原は、一九四九年に「土居貞子」という旧姓で「ヒロシマ婦人新聞」（〜一九五〇年）を独自に発行しますが、この時期の栗原夫妻の関係性を表しているようで、とても興味深いです。この事実はいったい何を意味しているのでしょうか。

「ヒロシマ婦人新聞」は、わずか五号しかありませんし、何部発行されていたのか、読者は誰だったのかはわかりません。自分の経歴やエッセーの中でも「ヒロシマ婦人新聞」には触れていません。それはなぜなのか、今になってはわからないのです。しかし、紙面だけからしか読み取れませんが、内からふつふつと湧き上がる「怒り」に満ち満ちています。具体的にどんな記事を掲載していたのでしょうか。

少し長くなりますが見ていきます。

「ヒロシマ婦人新聞」

【昭和二四（一九四九）年一二月一五日】

・民主戦線をめざす婦人團體結成の動き　第一回相談會　於児童相談所

現在県下の婦人團體として県婦連、母子愛育会、友の会、ＹＷＣＡ、大学婦人協会などがあり…それらの多くは固定的な家庭生活改善の域に止まり現在の如き複雑深刻な社会情勢下に生きる各層の婦人達の力づけとなることが出来ず、インテリ婦人や勤労婦人、進歩的な家庭婦人は所属の団体を持たず孤立したままになっていて、かねてから新しい婦人團體の出現が要望されていた…

・コラム「爆心地」

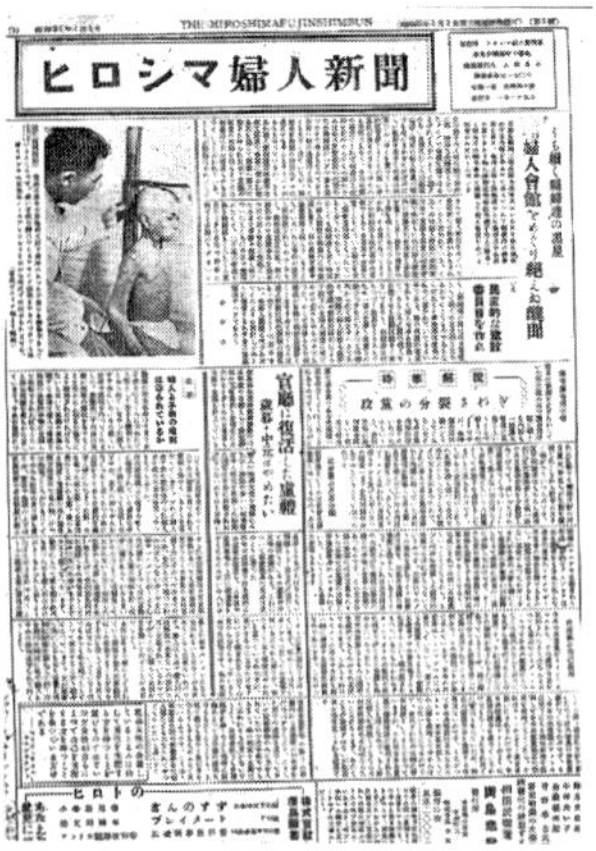
ヒロシマ婦人新聞

「ヒロシマ婦人新聞」

廣島生活新聞

「廣島生活新聞」

広島市の連合未亡人会では会員に対してこの程未亡人証を交付した。理由は最近生活難のためにレッキとした?亭主があるにもかかわらず未亡人だといつわって行商したり、訪問販売したりする偽未亡人があるからだという。つまり未亡人の特権である同情権を侵害させてはならぬというのである。戦争によって大量の未亡人を生んだことはもとより国家の責任であって十分保護せられなければならないが、未亡人が特権意識になったり同情の押売りになったのでは自ら男女同権を放棄するようなものである。男手で子供を大勢抱えてしかも貧乏なと来た日には女以上に結婚難、生活難の場合も多いが、未亡男などという言葉は聞いたためしがない。未亡人の中にはやくざな亭主を抱えて泣いている有夫の妻よりもはるかに自由で気楽な人も多い。未亡人という言葉は未だ亡びざる人としてもっとも人権を無視された言葉であるが、未亡人自身社会に対する甘えと屈辱的な言葉を返上して婦人の中で最も悪条件と戦って生きているという誇りと勇気を持ったとき初めて未亡人の生きていく道が開かれ、同情やレンビンとしてではなく権利として未亡人の要求が要求として取り上げられるのではあるまいか。

【昭和二五（一九五〇）年二月一日】

・うち續く縣婦連の黒星　婦人会館をめぐり絶えぬ醜聞

…婦人会館の補助費百五十万円を縣会が秘密会議で決定したのは婦人会館内に県議用の料理屋と旅館を置くという条件で見解の了解を得たためであったと言われ、その後になって県婦連も桃色事件の直後でもあり料理屋や旅館を置くことについて難色を示し県会首脳部ともめているというのである。問題の婦人会館も政治的暗躍や娼婦的取引によらず県下の全婦人団体に呼びかけて堂々とやるべきである。

・「社説」婦人と子どもの権利は守られているか

…憲法や法律の上では家族制度や身分制度が廃止せられ生活保護法や児童福祉法があっても社会保障は充分ではなく大多数の女は昔通り夫にすがって生きていくか、女ひとりで食って行かねばならない多くの女は妾やパンパンというような性的取引によって性的定職者である妻の領域を犯し相手に妻があろうがあるまいがそんなことには頓着しておられないという切迫した状態からしだいに倫理性を失い世をあげて性的混乱時代が現出しその被害者として母や子供の不幸が大きく深くなっています。戦争によって家を焼かれ夫を失ったのも個人の心がけが良くなかったというようなことによるのでなくこうした現象も単に男性の横暴とか妾やパンパンになる女が悪いと言ってのみ責めることも出来ないわけです。個人はもはや個人的には解決のできない外部的な力に支配されているわけですがこれに対して女性が目を開いていくことが大切でしょう。女性は今まで家に閉ざされていて問題を個人的家庭的にしか解決することを知らず子供を殺して自分も死なねばならないことになり何でもかんでも命を絶つことによって解決するという結果になっています。女が社会と共にあるという自覚と同時に社会を動かしていく力を持った時はじめて婦人と子どもの権利は守られていくでしょう。

ところが一九五〇年から四年間、「ヒロシマ婦人新聞」と「廣島平民新聞」を合体させた「廣島生活新聞」を旬刊で発行します。それは夫との関係の変化とも解釈できますが、ともかく再び共同作業を始めているのです。巻頭に「男性的視野の偏向をさけて婦人への呼びかけを行い男女同権の獲得及び社会の前進に一歩努力する」とする編集方針は、『中国文化』の綱領からより「婦人解放」への思いが明瞭になっていて、ほとんど取材・編集は栗原貞子が担っていることが伺えます。

さて、栗原には、唯一と結婚して以降、結婚や家父長制批判、性差別苦悩詩と言ってもいい一群の詩があります。これまでほとんど注目されてきませんでしたが、私はこうした栗原の詩を、まさにフェミニズムの世界として読み取りました。いくつか紹介します。

相克（一九四三年三月）

朝から晩まで息苦しいまでに
対立し主張しあった二つの感情。
四つに組んだま、一歩もしりぞかぬ激しい
男と女の相克。
そしてやっと結論を得たものは何か。
昨日までと同じように一つ屋根の下に住むということだ。
こともなく昼となり夜となる日々も
こんなにもつらい相克を経てあることを想うと
人間は侘しすぎる

結婚制度（一九四六年頃）

その瞬間さえ通過したら
みすぼらしく変色して
輝きを失うもの

それでも人々は
例外を信じてやっと手に入れた

陽にすかして見れば
七色にきらめき
この世のあらんかぎりのかずかずの
美しさを見せる筈のものは
昼間は決して光らなかった

夜が来てくらがりの中で
わずかに燐光のように
燃えるだけだった。

日向（一九四五～五一年）

主義者なんぞと結婚したと云って
勘当され
就職もできないあなたは、
仲間と一緒にとびまわり
旅先でやられては
保釈金を云って来た。
貧乏が原因で
何度も何度もけんかし

その度に乳飲子を放たらかしては
家を飛び出し
張り切った乳房の痛みに
一晩中ねむれないで
翌朝御飯も喰べずにかえって来たわたし。
今では子供達も大きくなり
もうけんかしても飛び出す元気もなく
貧乏暮しに疲れてしまい
しぼんでしまった心に
さむざむと忍びよるもの、
もう風の吹かぬ日向ばかりを
探しているわたし。
けれども日向なんぞどこにも
ありはしない。
仲間が集まったそこにだけ
儚げに薄日が照る。

変質してしまった若さは
もうとりかえすすべはないが
のこされた日々は全力を賭けて
闘わねばならぬ。

栗原さんの葛藤がほとばしる詩がたくさんあり、私は改めて栗原にとても親近感を覚えました。アナーキストの夫は家から出っぱなし、家事・育児は全て栗原にかかってくる。でも夫が帰ってくると食事を作ってしまう、といったような自己矛盾に苦しむ。なんと一九七〇年代の性別役割分業に苦しんだ私たちの姿ではないでしょうか。

鉛の靴：デモのすすめ（一九六八年）

女が鉛の靴を穿くと
ドアーのなかから
髪を引っ張る
新生児室のような
生暖かい部屋。
外は雪がちらつき

冷たい風が吹いている。
冷たい風邪をさえぎるための壁が
女たちを閉じ込める壁になり
今でもお出かけといえば
壁のなかから　百の手が出てきて
「さむいから　およし」
「夕方だから　およし」
「だんな様のおかえりだから　およし」
「こどもたちがさみしがるから　およし」と
まつわりつく
女がデモや会議に加わるには
百の手を
すかしてからでないと出かけられない。
けれど加わったらさいご
鉛の靴は羽の靴になり
女たちは悪魔ばらいの天使になって
風船や花やカードを
街を行く人たちに
やさしくわたす。

その始めに女たちは
勇気を出して
壁のなかから出て行かねばならない

＊家父長制の中で母の苦労、女の苦労を想う「女が夜叉になるとき（一九六九年）」もある。

四、栗原貞子の批判精神はどこから来て、どこへ行ったのか

先で見たように、「ヒロシマ婦人新聞」では痛烈な批判精神を発揮していますが、「廣島生活新聞」にもしっかり引き継がれています。とにかく栗原の熱意だけで成立していたと思われるミニコミですから、栗原の独壇場です。まず第一にやり玉に挙がっているのが婦人団体です。ＧＨＱの指導の下に設立された「広島県婦人連合会」（一

九四八年）が発行していた「県婦連」（一九四九年二月〜）という機関紙に目を通しました。何が栗原を苛立たせたのかを知るために。

すると、「婦人運動五〇年史」（機関誌四八号、一九五三年）という対談が掲載されていました。広島には女性史がないことをいつも残念に思っていた私は、おおっと身を乗り出して読みました。なんとそこには「一八九四年に出征兵士の送迎、一九二四年に主婦会・処女会・修養団設立、一九三二年に国防婦人会を設立、一九五三年から皇居清掃奉仕をしたこと、「戦犯釈放請願署名運動」の推進したこと、あるいは巣鴨の戦犯刑務所の慰問をしたことなど」が「婦人運動史」としてまとめられていました。さらに紙面には「母性賛辞」が一杯。「母性は愛である」「平和の女神」「母性は世界を救う」「平和都市建設は母性愛で」などが見出しを飾っています。

それから目につくのは、広島の地域文化人、主に男性に「教えを乞う」という姿勢が見られます。たとえば、当時の広島大学文学部部長から「原水爆禁止運動には反米主義が見られる。…心を広くもって純粋に平和を念願することが大切。女性は男性より平和愛好の精神が強いのだから」（機関誌六五号、一九五四年）などと叱咤激励されているのです。

栗原は婦人団体の結成が必要だと「県婦連」の創設時にはかかわっていたようですが、まもなく「縣婦連」に対して痛烈な批判をするようになりました。戦前から反戦歌、反戦詩を作っていた栗原にはとうてい受け入れられないものだったのだろうと思います。

人間の尊厳（一九四〇〜四一年頃）

二十年後の消耗品だ計画的な生殺与奪に怒れ女
忌まわしきミリタリズムの亡ぶまで世界の女よ子は生む勿れ
世に言えるよき母よき妻時たまはおのれをすててならんと思う

軍都廣島の「銃後の女」が敗戦、被爆後には「平和の使者」というわけですから、袂を分かつしかなかったのかもしれません。そういえば、一九六〇年に正田篠枝・森滝しげこ・山口勇子らと「原水禁広島母の会」の発足に参加した栗原は、翌年には機関誌「ひろしまの河」を創刊し、編集人になりますが、一九六一年の「いかなる国」問題後、内部対立が起き脱退しています。栗原の一貫性と非妥協性がよく表れた出来事だと言えます。

「廣島生活新聞」

【昭和二五（一九五〇）年三月一日、第二号】
・戦争中の解散團體が平和都市の中央に生きている——興亜女子翼賛会
・縣助産婦協会の女ボス　運動費で熱海へ遊楽　會計にも大穴か？
・深夜の行列もいとわぬ　輪番制一〇日目支廳で　訴える女日傭

【昭和二六（一九五一）年一月二〇日、第六九号】
・縣婦連分裂か　小谷議長に操られる　幹部の獨然に不満

【昭和二六（一九五一）年二月二〇日、第七一号】
・大原知事刷新の第一石か　縣土木行政の亂脈に断
　宮本縣議に強姦されたんです　縣耕地課加計出張所長は云う
・縣婦連の在り方を再検討せよ
——生活改善だ、結婚披露宴の廃止だと個人生活へ必要以上にまで介入しながら、縣民の税金で縣會ボスと宴會をやっているのだから世話はない。
——今回の知事選挙では小谷議長の縣婦連への目にあまるペテン師的な選挙工作と縣婦連幹部の娼婦的

屈従に業を煮やした副會長の多田深雪の脱退で、ようやく内幕が末端會員に暴露され、幹部に對する批判が各地で起ってきた。

【昭和二六（一九五一）年五月一日、第九五号】

・市町村選挙の語るもの　ボス勢力の後退と新人青年の進出　危ぶまれた婦人の抵抗力

——婦人議員の公約は口をそろえたように宴会政治の廃止を唱えているが、不良議員に翻弄されて酌婦扱いに會はぬよう議會の裏面を婦人團體の報告し婦人團體の力をもって断固不良議員やボス議員を粛清し、牽制して行くべきである。

・パンパン中国新聞　パンパン議員に賣収か　投票日の前にデタラメの記事

——…安佐郡より立候補した革新同志会の大西八郎氏の選挙を有利に導くために事実に反した記事を掲載している。…明らかにこれはパンパン議員によるパンパン新聞が買収されて曲筆を行ったものである。

【昭和二七（一九五二）年八月一日、第一一九号】

・行政協定の内幕　パンパンのホテル代九億円

——行政協定の締結によりアメリカ軍にいてもらうため日本国民の血税による防衛分担金五百五十八億円が決まったが、…役務百四十四億一千三百万円（この中には特別サービスホテル費九億円もてなしサービス一億七千万円と云うパンパン用の金が含まれている。）…。

【昭和二八（一九五三）年四月二〇日、第一五三号】

・キノコ時代

——つまりキノコ文化（原爆雲）を支えているものは、空虚な凹んだ精神なのである。そこには発展的、上昇的な想像精神のたくましさは感じられない。外国兵相手のパンパンが、珍奇な衣装をつけ、風変わりなスタイルでひきつけようとすると同様に原爆新開地の広島が観光客の好奇心を満足させようとするパンパン的スタイルではないのか。

【昭和二八（一九五三）年六月二〇日、第一五八号】

・平和のための原爆　強調したル夫人　黙って聞いた廣島懇談會

――…出席者はキリスト教関係の婦人団体、地域婦人団体などの代表や、広大、女子短大の婦人教授、小学校の婦人校長などの顔ぶれが見られ労組婦人の代表は加えられていなかった。…懇談会の質問内容はあらかじめ出席者から文書で提出され…〈呉市では基地のために学校教育上困っている。学校の近くに基地をつくるな。パンパンや国際結婚をどう思うか。〉…ルーズベルト夫人は「基地の問題についてはアメリカが兵隊をよく訓練していない点責任があるが、半分は日本の婦人の責任である。この問題に対して日本の婦人は効果的に何かできるはずである」と答え、…なおル夫人の宿舎を二度も訪れそのたびに会見を拒否せられた原爆乙女の代表との会見を婦人代表との懇談後別室で行ったときにも夫人は「戦争の残酷なことがよく分かりました。戦争の原因を除去することに対し努力をしたい」と原爆の問題を戦争一般の問題に解消して、いささかも原爆投下の責任について触れなかった。

栗原は婦人団体だけではなく、マスコミ・議会・行政と批判の対象を広げていきますが、私が注目したことの一つは、栗原が当時から男女の非対称性に対する批判言語をもっていたということです。例えば未亡人に対する対語はないではないか、男の浮気は甲斐性と言われるのになぜ女の浮気は非難されるのかなど、あの時代に男女の非対称性を問題にすることの斬新さをフェミニズムと言わずしてなんと言いうるでしょうか。更に、結婚制度、家父長制度に対して鋭い批判精神を発揮し、詩にもしていることは先に申しあげました。そして栗原は、男性に対してズバズバとモノを言う女性だったがゆえに「異端視されていた」と言われていたという解釈も可能です。

ところで、すでにお気づきになったと思いますが、よくわからないのが、栗原はなぜ「パンパン」を批判言語として多用したのかということです。県婦連が婦人会館をつくろうとして県議会に交渉する時期がありますが、その県婦連の女性たちを「パンパンのように議員に群がる女」というような表現もしています。アナーキストの夫から強い影響を受けた栗原の「パンパン」へのまなざしはどのようなものだったのでしょうか。次の詩からとても複雑なものであることが読み取れます。

敵意（一九四五～五一年）

区画整理で変わってしまった
広島の街を
昔の記憶をたどりながら
歩いているうちに
わたしは狭い小路の中へ迷い込んでいた。

いつのまに出来たのだろう
灯ともし前のくるわには
戦争前と同じように
厚化粧した女達が
有毒植物の開花に似て
暗い群を背に店を張っている

女達は両側から一斉に
わたしに向って目をそそぐ
その目には激しい敵意がこもり
わたしは顔をあげることも出来ないので
まるで罪人のように
頭をたれて通りすぎた

わたしは今もこのことを思い出し
こころの底のうずきを感じながら
暗い女達の身の上を思っている
そうして群居している女達の顔が
申し合わせたようにケロイドでひきつり
やがてそれは
屍がるいるい横たわる原爆の野に変ってゆく。

そしておらびながらうごめく
ひとかたまりのボロのような
火ぶくれた空眼の一大群衆
わたしは胸ぐるしさに目を閉じ
閉じた目を見開いて
このことをもっとつきつめて
考えようと思った。

曝される（一九六七年一一・二六）

体重よりももっと重く
体積よりももっと多量の
泥状粘液を注ぎこまれ
腐食した壁の内部の暗がりや
深い亀裂の中にひそむ
永遠にいやされぬものを
あつく塗りつぶされてしまった。

日暮れになると吹き抜けの内部に
水銀燈がともされ
診察台にあがった女体のように
照らし出される
通りかかった人たちは
照らし出されたケロイドの白い股の
内側を覗いて行く。

死にそこないのケロイドの
ぼろぼろに風化したドームは
夜の女のように厚く装われ
似ても似つかぬものを
売らねばならない
もだえてもわめいても
体重よりももっと重い多量な
泥状粘液に固められ
もう音を立てて崩壊することも
許されない
ドームは曝されて佇ちつくす

一つだけ言えるのは、とても理想主義者であったということではないでしょうか。「家庭のなかの男女平等」にとりわけ理想を求めています。だから苦しんでいます。「家庭の中の性差別」を変革できない自分に随分苦しみ、そうであるがゆえに「主婦を性的定職者」、パンパンを「性的攪乱者」と呼び、パンパンを「家庭の男女平等を壊す女」として敵対視します。あれだけ批判精神の強い栗原の、「パンパン」を生み出した社会への批判はとても弱いのです。しかし、「敵意」という詩からは、パンパンから注がれた激しい敵意に身をすくめながら、「このことをもっとつきつめて考えよう」とする栗原の姿が読み取れます。

五、栗原貞子をめぐる人々

栗原が、限界はあるとしても、なぜこれだけのフェミニズム的批判力を持ち得たのでしょうか。またこのような栗原の「生き方＝女という体験」に対してこれまで誰も関心を持たなかったのはなぜなのでしょうか。

先に少し触れましたが、栗原については短歌を中国新聞に投稿するようになった一七歳以前が、何もわかっていません。生まれは広島市近郊安佐北区可部町で、実家は本を買ってもらえるほどの裕福な農家だったとも言われていますが、夫・唯一とともにどちらもどのような家庭環境だったのかは全くといっていいほどわからないのです。可部町が生んだ、フェミニストとアナーキスト。もっと注目されていい広島人ではないかと思いますが、当時はどちらも〝危険分子〟には違いありません。

大正リベラリズム、夫・唯一からのアナーキズム、もう一つは、歌人の仲間から影響を受けたキリスト教ヒューマニズムが大きく栗原を形成していったと思われますが、もっと綿密に解明していかなければなりません。

ここで、占領期の栗原を記憶されている切明千枝子さん（八七歳）の証言を紹介します。

日本の敗戦後、被爆の翌年一九四六～四七年にかけては、革新系の講演会やサークル活動は大歓迎され、たくさんの研究会やミニコミが雨後の竹の子のように生まれました。その中の一つに、峠三吉・大村英高らと学生たちでつくった「青年文化聯盟」というサークルがあり、月一回の連続講座を企画し、資本論や歴史の勉強会をしていました。私も参加しましたが、そこに毎回一人で出席し、必ず質問をし、納得いかなければ講師に食いついていた〝おばさん〟がいました。その人が栗原貞子さんでした。「すごい人だなあ」とは思いましたが、「親しみが持てる人」ではありませんでした。学生たちと団欒するわけでもなく、講座が終わったらさっさと帰る。学生や社会運動家などの間では「変なおばさん」「うるさいおばさん」と言われていました。私は栗原さんを「まっすぐな人」だと思って尊敬していましたが、男性からみたら「煙たい人」だったかもしれません。

栗原さんが広島で評価され始めたのは一九七二年に「ヒロシマというとき」という詩を発表してからではないですか。だからか「ヒロシマ婦人新聞」や「廣島生活新聞」が広島で話題になったこともありません。

栗原の広島での評価について、切明さんは私と同じように、詩「ヒロシマというとき」からではないかと言います。そして、被害者性を強調する広島にあって、その詩で広島の加害性を告発した栗原は、そのラディカルさは評価されたものの、「広島の加害認識のアリバイ」として利用されてきた面もあるのではないかということでも切明さんと一致しました。

こうして見てきますと、栗原は「孤立した人」とも言えますが、なぜ「孤立」せざるを得なかったかを考えると、私にはより「近しい人」になってくるのです。私は残念ながら栗原さんと生前お会いしていませんが、ミニコミ作りをしてきたものとして、「フェミニスト栗原貞子」を発見できたことをとても幸福に思います。

おわりに

冒頭でも紹介しましたが、この後、発表されます中国新聞記者の森田さんは、やはり「栗原貞子記念平和文庫」で栗原の肉筆未完小説二編を発見しました。一篇は『涸れた泉』。「自分で働いて喰ってみろ」という夫に疑問を抱いて家出、異郷で「家政婦」として働きながら家族や自己を見つめるという内容。もう一篇は『生きたかりけり』。被爆二〇年の広島を舞台に主人公の女性と乳がんを患う友人の日常を綴っています。フェミニズム小説としては『涸れた泉』の方が夫・唯一との関係、仕事と子育ての両立など自らの葛藤を描いていて直裁的ですが、栗原のエッセーを読むと、男性文学者には厳しい批判をしていましたが、大田洋子・正田篠枝・美濃綾子など女性表現者へのまなざしは温かく、『生きたかりけり』も女への共感に満ちたものではないかと推測できます。この二つの小説は、記念文庫に整理されるときにさえ注目されませんでした。奥の奥にしまい込まれたままでした。つまり、栗原の苦悩は閉じ込められたままだったわけですが、ようやく被爆七〇年目に開放されました。喜んで下さるでしょうか。

独りよがりを免れませんが、私は、栗原のフェミニズム性の発見から、広島のフェミニズム系譜が少しつながったと考えています。一九七〇年代当初、広島にもウーマンリブもフェミニズムもありました。時間がないのでお話できませんが、とにかく一九七〇年代の女たちの動きは確かにありました。そして、私は一九八六年から一九年間、フェミニズム視点によるミニコミ紙『月刊家族』を発行しました。そのことを広島においてどのように位置づけることができるのか、ずっとおぼつかないまま今日に至りました。しかし、「フェミニスト栗原」の発見によって、広島におけるフェミニズムの系譜とつなぐことがやっと可能になりました。

改めて、フェミニズム視点で「廣島・ヒロシマ・広島を学びなおす」という課題を発見したことをご報告して終わりにいたします。

参考文献

浅井基文『ヒロシマと広島』かもがわ出版、二〇一一年。

栗原貞子『黒い卵（完全版）』人文書院、一九八三年。

栗原貞子未完小説『涸れた泉』『生きたかりけり』栗原貞子記念平和文庫所蔵、一九五〇年代。

広島県婦人連合会機関誌『縣婦連』一九四九～。

栗原貞子全詩篇の刊行をすすめる会編『栗原貞子全詩篇』土曜美術社出版、二〇〇五年。

栗原貞子記念平和文庫運営委員会編『生ましめんかな〈栗原貞子記念平和文庫〉開設記念』学校法人広島女学院、二〇〇九年。

栗原貞子『どきゅめんとヒロシマ二四年：現代の救済』社会新報、一九七〇年。

栗原唯一編「廣島生活新聞」廣島生活新聞社、一九五〇～五三年（旬刊）。

栗原唯一編「廣島平民新聞」廣島平民新聞社、一九四七～四九年。

原水爆禁止広島母の会機関誌「ひろしまの河」一九六一～七五年（一九六七～七二年は休刊）。

迫千代子編『婦人新聞』婦人新聞社、一九五一年三月～八八年八月。

高雄きくえ「戦後広島女性史のための年表」二〇一二年。

『中国新聞』連載「ヒロシマ　表現の軌跡　第一部栗原貞子と周辺（一－一六）」、一九八七年。

『中国新聞』「ヒロシマ二五年（一－一二）」、一九七〇年。

『中国新聞』「戦後七〇年　志の軌跡　第五栗原貞子（一－五）」、二〇一五年。

中国文化復刻刊行の会編『中国文化』原爆特集号復刻並に抜き刷り（二号～十八号）、一九八一年。

土居貞子編「ヒロシマ婦人新聞」ヒロシマ婦人新聞社、一九四九～五〇年（二、三、五号／一、四号欠号）。

広島ミニコミセンター編『栗原貞子は語る　一度目はあやまちでも』広島に文学館を！市民の会、二〇〇六年。

広島ミニコミセンター編『人類が滅びぬ前に　栗原貞子生誕百年記念』広島文学資料保全の会、二〇一四年。

山代巴「基地と娼婦の広島湾」新日本文学広島支部、一九五二年。

広島をクィアする
―ローカルで生きる性的マイノリティ―

河口和也

はじめに

近年、レズビアン研究、ゲイ研究、クィア研究などの領域でも数多くの研究成果が生み出されてきました。なかには、ライフヒストリー研究やアイデンティティ、カミングアウト、エイズ活動やカップル、同性婚に関する意識調査などの実証的研究も含まれます。しかし、そのなかでデータとして収集されてきたのは、多くの場合、大都市圏に居住し生活するLGBT、あるいはクィアの意識や生活史、語りなどです。

もちろん、どの地域を「大都市圏」として定義し、またどの地域を「地方都市」あるいは「小都市」と見なすかは難しい問題です。「大都市」と「地方都市」を区別するような明確な基準や定義があるわけではありません。しかし、それでもたとえば人口規模では客観的かつ明示的な違いが存在していますし、そこで生活している人々の意識のなかには、何らかの違いがあると想定できます。とりあえず、ここでは緩やかに東京を中心とする大都市圏や関西都市圏地域以外の都市を「地方都市」として考えることにします。

「地方都市」に生活するLGBTの「語り」のなかには、「東京」や「大阪」のことに触れる場面も多く、行動に際しても多くの場合、「東京」や「大阪」で行なわれることをモデル化したり、模倣したり、あるいは、逆に批判・批評したりすることが見受けられます。他方、そうしたモデル化や模倣、批判や批評を通して、自らの居住地である「地方都市」を対象化し、そのなかで居住の場である「地方都市」を「構築」していくと考えられます。

このような問題関心から、私は「地方都市」に生活する「クィア」[1]あるいは「LGBT」の生活意識や生活実践を把握し、「生活者」としての「クィア」や「LGBT」が自分たちの生活の場をいかに作り上げていっているかを理解したいと思います。「地方都市は保守的で、LGBTが生活するにはたいへんでしょう」とか「地方ではLGBTの出会いの場やイベントも少ない、あるいはないから、LGBTは孤立しちゃうでしょう」というひとつの語られ方があり、そうした声を聞くことも多いのですが、ほんとうに「地方都市」が東京や大阪などの「大都市圏」に比較して「保守的」なのでしょうか。またそこに生活するLGBTは孤立しているばかりなのでしょうか。こうした疑問にひとつの回答を与えたいというのが私の研究動機となっています。

この報告では、日本の「地方都市」のひとつに居住するLGBTの「生活」に焦点をあて、聞き取りデータを紹介しながら、とりわけ二〇代前半の一人のレズビアンの「語り」やそこで語られている事例をとおして、「地方都市」をいかに生活の場として作り上げているかを考察していきます。

広島市概要

広島市は、人口一一七万人ほどの政令指定都市です。近隣都市を含めると人口はおよそ一五〇万人になります。政令指定都市としての人口を確保するために、市域の面積はかなり広くなっていますが、実際に多くの人たちが居住している地域は、旧市街と言われる市南部に集中しています。市街地中心部には、かつては西日本最大と言われた「流川」や「薬研堀」などの歓楽街があります。

ゲイバーについては、歓楽街のなかに二〇軒弱ほどが存在しており、女性も入ることができる店もいくつかありますが、多くが男性のみ入店可能となっています。調査時点（二〇〇八～〇九年）の数年前まで、不定期（おもに週末のみ）で営業するレズビアンバーが一軒だけありましたが、現在は一軒もありません。ゲイ向けサウナは一軒だけあります。マンションなどの部屋を改装した屋内系ハッテン施設はありません。「ゲイナイト」のようなクラブイベントについては、二〇〇〇年以降では多い年で年に三回ほど行われていましたが、最近では年に一、二回開催される程度で、入場はメンオンリー（男性のみ）とされています。レズビアンやバイセクシュアル女性向けのイベントとしては、月に一度、週末にゲイバーではないがゲイ男性が経営するバーで、女性向けのパーティが開催されていました。女性であれば入店はできますが、その参加者のほとんどがレズビアン、バイセクシュアル女性および

ＦｔＭのトランスジェンダーとなっています。

レズビアン／ゲイ映画祭、クィア映画祭やレズビアン／ゲイ・パレード、クィアパレードなどのようなイベントは行なわれていません。同性愛の人権団体などはありませんが、性同一性障害者支援を行う組織があります。

エイズ活動団体については、さまざまな対象に対してサポートする団体がひとつあり、一時期そのなかでゲイ男性に対する啓発や感染者に対するサポートサービスが提供されていたものの、現在では担い手不足のために年に一回あるかないかの講演会のようなイベントが行われる以外には、実質的な活動についてはあまり見受けられません。

調査実施

まず本調査に向けて、生活実態状況把握や質問項目の設定のために、半構造化面接法により、予備的インタビュー調査を行いました。調査期間は、二〇〇八年八月～〇九年一月まででした。各インフォーマントに対して、九〇分から、長い場合にはおよそ二時間にわたり聞き取りを行いました。その時点でのインフォーマントは、七名(2)でした。また、その後、本調査を二〇〇九年三月から行いました。本調査では、予備的調査で聞き取りをしたインフォーマントに再度調査を行いつつ、さらにそれ以外のインフォーマントに対しても聞き取りを行いました。この報告では、予備的調査および本調査によって得られた調査データに基づくことにします。

〈Aさんの「語り」から〉

Aさんのプロフィール

Aさんは、現在（二〇〇九年時点）二〇代前半で、自分をレズビアンと規定しています。前年まで大学生でしたが、最近、就職し、公務員として働いています。家族構成は、祖母、両親、弟、妹で、家族とともに実家で生活しています。家族のほとんどにはカムアウトしており、大学時代にはすべてではありませんが、多くの友人にはカムアウトしていたと言います。職場では、同期の一人の同僚を除いて、自分のセクシュアリティを知っている人はいません。

現在、交際している女性はいないとのことです。大学一年生のころには一ヵ月半付き合った人がいましたが、それ以降、だいたい三年半くらいのあいだは付き合った人はいませんでした。知り合う手段やきっかけは基本的に月に一度行われるレズビアン向けのイベントのみで、かつてインターネットをとおして出会いを求めていたころもありましたが、現在では出会い目的ではやらないと言います。これまでに一度だけ、いわゆる「普通の生活」のなかで偶然にレズビアンに出会ったことがあったと言います。

「Lパーティ」：自分のテリトリー

「Lパーティ」(3)は、ゲイが経営しているノンケ向けバーを月に一度、週末に貸切（一九〜二二時）にして行われている女性向けイベントです。このパーティは、始まってすでに四年ほどになりますが、広島市在住あるいは広島市出身ですが近県に居住しているレズビアンら数人が始めたものです。このパーティを始めたきっかけは、その少し前まで、不定期ながらも存在していたレズビアンバーがなくなり、レズビアンやバイセクシュアル女性たちが集まることができる場がなくなったことでした。調査時点でのメインのオーガナイザーは、広島市在住のレズビアンのカップルでした。Aさんは、このイベントのオーガナイザーではないにせよ、当初から参加している常連です。「（Lパーティには）一回目は行かなくて、そのあとずっと皆勤でした」と言うほど、このパーティはAさんにとっての重要な出会いや集いの場となっていました。クラブイベントのようなイベントは苦手だというAさんにとっては、「Lパーティ」に集まった人どうしが話を中心にするようなスタイルは気に入っていると言います。

Aさん：「（広島市でのイベントは）話す感じだからさ、そういうほうが好きかな。時間が短いのだけがちょっとネックだけど。人数があんまり入らないじゃないですか。入りきらないから、入った人とはまあ話そうと思えば全員話せるし、こっちおいでおいでがしやすい。地元だからよけいに、自分のテリトリーだからっていうのがあって。かわいい子がいたら、おいでおいで、こっちおいでって。」

集まる人数は、少ないときで二〇名程度、多いと四〇名を超すときもあると言います。Aさんは、大人数のイベントよりも少人数で会話中心の、このパーティのあり方に価値や居心地のよさを感じています。

しかしながら、こうしたこじんまりした少人数のスタイルは否定的な側面ももたらします。「恋人」のいないAさんにとっては、Lパーティが付き合う相手を見つけるためのほとんど唯一の出会いの場となっています。そのために、「（最近）目新しいのがいなくなってきた」と新しい参加者が減ってきたことに対し不満をもらします。やはり、「地方都市」では人口規模も小さいために、バーやイベントなどを長く続けていけばいくほど「常連」が多くなっていかざるを得ず、新たな出会いの可能性は小さくなります。

このパーティの広報活動についてはほとんど行われておらず、実質的には口コミに依存している状態です。Aさんはミクシィ内でこのパーティについての管理人を務めてはいるのですが、管理の仕事は「やらされている」という感じで、積極的に広報しているわけではないと言います。それでも、広島県以外からの参加者もいます。もちろん広島近県からの参加者は多いのですが、大阪や東京からも参加することもあるようです。Ａさんは広島県以外からの参加者と友達になることはあまりなく、せいぜい「連絡を取る」くらいだと言います。

「フェム」「ボーイッシュ」「トランス」：一人称使用とカテゴリー

Ｌパーティの参加者としてはレズビアンが多いが、バイセクシュアル女性や「ＦｔＭトランス」も一定程度存在しています。さらに、ごく稀ですが、異性愛女性も参加することがあります。入場制限としては、生物学的男性は入れないということになっていますが、生物学的女性であれば入場が認められます。(4) Ａさんは、東京のイベントに参加したり、福岡のレズビアンバーにも行った経験はあるのですが、それと比較してもこのＬパーティの参加者には「かわいい子」が多いと言います。「見た目でダメっていう子はそんなにいない」という言葉にも表れているように、ＡさんはＬパーティの参加者の（見た目の）「レベルの高さ」を熱心に語っています。しかし、「ジャンルでダメはいっぱいいるけど」という言葉をつづけて、「見た目」と「ジャンル」という二つの基準で参加者を区分していることもわかります。

Ａさん：「今はフェムが多い。フェムじゃなくても、なんかいかにもタチな人でもボーイッシュが減ったかな、最近出てくる人は。（筆者：「理由はなに？」）単にたぶんそのボーイッシュとかトラの子たちってつるんで来るから、来るときはものすごい来るけど、今はだれも来てないからみんな来てない。ボーイッシュとトラって一線引きにくい。自称だしほんとに。俺はトラだっていっても、いやただのボーイッシュっぽいよなって、まあそりゃ本人が言ってるんだからトラなんだろうけどっていうのもいるし、べつにタチ、ボーイッシュって言いつつ、お前ほんと心（は）男だよなっていうのもいるから、なんとも線は引きがたいけど。」

調査時点では、レズビアンのなかでも「フェム」の参加者が多くなってきており、「ボーイッシュ」なタイプが減っているといいます。Aさんにとって「見た目」とは一般的な基準から見た場合の「容姿」の「良し悪し」であり、それは自分のセクシュアリティや好みの対象とは異なっています。むしろ「ジャンル」という言葉で、自分の性的な好みを表現していると思われます。Lパーティの参加者のなかには、現在は減っているけれども、かつてはFtMトランスが参加者の半分くらいを占めていた時期もあったようです。そのような状況だと、「ボーイッシュ」と「トランス」の区別がつきにくく、さらにそれを区別する基準は本人たちによる「自称」によることが多いのですが、結局、その「自称」と周囲からの「見たて」が異なる場合も少なくないようです。このようにレズビアンとトランスの区別が必要であると感じるような状況のなかで、レズビアンの「ボーイッシュ」と「トラ（Aさんは「トランス」をこのように呼ぶ）」がカテゴリーのうえで近接していくということ自体が、ちょっとした問題として語られます。そして、それは見かけ上の区別だけではなく、ふるまいの上での区別と関連づけられることになります。なかでも重要なふるまいは、どんな一人称を使用するかです。最終的に、レズビアンのなかの「ボーイッシュ」は「俺」という一人称を使わないが、トランスは一人称に「俺」を使用して、それが少なくともAさんが区別する際に利用する基準となっています。そして、「俺」を使用としているのは「男」として見なしているのです。

Aさん：「最近来てるのは、べつに男物を着てるわけではないけど、まあいろんな角度から見てちょっと男っぽく見えるぐらいの子で、でも一人称は「アタシ」の子ぐらいが多い。トラ要素がほんまにないボーイッシュはけっこう何人か来てる。」

筆　者：「やっぱり一人称で線を引く？」

Aさん：「あたしがそうやってみちゃう。少なくとも「俺」っていってる子と付き合いたくない。あたし、（そういう人は）男にみえる。」

興味深いのはオネエ言葉で話し、一人称として「俺」や「僕」ではなく「わたし」や「あたし」を使うゲイ男性について聞いてみたときの一人称使用の解釈のしかたです。

筆　者：「たとえば、ゲイで言ったら「あたし」とか「あたくし」とか言ってる人のことよね？」

Aさん：「でも、ゲイ、あたしよくわかんないですけど、ゲイの人って、そんな、必ずしもそのセクシャリティと一致しないですよね。」

筆　者：「へっ、どういうこと？」

Aさん：「なんだろう、うまく言えないけど、たとえばビアンだったら「俺」っていうのは確実にトラなんですよ。もう確実にトラですよ。ゲイの人ってキャラのほうが多いような感じが。あたし、オネエ言葉、あたしあんまりよく知らないですけどなんにも、オネエ言葉をモロに使ってる人はたいがいがタチなような気がします。」

ここでは、レズビアンやＦｔＭトランスでは一人称使用とセクシュアリティ（セックスでの位置取り）が緊密に結びついているのとは異なり、ゲイ男性においては、言語使用、とりわけ一人称の使用については、それがセクシュアリティをあらわしているのではなく、むしろキャラ化されているものとして、セクシュアリティと切り離されていたり、あるいは一人称使用における役割とは逆のものとして解釈されています。

「コミュニティはつながりのある範囲内」

今回の調査では、インフォーマントの人たちに、できるかぎり「コミュニティとはどのようなものか」という質問を投げかけてみました。予備的調査でも何人かに聞いてみたのですが、ほとんどの人は「コミュニティ」という言葉も使わなければ、その意味も理解していませんでした。したがって、「コミュニティ」とは、生活のなかではほとんど考えられたり意識されることのない概念であり、それだけにこの問題について答えを得ることはとても難しかったといえます。しかし、そんななかでも、Aさんは会話のなかで「コミュニティ」を使用する数少ないインフォーマントでした。とはいえ、無意識に、あるいはなんとなく使っているというのが実情でしたが、それでもインタビューのなかでさらに問いかけていくと、次のような回答が得られました。

筆　者：「Aさんにとって、コミュニティっていうのはどういうもん？」
Aさん：「難しい……。ビアンのコミュニティ……」
筆　者：「さっき、自然に「コミュニティ」って言ってたの覚えてる？」
Aさん：「うん、覚えてる。」
筆　者：「どういうときに自分では使ってるのかな？」
Aさん：「つながりのある範囲内。どっかでつながってる感じ。それこそ“L Word”のチャートじゃないけど、どっかでつながってる感じ。こないだ作った。友達と作って、そしたら、全部（は）つながらなかったけど、一個大きい宇宙が、銀河ができて、あと小宇宙みたいな。だから、まあ、でもべつにカップルでこうやって、これどうしでつながっていなくても、友達では確実にいろんなとこでつながっているから、友達で作ろうと思ったら全部つながりすぎてもう何もできなかった。」

筆　者：「それはある意味いいことでもあるかもしれないけど、この小さい街のことを考えたら、範囲が狭まっちゃうってことだもんね。」

Aさん：「だから、まあそれでつながっているうちはコミュニティだな。」

筆　者：「顔が見えるということ？」

Aさん：「末端の人とかは、なんか誰かがつきあったノンケの子だったりするから、そこらへんはわたしの意識のなかではあまりコミュニティって感じはしないけど、いちばん端っこを除いたぐらいがあたしのなかではコミュニティのイメージかな。ネットだけの子とかはあんまりコミュニティのうちっていうイメージがない。……あたしのなかでは、あたしがいつも使うような「コミュニティ」っていうのは広島のビアンのなかでつながってる人たち。福岡とか東京で会う人はいるけど、コミュニティ内って感じではない。ほかのコミュニティに入っているっていう。」

Aさんのこのような語りから浮かび上がってくるコミュニティ像とは、「顔が見える」対面の関係によって成立していて、「つながり」を感じられる存在です。こうした「つながり」を維持するものは、おそらくアイデンティティとしての「レズビアンであること」が重要な要素として考えられますが、だからといって日本全国どこのレズビアンでもよいかといったら、そうではありません。インターネットを通して関係するレズビアンはコミュニティ内として位置づけられていないし、対面的に会うような関係性を有するレズビアンどうしでも、たとえば東京や福岡など、広島以外に居住するレズビアンにはコミュニティ意識を感じていません。また、対面的な関係性をもつレズビアンが付き合っている「ノンケ」はAさんにはレズビアンとみなされることはなく、コミュニティの外部に位置づけられます。したがって、Aさんの考えるコミュニティとは、「広島」という地域に深く根ざし、かなり具体的な物理的空間による規定性を帯びたもののように思われますが、そのコミュニティを意識することが、"L Word"という海外のレズビアンを題材としたテレビドラマの一シーンを再現することを通して達成されている点は、地域内でまかなわれる資源だけでは「コミュニティ」を意識させるのには不十分であるということが言えるかもしれません。

「カミングアウトはノリ」

大都市・地方都市に限らず、日本社会においては家族へのカミングアウトは、多くの同性愛者が直面する大きな問題でしょう。というのも、家族は異性愛主義のもとで、非異性愛者を「抑圧」する存在だとみなされているからです。現実の「問題」となる可能性が出てくるのは、カミングアウトを実践した経験がある場合、もしくはなにかの拍子に「バレてしまった」場合であり、それ以前に自分のセクシュアリティを家族には明かさないという選択をしている同性愛者も多いのです。

そのような観点からすれば、家族成員の多くにカミングアウトしているAさんは数少ない事例かもしれません。大学一年の時に家族のなかでは最初に母親にカミングアウトし、その後、父親にはAさんが直接カミングアウトしたわけではなく、母親からAさんがレズビアンであることが告げられたと言います。母親に「話があるんだけど」と、ちょうど落ち込んでいたことも重なって多少深刻そうに言ったら、母親から「エイズか妊娠かと思った」と言われたということです。とくに両親が娘のセクシュアリティで苦悩するという場面は見られなかったと言いますが、同居している祖母にはまだ自分のセクシュアリティについては話していません。家族でAさんのセクシュアリティを知っているのは、両親のほかに弟ですが、妹はまだ知らないということです。妹にはいつか自分がレズビアンであることを言いたいとは考えています。母親とはセクシュアリティそのものというわけではありませんが、自分のレズビアンやゲイの友人について話をする機会も多いらしく、このインタビューの最中に母親から電話があったときに、「いま、〇〇先生（調査者自身）と会って話してる」と電話口でも言っていました。

「カムアウトは、（迷いとかはなく）言っちゃって、ああ言っちゃったっていうのばっかり」と語るAさんにとって、カミングアウトは言いたい言いたくないという意志とか主張ではなく、むしろ「ノリ」で行うものとなっています。とりわけ友人に対するカミングアウトはそうだったと言います。わざわざ言おうとは思っていませんが、隠しているのが面倒くさくなるとき、また落ち込んでいるときや反対にテンションがあがっているときに、「言っちゃおう」という感じでカムアウトしていたのが大学一、二年生のころでした。「ノリ」でカムアウトするAさんだが、学生時代には多くの友人に自分のセクシュアリティを明かしていたと言いながら、男性の友人に対しては、選択的に何人かにしかカムアウトをしなかったと語っています。

筆　者：「大学の時とかには友達には言っていた？」
Aさん：「大学のときの友達は、女の子はほとんど知っていた。男は何人かしか知らないな。」
筆　者：「男にはなんであんまり言わなかったの？」
Aさん：「それこそ、あたしの偏見かもしれないけど、男に対する。男のほうが、その、ビアンとかに対する偏見があるんじゃないかなって、やっぱり感覚的に思っちゃうし。女の子同士って、あたしにもその友達とかのつながりとかも見えてくるけど、男同士がどこがどう仲良くって、こいつに言っちゃうだろうなっていうのがあるかもわかんないし。やっぱり女の子の方がよく話すから、ダメかどうかの判断っていうのがつきやすい、自分のなかで。」

このように語るAさんには、自分の（セクシュアリティに関する）情報がどこで独り歩きして流通してしまうかわからないという懸念があり、「ノリ」でするカミングアウトであっても、その相手については周到に選別をしています。ノンケ男性に対しては、（ノンケ）女性の友人たちに比較するとレズビアンに対する偏見をもちやすい存在ととらえていて、かれらに対するカミングアウトでは、その男友だちのネットワークが自分のコントロール下にないことで生じるさまざまなリスクを回避する手段を取ろうとしています。

男性の友人のなかでも、Aさんがカミングアウトした例としては、大学時代にジェンダーに関するオムニバスの授業を受けていた人で、ある回の授業の話題として、ゲイの先生が来て話したということについて自分から切り出してきた学生がいたそうです。Aさんは、友人の男性がそのように話していてもそれは偽善かもしれないし、そう理解をしている自分に酔っているだけかもしれないこともあると思っていたということです。しかし、少なくとも表面上では同性愛を受容していそうな話ぶりでもあったと言います。その友人にはカミングアウトしたが、結果として悪い影響は出ていません。とくにレズビアンとして扱われるわけでもなく、かといってノンケとして扱われるわけでもありません。Aさんは「日常（生活）ではノンケとビアンの区別はない、ノンケとビアンでは感覚の違いはあんまりない」とも語っています。

以前に、Aさんが友達にカムアウトしたときに「恋愛で好きになるには、男も女も関係ないよねーって言われて、いやあるわぁーって」一度だけ反論したくなったことがあるそうです。これは、「日常ではビアンもノンケも区別がない」と思いつつも、「レズビアンの恋愛」を異性愛の側から表象されてしまうことに対する違和感を提示しているものと解釈することができます。Aさんは自らのセクシュアリティについて、さらにレズビアンの表象について他者が作り上げたり、解釈することのリスクを心得ており、つねにそうしたリスクには敏感になっています。インタビューでは、Aさんが、「語り」の前置きや挿入句として、「あたし個人としては……」とか「レズビアン全部がそういうわけじゃないけど……」という表現をしばしば付け加えることが印象的でした。

就職したばかりのAさんにとって、職場でのカミングアウトはまだそれほど経験はないとのことでした。

「人権の主張は嫌い」

Aさんは、二年ほど前、ある勉強会に誘われたことがありました。その勉強会は、レズビアンのみで構成されていましたが、いろいろな同性愛関連書籍を読んで自分たちの経験を語るための集まりでした。Aさんも参加してはいましたが、そのような集まりはどうも自分には性に合わないと思ったと言います。その理由としては、まだ自分が若いせいでそれほど困ったり、悩んだりした経験がないからかもしれないという前置きをした上で、Aさんには異性愛者からの圧力について読んだり語ったりすることが「恨みごと」に聞こえたからだそうです。

ある時、その勉強会が東京から講師を招き同性愛の人権に関する講演会を主催することになり、その際に異性愛者の入場料を同性愛者の入場料より高く設定をしたことがありました。このことに対してAさんは違和感を感じ、むしろそうしたことが異性愛と同性愛の溝をいっそう深めるものであると思ったようです。そうした出来事からも、Aさんにとっては「同性愛の人権を認めろ」という考え方や動きに対して「きらいだ」という感覚が芽生えてきたと言います。「なんか別にとくにあたしたちの人権を認めろということもなく、いやいるし、ふつうに社会のなかに、っていう感じだから。人権認めろっていう動きじゃなくて、いますよって一言いっときゃいいじゃんくらいの感覚なんで、あたしが」とAさんは語っていました。

けれども、そんな「人権嫌い」のAさんでも、九州のある県に職場の長期研修で赴いた際、ちょうど同時期にＩＤＡＨＯ（International Day Against Homophobia）[5]のイベントが開かれており、自らビラ配りに参加したと言います。参加した理由は、ビラを配りたいからではなく、その地域の人と知り合いたいという目的からでした。公共の場で顔を見せるのがいやなので、ビラ配りのような活動は九州ではできるが、広島の街ではできないと言います。

Aさんは、「人権主張が嫌い」と言いますが、人前で顔を出すことの多い人権活動家の精神的負担や肉体的負担、さらには経済的負担については一定程度理解しています。自らがそこまでの負担を背負い込むことはいやだということです。学生時代には友人の多くにもカミングアウトをしているAさんが顔を出したくないという理由は、知られるのがいやだというよりもむしろ、「勝手に知られるのがいやだ」ということです。自分のことが誰に知られているのかを把握しておきたいという思いがあるのです。広島市の中心街は、住民の多くが買い物や仕事のために行き来する場所であり、そのような場所では、誰に会うかもわかりません。そのために、Aさんはそのような場所で同性愛の人権擁護のためのビラ配りなどをしたら、自分のセクシュアリティに関する情報をコントロールできなくなると感じています。

おわりに

筆者が広島市に移り住んですでに一〇年以上が過ぎました。東京で十数年生活をしていたとき、広島市に引っ越すという話を周囲の人にすると、「東京と違って地方都市は何もないからゲイライフを楽しむのは難しいかもね」とか、「地方は保守的だから、同性愛者だと生活しにくそうだね」という声をもらうことも多かったです。当初は、筆者もそうした声に同調するように、生活のための諸資源、とくにゲイとして生活するための資源や施設が不足していたり、なかったりすることを嘆き愚痴を言うこともありました。そうした嘆きや不満は筆者だけの思いではなく、広島地域に住むＬＧＢＴのあいだでも共通のものであったようにも思われます。

そんななか筆者は、二〇〇五年にレズビアンやバイセクシュアル女性、ゲイの人たち数人と「クィアナイト」(6)というクラブイベントを企画、実行することになりました。企画趣意は、「現広島に在住のセクシュアル・マイノリティ（性的少数者）の出会いの場や情報を得るような機会が少ないという声を反映し、主にセクシュアル・マイノリティを対象とするミックス形式のクラブイベントを企画し、……そこではダンスをするだけではなく、イベント参加者の出会いを促進し、普段の生活に必要な、また利用できるさまざまな情報が得られる内容を企画に含めるべく準備」するというものでした。結果的には、広島県のみならずその近県からの参加者も得て、参加者数はおよそ二三〇人に上りました。広島地域のＬＧＢＴの生活をめぐっては、たしかに資源・施設やさまざまな機会がなかったり、少なかったりすることは事実です。がしかし、「クィアナイト」というイベントの経験から、広島地域ではこの種のイベントはないから、であるからこそそれを探そうとするのであるし、作ろうとするのであるし、さらに人が集まるのであろうということもわかりました。

こうした筆者自身の経験を背景として、この報告では、広島市に生活する二〇代前半のひとりのレズビアンの「語り」に着目し、彼女の「生活」の断片をわずかながら描き出し、彼女がいかに「広島」を生活の場として作り上げているかを把握しようと努めてきました。

Ａさんにとって「Ｌパーティ」とは、ほぼ皆勤のイベントであり、さらに常連であり、かつオーガナイズの一端を担っていることからして、彼女のレズビアンライフにとって重要な位置を占めている生活の場です。インタビューのなかでＡさんは、思春期のライフヒストリーを語るときに、「あたしはレズビアンであることを自覚したんじゃなくて、むしろ決めたんだ」と述べています。決めたというニュアンスとしては、もともと恋愛感情が希薄だったために、セクシュアリティを強く「自覚」したという内発的な経験ではなく、イベントに行くとかインターネットでチャットをすることをとおして、自分で「決めた」とＡさんはとらえています。Ａさんのセクシュアリティを規定したのは、ある意味では、イベントに通うことであり、その場に帰属することであり、またチャットをとおしてレズビアンと会話するという空間であったのです。Ａさんにとってのコミュニティ（のとらえ方あるいは解釈）は、もちろんＬパーティなどのイベントとも重なる部分もありますが、きわめて実体的あるいは実質的なものです。それは、"L Word"に登場するレズビアンの関係を表すチャート図のようなものを描けるほど明確なものでもあるということです。

これまで日本でもいくつかのレズビアン研究のなかでは「不可視性」が問題とされてきました。「不可視である」という点からすれば、地方都市で生活するレズビアンの存在は、大都市圏のレズビアンの生活とは一概に比較することは難しいのですが、一般的により不可視性の高い存在であるととらえることができるかもしれません。こうした不可視性に抗する実践として、Lパーティへの参加やコミュニティを実際に描いてみるという実践は小さなことでありかつ、人権活動などと比較してもあまり「政治的」とは解されないようなものですが、Aさんにとっては、それが「ビアンライフ」を広島という小規模な街で作り上げる上での重要な要素であり、資源ともなるのではないでしょうか。

Aさんのなかには、自分のセクシュアリティを隠して、ノンケのふりをしなければというような考えはほとんどありません。それは家族成員へのカミングアウトのなかにも表れています。家族という生活の場は、Aさんにとっては、現在のところ大きな「抑圧」とはなっていません。それは、カミングアウトにすべてを還元することは慎まねばなりませんが、それでもAさんがたとえ「ノリ」であっても家族の人たちに「カミングアウト」という行為をつうじて働きかけた結果です。少なくともカミングアウトという行為は、家族の中での「居心地のよさ」という別の資源を得るための必要な実践であったのかもしれません。そうした場を守るためには、友人などへのカミングアウトにおける相手の選別は、自分の情報が勝手に流通してしまうことを防ぐためのリスク回避手段でもあります。こうしたリスク回避手段をとおして、小さな街である広島のなかで、自らの情報が独り歩きしてしまわないように注意を払っています。それは、独り歩きした情報が、家族に迷惑をかけることをとおして生活の場のひとつを失わないようにするための「戦略」とも解釈できるのではないでしょうか。

註

（1）インタビュー調査では「クィア」という呼び名について質問してはみましたが、インフォーマントのほとんどが言葉自体を認識していなかったり、聞いたことはあるのですがイメージは浮かばないと語っています。

（2）内訳は六〇代ゲイ、四〇代ゲイ、四〇代ＦｔＭトランス、二〇代レズビアン、二〇代ゲイ、三〇代ゲイ男性二名となっています。

（3）このイベントの命名は、アメリカのレズビアンの生活を題材としたテレビドラマ "L Word"（日本語題名「Ｌの世界」）にちなんで最初のオーガナイザーが行ったものです。

（4）ごく最近では、ＭｔＦがこのパーティに参加したと言います。

（5）毎年、五月一七日が同性愛に対する差別や偏見、同性愛嫌悪等について理解を深め、同性愛差別等について啓発をしていくことを目的して制定されました。この日には日本でも各地で啓発のためのイベントが行われています。

（6）クィアナイトでは、五つのＱから始まる言葉をコンセプトとして掲げていました。Queer：セクシュアル・マイノリティの連帯を指す言葉。Quality：「質」quality of lifeつまり生活の質。Quantity：「量」、セクシュアル・マイノリティは見える存在ではないけど、実際にはたくさんいるはず。Quest：「探求」、それぞれが互いに知り合う空間作り。Quake：「振動」、これまであまり動きがなかったＸの地元を振動させようという意味。

参考文献

飯野由里子「差異をもつ〈わたしたち〉の語られ方：あるレズビアン・アクティビストのライフヒストリー」桜井厚編『ライフストーリーとジェンダー』せりか書房、二〇〇三年、八六－一〇二頁。

飯野由里子「日本のレズビアン・フェミニストのストーリーを読み直す」『解放社会学研究』第一八号、日本解放社会学会、二〇〇四年、一八－三八頁。

飯野由里子『レズビアンである〈わたしたち〉のストーリー』生活書院、二〇〇八年。

狩谷あゆみ「抑圧から『文化』が生まれる：大阪市北区のあるレディスバー経営者に対するインタビューから」河口和也編『「文化」と「権力」の社会学』広島修道大学学術交流センター、二〇〇八年、一一五－一三五頁。

Khor, Diana and Kamano, Saori (eds.) 2006 *"Lesbians" in East Asia: Diversity, Identities, and Resistance.* Harrington Park

Press.
砂川秀樹「新宿二丁目が照射する松園」異性愛社会万亀雄編『性の文脈』雄山閣、二〇〇三年、一九六－二二五頁。
堀江有里「レズビアンの不可視性：日本基督教団を事例として」『解放社会学研究』第一八号、日本解放社会学会、二〇〇四年、三九－六〇頁。
堀江有里『「レズビアン」という生き方：キリスト教の異性愛主義を問う』新教出版社、二〇〇六年。
Mclelland, Mark 2005 *Queer Japan from the Pacific War to the internet Age.* Rowman & Littlefield Publishers.
矢島正見編『男性同性愛者のライフヒストリー』学文社、一九九七年。
矢島正見編『女性同性愛者のライフヒストリー』学文社、一九九九年。

「原爆報道」とジェンダー

森田裕美

私が記者として働く中国新聞社は、一九四五年八月六日、米国に投下された原爆で社屋は壊滅、社員の三分の一が被爆死しました。廃虚から立ち上がり、再び新聞発行にこぎつけた体験から、戦後は「世界平和の確立」を社是に掲げ、被爆の実情を伝えていく原爆報道に取り組んできました。

講演などを依頼された際、こんなふうに話し始めることがあります。わかりやすい語りですし、実際、同僚や肉親を焼き殺された先輩たちの使命感や熱意が、これまで原爆にまつわる重要な報道を生んできたことは間違いないと思います。ですが、戦後生まれの私がこれを語ると、どこか浮ついた定型句のように聞こえるのではないか、いつも不安になるのです。一方で、「被爆体験があるから原爆報道をする責務（使命）があるのだろうか（短絡的に結びつけていいのだろうか）」「体験がない者には伝えられないのか」との疑問にもぶち当たります。

自分自身に被爆体験があろうがなかろうが、使命感を持って伝え続けてきた先人はたくさんいますし、七一年前にきのこ雲の下はどうなっていたのか、その実相は、世代が変わっても伝え残さなくてはならないと思っています。ただ、新聞記者として約二〇年、世の中の事象を言葉にして伝える仕事を続けながら、ひと言で語りきれるはずもない実相を、その都度、ある一面から切り取りながら、限られた文字数に置き換えて伝えるしかないことへのもどかしさも感じています。

「被爆七〇年ジェンダー・フォーラムin広島」では、六〇年代までの中国新聞の原爆報道をジェンダー視点から概観しました。といっても膨大に存在する記事のごく一部であり、私が会場でお話しした内容も、またごく一端であることを最初にお断りしておきます。

占領下のプレスコード(1)には、自主規制も含めた効果があったとみられます。一九四六～四九年ごろの新聞紙面には、「ノーモア・ヒロシマ」や「平和」「復興」などの言葉が頻出しています。これは占領軍の意向に合わせたものでしょう。占領が解けると、原爆被害に関する記事もたびたび掲載されますが、原爆孤児や、ケロイドが残る若い女性を多く取り上げている印象を受けます。いずれも同情を誘う対象として、です。

被爆一〇年後ごろからは、「また原爆患者死亡」などの見出しで、後障害の白血病で亡くなる人を、随時取り上げています。「原爆青年」の見出しで男性も登場していて、取り上げる数に男女差はなさそうですが、女性、特に少女の場合には、「恐怖の原爆症に呪われた少女」などの見出しで、大きく扱われています。ちなみに高齢男性の場合は、ベタ記事でした。若い女性がより可哀想な存在として捉えられたということでしょう。

さきほど「ケロイドが残る若い女性」と書きましたが、過去には新聞紙上で「原爆乙女」という言葉が使われていました。明確な定義はありませんが、被爆で顔や体にケロイドを負った「未婚」の女性をこう呼んでいました。狭義では、日米の文化人らの支援で上京や渡米してケロイド治療（手術）をした未婚の若い女性たちを指します。

五〇年代の新聞記事では、「結婚も就職もできない若い〝原爆乙女〟」などと形容しています。この表現はつまり、若い女性には（男性に比べて）顔がとても重要であり、ケロイドがあると結婚や就職ができないということになります（そもそも、結婚と就職を同じレベルで、生きていく上での必須条件のように捉えている）。とはいえ、男性を指す「原爆青年」という言葉が世間や新聞紙上で使われていなかったわけではありません。

そこで、二つの言葉の使用頻度を、単純にキーワード検索で比較してみると、「原爆乙女」が一九四七年以降一、二三六件のところ、「原爆青年」は一九五一年に初出し、六五件でした[2]。数字だけで単純に判断するべきではないと思いますが、「青年」よりも「乙女」のほうが、ニュース価値が高かったということでしょう。

ほかにも例えば、一九五七年八月五日付の記事には「愛はケロイドを越えて　元気な愛児も誕生　反対おして被爆者同士が結婚」など、今では考えられないような見出しもおどっています。「未亡人」「婦人慰問」など現在では不快用語として使わない言葉を用いて、それらを紹介する記事も目立ちます。

近年は、人権に対する意識は随分変化し、記事にも細心の注意を払っているため、かつてのような露骨な差別や偏見に満ちた表現は、あまり見当たらなくなりました。

ただ、注意しなくてはならないのは、前述の記事が書かれた当時、そうした表現が世間の批判を浴びることは多くなく（もちろん一部には批判もあった）、記者もおそらく悪気や差別的な意図は持っていなかったということです。今から思えば、本当に余計なお世話ですが、「結婚できない（本人の意思を無視して結婚＝幸せだという考えが大前提にある）被爆者や原爆乙女」に心から同情し、良かれと思って書いたに違いありません。

そもそも人権感覚やジェンダー視点は、持っていないとその問題性に気づくことさえできない、ということだと思います。さらに、そうした感覚や視点は、持つだけでなく、常に意識してセンサーを磨かなければなりません。それは現代でも同じことが言えるのではないでしょうか。

フォーラムの際、福島第一原発事故の被災地から避難している参加者が、会場から発言した内容を忘れることができません。メディアや世間に「避難者」とひとくくりにされること、避難した母親が子を守るイメージを演じなくてはいけないこと、まだ続いている問題を「三・一一」という「点」として片付けられてしまうこと。その違和感が語られたとき、ハッとしました。

ジェンダー視点の重要性を再認識したフォーラム。当たり前のことながら、常に自分自身の感度を上げ、既成の言説を問い直し、思考する努力を怠ってはならないと肝に銘じました。

註

（1）プレスコードとは、連合国軍総司令部（ＧＨＱ）による報道統制。一九四五年九月に発令された。五二年に解除となった。

（2）文脈に関係なく引いたので、「原爆青年」の六五件の大多数は、長崎の「原爆青年・乙女の会」の固有名詞であり、「原爆乙女」はその表現を批判する内容の記事も含む。

〈質疑応答〉

鄭　さん：河口さんに質問です。調査をされたのは二〇〇八年ぐらいですよね。インターネットやSNSの状況の変化によって、その頃と出会いの形態が変わってきているのではないかと思います。「ネットで出会って付き合っているけどまだ一度も会ったことがない、今度彼氏に会いに行くんだ」という学生もいます。そういうことを考えると、セクシャリティ如何に関わらず距離とか通信の在り方の変化によって、出会いも変わってきているんじゃないかと思いますが、いかがでしょうか。

河口さん：ご指摘のように、二〇〇〇年代半ばからSNSは出会いにとって大きなものになっていて、出会いというものがより日常化されてきました。アプリさえあればどんなところでも、例えばこの空間でもつながるという可能性はあるわけですね。ただし、それですぐに「出会える」かというとそうでもなくて、私ももう少し聞き取りをしなければいけないんですが、出会いの形もコミュニティの形も急速に変化しているように感じます。地方と大都市の関係を見てみると、大都市だからといって地方の人がそこで「出会える」わけでもなく、逆に積極的に親交をもとうとするわけでもないようです。広島に住んでいる二〇代のゲイ男性からも「新宿に行くんだけど、どうもそこに馴染んでいけない、気おくれしてしまうようなことが多くある」とも聞いています。

Ｋ　さん：大阪から来ました。高雄さんに質問です。栗原さんが「被爆体験」ではなく「原爆体験」として語っていたと言われました。具体的に教えてください。

高雄さん：栗原さんが自らの体験を「原爆体験」として語っていたということは、浅井基文さんが指摘されていることなんですが、栗原さんは原爆投下の翌日、隣家の幸ちゃんを探しに己斐に行ったため入市被爆しています。しかし被害者としての当事者性を持ちながら、広島が体験した「原爆」という問題として大きく捉えようとしていました。そのことが日本そして広島の加害性、反核・反戦、反天皇制、反原発、反国家的思考を可能にしたのではないでしょうか。被爆者としての当事者性を持ってはいますが、「ヒロシマというとき」の詩のように、日本の、広島の「加害性」に辿りつくことができたのではないでしょうか。

Ｋさん：そうするとそれが栗原さんの被爆者運動批判にもなったということでしょうか。

高雄さん：そうだと言えます。栗原さんは「被爆者ナショナリズム」という言葉で、被爆者および被爆者運動を批判しています。抽象的ですが、外に拓いて行かない被爆者運動、と捉えていたようです。

上野さん：栗原さんについて知らないことをたくさん教えていただきました。二つ質問があります。一つめは栗原さんが発行しておられたミニコミの部数とその読者についてです。ミニコミが届く範囲の中で、どのような影響力と貢献があったのか。単に栗原さんは「孤立」していたと言い切っていいのでしょうか。二つめは、栗原さんが主婦を「性的定職者」と言っていたそうですが、こうした考え方と栗原のパンパンへの考え方はどう結び付くのか、女性アナーキストのパンパンへの眼差しはどのようなものであったのかということです。これは高雄さんだけではなく、ここにいらっしゃる皆さんで考えていくことだと思います。

高雄さん：はい、いろいろなご指摘をありがとうございます。栗原さんが「異端者」であったり「孤立」していたという言い方は、とても乱暴な言い方だとは思っています。私が同時代を生きているわけではないですから。しかし、広島で栗原さんの資料保存に力を入れておられる方々も、男性、女性問わず栗原さんはあまりにも批判的で、個が強いので異端視されていたという言い方をしています。ミニコミの紙名を「ヒロシマ婦人新聞」と名付けているわけですから、読者や自分のポジションを「ヒロシマと婦人」においていたのは確かだと思います。ただし、『栗原文庫』には、五号のうち二、三、五号しか残っていませんし、栗原自身も自分の経歴の中には明確には入れていません。「ヒロシマ婦人新聞」「廣島生活新聞」が何部発行され、読者は誰だったのか、また二つのミニコミで大いに栗原さんの批判対象になっていた既成婦人団体との関係はどうだったのかは誰も調査していません。とても残念なことだと思いますが、今後の課題にしたいと思います。上野さんの二つ目のご質問「女性アナーキストとパンパンへのまなざし」についてはまったくアプローチできていませんが、とても興味深いテーマです。これも今後の課題にします。

Tさん：私は栗原さんを存じ上げておりまして、ご近所に住んでいました。私は一五歳、高等女学校生だったときに被爆し、次の年に女子専門学校に進学しました。戦後一年目ですから学生運動が盛り上がり、いろいろなサークルができました。今はもう消えましたが、社会主義研究会とか青年文化団体などサークルが立ちあがっていて、偉い先生たちがお話に来てくださいました。その学生の中に一人だけおばちゃんがいたんです。そのおばちゃんが栗原さんでした。学生たちに混ざり、必ずしつこく質問をなさるし、発言される。それが私にはとても新鮮でした。でも学生や先生方は、栗原さんがいらっしゃるとイヤーな顔をするんですよ。「またあのおばちゃんが来てる」と言って。そのときからすでに「孤立」という感じがしていましたが、栗原さんの質問や発言が新鮮に聞こえて、私はこの人こそ女性解放のリーダーだと思っていたんです。だから私は「ヒロシマ婦人新聞」、「廣島生活新聞」の読者で、何部発行されていたかは知りませんが、保存していたんですよ、大事に。でも一七年前に自宅が火事になり全部灰になりました。本当に悔しいです。広島には学生のサークルだけではなくて、中井正一さんという方が「労働文化協会」というのを立ち上げていまして、私も夫もお手伝いに行きました。今の中国電力の裏に浅野図書館があって、その焼跡に事務局があったんです。そこにも栗原さんはしばしばいらしていました。

高雄さん：当時の栗原さんの生の情報、ありがとうございます。

Ｓさん：河口さんに質問です。Aさんの個人的な話が気になっています。Aさんは大学生になってカミングアウトしたんですよね。また家族とはどういうご関係だったんでしょうか。

河口さん：このAさんに限って、葛藤はそれほどなかったようです。そして家族にもネガティブな反応をされた経験はないと言っています。ただし、お父さんには言いにくかったようで、お母さんとは仲良しだったのでカミングアウトしやすかったようです。

昭和天皇の広島・被爆者慰問

一九四七年国立大竹病院巡幸

北原恵

はじめに

敗戦から二年後の一九四七年、今日のフォーラムと同じ一二月に、昭和天皇が広島を訪れました。いわゆる戦後の全国巡幸です。私はこの全国巡幸で天皇自らが病院慰問をしたことに関心を持ち始め、広島でどこの病院を訪問したのか気になって調べました。すると、「大竹」という馴染みのない地名が出てきて、しかもそこは広島市内から遠く離れている。当時の新聞によれば、そこで、天皇がたった一人しか入院していない「原爆患者」を見舞ったというのです。なぜ、広島市内でなくそんな遠くの病院だったのだろう？　どうして「原爆患者」は一人しか入院していなかったのだろう？　この被爆者慰問は、その後どのように語られてきたのだろう？

しかし、これまで、昭和天皇の広島巡幸や病院慰問、あるいは被爆者慰問についての研究はほとんどありません。私の頭は疑問だらけになりました。まだ、疑問が解けたわけでは全くありませんが、当時の新聞、広島市史、大竹市史、関連会社の社史、病院史、宮内庁書陵部の幸啓録などを用いて、私がこれまで調べてきたことを、今日はご紹介したいと思います[1]。

一、天皇の広島巡幸

戦後巡幸は、占領統治に天皇制を利用しようとするＧＨＱと天皇側の意向が一致して、一九四六年二月、神奈川県から始まりました。沖縄を除く全国都道府県をまわり、最後の北海道訪問まで、八年半に及んだこの一大パフォーマンスでは、その過程で、産業復興や食料増産の様子が伝えられ、様々な施設の視察が行われました。そのなかに病院も含まれます。

敗戦後のこの全国巡幸で、昭和天皇は、約四〇ヵ所の国立病院・国立療養所を慰問しています。広島県で唯一訪

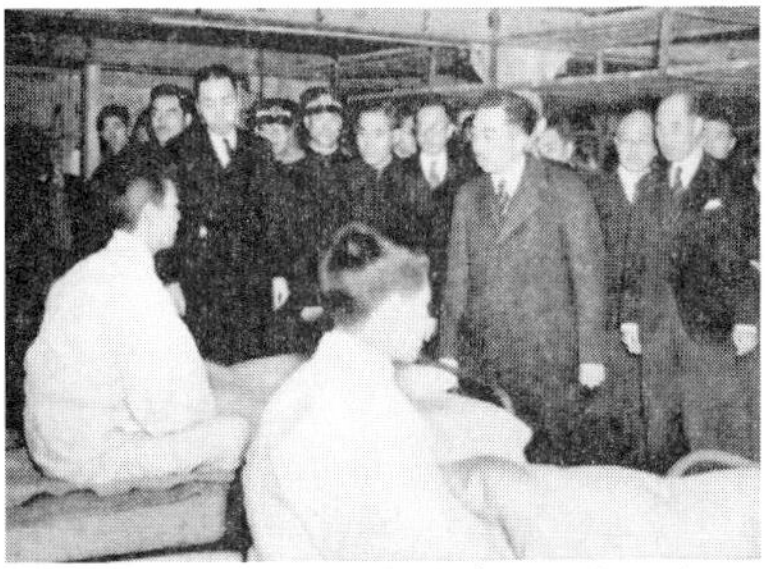

図1 神奈川・国立久里浜病院（1946年2月）

図2 群馬・国立高崎病院（1946年3月）

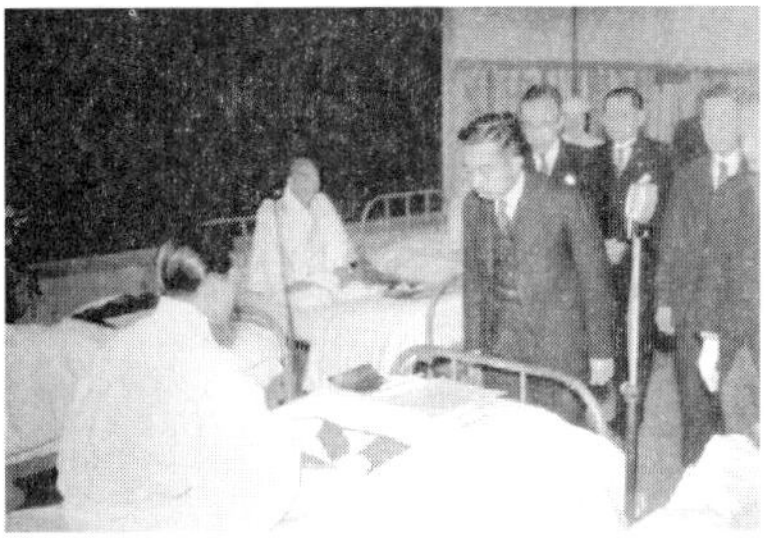

図3 広島・国立大竹病院（1947年12月）

図4 国立高知病院（1950年3月）

図1～4　背広・立って見舞う天皇／正座・整列する患者…図像の類似性が見られる（写真集『天皇』1952年より）

問した国立大竹病院もそのなかに含まれるわけですが、これらの国立病院・国立療養所は、戦前の陸海軍病院（一四六施設）や負傷兵の急増に伴い作られた傷痍軍人療養所（五三施設）を前身とする旧軍関係の施設でした。

巡幸に付き添った侍従長・大金益次郎によれば、天皇の病院慰問は、一九四六年二月の神奈川県国立久里浜病院から始まり、翌年六月の兵庫県国立姫路病院訪問の頃から定型的になったと述べています[2]。つまり、当初から必ずしも必須であったわけではなく、巡幸の過程で定型化されていったことがわかります。メディアに登場する病院慰問の写真は、背広姿で立ったまま見舞う天皇に対して、ベッドの上で正座、もしくは整列して出迎える患者という類型化した図像でした（図1～4）。

また、巡幸の初期には、天皇の女性性がことさら強調される傾向がありました。たとえば、一九四七年に出版された写真集『天皇 Emperor』には、神奈川県と岐阜県での慰問の写真とともに、以下の説明が日本語と英語で付けられていました。

「陛下のお言葉は、女性的と批評されるほどやさしく、ていねいである。初めのうちは陛下も緊張され、断片的なお尋ねやお慰めの言葉をかけられるだけであったが、日を追うて御態度に余裕をお持ちになるやうになつた。」（傍点は引用者）

天皇の言葉を「女性的と批評されるほどやさしく、ていねい」だと描写し、「女性性」を強調する説明が特徴的です[3]（図5・6）。この本は、サン・ニュース・フォトスが編集し、家族とともに過ごす「日常」や生物学者としての「私的」なイメージをはじめ、廃墟から復興へ向かう様を、巡幸、憲法発布など写真とともに作り上げた代表的な写真集です[4]。今、ちょうど東京では、このときの未発表の写真が発見されたということで、展覧会を開催中なので、会場の中には見に行かれた方もいらっしゃるかもしれません[5]。

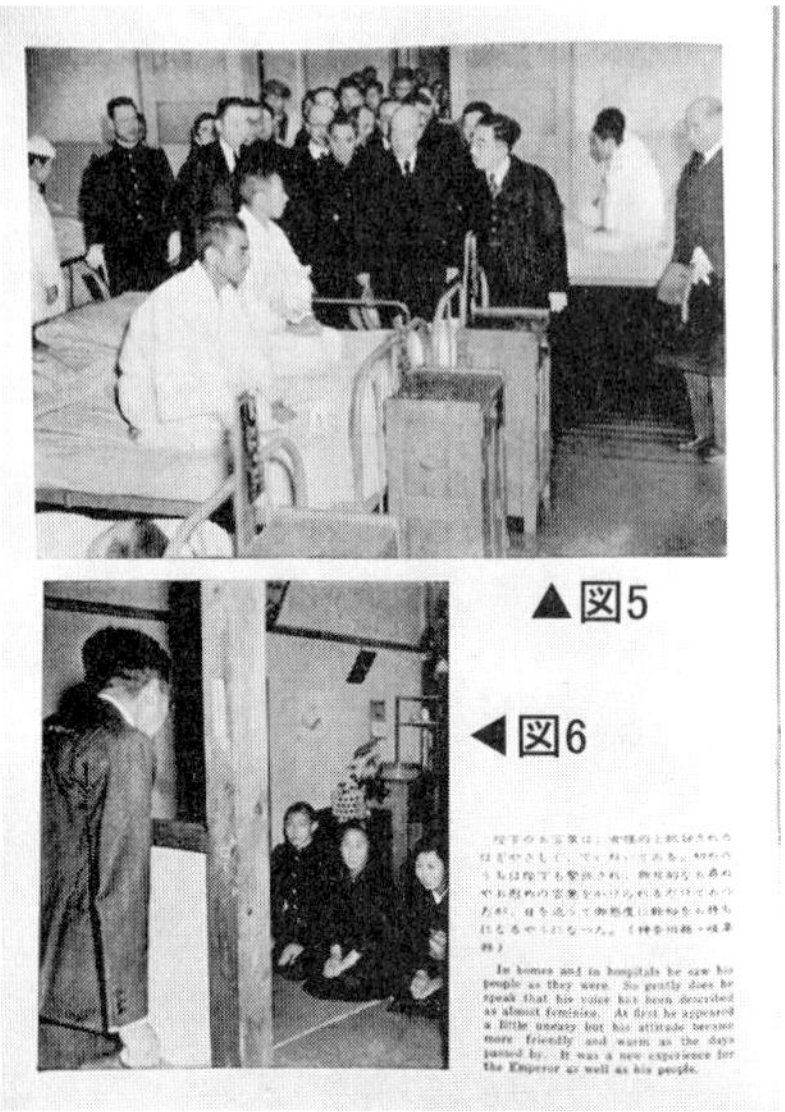

図5～6　巡幸初期「女性的」な天皇が強調されていく。写真は神奈川県、岐阜県の巡行。（『天皇』1947年）

天皇の「女性的」イメージは、この写真集に限らず、新聞や雑誌などで「甲高い声」という声の表象も伴いながら、より具体化・身体化されて人々のあいだに浸透していきました。「女性性」や「甲高い声」「弱さ」という表象は、天皇の身体から「強くて男性的な」軍事主義的イメージを脱色しただけでなく、さらに、「善良さ」や「人を疑わないすなおな性格」など内面性にも結び付けられ、当時の左翼的知識人も含めて天皇を受け入れる素地を作っていったように思われます[6]。しかし、この「甲高い声」は、戦後の全国巡幸が終わった一九五四年夏には、「お声はあの当時のカン高いものとは変わり、低く太いバス[7]」であったと描写され、声の男性化とともに国家の再建が果たされたことが伝えられました。思春期でもない男性の声が数年でこのように急変するとは考えられませんが、いや、その変貌が人々の望むものであったからこそ、ジェンダーを揺れ動く表象は成立し得たのです。

広島を含む中国巡幸は、一九四七年一一月末から一二月にかけて行われています。昭和天皇は東京を発ち、京都で一泊したあと山陰地方に向かい、鳥取、島根、山口、広島、岡山の順に周りました。天皇が広島に巡幸するのは、二二年ぶりのことでした。そして広島では、佐伯郡大竹町・宮島町、広島市内、呉市、三原市・尾道市・福山市を経て岡山県へ向かいました（図7）。

一二月五日、山口県から広島入りした昭和天皇は、大竹町にある国立大竹病院と三菱化成大竹工場を訪問し、列車と船を乗り継いで夕方宮島に到着。翌六日は宮島で知事や学者の進講を聞くなど一日休養日に当てます。宮島では楠瀬広島県知事から県政一般について報告を受け、天皇は原爆の影響について尋ねています。それに対して知事は、「人体について殆ど心配なく、ただ植物に学問的にいえば多少の影響を与えている程度」で、決してご心配はいらないと答えました(8)。その後、農業・牧畜・生物学についての進講と合わせて、広島赤十字病院長から「広島市における戦災者の傷痍について」という進講を受けています。一二月七日（日曜）、広島市内に向かう途中の五日市町では、天皇は車から降りて出迎えの原爆孤児に「よい子におなりなさい」と声をかけて慰めた

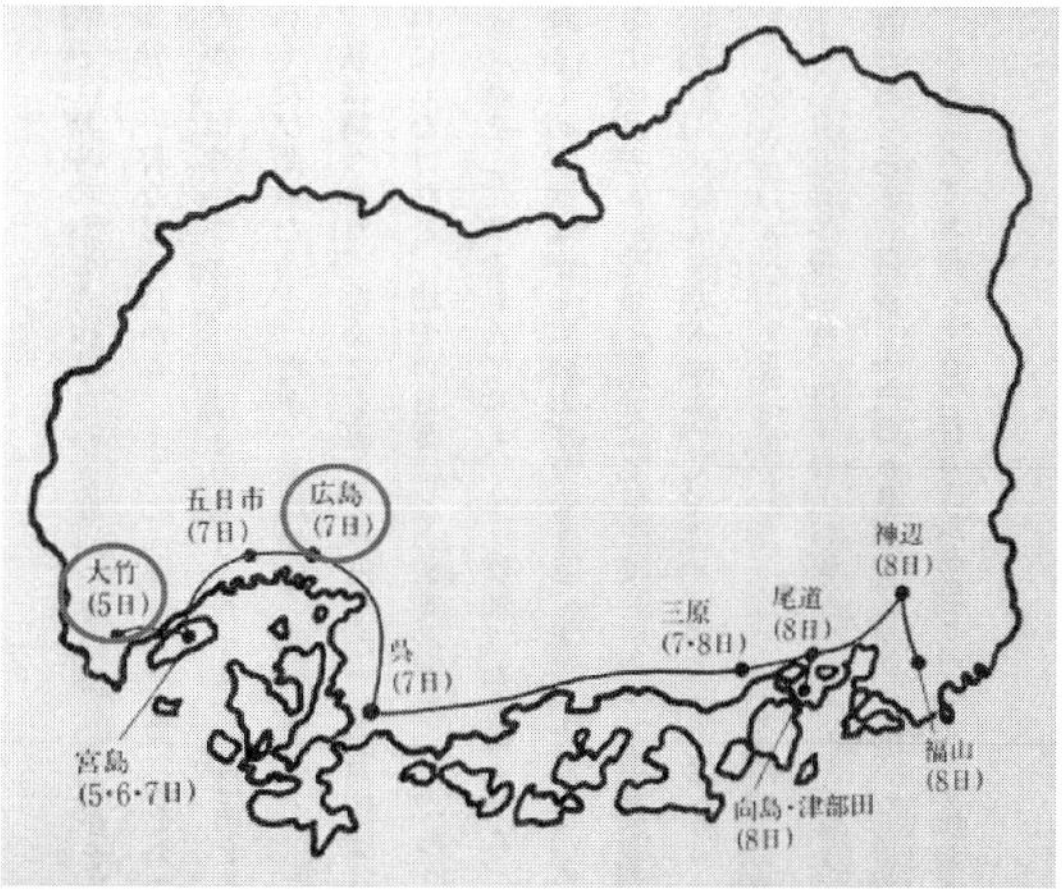

図7　広島県巡幸行程表　1947年12/5〜12/8
大竹町〜広島市内（『天皇陛下と広島』74頁より）

ことが、写真入りで全国紙に載りました[9]（図8）。

図8　広島戦災児育成所を訪問する天皇
（『読売新聞』1947年12月8日朝刊）

広島市では、最初の視察地である広島県水産試験場で牡蠣の養殖を見たあと、天皇は爆心地の相生橋を通過。そして午前一〇時三〇分、元護国神社前に作られた広島市民奉迎場に到着しました。君が代斉唱と浜井市長の奉迎文朗読が終わると、天皇は異例の「お言葉」を述べ、一〇時三五分、五万人の市民が集まった奉迎場をあとにしました。広島市民が熱狂的に天皇を出迎えたという有名な写真を見ると、長い時間奉迎場にいたように感じますが、わずか五分間のことです[10]。その後、授産共同作業所や学校などを訪問しました。市役所から県庁に向かう途中には、爆心地から一・六キロに位置しながらも、辛うじて壊滅を免れた広島赤十字病院があります。その赤十字病院前では、「原爆一号患者」と呼ばれた吉川清が、多数の患者や看護士、医師に付き添われて奉迎したそうです[11]。しかし、赤十字病院には永積侍従が天皇の名代で慰問し、天皇自身が病院を訪れることはありませんでした。

広島中心部の病院は原爆投下によって致命的な打撃を受けていました。市内に一八ヵ所あった救護病院と三二ヵ所の救護所も全滅し、市内にいた医師二七〇人と看護婦一六五〇人のうち、約九割が死亡したり負傷しました[12]。広島第一陸軍病院と第二陸軍病院は跡形もなく焼失しましたが、広島陸軍病院の建物を引き継いで爆心地から一キロの位置にあった第二陸軍病院は、ただちに臨時救護所を設置し、多くの負傷者の治療にあたりました[13]。かろうじて壊滅を免れた赤十字病院や逓信病院、広島第一陸軍江波分院などには、負傷者が次々と助けを求めて訪れる状況でした。

では、天皇自身が広島県内の病院で唯一慰問に訪れ、「原爆患者」たちを見舞ったという国立大竹病院とはどこにあり、どんな病院だったのでしょうか？

二、天皇の国立大竹病院慰問

大竹の地理・歴史

一二月五日、昭和天皇は、山口県の国立岩国病院を昼過ぎに訪問したあと、国立大竹病院にお召自動車で到着しました。大竹町は、山口県との県境の佐伯郡にあり、岩国駅から大竹駅までわずか六キロの距離です。地図で見ると、大竹が軍事的にも重要な位置にあることがよくわかります。こちらの地図は、一九四七年の大竹の航空写真です（図9）。大竹町は、戦前は三菱レイヨンの前身である新興人絹という企業が進出していましたが、太平洋戦争が始まると、大竹海兵団や潜水学校などが新しく出来て海軍基地となりました（図10、11）。これらの土地を提供した

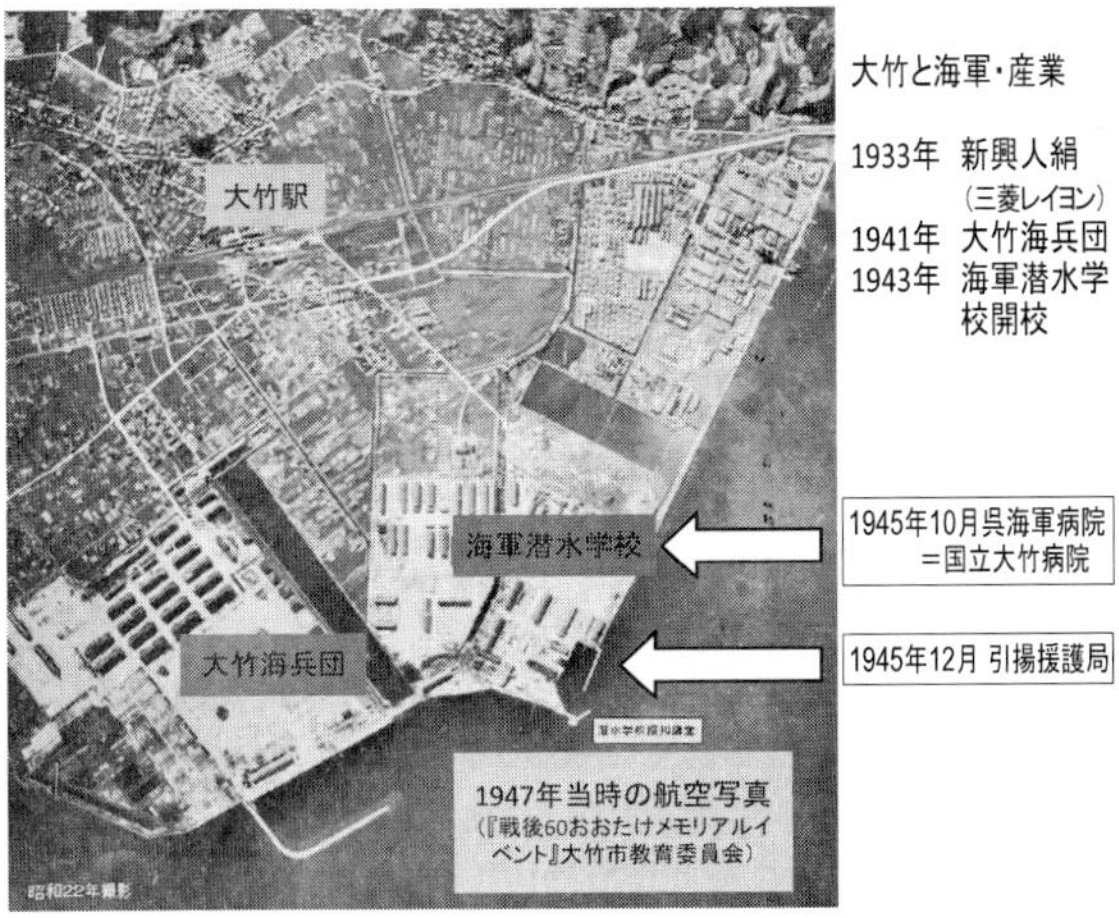

図9　1947年当時の航空写真
（大竹市・大竹市教育委員会・戦後60周年平和祈念事業資料より筆者が作成）

図10　大竹海兵団

図11　潜水学校

（図10、11は『写真集 ふるさと大竹』134－135頁）

のは新興人絹です。

日本が戦争に負けると、一九四五年一〇月、安浦に移っていた呉海軍病院が旧大竹海軍潜水学校内に移転して来ます。占領軍がアメリカ第六軍第十軍団の病院として使用するために呉海軍病院に明け渡しを命じたためでした。呉海軍病院は、海軍や海軍病院の廃止に伴って一二月一日、厚生省に移管され国立大竹病院となりました。一九四五年一二月一四日、旧大竹海兵団内に引揚援護局が設置されます。引揚には舞鶴港など全国で十数カ所の港が当てられましたが、大竹港も上陸港に指定されて、引揚業務が行われるようになったのでした。大竹港への上陸人員は、全国総引揚者数の約六・八％にあたる四一万人にも上り、主に南方方面からの引揚者が多くを占めていたといいます。大竹港は、台湾、満州、仏印、沖縄、比島、ビルマ、マライ、ジャワ、スマトラ、ボルネオ、ビスマーク諸島、ニューギニア、ソロモン、小笠原、朝鮮、中部太平洋からの受入れだけでなく、沖縄県人の送出にも当たっており、受入四一〇、七八三名、送出一、一二七名の数に上りました。大量の引揚者を受け入れるために、かつての大竹海兵団の「十数棟の兵舎や数棟の格納庫は、そのまま海外から帰る復員者や一般邦人の宿舎、検疫所、倉庫にあてられた」と記録されています[14]。

米軍一個小隊が駐留し、大勢の引揚者が次々と上陸し始めた頃、一九四五年一二月九日、大竹では、占領軍のための慰安所が設置されました。防衛研究所図書館所蔵の資料「呉進駐関係綴」によれば、「性的慰安施設」を三菱化成工場が所有する「養和寮」に設置し、即日から慰安婦八名を収容したそうです[15]。そして養和寮は衛生や施設が比較的良いので進駐部隊の人気を呼び、「昼夜兼業盛況ヲ呈シツツアリ」という慰安所開設の状況を、大竹警察署長が広島県警察部長と広島地方裁判検事宛に報告しています。この報告書からは、大竹では地元警察と県警察部が主導して進駐軍のための慰安所を設置したことがわかります。

その「養和寮」がどこにあったのか、どんな寮だったのか、これまでなかなかわからなかったのですが、先週、今日の発表の準備をしているとき、三菱レイヨンの社史のなかで一枚の写真を見つけました。これがその写真です

図12　1945年12月9日、占領軍のための慰安所設置。三菱化成工場「養和寮」(『三十年史』(三菱レイヨン、36頁より。写真は戦前大竹に進出した頃か？)

が、とても洒落た造りの建物で、「大竹工場建設事務所があったクラブ（養和寮）」というキャプションが付けられています（図12）。

三菱レイヨンの社史によれば、一九三三年、三菱レイヨンの前身である新興人絹は、大倉鉱業の工場敷地を買収して工場の建設を始めました[16]。最初は田淵旅館を建設事務所として使っていましたが、大倉鉱業から引き継いだ大竹町小島新開のクラブ一棟や社宅などの修理を行い、「クラブの一階玄関南隣の洋間を大竹工場建設事務所」とした、と説明されています。

さきほど紹介した大竹警察署長の報告書のなかでも、養和寮の住所は「大竹町字小島新開」と記載されており、ぴったりと一致します。そして、この養和寮の一階に、大竹工場建設事務所が設置され、「クラブ」と呼ばれていたことから、養和寮は、会社にとって創業当初からの重要な歴史を持つオフィシャルな場所であり、社交の場だったことがわかります。だからこそ、大竹警察署長が、「衛生其ノ他諸施設比較的整備シ居リタル関係上　進駐部隊ノ人気ヲ呼ビ　全ク昼夜兼業盛況ヲ呈シツツアリ」と誇らしげに報告することができたのでしょう[17]。

このように、当時の大竹の歴史を調べると、驚くほど様々な出来事が戦中から占領期にかけて起きていたことがわかります。地元住民、旧海軍、占領軍、慰安婦の女性たち、引揚者、工場労働者、被爆者、朝鮮人、そして天皇制のせめぎあいが突出した場所だったのではなかったでしょうか。

さて、引揚者のなかにはすぐに入院を要する人々も多数含まれ、二万人もの患者が国立大竹病院に収容されました。それらの人々は「痛ましい引揚者が多かったため、結核・栄養失調、脚気・マラリヤ・戦傷・暴行による受傷・

妊娠・性病などの患者がその主要部分を占めていた」そうです。（前掲『大竹医師会史』一〇三頁）一九四七年二月二一日、大竹引揚援護局（出張所）の閉鎖に伴い、国立大竹病院は専ら一般患者の診療を行うほか、引揚患者の中継病院の任務も担当するようになりました。

宮内庁書陵部の資料「幸啓録[18]」によれば、国立大竹病院は、敷地三万九一七九坪、七病棟、五〇〇床の規模であり、昭和天皇が国立大竹病院を慰問した時点で、医師一三名、歯科医師三名、看護婦一〇二名を含む計二七〇名が在籍。当時、引揚二七、復員四四、一般一六九、計二四〇名の患者が入院していました。天皇は一二月五日、一五時〇一分から二一分までの二〇分間、病院に滞在し、院内では松島茂病院長らの報告のあと患者を見舞っています。

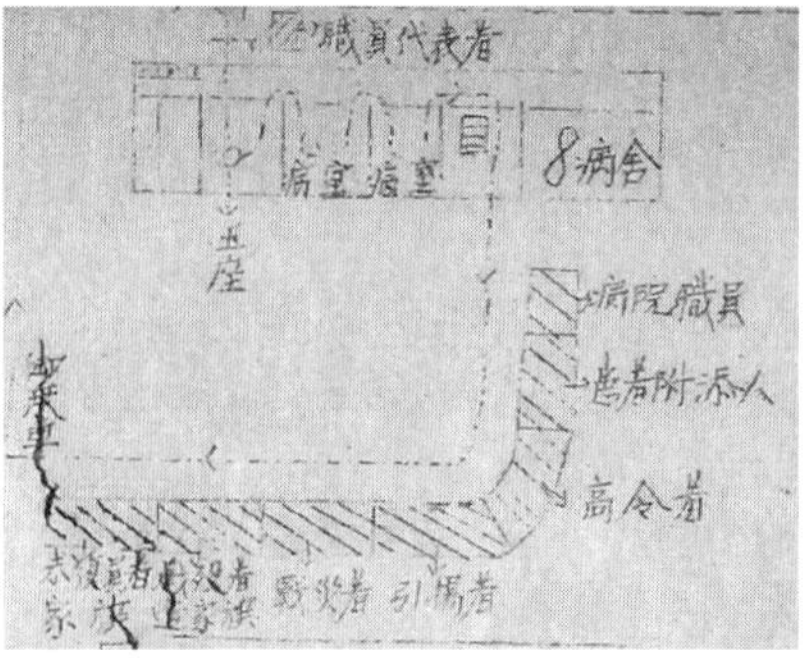

図13　1945年12月5日「御巡路図」一部
（幸啓録より）

当日の行幸の足跡は、人々がどのような順番でどこに並んだかまで、幸啓録の「御巡路図」に、詳しく記されています（図13）。この図面から私たちは人々のあいだに築かれた序列をも読み取ることができるでしょう。

地元の有力紙である『中国新聞』は、一一月末から中国地方巡幸や出迎え準備の様子などを連日伝え続けました。天皇が広島入りした一二月五日（朝刊）には、「ようこそわれらの天皇：きよう広島縣に第一歩」のタイトルで、トップに天皇の広島でのスケ

図14　「ようこそわれらの天皇：きよう広島縣に第一歩」
『中国新聞』1947年12月5日朝刊

ジュールと歓迎の社説を載せ、大竹町訪問については一二月六日朝刊に写真入りで大きく報じました（図14、15）。大竹訪問翌日の記事では、病院に到着した天皇が、松島病院長、楠瀬県知事、小谷県議会議長らの報告を聞いたあと、松島病院長の先導で内科第八病舎を見舞い、「路上に居並ぶ引揚者、戦災者、高齢者、遺族などに一々御帽子をとつてていねいに御激励遊ばされ、ついで外科第三病舎では患者のベッドの前に立つて数分間にわたりお見舞いの御言葉をのべられ」、三時二一分に病院を出発して三菱化成に向かったと報道されています（三菱化成での滞在時間は、三時二六分～四時三分）。そして、原爆症患者との対面を次のように伝えています。

中國新聞　昭和22年12月6日（土曜日）　（2）

廣島県版

お懐しや人間天皇

紅葉の宮島にお夢結ばる

原爆患者をご激励

涙にむせぶ白衣の人々

快い潮風のデ

瀬戸の暮色

罐詰工場もある

學びつ働く樂園

尾崎翁を中心に進む

世界平和大學の構想

いとわれぬ眼鏡の曇り

"祈るよ勞組の發展"

トンネルの出口に娘の死体

図15　「お懐しや人間天皇」『中国新聞』1947年12月6日朝刊

「天皇陛下は六日はじめて爆症《ママ》患者を御慰問された。大竹国立病院でたゞ一人の原爆症患者畠山隆雄氏（二四）の前にお止まりになつた陛下は生々しい傷跡を御覧になり『あの時は大変だつたでしょう。お気の毒でした。もう大丈夫ですか』とかすれたお声でおたずねになつた。畠山君も感激して『もう大丈夫です』とはつきり答えた。陛下は御安心なさつたのか『しつかりやつて下さいね』とやさしく励まされ、隣のベットの両脚を失つた患者には『大変不自由でしょう。明るくしつかりやつて下さいね』と御慰問になつたがお風邪をお召しになつたためか御顔色は青白く御眼がかすかにうるんでいた」（「お懐しや人間天皇：原爆患者をご激励―大竹」『中国新聞』一九四七年一二月六日朝刊。傍点は引用者）

少し長いのですが全文引用したのは、奇妙なことが多いからです。第一に、「たゞ一人の原爆症患者」とはどういう意味なのでしょうか？　なぜ、大竹病院には一人しか原爆症患者がいなかったのでしょうか？　大竹は広島市から離れているのですが、原爆投下の八月六日には、大竹を含む佐伯郡が割当で建物疎開のために広島に動員され、大勢の人々が被爆・死亡しました。その数、約一〇〇〇人とも言われ、原爆の死没者を弔う慰霊碑と慰霊像が大竹図書館の傍に建っています（図16）。

図16　大竹図書館前にある原爆慰霊碑
（2015年3月筆者撮影）

しかし、これらの被爆者については、大竹での天皇の原爆患者慰問当時もその後の言説からも全く見えてきません。大竹病院は、敗戦直後は引揚者のための病院でしたが、天皇巡幸当時は半数以上を一般患者が占めており、すでに引揚者専用ではなかったはずです。さらに、疑問なのは、「畠山隆雄氏（二四）」とは何者なのでしょうか？　名前入りで特化された人物であるのに、回想録や巡幸本にはその後の彼の足跡は見当たりません。残念ながら今回は「畠山隆雄氏」については突き止めることができませんでしたが、隣の両足を失った患者ともども元軍人だった可能性が高いと思います。いずれにせよ、広島市内に向かう前に、天皇がすでに、原爆患者を見舞ったという既成事実が作られたのです。

国立大竹病院慰問の写真

ところで近年、昭和天皇の全国巡幸に関する豪華な写真集や書籍が相次いで出版されています。『昭和天皇の全国巡幸』（二〇〇八年）や、『写真集：昭和天皇巡幸』（二〇一三年）などですが、これらの写真集の広島巡幸のページでは、「国立大竹病院で被爆者たちを見舞う昭和天皇」として同じ写真を掲載しています[19]。また、出版されている書籍の中では天皇の広島巡幸について最も詳細な記録である『天皇陛下と広島』には、別の写真が掲載され、「国立大竹病院初めて原爆症患者のお見舞い」のキャプションが付けられています。さきほど見たように、当時の『中国新聞』では、原爆症患者は大竹病院には一人しか入院していないと報道されていました。これらの写真に登場する「被爆者」とは、いったい誰なのでしょうか？　果たして同一人物なのでしょうか？

国立大竹病院の原爆患者として出版された写真のうち、手元にあるものだけでも以下の四枚が確認できます。ベッドにきちんと正座する横顔の男性（当時の『中国新聞』）（図17）、ベッドの上に足を投げ出す横顔の男性（最近の巡幸本でよく引用）（図18）、時計のある室内でベッドの上に座る横顔の男性（『天皇陛下と広島』）（図19）、瓦葺平屋の建物前の路上で、移動ベッドに腰掛けて前方を見据える男性（『天皇』『巡幸餘芳』）（図20）。いずれも患者は白っぽいキモノ姿です。後ろ向きで横顔だけしか見えないため、図17〜20は一見似通った人物に見えますが、座る位置やベッドの様子が異なっているため、三人は別の人物だと断定できます。

図18の患者はベッドに両足を投げ出しています。しかし、天皇の前でそのような姿勢を許されるでしょうか。肉

感のないその両足はひょっとしたら義足なのではないでしょうか。そしてこの写真が本当に国立大竹病院で撮影されたのであり、中国新聞の記事が正しいとすれば、この男性は、原爆症患者の隣のベットの「両脚を失つた患者」だった可能性もあります。図19の写真も奇妙です。画面上方に写り込んだ病室の大きな時計は、よく見ると一時五分を指しています。しかし、国立大竹病院に天皇が滞在したのは、午後三時一分から二一分までのはずです。この日の一時頃には、天皇は国立岩国病院にいたことが「幸啓録」の記録からわかっています。天皇が訪れる病室の時計の時刻を間違えたままにするはずはおそらくないでしょうから、この写真は、大竹病院ではなく、岩国病院で撮影されたものではないでしょうか？[20]

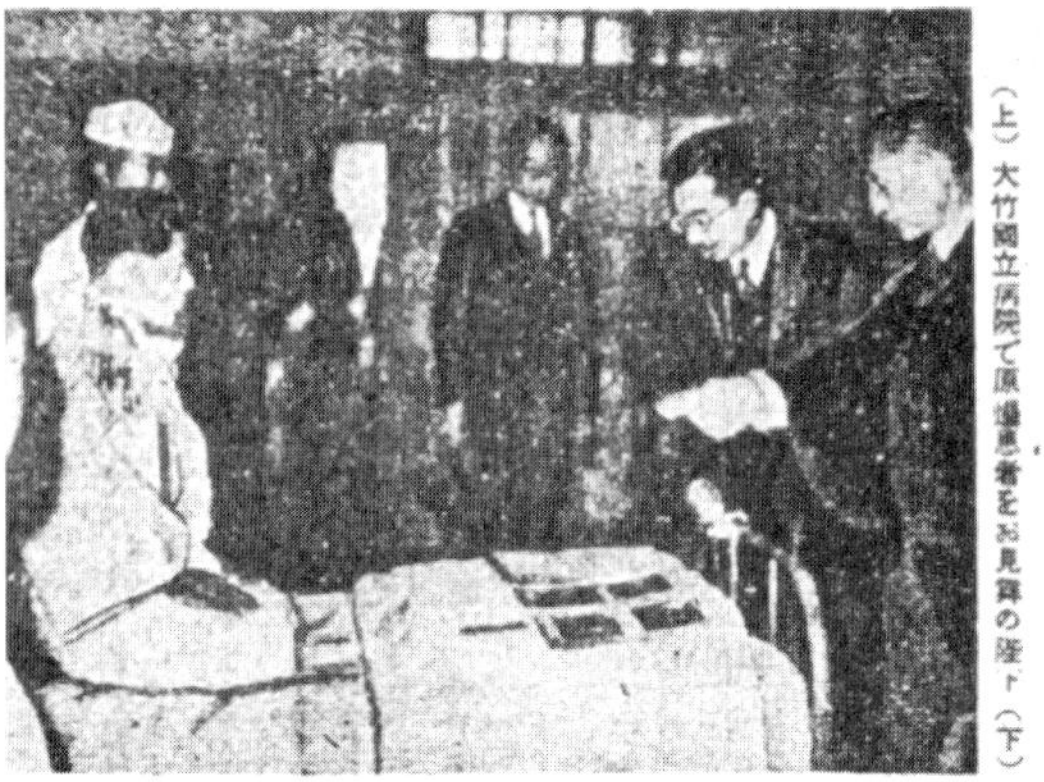

図17

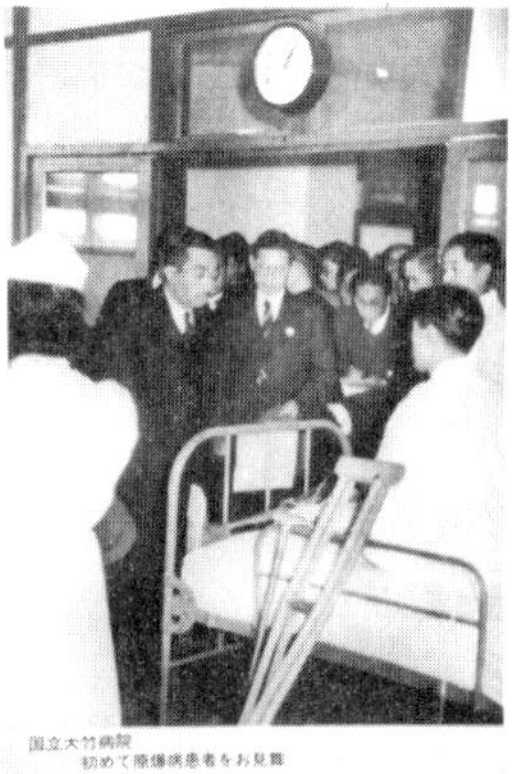

図19

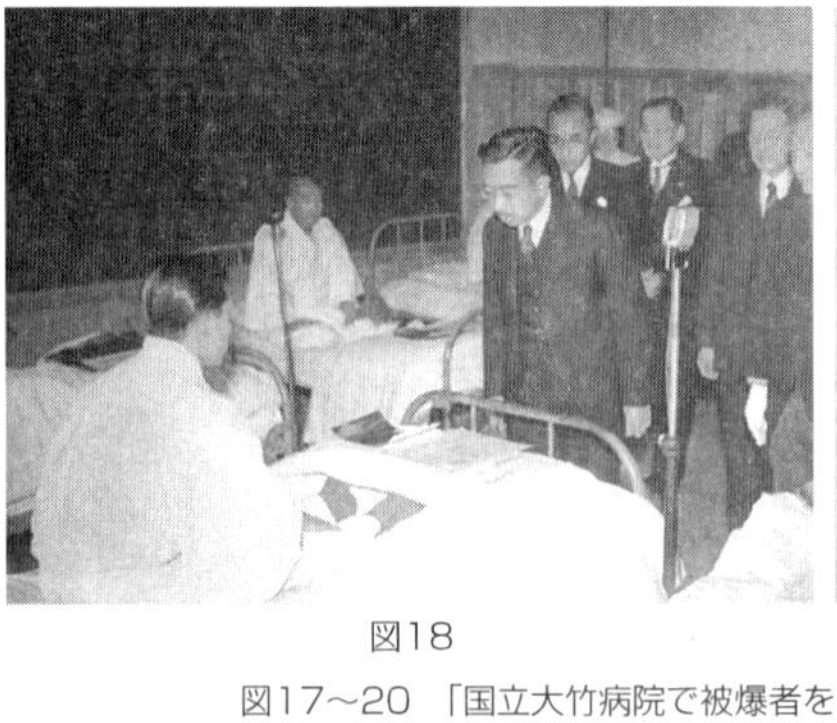
図18

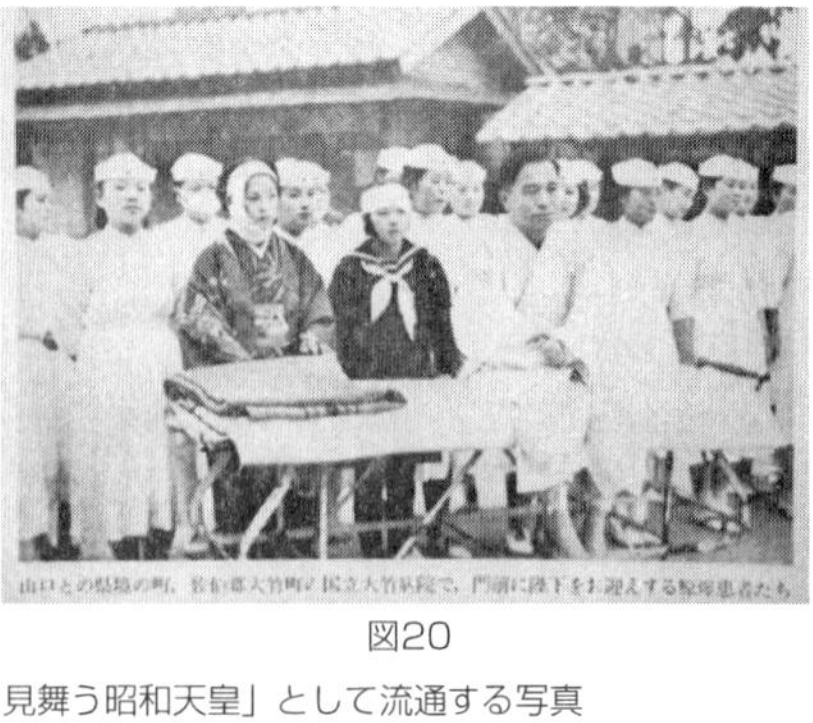

図20

図17〜20 「国立大竹病院で被爆者を見舞う昭和天皇」として流通する写真

さらにこの国立岩国病院では、昭和天皇が被爆者に声をかけたことが『中国新聞』では大竹巡幸の先の記事に続いて報じられています。

「五日の昼すぎ陛下のお成りを仰いだ岩国病院には広島のピカドンで傷ついた人々が療養を続けているが、陛下は＝広島戦災中村明（一九）＝と書かれたベッド前のカードにいち早くお眼を止められ『あー原子爆弾で傷ついたのね』とお問。ハツと顔を硬らせた中村君に続いて『大変だつたろうね。明るく療養するんだね』とおねぎらい――原爆都廣島への巡幸を前に原子爆弾に寄せられる御関心のほどがうかゞわれた」（『中国新聞』一九四七年一二月六日二面、傍点は引用者）

つまり、この記事から明らかなのは、広島の前に、すでに岩国で天皇は被爆者と対面していたということです。どのように被爆の状況を天皇に見せるのか、侍従も注意を払ったはずですが、侍従の記録や幸啓録には被爆者についてはほとんど記されていません。地元紙の方が「原爆患者」についてよほど多く書いているのです。全国巡幸の企画・実施の中心にいたという大金益次郎の『巡幸余芳』（一九五五年）では、岩国病院と大竹病院訪問についてその設備環境の違いについてしか論じておらず、被爆者を慰問したことは一言も触れられていません。むしろ戦後の全国巡幸のとき、天皇が広島で「被爆者たち」を見舞ったという物語を必要としているのは、それが福島の慰問を直接的に喚起する今の時代の方なのかもしれません。単純でわかりやすい物語にするためには、被爆者を見舞う場所は、山口県岩国市ではなく、「ヒロシマ」でなくてはならないからです。そして、それを印象付ける写真が必須となります。

国立大竹病院前の原爆患者たちを写したとされる四枚目の写真は、病院慰問の図像の中では特異です[21]。当時定型化されていた天皇の病院慰問の図像は、最初に述べたように、ベッド上や床に正座しているか、あるいは直立不動で立って整列する男性患者を天皇が眼差すというパターンです。ところが、図20の写真では、画面前方で寝台に腰をかけた中年の男性が、前をじっと見据えています。その後ろに包帯を頭に巻いた和服の女性とセーラー服の女子学生が立ち、さらに後方にずらっと並んだ制服姿の看護士たちが、男性と同様に右手前方を見つめています。おそらく天皇か誰か偉い人はその方向からやってくるのでしょう。媚も諂いもない男性の表情からは、不在の天皇を問いただすかのような静かな緊張感さえ伝わってきます。日中とは言え、一二月初旬の路上は寒かったはずです。ベッドの上にはきれいに畳まれた毛布が見えますが、患者の男性が着ているのは白いキモノのみです。果たしてこの写真の三人は「原爆患者たち」、なのでしょうか？　撮影された場所は、本当に大竹病院前なのでしょうか？　もし大竹病院前であり、かつ一人しか原爆患者が入院してなかったのだとすれば、彼ら三人はいったい何者なのでしょうか？

先にも述べたように、国立大竹病院訪問の二日後、巡幸の経路の途中にあった広島赤十字病院の前で吉川清が、多数の患者や看護婦、医師に付き添われて天皇を奉迎したといわれています。自らの被爆の傷を見せて原爆の被害を訴え、のちに平和運動を担う吉川清は、広島巡幸のあった一九四七年、アメリカの雑誌ライフによってその傷のひどさから「原爆一号患者」として紹介され、社会の注目を浴びていました。お召自動車に乗った昭和天皇は、この吉川清を果たして見たのでしょうか？　吉川清は車中の天皇を見たのでしょうか？[22]

一見些末なことのように見える写真の細部にこだわったのは、写真が間違っていることをあげつらいたいからではありません。「天皇が広島で被爆者たちを慰問した」という言説が必要に合わせて美化され、文脈化されてきたこと。そして、私たちの集合的記憶が、わかりやすいビジュアルを伴って作られるということ。その意味をもう一度、考えたかったからです。昭和天皇の広島巡幸は過去の過ぎ去った出来事ではなく、福島の放射能被害が拡大する現在、再構築され言説化されています。たとえば、最近の巡幸の写真集では、「終戦後の巡幸が『昭和の巡幸』なら、東日本大震災にあたっての被災地巡幸は『平成の巡幸』と呼ぶにふさわしい」と述べ、現天皇の広島―沖縄―東日本大震災の被災地巡幸を、終戦直後の全国巡幸と一直線に繋いで物語化しています。[23]「慰霊」は、誰の死が公的に嘆かれるべきなのか、嘆いてよいのか、誰の死が公的哀悼を禁じられるのかを文化的・制度的に創り出します。そのとき、天皇の巡幸と病院慰問はどういう意味を持つのでしょうか？

三、天皇の病院慰問とジェンダー

天皇・皇后の病院慰問の歴史とジェンダー役割

戦後の巡幸では天皇自らが全国約四〇ヵ所の病院を慰問しましたが、では、戦前、昭和天皇が自ら病院を慰問することはあったのでしょうか？　病院慰問とは誰の役割だったのでしょうか？　本発表では最後に、天皇の国立大竹病院の慰問を近代以降の歴史の中に位置づけ直し、ジェンダーの視点から考えたいと思います。

明治以降の天皇・皇后の病院慰問の歴史について調べると、明治初期、中期、昭和の占領期において、大きな変化が起こったことがわかります。決して、ジェンダー役割が固定していたわけではないのです。まず、明治初期には、西南戦争で傷ついた官軍側の兵士を、明治天皇が直々大阪臨時病院に見舞っており、その時の様子は、石版画や油彩画などに描かれました。たとえば、初代五姓田芳柳の石版画《明治天皇大坂臨時病院御慰問図》（一八七八年）や、亀井至一の《西南ノ役聖上負傷者ヲ慰セラルルノ図》（一八八七年）などの絵は今日でもよく知られています。これらには、一八七七年三月三一日、九州から大阪臨時病院に運ばれた負傷兵を慰問する明治天皇が、ナポレオン風の帽子を被って登場しています（図21）。しかし、やがて、天皇は勅使を遣わすだけで、天皇本人による病院慰問はほとんどなくなりました。(24)

明治半ばになると、病院慰問の役割は天皇と入れ替わるように、皇后及び皇族に移ります。天皇は軍事、政治面を統率し、皇后は養蚕や製紙業の奨励、女子教育の振興、そして病院慰問を担当するようになり、その境界は明確に分けられました。明治半ばに皇后美子が東京慈恵医院（一八八七年行啓）や広島予備病院（一八九五年行啓）を慰問する様子を描いた絵画は、「明治天皇・昭憲皇太后の御聖徳を永く後世に伝えるために」作られた聖徳記念絵画館に収められており、皇后を讃える象徴的な図像のひとつになっています（図22、23）。明治天皇は、日清戦争開始時に、広島に移した大本営に行幸しましたが、皇后美子も広島に行き、まさに呉海軍病院（のちの国立大竹病院）などを慰問しています。そして皇后の慰問の役割は、戦争とともに大きくなっていきました。

皇后良子は、ミッドウェー海戦で大敗を喫して戦局が厳しくなった一九四二年一二月に、東京第一陸軍病院を行啓しました。このときの様子は、報道写真を元にして小磯良平が《皇后陛下陸軍病院行啓》という油彩画を描いています（図24）。この皇后の病院慰問の絵は、太平洋戦争開戦二周年を記念して開催された「第二回大東亜戦争美術展」で特別に展示されましたが、伊勢神宮に戦勝祈願した祈る天皇と、大本営で統率する天皇の絵と同時に並べて

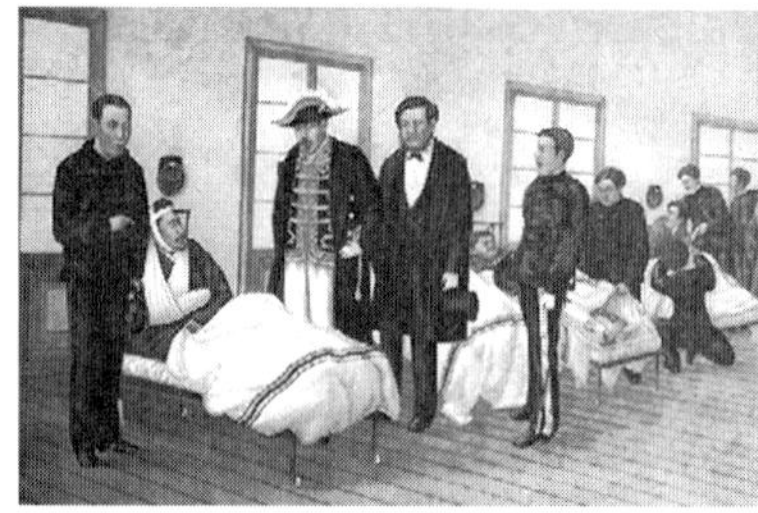

図21　初代五姓田芳柳《明治天皇大坂臨時病院御慰問図》油彩、1878年、靖国神社蔵

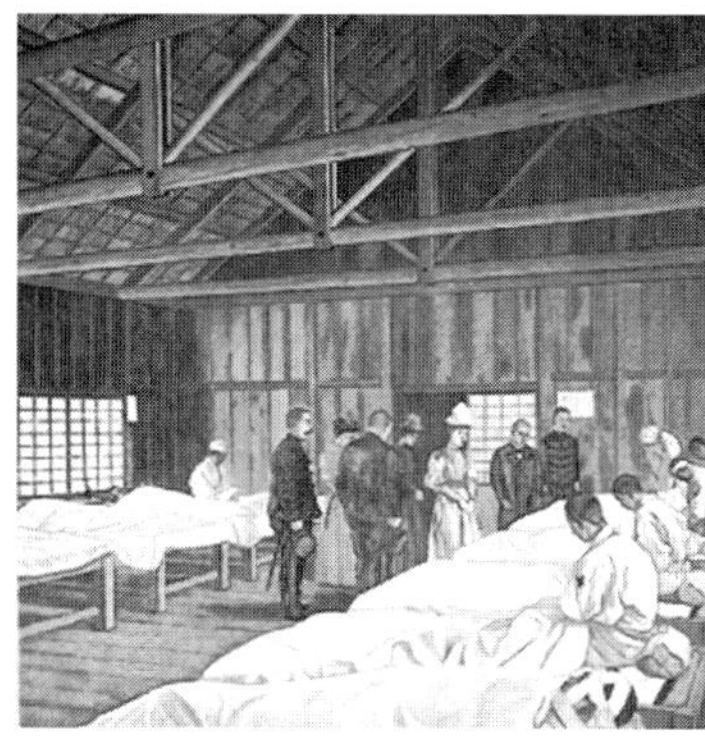

図22　石井柏亭《広島予備病院行啓》油彩、1929年、聖徳記念絵画館蔵

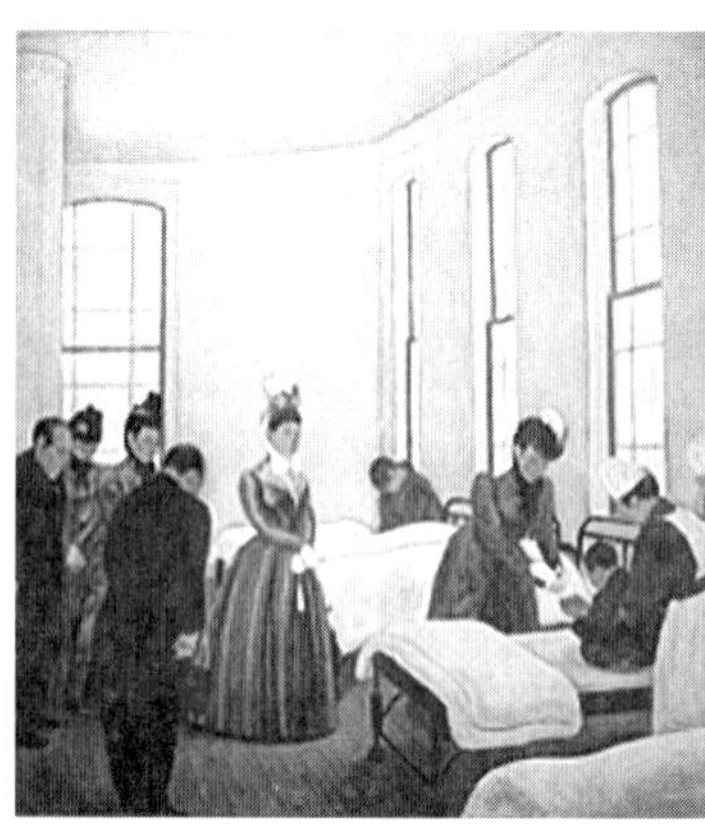

図23　満谷国四郎《東京慈恵医院行啓》油彩、1927年、聖徳記念絵画館蔵

展示されました。小磯良平・藤田嗣治・宮本三郎という当時最も著名な戦争画家たちによって描かれたこれらの三枚の絵画は、新聞、雑誌、絵葉書、画集などによって広く流布したにも関わらず、現在でも所在もわからず、長らく「美術史」の記憶からも消去されたままになっていました。「祈る・統率する・慰問する」姿を描いたこれらの三枚は、戦時中の天皇・皇后の基本的な役割を象徴化するものであったがゆえに、戦争責任を直接的に思い起こさせるこれらの絵画は忘却されたと言えるでしょう。[25] この三枚の絵画では、「祈り」と「統率」は天皇に、「慰問」は皇后の役割として明確にジェンダー化されています。

しかし、一方で戦争が本格化すると、興味深いことにジェンダーの境界越境が起こります。天皇自身が病院慰問を行っているのです。報道されたのは、管見の限りでは、一九三九年三月一四日の陸軍第三病院の行幸だけですが、その様子は新聞で大きく報じられました。『読売新聞』では、「陸軍第三病院に行幸、来る一四日、多摩陵御参拝の後、白衣勇士空前の光栄」（同年三月一二日夕刊）、「陸軍第三病院へけふ初の行幸　栄光洽し！　白衣勇士」（同年三月一四日朝刊）などと、行幸前から何度も報じられています。

図24　小磯良平《皇后陛下陸軍病院行啓》油彩、所在不明、1943年

しかし、それらの報道では、病棟をまわって傷病兵を見舞う天皇の写真が掲載されることはありませんでした。「聖上けふ第三陸軍病院へ行幸：傷痍勇士更生の姿、龍顔間近に拝してみな感涙す」という『読売新聞』の写真（同年三月一五日夕刊）には、病棟で傷痍兵を見舞う天皇の姿は見えず、かわりに天皇を乗せた車列が掲載されています。また、『朝日新聞』の「傷兵の快復に御満足：御仁愛に涙す白衣勇士」というタイトルの記事を付けられた写真は、高い台の上から傷病兵たちを見下ろし鼓舞する姿が掲載され、通常の病院慰問の図像とは大きく異なるものでした（図25）。

一方、皇后や皇太后も、戦時中、陸軍病院や日赤病院などを頻繁に訪れ、傷病兵を慰問しました。そして戦争の激化に伴って、病院慰問だけでなく、皇太后が横須賀海軍航空隊に行啓し「海鷲の猛訓練」の様子を台覧するなど、一般兵士を激励する姿が多数、登場するようになります（図26）。従来の研究では戦時中の皇太后や皇后の行動について注目されてきませんでしたが、彼女たちは驚くほど活発に活動していました。

そして、東京大空襲のあと、一九四五年三月一八日、昭和天皇は被災地を視察しますが、このときは車列の中ではなく、身体をさらし侍従を従えて歩く軍服姿の天皇の写真が新聞に掲載され、「罹災地の焦土に起たせられ御躬をもつて民草と痛苦を共にし」たことが強調されました（図27）。天皇が東京大空襲の被災地を歩く姿は、慰問・慰霊・統率の意味を含むものであり、戦前と戦後をつなぐ過渡的な表象であったと言えるでしょう。それは、やがて始まる戦後の巡幸に引き継がれていく表象でした。

図25　「傷兵の恢復に御満足」『朝日新聞』1939年3月15日朝刊

図26　「皇太后陛下、横須賀へ行啓」『朝日新聞』1941年6月10日朝刊

図27　「東京大空襲の戦災地を視察される天皇」『朝日新聞』1945年3月19日朝刊

図28　昭和天皇の病院慰問の写真（戦後巡幸）

戦後巡幸での病院慰問

以上、確認してきたように、明治の天皇巡幸によって作られたという「仁慈の皇室イメージ」は、病院慰問という象徴化された図像によって、明治半ばに天皇から皇后の役割に変わり、敗戦の危機に際して、再び天皇が登場するようになったのでした。

さて、戦後の巡幸での天皇による病院慰問は、ジェンダーの視点から見ると、幾重にも複層していることがわかります。第一に、天皇が「病院慰問」というそれまで皇后の役割として女性化されていた行為を担うことによって、女性化されます。これは、敗戦直後から、天皇を女性的に表象することによって、戦争を担った「悪い軍人」と切り離して脱軍事化をはかる一連の流れの中に位置づけられます。女性的な「甲高い声」や、女性的な「素直な性格」などという言説が、天皇の身体を写した写真を伴いながら、メディアに流通しました。しかし、昭和天皇の身体は、観念的に女性化されるだけでなく、病院慰問の巡幸写真が示すように、患者に対しては「父」や指導者のように権威ある存在として表象され、同時に男性性も有しています。

一方、天皇によって慰問された人々は、どのように表象されたのでしょうか？　昭和天皇の全国巡幸についての代表的な写真集『天皇』（一九五二年）と、最近出版された二種類の写真集に掲載されている病院慰問の写真を見てみましょう（図28）。ご覧のように、群衆のなかには遠景のために性別のわからない人も含まれ、看護婦の女性患者と子供を見舞った写真が一枚ありますが、その他のベッドの上などで天皇の慰問を受ける患者は、すべて男性です。天皇は、もと陸海軍病院であった国立病院を訪問しているわけですから、全員が元軍人・軍属であったとは断定できませんが、その可能性は高いと思われます。包帯を巻き、白い着物で病室にいる彼らは、国家のために戦った英雄というよりは、天皇に見舞われるべき正当な傷病者として公認されています。戦時中、多く見られた、女性が傷病兵を慰問して、再び戦えるように激励する図像とは異なり、天皇によって見舞われる男性たちは、居住まいをただし、画面からは緊張感が伝わってきます。天皇は全国巡幸では女性や子どもたちも見舞っていますが、それは病院ではなく、母子寮や保護施設などでした。空襲で怪我をした女・子どもたちは、どこへ行ったのでしょうか？戦争で負傷した人間は、日本人男性だけだったのでしょうか？　決してそうではありません。

戦争の「犠牲者」が出たとき、誰の死が、誰の負傷が、「犠牲者」や「英雄」として、嘆かれるのでしょうか？公的な哀悼を禁じられた人たちや、弔われない人、補償されない人は、いったい誰なのか。その公的な分断と差別の構築に天皇の巡幸が果たした役割が、広島巡幸からも見えてきます。

おわりに

本稿では、一九四七年一二月の昭和天皇の広島巡幸に際して、原爆患者を見舞ったという国立大竹病院の慰問を中心に、天皇の病院慰問という行為の意味や被爆者慰問の言説、敗戦直後の大竹町の空間について考察しました。最初、私は天皇が原爆の投下された広島市内の病院ではなく、なぜ、遠く離れた山口県との県境にある大竹町の国立大竹病院を訪問したのか、なぜ、たった一人しか入院していない原爆患者を見舞ったのか、ということに疑問を抱きました。それは、一九四七年末当時、巡幸に際して元陸海軍病院であった国立病院や療養所を慰問することがすでに定型的になっていたため、赤十字病院ではなく国立病院が選ばれたこと、一八八九年海軍の重要拠点に創設された伝統ある旧呉海軍病院を重視したため、占領軍接収のため移転して名前を変更した国立大竹病院が選ばれたのであろうと推測されますが、まだ釈然としないことが多く残っています。

昭和天皇の国立大竹病院の慰問について当時の地元の新聞記事では、「たゞ一人の原爆症患者」を見舞ったと報道されていたのにも関わらず、最近相次いで出版されている天皇の巡幸本や写真集においては、見舞われた被爆者の数が複数化され、大竹病院の前に訪れていた国立岩国病院での被爆者慰問の事実は消し去られ、ヒロシマでの被爆者慰問のみが歴史化されていること、さらに、敗戦直後の全国巡幸を現天皇の広島―沖縄―東日本大震災の被災地巡幸と一直線に繋いで物語化する言説が増えていることにも注目する必要があります。天皇・皇太子・未来の皇位継承者を視覚的に見せる「天皇ご一家」イメージがもはや直系家族だけで構成することができなくなっている現在、天皇・皇后の行う「慰問」や「慰霊」は、象徴天皇制を支える核心的な意味を持っており、その傾向は今後、さらに強化されると思われます。

天皇の病院慰問については、これまでの戦後巡幸や天皇制の研究においても焦点化されたことはありません。従来のジェンダー研究では天皇・皇后が国民国家のロール・モデルとしてジェンダー化されてきたことが明らかにされていますが、彼らの役割は決して固定したものでも普遍的なものでもなく、実にドラスティックに変化してきました。近代天皇制においては明治半ば以降、「病院慰問」は天皇から皇后や皇族の役割に変わり、敗戦の「危機」に際して再び天皇が自ら行うようになります。しかし、女性化された天皇という性差の境界喪失につながる危険な表象は、同時に男性化の表象によっても補償されなくてはならず、敗戦直後、昭和天皇は、家族、老人、生物学者、親米など様々な要素を絡ませながら、ジェンダーの揺らぎのなかでパフォーマティヴに姿を現し続け生き延びました。天皇制についてジェンダーの視点から考えるということは、皇后のみの研究を意味することではなく、天皇について分析することでもあり、その「男性天皇」の身体表象についてはジェンダーの視点からのさらなる分析が必要でしょう。

戦後巡幸における天皇の病院慰問は、単なる「仁慈」の強調だけだったのでしょうか？ 全国巡幸の前半期に集中する病院慰問の訪問先の大半が、元軍関係の医療施設であったということは重要です。慰問写真からも明らかなように、その大半が男性で占められる傷病者たちは、天皇によって癒されるべき正当性を与えられる一方、他方では空襲で負傷した民間の被害者は病院慰問と言説からは締め出され、不可視化されていきます。今後は、天皇の病院慰問や被爆者慰問について、制度や政策の側面も含めて検討する必要があります。

最後に、高雄きくえさんに教えていただいた「おやさしい人間天皇さま」という栗原貞子の詩を紹介して、発表を終わりたいと思います。この詩は、一九五一年一二月に天皇が広島を再訪したときに作られた詩で、「廣島生活新聞」（一九五二年一月一五日号）に掲載されました。この詩を発表した八島藤子というペンネームにも天皇制を批判する栗原貞子の明確な意思が表れています。さきほど、高雄さんによる栗原貞子の再読を試みる発表がありましたが、私自身、「生ましめんかな」で代表されることの多い栗原貞子の詩に対してジェンダー化された一種の偏見のようなものを持っていたことに、今回あらためて気づかされました。ありがとうございました。

栗原貞子　「おやさしい人間天皇さま」

犬ころにも　にっこり
養老院のとしよりにも
戦争で親を失った孤児たちにも
やさしくほほえんで「御大切にね」
六方学園の智恵おくれの子が
「オジチャン」と呼ぶ少し猫背の
おやさしい人間天皇さま

けれども東京から広島へ
小豆色の宮廷自動車数台を
特別輸送させ　全市の道路という道路を
日野党労働者や勤労奉仕でうずめる
清掃作業
県はピストルと棍棒の警官の
警備費何百万円を計上し
三日間の御滞在に牛四頭を殺して
おあがりになる部分だけ
桐の箱に詰め
冷蔵庫に入れて御到着を待った

街頭に叫ぶ手のない足のない
汚れた白衣の勇士たち
アメリカの兵隊と組んで行く
敗れた国の娘たち。
焼トタンのバラックの
その日暮らしの暗い群を
強制執行で追っ払い
鉄筋コンクリートのビルが
建ちならんだ広島の街

みちがえるように復興したと
おほめに与っても
復興したのは血を吸った死の商人だけ
吹き寄せられた木の葉のように
河岸の土手に密集した
バラックに住んで
カラッポの米櫃にためいきし
一日一日をつないでいく
薄い血のヒロシマ族

カーキー色の大群が朝鮮海峡を
わたっていく噂がしきりに流れ
やがて私らの夫や子供が
再び肉弾にされようとしていることも
知っていられるのか
知っていられないのか
犬ころにもにっこり
少し猫背の
おやさしい人間天皇さま
（「廣島生活新聞」一九五二年一月一五日号掲載、八島藤子名。）

註

（1）本稿は、広島ジェンダーフォーラムでの発表原稿を加筆修正したものであるが、以下の論文を元にしている。北原恵「『慰問』する天皇とジェンダー：近代天皇制と病院慰問の歴史」『インパクション』一九三号、二〇一四年／同「天皇の『原爆患者』慰問はいかに語られてきたか？：一九四七年全国巡幸」『インパクション』一九六号、二〇一四年。また、本稿校正中に同テーマで発表の機会を得た「象徴天皇制研究会」のメンバーからは、多くのご教示を頂いた（二〇一六年六月二五日、明治大学）。大竹での調査にあたってご協力頂いた大竹市立図書館、大竹市教育委員会、大竹市役所の職員の皆さま、大竹を案内してくださった皆さまに感謝したい。

（2）大金益次郎『巡幸余芳』新小説社、一九五五年、一〇五頁。昭和天皇の戦後巡幸で訪問した病院は、以下の通りである。病院名の「国立」は省略、（ ）内は国立病院・療養所以外。病院名の抽出に当たっては、大金益次郎『巡幸餘芳』（一九四七年末まで供奉）、天皇アルバム刊行会『天皇』一九五二年他を参照した。病院慰問は、一九四七年をピークとして減少し、全国巡幸後半では、国立病院以外にも巡幸していることがわかる。

一九四六年二～一一月：久里浜病院、高崎病院、木戸病院、霞ヶ浦病院

一九四七年六～一二月：姫路病院、仙台病院、盛岡病院、弘前病院、秋田病院、山形病院、郡山病院飯坂分院、栃木病院戸祭分室、新発田病院、新潟療養所、長野療養所、松本病院、甲府病院、福井療養所、山中病院、（小野慈善病院）、療養所北陸荘、鳥取病院、島根療養所三朝温泉療養所、（財団法人年金保険厚生団玉造整形外科療養所）、松江病院、浜田病院、山口病院、岩国病院、大竹病院

一九四九年五～六月：小倉病院、嬉野病院、大村病院、熊本病院、宮崎療養所、亀川病院

一九五〇年三～一〇月：松山病院、高知病院、徳島病院、（小松島赤十字病院、東京都社会保険協会山手病院、埼玉県済生会川口再生病院）

（3）サンニュースフォトス編『天皇　Emperor』トッパン、一九四七年、頁数記載なし。英語の説明は、日本語と微妙に異なっている。

（4）サン・ニュース・フォトスは、一九四五年一〇月に山端祥玉が設立した写真通信社。山端らが撮影し、一九四六年元旦新聞で発表された「人間天皇」の写真の分析や、一連の天皇一家の写真については、以下を参照。北原恵「正月新聞に見る＜天皇ご一家＞像の形成と表象」『現代思想』二〇〇一年六月号／同「戦後天皇「ご一家」像の創出と公私の再編」『大阪

大学文学研究科紀要』五四巻、大阪大学文学研究科、二〇一四年。

（5）写真展「山端祥玉が見た昭和天皇：摂政から象徴まで」は、ＪＣＩＩフォトサロン（東京）で、二〇一五年一二月一日〜二四日まで開催。

（6）天皇の「女性性」の強調については、敗戦後、すぐさま天皇イメージの脱軍事化を図る必要があったため、新聞をはじめメディアで流されたが、これ以外にも左翼による受容にも注意する必要がある。たとえば、中野重治『五勺の酒』（一九四七年）には以下のような記述がある。「しかしそのとき、僕はあらためて、言葉はわるいかも知れぬがこの人を好きになった。少なくとも今まで以上好きになれる気になった。新聞が書くようにこの人は底抜けに善良なのだ。善良、女性的、そうなのだ。声も甲高い。」（中野重治『五勺の酒・萩のもんかきや』講談社文芸文庫、一二六頁。傍点は引用者。）

（7）「天皇のお眼に映った北海道（記者会見記）」『読売新聞』一九五四年八月二三日夕刊。

（8）「〝原爆の影響はないか〟：市民の健康にお心遣い」「天皇と広島」編纂部『天皇陛下と広島：昭和の御代に感謝のまごころを』天皇陛下御在位六十年広島県奉祝委員会、一九八七年（非売品）、九八－九九頁。

（9）「広島五日市町、原爆孤児お慰め」『読売新聞』一九四七年一二月八日朝刊、二面。

（10）広島の奉迎台に立ち群衆に向かって帽子を振る昭和天皇の写真のバリエーションは色々あるが、小熊英二の『〈民主〉と〈愛国〉』で表紙に使われて以来、急速に注目を浴びるようになったようだ。広島の奉迎台の写真は巡幸後からすぐに使用されているものの、グラビアでは必ずしも必須ではなく、広島巡幸の表象は、今日のように定型化されてはいなかった。

（11）前掲『天皇陛下と広島』一六八頁。敗戦直後、昭和天皇は戦災慰問のため広島と長崎に侍従を差し向けている（「広島、長崎両市へ侍従御差遣　畏し、戦災者に大御心」『朝日新聞』一九四五年九月一日。）広島赤十字病院に天皇・皇后が慰問するのは平成に代わり、一九八九年九月になってからである。

（12）ＮＨＫ出版編『ヒロシマはどう記録されたか：ＮＨＫと中国新聞の原爆報道』日本放送出版協会、二〇〇三年、三二六頁。

（13）広島での原爆投下後の病院の様子については、以下を参照した。吉村実（元国立広島病院院長）「広島陸軍病院の原爆処理」『創立一五年の歩み』（国立呉病院、一九七一年）／日本赤十字社広島県支部『日本赤十字社広島県支部百年史　資料編』日本赤十字社広島県支部、一九九一年／日本赤十字社広島県支部『赤十字物語：日本赤十字社広島県支部百年の歩み』一九八九年。敗戦前後の呉海軍病院の歴史については、『呉海軍病院史』（呉海軍病院史編集委員会、二〇〇六年）／『創立五〇年の歩み』（呉医療センター、二〇〇六年）を参照したが、一九四七年の天皇巡幸時の広島市内の病院や被爆者治療については不明のことが多く調査中である。呉海軍病院は、明治期には明治天皇が大本営を移して滞在していた広島に皇后美子も行啓し、慰問した病院である。美子は広島陸軍予備病院も行啓。

（14）厚生省『引揚援護の記録』（復刻版）クレス出版、二〇〇〇年（原本は一九五〇年出版）、六七頁。大竹の歴史については、以下も参照。大竹市『大竹市史』一九六〇年／大竹市教育委員会『写真集　ふるさと大竹』一九八四年／大竹市秘書課「戦後六〇年企画①②」『広報おおたけ』一〇五六号・一〇五九号、二〇〇五年八月・一一月／三菱化成工業（株）編『行幸記念写真帖』一九四七年一二月／大竹市医師会編『大竹市医師会史』一九六四年／広島県『広島県史』一九八三年／廣島県警察部『廣島県警察史』一九四一年／広島県警察史編修委員会『新編広島県警察史』一九五四年／広島県警察史編さん委員会『広島県警察百年史』一九七一年。

（15）報告書では、進駐軍の移駐などについて報告したのち、慰安所設置について次のように述べている。

「連合軍大竹地区進駐状況ニ関スル件

五　性的慰安施設開設　性慰安施設ニ付テハ　進駐后間モナク直接部隊並県慰安協会県保安課ト密結シ　適地物色中ナリシガ　部隊駐此地ヨリ約二民粁民家ヨリ離レタル　管下佐伯郡大竹町字小島新開　三菱化成工場所属寮　「養和寮」　ヲ十二月九日　之ガ施設トシテ決定シ　即日慰安協会ヨリノ慰安婦八名ヲ収容シ開設シタルガ　衛生其ノ他諸施設比較的整備シ居リタル関係上　進駐部隊ノ人気ヲ呼ビ　全ク昼夜兼業盛況ヲ呈シツヽアリ

尚之ガ検診トシテハ　毎日正午警察立合ノ上前記対策委員会衛生部々長　長[redacted]文榮医師ヲ　専任医師トシテ検診ヲナサシメツヽアリ　尚玉代トシテハ　オールナイト　四拾五弗　ショートタイム　弐拾弗　トシテ取リ敢ズ営業セシメツヽアルガ　近時ハ海田市方面ヨリモ進駐部員個々的ニ遊行ニ来竹シツヽアリ　此ノ点　当地部隊長ヲ通ジ指止方懇請中ナリ」（『昭和二十年　呉進駐関係綴』、防衛研究所図書館所蔵）

この報告書では、地元警察が進駐軍の慰安施設を作るために、県の行政機関と連携を図りながら迅速な対応を行ったこと、進駐軍の人気を呼んだことが誇らしげに書かれたのち、警察の管理下にない民間での個的な遊行を取り締まろうとしていることがわかる。その手慣れた対応には戦前との連続性も感じさせるものであり、今後の調査・研究が必要である。本資料の存在を教えてくださった平井和子氏に感謝したい。

（16）三菱レイヨン株式会社社史編纂委員会『三〇年史　三菱レイヨン株式会社』（非売品）一九六四年、三六－三七頁。

（17）「養和寮」という名前の由来についてであるが、三菱には、「三菱養和会」という会が、一九一四年創設の三菱倶楽部を源として存在する。三菱の岩崎小彌太社長は、一九三八年には大竹工場を視察し、一九四〇年に「財団法人三菱養和会」を設立した（「公益財団法人　三菱養和会」ホームページより）。大竹の「養和寮」が三菱「養和会」と関係があった可能性もあるが、今後の資料調査が必要である。

(18) 幸啓録とは天皇・皇后・皇太后の行幸啓の記録。国立大竹病院行幸に関する資料は、「幸啓録四六（鳥取・島根・山口・広島・岡山県の部）」宮内庁書陵部区内公文書館蔵に所収。なお、『幸啓録』や地方新聞を用いて戦後巡幸を詳細に検証した先駆的研究として、瀬畑源「昭和天皇「戦後巡幸」の再検討」『日本史研究』五七三号、二〇一〇年／同「昭和天皇「戦後巡幸」における天皇報道の論理」『同時代史研究』三号、二〇一〇年／同「象徴天皇制における行幸」河西秀哉編『戦後史のなかの象徴天皇制』吉田書店、二〇一三年。

(19) 西川秀和編『昭和天皇の全国巡幸（第一巻・全国編）』アーカイブス出版、二〇〇八年／昭和天皇巡幸編纂委員会『昭和天皇巡幸：戦後の復興と共に歩まれた軌跡』創芸社（文庫版）、二〇一二年（世界日報社一九八五年刊の改題・加筆版）／前坂俊之編『写真集：昭和天皇巡幸』河出書房新社、二〇一三年。

(20) 時計の写り込んだ慰問の写真は、幸啓録にも所収されている。だが、写真の裏面には手書きで「国立大竹病院」と書かれており、病院名を間違って記載している可能性が高い。

(21) この写真は、天皇の全国巡幸を扱った豪華写真集『天皇』（天皇アルバム刊行会、一九五二年、一八六頁）や、『天皇陛下と広島』（口絵四頁）に掲載されている。

(22) 巡幸から二年後の一九四九年に出版された吉川清の『平和のともしび：原爆第一号患者の手記』（京都印書館）には、天皇の巡幸についての記述は一切ない。同書には当時の吉川清の写真が載っており、図20の路上で出迎える男性に似ているようにも見える。彼が吉川清であるかどうかの証拠は今のところ全くない。

(23) 竹田恒泰「発刊に寄せて」前掲『写真集：昭和天皇巡幸』六頁。

(24) 明治天皇の病院慰問については、明治天皇聖蹟保存会編輯『明治天皇行幸年表』大行社、一九三三年を主に参照して調査した。

(25) 天皇・皇后を描いた三枚の絵画については、北原恵「消えた三枚の絵画：戦中／戦後の天皇の表象」『岩波講座：アジア・太平洋戦争二・戦争の政治学』二〇〇五年に詳しい。

大和ミュージアム

周辺のまちなみと、呉の記憶

中岡志保

はじめに

わたしは現在、呉から六〇キロほど離れたまちで、障がいを持った方々の就労と生活を支える仕事をしています。その関係で、市街地から中山間地域（島しょ部を含む）までを、車で往復する日々を送っています。そんななか、いわゆる「過疎」と呼ばれる地域では、「自衛官募集」と文字だけ書かれた、古びた看板を時折目にします。それは萌えキャラや女性自衛官の優しさを描いたような今風のポスターとは異なり、ひっそりと、かつ強力にメッセージを投げかけてきます。たいてい空き家が点在する集落の道路脇や、店舗前に設置されています。「自衛官募集」という文字は薄れて読み取りにくいのに、連絡先だけははっきりと上書きされているという共通点があります。

この光景でふと頭をよぎったのは、辺見じゅんの小説『男たちの大和』（二〇〇五年）で戦艦大和に乗り込んだ少年兵、西哲也のことでした。彼は岡山の貧しい村の農家の息子で、父親も戦死したのになぜ志願したのかと問われ、「三反百姓には、現金収入がない」からだと語っていました。[1] 現在、自衛官の出身地は公表されていませんが、空き家が目立つ過疎の中山間地域で自衛官募集の看板を目にすると、西のような少年兵からのルーツを想起しないではいられない心持ちになってきます。

〝現金収入を得る〟ということに関して言えば、わたしはこれまで、江戸期から現代までの芸者や花柳界（遊廓も含め）、そして女性の労働をテーマに研究を行ってきました。かつて農村の貧しい女性たちが売られてゆく先が花柳界であったわけですが、現在はマスコミの力によって、伝統芸能継承の場としての見方が定着してきました。加えて、芸者稼業は「お商売」と呼ばれ、性労働に近い生業と見なされてきましたが、さまざまな形態のサービス産業が流布してくるに従って、貧しいがゆえに「お商売」を生業とする女性＝芸者から、「憧れ」という情動によって一つの職業として芸者を選択する女性の労働へと変わってきました。

こうした社会変容のなかで、今回わたしがテーマにしている呉のまちなみも変わってきました。ここでは変化のひとつとして挙げられる、二〇〇五年に誕生した大和ミュージアム（呉市海事歴史科学館）とそれをとりまく状況を、呉に生まれ育った者のひとりとして、わたしの視点から分析したいと思っています。これは大和ミュージアム批判でもまちなみの評価でもありません。わたしのひとつの違和感が先に立っています。

わたしが小さかった頃の呉の市街地に関する記憶は、今のように海軍さんのカレーや、れんがのまちなみなどではありません。呉市の中心市街地を走る蔵本通りは白けた印象で、その一角の公園には雄と雌のクジャクがいました。クジャクはいつしかいなくなり、呉市は「戦艦大和」のふるさと、海軍のまちというアイデンティティをかかげるようになりました。それはなぜなのか？　という素朴な疑問が奥深いところにありました。

そしてもうひとつ、海軍などの軍隊のまちにはつきものだった、かつての花柳界でお商売をしていた接客婦は、今、軍港をイメージしたまちなみが形成されていくなかで、果たしてどこかに見出すことができるのか？　という興味もありました。これは先ほどの〝現金収入を得る〟ということと関連しているのですが、貧しさに起因した生業は、どう変容したのか？　を探ってみたいと思いました。

このふたつの関心から、わたしは呉に生きるさまざまな記憶をかき集めてみることにしました。

一、大和ミュージアムと展示

大和ミュージアム（呉市海事歴史科学館）の概要

平成二五年五月一二日に作成された資料「呉市海事歴史科学館設立業務(2)」によると、大和ミュージアムの設立総事業費はおよそ六五億円で、財源内訳は、国（防衛施設庁）一〇億円、県五億円、宝くじ・中国電力二億円、地方交付税一三億円、募金委員会等六億円、市負担（起債・一般財源）二九億円となっています。

大和ミュージアムは、瀬戸内海の海沿いを走るJR呉線の「呉駅」で下車し、海に向かって伸びる歩道橋（途中、レクレーションショッピングタウン「レクレ」と、大型ショッピングセンター「ゆめタウン」を通る）を歩いて一〇分くらいのところに建てられています。ミュージアム一帯には、旧海軍工廠のイメージを想起させるれんがのまちなみが、海を取り囲むように広がっています。その一画に、除籍となった潜水艦の内部を改造した、海上自衛隊呉資料館、通称「てつのくじら館」があります。なお、この資料館の入館料は無料となっています。

二〇一五年で開館一〇周年を迎えた大和ミュージアムは、この年の五月に入館者一〇〇〇万人を突破したと発表しました。観光の目玉がなかった呉で、大和ミュージアムは呉の代名詞として定着しました。「大和ミュージアム概要_Ver201601.ai」(3)によると、平成二七年一二月末までの入館者の四分の一が県内からで、五分の一が近畿地方から、次いで九州からとなっています。ミュージアム館内には日本語以外にも英語、中国語、韓国語のパンフレットが用意されていますが、大和ミュージアム運営グループ事務局長（以下、運営グループ事務局長と記載する）の話によると、国内客がほぼ占めており、中国や韓国からの観光客はめったにいないのが現状のようです。

大和ミュージアム最大の特徴は、市の教育委員会ではなく、産業部の管轄下にあるという点です。国重要文化財「旧呉鎮守府司令長官官舎」のある入船山記念館も産業部のもとで管理されています。当初は呉市直営の運営がなされていましたが、二〇〇八年に指定管理者制度が導入され、現在は代表企業・凸版印刷株式会社、構成企業・株式会社トータルメディア開発研究所、株式会社日本旅行、ビルックス株式会社によって運営されています。それを描いたミュージアム組織図では、館長の戸高一成氏を中心に、学芸業務と運営・管理業務の二つに大まかに分かれています。学芸業務は呉市海事歴史科学館学芸課一三名の下にボランティアガイド一〇五名を置いています。これとは一線を画し、運営・管理業務を行う八つの部署があります。事業企画、事業運営・庶務、接遇、地域連携、営業・広報、展示設備管理、施設維持管理（管理、清掃含む）、ショップがそれらで、計七八名が従事しています（大和ミュージアム概要_Ver201601.ai)。

大和ミュージアムはホームページ上(4)でいろいろな情報を発信していますが、趣旨は、呉市が戦前は東洋一の軍港であったこと、戦後は旧軍港市転換法(一九五〇年)により、それまで培った造船技術を利用して科学技術を発展させてきたことをたたえる内容となっています。つぎに、大和ミュージアムの基本方針をみてみますと、

一、歴史的見地

造船技術等を通し、呉の歴史を後世に伝えます。

二、学術的見地

呉が過去から深くかかわってきた科学技術を新しい時代に生かします。

三、教育的見地

市民が生涯学習を実践していくための環境整備を行います。平和の大切さを未来に伝えます。

四、まちづくり的見地

周辺施設と調和を図り、人々が集う施設とします。

とあります。三の教育的見地からは、子どもも取り込めるように工夫がなされていること、四のまちづくり的見地からは、呉市中心部の住民はもとより、島しょ部等、周辺部の住民も広く意識していることが窺えます。

常設展

常設展に入るなり目を引くのは、一〇分の一戦艦大和の模型図です。一階から三階まで吹き抜けで、模型を取り囲むように通路がめぐらされているため、上下左右から展望できるようになっています。その他、一階にA:呉の

歴史、B：大型資料展示室があり、三階はC：船をつくる技術、D：未来へ（大和シアター）というテーマで区切られています。三階は就学前児童も念頭に置いてか、遊具（遊びながら科学が学べる）が設置されており、簡単に言えば子ども連れにはホッと一息つけるスペースとなっています。

ここでは、わたしの関心から常設展一階のA：呉の歴史ブースについて触れてみようと思います。このブースでは、呉の歴史が戦艦大和建造から沈没までの歩みとともに紹介されています。後半は、沈没した戦艦大和の乗組員の紹介パネルや、「海の墓標委員会」という、「戦艦『大和』及び海で亡くなった方々の鎮魂のために、『大和』の沈没位置を確認する」（辺見、二〇〇五年）という趣旨で設立された会が揚収した成果の展示がなされています。

「海の墓標委員会」は、戦艦大和の最後を書いた作家の辺見じゅん氏が、弟である角川春樹氏に呼びかけたことから本格的に組織されました。角川が事務局長となって資金調達を行い、委員長には辺見が、副委員長には作家の阿川弘之氏と、『男たちの大和』にも登場する内田貢氏が据えられました。

大和ミュージアムの来館者は、映画『男たちの大和』をみてやってきた、という人の割合が二〇〇七年では一四％、二〇一三年でも一一％であったという調査報告（粟屋、二〇一四年）もあります。この映画の製作者は周知の通り角川春樹氏で、大和ミュージアムが開館した年と同じ二〇〇五年に全国劇場公開されました。映画上映に先立って、ノンフィクション作品である『決定版男たちの大和』上下巻が角川春樹事務所発行のハルキ文庫から、二〇〇四年八月に出版されています[5]。また映画上映にともない、小説『男たちの大和』が、二〇〇五年一一月に同じく角川春樹事務所から出版されました。

あまり知られていないかもしれませんが、『男たちの大和』という一連の書籍には、やはり辺見じゅん氏による『女たちの大和』（二〇〇五年）という対となる出版物があります。これもやはり角川春樹事務所発行ハルキ文庫から出版されており、『レクイエム・太平洋戦争：愛しき命のかたみに』という書名で一九九四年にPHP研究所から刊行されたものを、加筆・訂正したとあとがきに記されています。当初は鎮魂のために書いた文章が、およそ一〇年後に『男たちの大和』の対書となって同じ発行所から出版されているのです。『女たちの大和』では、「大和」ということばには「『国のまほろば』としての日本という意味もふくまれて」いる、とあとがきに記されています。

『女たちの大和』は小説ではなく、一〇話のノンフィクションからなっています。必ずしも戦艦大和関係者の遺族の話ばかりではなく、女性本人がシベリア抑留によって戦争に翻弄されたという話もあります。一〇話のなかで、夫が戦死したという女性が三名登場します。そのうちの一名は「大和の墓標」という題からも察せられる通り、戦艦大和の乗組員だった男性の妻の話です。夫婦の話はいずれも、戦争によって引き裂かれた家族が描かれています。こうした出版物を通して辺見が訴えたかったことが、国家は「一つ一つの『小さな死』を土台にして成り立っている」といった文章で表現され、随所に折り込まれているならば、『男たちの大和』をきっかけとしてミュージアムを訪れた人のなかには、このメッセージを通して資料を観覧する人も少なくないかもしれません。

開館初年度のイベントは、常設展にいっそう『男たちの大和』としての彩りを与えるものでした。大和ミュージアムのホームページに掲載された「一〇年の歩み」をみてみると、二〇〇五年四月のできごととしては、名誉館長三名のうち一名は、「海の墓標委員会」の副委員長である阿川弘之氏が就任しています（他に松本零士氏、的川泰宣氏）。一〇月に呉市文化ホールで開催された「戦後六〇年戦艦大和を語る！」シンポジウムでは、呉市長をはじめ、三名の名誉館長や映画『男たちの大和』を制作した東映の坂上順氏らが登壇、そして一一月には、映画を彩った俳優陣が大和ミュージアムに来館しています。

こうしたことから、大和ミュージアムの常設展は、単なる戦艦大和遺品の揚収展示の場としてではなく、さまざまなメディアによって『男たちの大和』のイメージが付与された場、と言えるのではないでしょうか。

これまでの特別展・企画展

過去の特別展・企画展テーマ

第一回　日本海海戦と呉　河合太郎が見た日露戦争
第二回　原爆と呉
第三回　呉で誕生したふね（艦・船）たち――明治から平成までの進水式――
第四回　メイキング・オブ・一／一〇戦艦「大和」
特別展　第一回　プラネタリウム　星の記憶　大和を見つめた光
第五回　戦後復興へのみち――英連邦軍進駐時代の呉――
第六回　呉と潜水艦　潜水艦の研究開発と建造拠点・呉
第七回　宇宙への旅立ち　きみも宇宙飛行士になれるか！
第八回　戦争の時代と呉の文化　昭和初期、ふたりの青年教員が見つめた世界
特別展　第二回　軍艦設計の天才　平賀譲――戦艦大和への道をひらいた東大総長――
第九回　「海軍」が来た　「呉浦」から呉鎮守府へ
第一〇回　呉へ！戦時下の少年少女たち――動員学徒と女子挺身隊の日常――
第一一回　佐久間艇長とその時代――第六潜水艇のものがたり――
第一二回　宇宙と海洋の世界――未知の世界を探る――
第一三回　明治の青年と日清・日露戦争――明治の呉と海軍――
第一四回　高松宮と呉と海軍――呉にゆかりの皇族士官の足跡をたどる――
第一五回　完成！国際宇宙ステーション――日本の宇宙開発のこれまでとこれから――
第一六回　明治の呉と海軍――軍港と市民の暮らし――
第一七回　制服にみる海軍の歴史――明治から昭和へ八〇年の流れ――
第一八回　くらしと「もの」にみる昭和史―戦前・戦中・戦後を生き抜いた人々―
第一九回　近代技術国家をめざした日本と呉――明治の呉と海軍――
第二〇回　海軍記録画［前期］――絵画によりたどる海軍の歴史――
第二一回　宇宙をみる　地球をみる　画像で分かる　星のかたち、星のなりたち
特別展　第三回　客船の旅　近代日本の客船と呉・現代クルーズの世界
第二二回　海軍記録画［後期展］――絵画によりたどる海軍の歴史――
特別企画展　巨大戦艦大和展――新発見による艦橋復元――
第二三回　戦艦大和・武蔵の進水式展――戦前戦後の時代を飾った船たち――
戦後七〇年記念　特別企画展　日米最後の戦艦展――戦艦大和とミズリー――

この表からは、展示のテーマが基本方針の「一、歴史的見地」と「二、学術的見地」に則った内容となっていることがわかります。わたしはこのうち、第八回の企画展「戦争の時代と呉の文化」(二〇〇八年)、特別企画展「巨大戦艦大和展」(二〇一四年)、特別企画展「日米最後の戦艦展」(二〇一五年)を訪れました。

ここでは「巨大戦艦大和展」について触れてみたいと思います。展示室は四つの配色で四つのテーマに区切られていました。青・歴史から学ぶ、緑・ものづくりをたどる、黄・科学技術を探る、赤・平和を考える、です。これは大和ミュージアム入口の青い垂れ幕に記されていた、ミュージアムの趣旨を意識したもののようでした。ミュージアムに入ると、二〇〇八年の来館時よりも女性コンパニオンが増えている印象を受け、笑顔でせわしなく入場者に声をかけていました。

展示室に入るとともに、ゴーォという騒音が鳴り響き、アナウンスが聞こえてきました。それは戦艦大和の運転室内部が再現されている一画から発せられていました。入場者は平日だというのに常に二、三人が入っては出ていきます。展示品は艦の設計図や部品、その横に設置されたパネルが主といった感じで、メインは展示室中央部に据えられていることからも、戦艦大和の運転室を模した一画のようでした。運転室の窓からは、船の先の左横から大砲が出て発射され、それが終わると大砲が収められていくCGの映像が、解説や音響とともに流されていました。大和の乗組員になった気分がここで味わえる、というわけです。

この展示室はおおざっぱに言うと、入口から逆Uの字に進むようになっており、戦艦大和の模型のあるスペースを壁で仕切った裏手に、平和を考えるというブースが設けられていました。そこでは観客の有無にかかわらず、戦艦大和の乗組員や遺族らの語りを収めたビデオが繰り返し流されていました。そのため展示室は、青・歴史から学ぶブースから発せられる衝撃音と、赤・平和を考えるブースで流されている静かな語りが入り乱れた状態となっていました。

わたしが強調しておきたいのは、赤・平和を考えるブースに入ってようやく女性の姿が登場するということです。

このビデオの出演者一一名中、女性は三名で、いずれも銃後を守ってきた女性たちでした。それは一見すると、当時のジェンダー分業を再現しているかのように感じられました。

ビデオ出演者のうち、戦艦を作ってきた男性技術者は「日本の造船は世界一だ。能率的に立派な船を安く作るためである。(…)戦艦大和は世界最大・最強の艦(ふね)だ」と語り、かつて乗組員であった男性生存者は「人格の確立した場所＝戦艦大和」だったと感慨深げに語っていました。

こうした男性の語りとは対照的に、残された女性二名の語りが涙ながらに語られます。最初に登場する女性は、『大和』の最後(兄妹の別れ)」を語り、続く女性は「戦争で引き裂かれた家族愛」について語ります。その後しばらく男性の語りが続き、「戦争で引き裂かれた家族愛」、「戦後の家族の苦しみ」と先ほどの女性たちの語りが続いて終了します(なお、このビデオは繰り返し流されているため、最後はあまり明確ではありませんでした)。

「戦後の家族の苦しみ」を語った女性は、大和の沈没で夫を亡くした戦争未亡人でした。この女性は、「戦艦大和が結果的には沈没してしまう船出に際して、夫は覚悟していたのでしょうが、我々は全く知らされなかったし、考えすらしませんでした。(…)夫の戦死後、この先どうやって生きていけばいいのかと途方に暮れ、線路に身を投げ出しそうになることもありました」と述べ、「そうしたなかで、夫は子どもが大好きであったことを思い、わたしに残された道はこれだと天職を得た思いで、これまで子どもに関わる仕事をしてきました」と語りました。背景には、園庭らしき風景と、子どもと一緒に撮影した写真が映されていたことから、言明はされませんでしたが、この女性が保育園を経営して来られたのだろうことが窺えました。

大和がどんなに立派な戦艦であったのかというメッセージとともに、女性の口から発せられる隠されたメッセージに、わたしは米山リサさんが『広島　記憶のポリティクス』のなかで指摘している、「女性化された記憶」との共通性を見出しました。米山さんは、「女性化された記憶にとって最も重要なことは、母性についての修辞と、平和と反核の言説のなかで広まっていった母らしさに関するもろもろの想定であろう」と述べています。ビデオに登場する語りに関して言えば、銃後を守っていた女性は、未亡人になってからは我が子だけではなく、地域の子どもたちをも育てる「母」として平和を訴え続けています。それは戦争のための船を造っていた造船業とそれにともなう科学技術が、今では平和的に利用転換されているのだということを、あえて女性の口から語らせているようにも感じられます。つまり、女性――それも母としての――の語りなくして「平和」あるいは「平和的産業」である、今日の呉の製造業を訴えることはできない状況を読みとることができるのです。

おもに第二次世界大戦下でのできごとを展示する大和ミュージアムは、その展示内容に、当時の固定化されたジェンダーを垣間見ることができます。男性による戦争への歩みと、同時に生み出された「知」に関するモノが展示されている、その背後で母の戦争を悔やむ語りが流される――こうした構図が見られるのが、大和ミュージアムの展示のおもしろさでしょう。

他方で課題も出てきます。戦艦や科学に関する展示だけを行っていたのでは、基本方針の「四、まちづくり的見地」（周辺施設と調和を図り、人々が集う施設とします）ということを、ミュージアム運営のなかで達成することが難しくなってきます。ミュージアム運営を通して、誰もが集える場にするためには、あらゆる人々の関心を集め、集客する工夫が必要となってきます。

二　戦艦・大和ミュージアムのからくり

呉市は平成の大合併により、瀬戸内海に浮かぶ島しょ部を編入しました。二〇〇三年に下蒲刈島、二〇〇五年に音戸町および同じ島内である倉橋島、上蒲刈島、豊島、大崎下島。後者の最終合併はちょうど、大和ミュージアムがオープンする年のできごとです。これにより、呉市の文化圏は一気に拡大することになりました。

もともと明治期に鎮守府が置かれる前の呉は、平凡な農山漁村に過ぎませんでしたが、軍港形成によってまちは発展します。敗戦を経て一九五〇年に可決・公布された旧軍港市転換法により、旧軍資産を平和産業港湾都市の建設に向けて再利用することが決まりました。以降、重化学工業を中心とした産業によってまちは支えられてきました。しかし時代の流れとともに、重化学工業の衰退が徐々に見え隠れしはじめます。

こうした背景のなかで、大和ミュージアムは開館しました。当時、新たな産業として観光化を目論む呉市にとって、大きな希望となったことは間違いないでしょう。たいてい、主要産業が衰退していくまちでは、次に観光をまちの活性化策として打ち出します。それが成功するか否かはメディア戦略にあるということに、大和ミュージアムの運営グループは精通しているのかもしれません。

市全域戦艦のふるさと化？

二〇一四年六月一三日、下記のような記事がネットに掲載されました。


〈社説・コラム　現場発二〇一四　大和人気　問われる活用策　呉のミュージアム好調〉

広島県呉市の大和ミュージアムの人気が衰えない。戦艦大和や呉のものづくり技術についての資料、展示への関心は高く、二〇一三年度の入館者は九〇万九千人。全国で屈指の集客力を誇る博物館となっている。

ただ市内には逆風続きの観光・文化施設は少なくない。大和人気を生かし、市全体ににぎわいを広げていく必要がある。（柳本真宏）…中国新聞ヒロシマ平和メディアセンター（http://www.hiroshimapeacemedia.jp/?p=32045）

今から二〇年ほど前、れんがのまちなみとともに写された入船山記念館のポスターを、確か兵庫県の相生駅で在来線の乗り換えをする時に見た記憶があります。当時の呉も、観光化策としてれんがのまちなみをアピールしていましたが、大和ミュージアムができた今ほど集客力はなかっただろうと思います。

平成の大合併以前の呉市の島しょ部は、それぞれ島の歴史のなかで培われた独自のアイデンティティを形成していました。わたしが大学院の修士課程でフィールドワークを行った大崎下島では、その一角にある御手洗（みたらい）というまちに、江戸時代の建造物である遊廓が、お寺や公民館として転用されつつ残されていました。江戸時代に沖乗り航路が発見されたことで、船の潮待ち、風待ちの停泊地として栄え、一九五八年に「売春防止法」が実施されるまで、「べっぴんさん」と呼ばれる遊女がいたといいます。遊廓によってまちの経済は潤っていた、というわけです。御手洗は一九九四年、国の伝統的建造物群保存地区に指定され[6]、観光化が図られてきました。また下蒲刈島は江戸時代の朝鮮通信使が来日した資料を展示した施設「松濤園」があり、倉橋島は下蒲刈と同様に遣唐使船の寄港地だった鹿老渡という地区があります。その少し離れた桂浜には海運や造船の歴史を展示した「長門の造船歴史館」があります。

島々にはいずれも古くから船とのつながりがあり、なかでも江戸時代の歴史に重きをおいた地域が多いことが窺えます。一方、大和ミュージアムが扱っているのは、明治期以降の、近代化されてゆく船と、それにともなう技術に焦点が当てられています。

「訪ねたい瀬戸内　知りたい呉の街」（図1）は、「呉の観光を応援する市民が大和ミュージアムでの観光案内に活用することを目的に制作・提供されているもので、制作者の主観により、必要な情報を選択し描かれています」とあります。先ほどの「長門の造船歴史館」も、この地図に倉橋で唯一の観光名所として紹介されています。大和ミュージアムに置いてあるマップということで、戦艦ファンが聞くと戦艦長門が建造された場所だと思う人もいるかもしれませんが、実際は歴史館周辺の地名が長門だったために名づけられています。呉で育ったわたしは、歴史館の眼前に広がる「桂浜海水浴場」や「桂浜温泉館」のほうが遊び場としてなじみ深いものだったため、違和感を覚えました。ですが、このマップ制作者の意図が「大和ミュージアムでの観光案内に活用する」ためのものであることからすると、あえて大和ミュージアムと周辺地域との共通性を強調したのかもしれません。時代性を排除し、マッピングされた地図を眺めてみると、造船のまち・呉というイメージだけが現実味を帯びて視角に飛び込んできます。

大和ミュージアムの設置によって市内の名所やスポットは、今後も少しずつ意味づけがなされ、PR方法や内容も変わっていくことでしょう。それも産業課と民間のタッグだからなせる技なのかもしれません。

大和ミュージアムの入場者

二〇一五年一一月、「子ども目線の大和ミュージアム観光ってどんなものだろう?」と思い立ったわたしは、六歳の娘を連れて行ってみることにしました。呉駅からミュージアムにつながる歩道橋を歩いて行くと、ミュージアム建物の正面左側に海が広がり、大型タンカーや潜水艦が浮かんでいるのが見えてきます。そこで観光客は海——かつての軍港を眺められるようになっています。歩道橋の突き当たり、右手の階段を下りると、ミュージアムの裏手にあたる芝生広場につながります。すぐ目の前では、敷地内の池に戦艦のラジコンを浮かべ、〝科学的な解説〟を

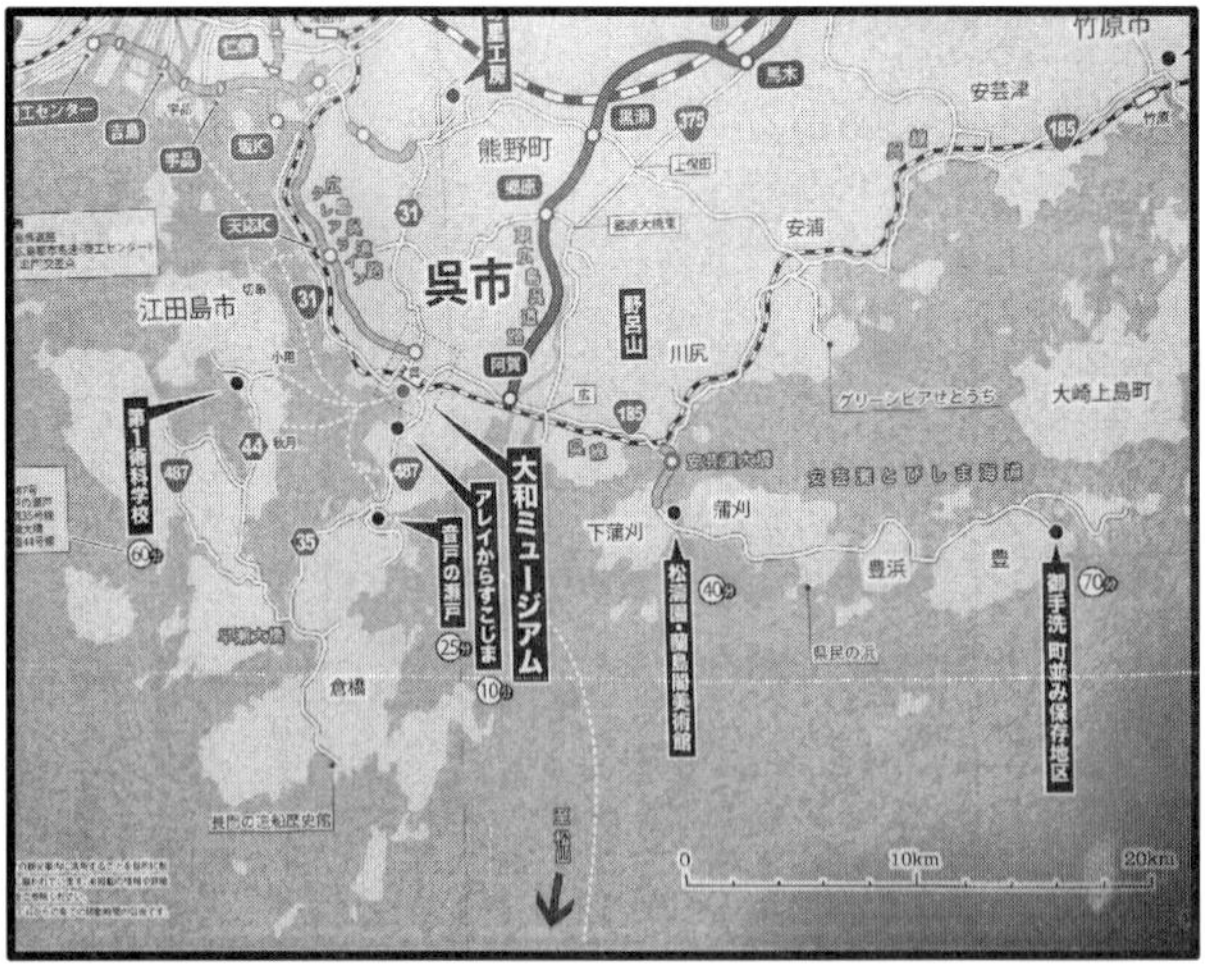

図1 「訪ねたい瀬戸内 知りたい呉の街」の一部

している男性と、その話に耳を傾ける二、三人の男女がいました。男性は戦艦が水面に映る影は実に計算し尽くされていて、敵に気づかれないように進軍することができるのだといった内容の話をしていました。向こうに広がる芝生には、「犬モ歩ケバ・・・らぶ・やまと」という犬のモニュメントがあります。ここにきて六歳児は少し羽を伸ばして走り回ります。

ミュージアム内では、特別企画展「日米最後の戦艦展」が開催されていましたが、展示に興味を示さない娘にひとつひとつ説明するのに疲れ、常設展に移動しました。一階入口から広がる戦艦大和一〇分の一模型を取り囲んでいる階段を飛び跳ねて喜ぶ娘の後ろで、大和の尖端に狙いを定め、下から撮影している六〇歳代くらいの男性が目にとまりました。しばらく遠巻きに見ていましたが、近づいて「何を撮影しておられるんですか?」と尋ねてみると、菊の紋を指し、「親父が戦死したもんじゃけん、拝むようなもんよね」と男性。話し方からすると、広島の人でした。この男性のように、ミュージアムを訪れるご遺族は少なくないと、運営グループ事務局長は語ります。

大和ミュージアムで六歳児が関心を示したものは、三階（船をつくる技術）での遊びと、二階ミュージアムの実験工作室で定期的に開催されている科学教室の展示作品でした。科学教室は、毎月呉市が発行する『市政だよりくれ』の「子ども広場」で参加者を募り、定期的に開催されています。工作の作品のなかでも「消える貯金箱」に娘は最も惹かれていました。

ミュージアム内を見て歩くなかで気づいたことは、男女比率は男性が若干多いということと、男女ではどこで足を止めているのかに違いがあるということでした。戦艦の模型を見入っているのは大抵四〇歳代以上の男性であるのに対し、女性はまんべんなく止まって展示物を眺めていました。ミュージアムショップで二〇歳代くらいの男性が友人同士で戦艦大和三五〇分の一模型を「これ、すげー!、欲しい」と話していたことから、戦艦模型はこのミュージアムを訪れる男性客にとって、ひとつの目玉となっているのであろうことが窺えました。

ミュージアム内には、観覧する人々をもてなすボランティアガイドもいます。一〇五人いると言われていますが、三階（船をつくる技術）でクイズコーナーを担当しておられた六〇歳代くらいの男性にお話を伺ったところ、必ずしも呉市内の人だけではないこと、平日と土日祝に分かれて担当しているということ、さらにガイドを専門とする方のほかに、自分のような子ども相手の持ち場に携わる者もいるということなどを説明してくださいました。最後に、楽しいですよ、と語っていました。

ミュージアムの外（周辺）利用者

先にミュージアムの概要のところで常設展と企画展について触れましたが、もうひとつ大和ミュージアムについて追記しておくことがあります。それは、常設展、企画展という大和ミュージアムが企画した展示以外のイベントがあるということです。

最近では、二〇一三年二〜三月にRCC中国放送等の主催で、呉市制一一〇周年記念事業として呉市が後援した「ヱヴァンゲリヲンと日本刀展」が開催されたほか、二〇一五年二〜三月にもやはりRCC中国放送等が主催し、大和ミュージアム運営グループ等の協力と呉市、呉商工会議所、中国新聞の後援を得て、「戦後七〇年・大和ミュージアム開館一〇周年　長渕剛詩画展二〇一五　呉・大和ミュージアム」が開催されています。運営グループ事務局長の説明では、これらのイベントは貸室利用として主催者の意向によって企画されたものだということですが、ミュージアムに足を運ぶ入館者層に幅をもたらしますし、貸室料というかたちでミュージアムの収入になります。全体の収入からすると微々たるものですが、さまざまなイメージをミュージアムに付与するのに役に立ちます。

さらにミュージアム内部ではなく、ミュージアムを取り囲む海辺の広場を会場とするイベントもありました。二〇一四年に青年会議所が主催した「呉ってええじゃんフェスタ」は、艦隊これくしょんの艦娘（かんむす）がゲスト出演するという観光イベントでした。艦娘とは、軍用艦艇を擬人化したDMMゲームで、DNAメディアコミックスとしても出版されています。イベントでは艤装させた少女が戦うストーリーに倣い、いわゆる萌えキャラの衣裳をまとった女性と、それを観覧する人々が大和ミュージアムに集いました。大和という名前の艦娘や呉鎮守府が登場するゲームの愛好家によって、大和ミュージアムが聖地化されます。

大和ミュージアムは戦艦の展示にとどまらず、戦艦をキーワードとして人々が思いのままに集う場となっていることが窺えます。ただし、運営グループ事務局長は、ミュージアムでしてはいけないこともあると言います。「ここ（大和ミュージアム）には実際の戦争に使用した展示物もあるし、ご遺族も来られるので、（たとえば）艦娘のコスプレで、ミュージアムに入っちゃいけんよ、陸奥[7]と一緒に写真を撮っちゃいけんよ」といったことを伝えたのだそうです。そうした「配慮」が、このミュージアムの訪問者には求められるのです。

平成の大合併により呉市には島しょ部の歴史も組み込まれることになりました。が、観光スポットとしての呉市の知名度は、ほぼ大和ミュージアムに集約されています。そうなると、大和ミュージアムを訪れた観光客にミュージアム以外の呉市の観光地をアピールする策が必要となってきます。彼らの関心にこたえるべく、呉市全域で戦艦につながる「船のふるさと化」が試みられているようにも見えます。

大和ミュージアムの訪問者には遺族に加え、歴史好き、軍艦好きといった人々、あるいは独自の世界観で聖地化している人々もいます。後者は、ミュージアムの常設展、企画展に関心を示す人々とは一味違った楽しみ方を見出しています。外部団体が企画したイベントをミュージアムが歓迎することによって、雑多な人々の関心を引き付けることを可能にしていると言えるでしょう。しかしあくまでも「配慮」がなくてはなりません。そこには大和ミュージアム基本方針の「四、まちづくり的見地」（周辺施設と調和を図り、人々が集う施設とします）を達成したいというミュージアム運営者の思惑が伝わってきます。

三、呉市の観光いまむかし

一九三三年（昭和八年）の軍港観光

昭和八年に「呉郷土史研究會」から発行された『呉軍港案内』の「序」の部分を読んでみると、「特に軍港見学の参考となるものを一通り蒐録して、その殆んどを収めた、これは最近一ケ年二十萬人を超える軍港見学者へ親切でありたい為である。…呉市は軍港都市であるから、海軍を除いて他に見るべき名所史跡は少ないかも知れない」（中邨、一九三三年）と記載されています。当時の呉市は、毎年二〇万人が訪れる軍港観光の地であったことが窺えます。

『呉軍港案内』の表紙絵（図2）は、実にリアルに当時の呉を物語っています。呉の名所が描かれた二枚のスナップ写真が重なったような構図で描かれており、その一枚は「かわらいし」と記されています。現在の川原石の斜面上部から軍港を見下ろし、その視線の先に戦艦が描かれています。下の絵には、朝日町と記されており、着物姿の女性と手を取ったり、話をしたりしているセーラー服姿の軍人が描かれています。この朝日町こそ、当時の呉で最も賑わいを見せていた遊廓の代名詞です。

図2　中邨末吉1933『呉軍港案内』（呉郷土史研究會）表紙絵

本の内容は三部構成となっていますが、第三部は特輯篇として社寺仏閣、学校、方言等を掲載しており、全一七〇頁中わずか九頁しかありません。第一部は呉軍港篇で五三頁、第二部の呉市内篇は九六頁と第一部の二倍近く占めていることから、第二部がメインであるかのような印象を受けます。全体的に読み進んでいくうちに、それは確信に変わってきます。海軍施設の紹介というよりも、海軍があることで、どれほど呉市内の施設が充実しているかを伝える案内書なのだということがわかってきます。第一部呉軍港篇は、軍港を見学するにあたり「先ず心得ておくべきこと」から始まり、海軍を構成している施設の紹介等で終わります。そして第二部の呉市内篇で、亀山神社や二河公園などの、いわゆる呉の行楽地に加え、映画館などの娯楽施設や料亭やカフェー、ひいては花柳界、人気芸妓、遊廓といった遊興地にまで及んだ詳細な説明がなされます。

一九七四年に毎日新聞呉市局が発行した『呉うまいもん』の「はじめに」の部分に、『呉軍港案内』のねらいは、軍事思想の普及であったと記載されています。この指摘に倣えば、なぜ一九三三年に『呉軍港案内』が出版されたのかがわかります。「大きいというのは、呉海軍工廠と同義」(Nishimura 2008) だと言われるほど、呉の軍港は繁栄しており、軍人はそれだけ力を持っている存在なのだということを流布する意図が窺えます。『呉軍港案内』の表紙絵は、制する男とその対象としての女という構図で描かれています。制する者の強さは、対照となるものがあって初めて証明されるのだということを、この『呉軍港案内』は無言のうちに訴えかけてきます。

軍港を観光することで「強さ」を体感する――それが当時の呉観光の意義だったと言えるかもしれません。

現在の軍港観光

先に触れた『呉軍港案内』では、興味深い指摘がなされています。「呉市は軍港都市であるから、海軍を除いて他に見るべき名所史跡は少ないかも知れない」――それは、現在の呉をも表現しているかのように思えます。

明治期から軍都として歩んできた呉市は、軍需施設として利用されてきた設備を平和的に利用する方向性を打ち出したことで、戦後も引き続き使用することを許されました。他方で、海軍に変わって海上自衛隊がかつての軍用地を利用することにもなりました。明治期からたゆみなく軍都として歩んできた呉市は、軍港色が強く残る歴史以外に、観光のまなざしを向けることはもはやできない状態にあった、と言わざるを得ないのかもしれません。こうした背景のもとで、呉市は軍港を前面に押し出して、呉駅前再開発事業を展開していきます。

一九九〇年、呉駅西地区の再開発により、そごう呉店がオープンします。そごう呉店の役職をされていた男性から、「オープンが決まってから、かつてその場所にあった老朽化した木造店舗を一軒一軒回り、立ち退きや出店の説得をして歩いた」のだと伺ったことがあります。そごうデパートの進出によって、戦後の復興期を彷彿させる駅前の景観は一転します。加えて、そごう呉店がオープンすることが決まった頃から、それまでの白けた呉市のイメージが、れんが舗装によって変わっていったように感じます。

呉のまちは戦前、軍用地、住宅地、慰安所が地図上で明確に分離されていましたが（図3）、今では軍用地のイメージをれんが舗装によって醸し出すことで、軍エリアは市街地にまで拡大しました。その勢いが、呉駅の向こうの、海軍工廠のあった海方面も覆い尽くしていきました。

「呉市海事歴史科学館設立業務」によると、もともと博物館を設立したいという要望を、一九八〇年から呉市は持っていたようですが、具体的に大和ミュージアムに集約されるのは、一九九五年です。それをもとに、一九九六年に海事博物館推進室が設置され、二〇〇一年に港湾部の宝町地区埋立事業、都市交通推進室の呉駅南拠点整備土地区画整理事業と整合を図りつつ、設立に向けて動いていきました。それにともない、宝町地区の再開発計

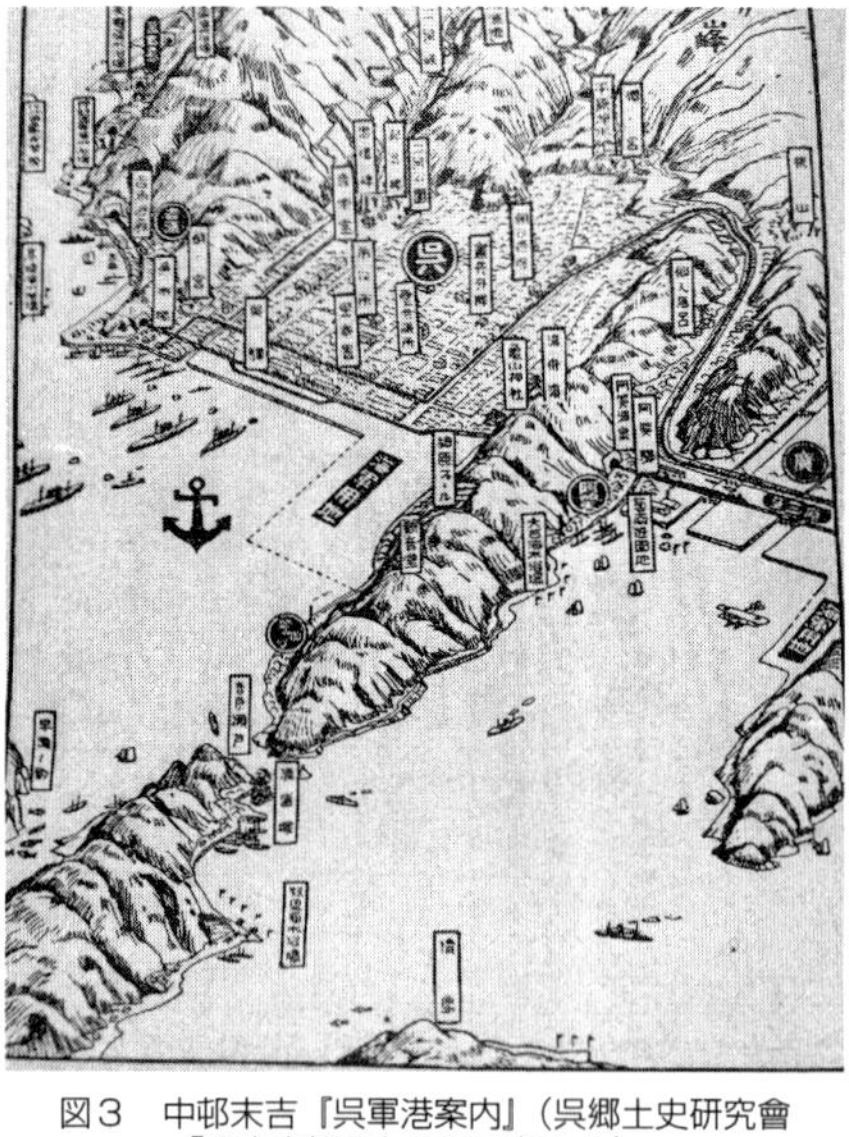

図3　中邨末吉『呉軍港案内』（呉郷土史研究會「呉市鳥観圖」1993年より）

画に採用された株式会社イズミが、ゆめタウン呉の出店を二〇〇四年に果たします。

二〇一五年五月、NHKの「歴史秘話ヒストリア」で、「幻の巨大潜水艦伊四〇〇　日本海軍極秘プロジェクトの真実」が放送されました。この番組で、当時機関兵長として二二歳で伊四〇〇に乗り組んでいたという、山西善政さんという男性が登場します。彼は出港を迎えた日、呉の潜水艦停泊地での記憶として、「女学生とかそういう女性が並んで手を振ってくれた思い出は、もう二度と日本、呉に帰ることはないかもしれないが、振ってくれた思い出だけが嬉しかった。あの思い出の場所ですね」と呉の港を背景にして語っていました。番組で言明はされていませんが、山西善政さんこそ株式会社イズミの会長です。「(生きて帰ったら)干し柿を売れや」と言っていた潜水艦仲間のことば通り、終戦の翌年、闇市で干し柿を買って来て売ったのが商売の始まりだといいます。山西さんの戦後はまちの復興と共にあったとも語られていました。

番組の最後で、呉の潜水艦停泊地を背景に、「戦後七〇年たった今、山西さんは生きることの意味を伝えたいと考えています」とナレーションが流れ、山西さんの語りが続きます。「もう今、戦争の話をする人がほとんどいなくなりましたからね。だから、できる機会があればね、わたしが、そういう真実のことを伝える、そんなことがわたしの役目かなと。生き残った証人として」——山西さんの語りからは、呉の軍港への思い入れが、結果として呉の再開発への協力として現れているのではないか、ということが窺えます。

ゆめタウン呉が出店した翌年、大和ミュージアムがオープンします。歩道橋によって呉駅からショッピングセンターのレクレやゆめタウン呉がつなげられ、そして大和ミュージアムまでが一本の線で結ばれました。ミュージアムが入館者なしでは成り立たない産業である限り、人を呼び込むしくみづくりは欠かせません。ショッピングセンターゆめタウン呉は、呉市の産業部が管轄する大和ミュージアムと一体となって、呉の産業振興に日々貢献している——それは紛れもなく呉の軍港に強い思い入れを持った会長、山西さんの意思も関与している、そう言えるでしょう。

運営グループ事務局長は、市街地で形成されているれんがのまちなみ整備は、大和ミュージアムとは関係のない

写真１　「海軍さんの珈琲」を販売する昴珈琲

ところで動いている話だと語ります。しかし、呉市を訪れる観光客にとって、少なくともリアルな潜水艦が見える港の背景が白けているよりは、「大きい」という形容詞が呉市の代名詞であった時代を想起させる、れんがの景観が広がっているほうが、なおさら想像力を膨らませることができるでしょう。想像力を膨らませ、戦前の「強さ」を体感する――それが現在の呉観光なのかもしれません。

そしてもうひとつ、かつて家庭が貧しいがゆえに、遊廓や花柳界での生業を余儀なくされた女性がいた時代は終わりました。産業構造は多様化し、観光産業が注目されるようになり、新たな職業が創出されました。アトラクション化したれんがのまちでは、海軍に因んだ食べものや商品を販売する店舗（写真1、2）が増えてきました。そうした店舗の接客業は、ほぼ女性従業員で賄われています。大和ミュージアムもそのひとつです。観光産業によって誕生したミュージアムコンパニオンや店員に、かつての女性の「お商売」としての生業を重ね合わせることができるのではないか、と感じます。

かつての呉軍港観光は、いかに軍が偉大であるかを示すことに主眼が置かれていました。それに対し、現在の呉観光はあくまでも観光振興策として、海軍を利用していると言えるでしょう。そうした産業によって創出された女性の職業が、ミュージアムコンパニオンや、販売員です。そこに、現代の接客婦の姿をみることができます。

写真２　海軍カレーの店舗前

おわりに

現在の呉を象徴する呉市海事歴史科学館、通称大和ミュージアムは、確かに観光客を呼び込んでおり、呉の産業振興に貢献していると言えるでしょう。ただ、「歴史」ということばで戦争を過去のもとし、呉で平和の大切さを学ぶ場であると、ミュージアムの意義を安易に強調してもいいものなのか、そう感じられてなりません。とりわけ、大和ミュージアムを取り巻いている海は、今も実際に海上自衛隊の潜水艦が停泊しており、灰色の大型船が海原に浮かんでいる一帯です。その光景からは、戦争が過去のものであるとは、微塵も感じられないのが現状です。ミュージアム設立費として防衛施設庁が一〇億円を拠出した意図を、ここで深く追及すべきなのかもしれませんが、今は疑問を投げかけるに留めておきたいと思います。

六歳の娘を連れて、大和ミュージアムとその周辺を訪れた人々の様子を観察してみると、観覧客やボランティアガイドをはじめ、科学教室の参加者、遊具で遊ぶ子ども、ミュージアムの外の池に楽しみを見出している人、戦艦大和一〇分の一模型を人知れず写真におさめる人など、楽しみ方は多目的かつ多様なかたちであることがわかりました。それは、ミュージアムを市民の集う場として据え、大和でひとつにまとめたい市のもくろみを、うまく達成している状況と言えるでしょう。

加えて、イベント主催者によってミュージアムの内部、外部で行われる企画は、大和ミュージアムの学芸課が学術的に企画し、展示するものとは異なる魅力を持っていること、そのため、常設展や企画展に興味を示さない人々を呼び込んでいることが窺えます。こうしてアニメやゲームなど、おもにメディアによってつながった人々を、快く受け入れ、大和ミュージアムにあらゆる記憶を集約していくことを可能にしています。

市場経済の文脈で大和ミュージアムに呉の記憶を刻んでいくということは、あらゆる記憶が神話化され、一様でない文脈で価値付けがなされ、その価値が多目的に消費されてゆくこと――そうした現状を読み取ることができるように思います。
呉市は佐世保市と同時に政令が閣議決定され、二〇一六年四月一日から中核市に移行しました。佐世保と呉――地形的に類似していることで、同じように軍港の歴史を歩み、戦後はいずれも旧軍港市転換法によって平和的に産業を利用することが許されました。と同時に、軍が自衛隊という名に変わり、留まり続けるというもう一つの歴史をともに歩んできました。決して過去のものとはなっていない、現在進行形である大和ミュージアム周辺の呉軍港観光。そうした記憶も、一様でない価値観のなかで消費されていく、呉の記憶なのだろうと思えてなりません。

（なお、本報告書は「被爆七〇年ジェンダー・フォーラムin広島」で発表した後、大和ミュージアム運営グループ事務局長にインタビューを行ったデータをもとに、加筆・修正したものです。）

註

（1）辺見じゅん『小説　男たちの大和』村上春樹事務所、二〇〇五年。なお、この小説は辺見が聞き取った実話をもとに描かれています。
（2）運営グループ事務局長への聞き取りの際、ご提供いただきました。
（3）運営グループ事務局長への聞き取りの際、ご提供いただきました。
（4）呉市海事歴史科学館　大和ミュージアム：趣旨・基本方針・方向性 http://yamato-museum.com/（二〇一五年一一月一〇日最終閲覧）
（5）なお、『男たちの大和』が最初に出版されたのは一九八三年です。
（6）種別は港町であり、選定理由としては江戸時代の建物や地割の旧態を良く留めていることが挙げられています。
（7）大和ミュージアム入口近くに、戦艦陸奥の主砲身、スクリュー、錨等が屋外展示されています。

参考文献

粟屋仁美「広島を訪れる観光客の動向：宮島・大和ミュージアムでの調査を中心に」『エネルギア地域研究レポート』第四七五号、二〇一四年、一一一二頁。

毎日新聞呉市局編『呉うまいもん　味と観光ガイド』毎日新聞呉市局、一九七四年。

中邨末吉『呉軍港案内』呉郷土史研究會、一九三三年。

辺見じゅん『女たちの大和』角川春樹事務所、二〇〇五年。

米山リサ『広島　記憶のポリティクス』岩波書店、二〇〇五年。

Nishimura, Kay Museum Report : A Super Battleship's Hometown Museum, *Naval History Magazine* Volume 22, Number 6, 2008 December, p.72

〈質疑応答〉

東　さん：お二人に質問があります。まず北原さんのお話ですが、とても面白くお聴きしました。初めの方で「天皇の病院訪問は、横浜の久里浜病院が始まりだ」と言われましたね。久里浜というと横須賀に近いということ、モックス燃料の工場があること等も考えていくと、天皇のイメージづくりとともに、GHQと日本側、天皇を中心として日本を再統合してアメリカのなかに引き込んでいくという、冷戦の一つの大きな流れを隠蔽することが既に計画されていたのかなという気がしています。その辺、北原さんはどのようにお考えですか。次に中岡さんの発表ですが、これもまた面白かったです。僕は呉の大和ミュージアムが大嫌いで行ったこともないんですが、先日初めて外観を見たんです。ご存知の方もいらっしゃると思いますが、大和ミュージアムがあって、その後ろにゆめタウンがある。市場経済の文脈の中にてつのクジラ館と大和ミュージアムとショッピングモールはどういうタイミングでできて、それらの施設がどのような相乗効果を生み出しているのかということが気になりました。

北原さん：横須賀の近くに久里浜病院があることは気がついていたんですが、それ以上の調査はできていません。というのも巡幸の行程記録などに残された事実関係には間違いもあります。侍従が書いているものもしかり。本当は天皇の行幸でしたら綿密に計画されていると思うんですが、特に初期は成り行きで変わっていったところがあるんではないかと思っています。

中岡さん：最初に建ったのはゆめタウン。その後、何かできるらしいよ、と言っていたら大和ミュージアムができて、てつのクジラ館ができました。この三つの関係なんですが、てつのクジラ館は無料ですので、大和ミュージアムに行った人はたいていクジラ館も見て帰る人が多いです。私の場合、地元民ですからゆめタウンに車を停めてミュージアムに行きますが、大和ミュージアムだけに行く人は団体バスで来て、そのままショッピングしないで帰るという人が多い。お金が一番落ちるところでいえば、大和ミュージアムとゆめタウンはトントンなんですが、目的は棲み分けされていると言えます。

加納さん：東さんの続きのような感じで中岡さんにお聞きします。中岡さんのお話は、市場経済に埋め込まれている戦争の記憶、ミュージアムの位置づけで、私にとっては新鮮でした。呉といいますと、海上自衛隊の基地がありますし、現在の軍事化を考えると、十分の一の戦艦大和の模型よりは、海上自衛隊が子どもたちを戦艦に載せて航行するという形で市民を取り込んでいくのではないかと危惧しますが、その辺はどうでしょうか。

中岡さん：大和ミュージアムや海軍基地を見て回る海軍ツアーはすでに実施されています。

上野さん：市場経済に取り込まれたとおっしゃいますが、大和ミュージアムの設立主体は公立です。公立であるからには市民の税金が投じられているわけです。「海の靖国」にあたるものを一〇年前に開館したということは、やはり二〇〇〇年以降の歴史修正主義者のバックラッシュとの関係を考えざるをえず、その設立にあたって、市議会での議論や反対運動はどうだったのかなどもご報告いただければありがたいです。展示はやはり政治ですから、何を記憶し、何を消去するかが問題になります。戦艦大和の無策な最期が、展示の中にどのように組み込まれており、それを関係者はどのように見ておられるのか、何が忘却の彼方にあり、政治的に抑制されているのか。そういうことについてアプローチしていただければと思います。

中岡さん：それは大和ミュージアムの学芸員の方が結構論文を書いておられますので、学芸員にお任せすることにしました。今回は、あくまで観光客の一人としての発言です。で、公立ですから当然、市民にどう還元されるかがアピールされなければなりません。私の母のように「税金を投じてそんなことを展示して…」という人もいます。また、ミュージアムのホームページの中に「ミュージアムレポート」といって、英文ですがアメリカの雑誌に掲載された中には、「海軍を戦争の歴史の中で痛烈に批判している」とか「戦争の反省を最も明確に示している」という内容もある。私はその内容に疑いを持っていますが、学芸員からはあくまでニュートラルに展示しているということが謳われています。

Uさん：中岡さんのご発表ですが、二方向から深めることができるように思います。一つ目は「萌えおこし」という観点です。アニメを用いた地方振興が二一世紀になって全国で行われていて、大和ミュージアムの設立も「萌えおこし」の流れ、地方振興にサブカルを使うという文脈の中で考えたほうがいいのではないかと思います。地方が疲弊する中で、オタクを集めようということはあまりに無計画で、伊勢・志摩の海女さんのポスター事件と同じようにとらえることができるのではないでしょうか。もう一つは加納さんがおっしゃったように、未だに軍港であることを踏まえると、大和ミュージアムは、江田島、そして江田島の出先機関であるてつのクジラ館とセットで考えないと、単にオタク系列で済まされることではないと思います。自衛隊はアメリカの太平洋戦略のリバランスの中で、プレゼンスを上げよう上げようとせざるを得ず、そうすると女性活用が入ってきますよね。自衛隊にもワークバランス本部というのがあって、このあいだそこで女性自衛官の活動の範囲が劇的に拡大されるという決議がなされたばかりです。そのてつのクジラ館と大和ミュージアムの中で、ジェンダーイメージがどのように利用されているのかということを含めて、軍港・呉におけるイメージ戦略を考える必要があるのではないかと思います。

Rさん：ミュージアムに関連して、つい先だってテレビで呉市の小学校五年生全員が大和ミュージアムを見学することが決められて、実際に見学したというニュースが流れたんです。最後に、インタビューで子どもたちが答えていたのは「日本の造船技術、科学技術はすごい」というようなものばかりでした。実際大和の大砲は何をしたのか、その歴史的意味は何にもなかった。本当にびっくりしました。

コメント――

「もうひとつの広島」が響きあう

平井和子

はじめに

第一部のコメンテーターのお役を賜りました平井和子です。一橋大学で女性史・ジェンダー史を教えています。現在静岡県在住ですが、わたしが生まれたのは、戦後一〇年経った一九五五年、広島市郊外の五日市という所です。ところが本籍地はずっと一度も住んだことのなかった広島市中島町という場所で、そこは現在、平和公園になっています。爆心地になりますが、そこに、父と祖母が原爆投下直前まで住んでおり、戦後も本籍地をそのままにしておいたからです。父は一九四五年の初夏に招集で東京に居り、祖母も原爆が落とされる数ヵ月前、強制疎開で郊外の五日市へ引っ越ししたお陰で、被爆を免れることになりました。しかし、父は復員後、市内へ何度か入っているので入市被爆ということで被爆者手帳を持っています。また、母の里は太田川の上流、加計というところですが、兄が東洋工業に務めていて、八月一五日は勤労動員で市内へ向かう橋の上、一・七キロのところで被爆しています。今日は、彼の娘たち（従妹たち）もこの会場に来てくれて、二〇年ぶりくらいに再会し、先ほど花束をいただきました。その花と一緒にお話をしたいと思います。被爆一〇年後の広島に生まれた者として自分なりに（カタカナの）ヒロシマを継承できたらいいなと思って書いたブックレットが『「ヒロシマ以後」の広島に生まれて』（ひろしま女性学研究所、二〇〇七年）です。

高雄きくえさんの報告に関して

高雄さんは、米山リサさんが指摘された「ヒロシマの記憶の女性化」にジェンダーが利用されることに最も危惧を持たれて来たお一人です。「記憶の女性化」とは、次の様な具体例を高雄さんが挙げているように、女性・少女・母のイメージを使って無罪無辜性を強調する被爆者像をつくっていくことを意味します。

・広島平和記念都市建設法記念切手「バラを持つ女」（一九四九年）
・「原爆乙女」（新聞掲載一九五二年〜）
・サダコと折鶴（原爆の子の像、一九五五年）
・原水爆禁止広島母の会（一九六〇年）
・嵐の中の母子像（一九六〇年）
・（女）教師と子どもの碑（一九七一年）
・テレビ、映画『夢千代日記』（一九八二年、一九八四年）
・映画『黒い雨』（一九八九年）
・映画『夕凪の街　桜の国』（二〇〇三年）

高雄さんは、このような問題意識から、わたしが知っているだけでも、「全国女性史研究交流のつどい」（以下、「つどい」）で三回報告をされています。

一回目は、二〇〇三年、新潟で開かれた第九回「つどい」で、「広島と特殊慰安施設協会」に関する報告。二回目は、二〇〇五年、奈良で開かれた第一〇回「つどい」で、「ヒロシマと『原爆乙女』」に関する報告です。「原爆乙女」に関しては今回、森田さんが「ヒロシマとメディア」として報告されましたが、これは、読売新聞のネーミングで「未婚のケロイドを持った女性」を示し、一九五五年に、二五人の女性が渡米治療しました。この年は、第一回原水爆禁止世界大会が開催された年です。また、第一回日本母親大会が開かれ、広島でも原水爆禁止運動が盛り上がった年にあたります。

この「原爆乙女」の渡米治療には、「未婚の女は顔」というジェンダーを利用して、原水爆禁止運動の盛り上がりに対抗するために、「アメリカと広島の和解」を演出しようとする日米両政府の政治的力学が隠されていることを高雄さんは見逃しません。

三回目は、二〇一〇年東京で開かれた第一一回「つどい」にて、「戦争と平和」分会での「広島湾軍事三角地帯」に関する報告です。軍事三角地帯とは、広島市を三角形の頂点として、東に呉市の自衛隊基地、西に岩国の米軍基地、南に江田島の海軍学校などの軍事施設が配置されていることに注目する視点です。この視点は、高雄さんのオリジナルではなく、市民団体「ピースリンク広島・呉・岩国」の方々が長年運動を展開される中で打ち出された視点です。この「つどい」では、岩国を藤目ゆきさんが、呉を平井が、そして広島市の問題を高雄さんが担当し、三人による合同発表という形をとりました。

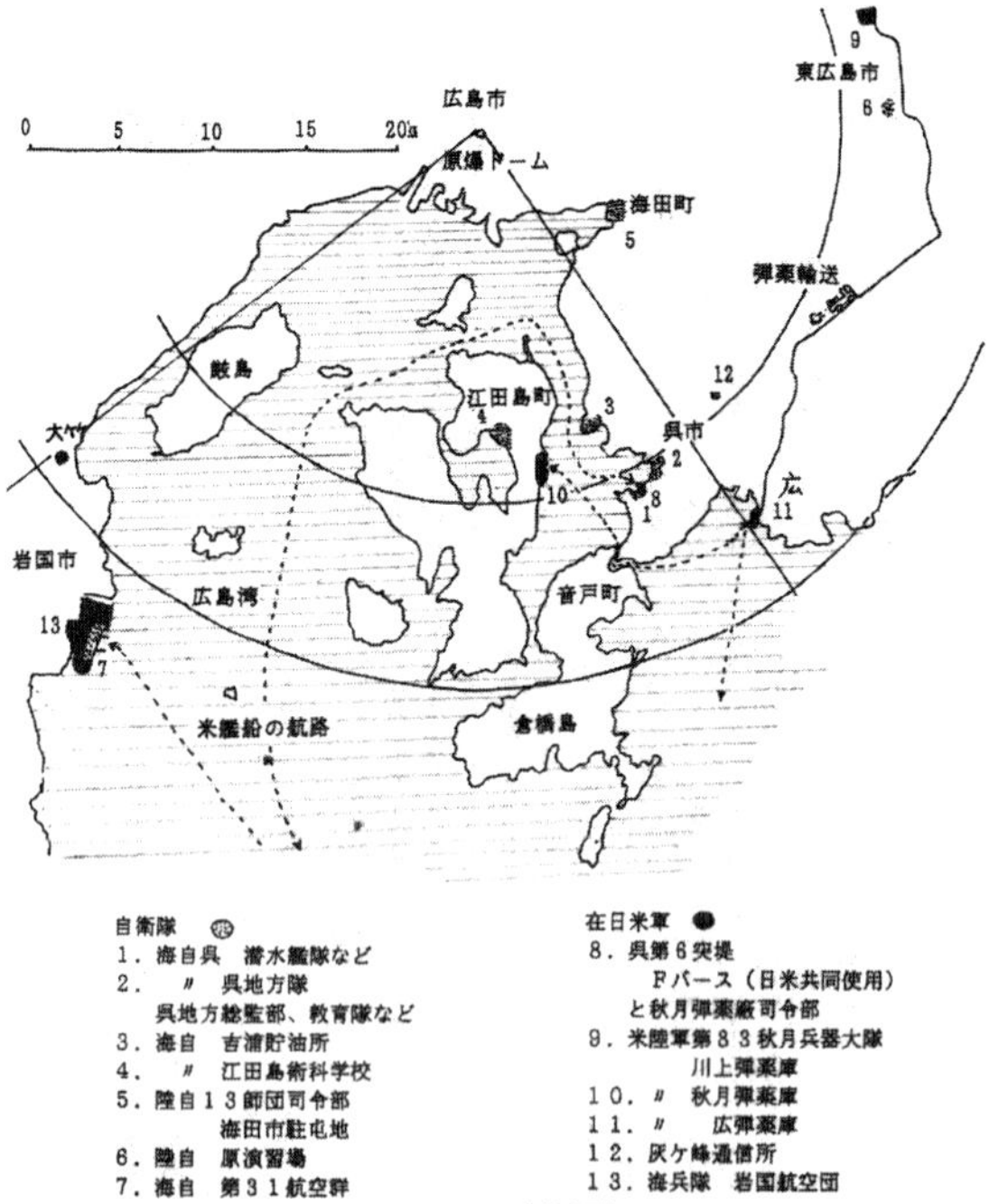

ヒロシマの基地群
（湯浅一郎『平和都市ヒロシマを問う』技術と人間、1995年）

高雄さんは、三角形の頂点に位置する広島市は、常に国際平和文化都市として表象されるが、その実態は軍隊と性暴力と密接な関係を持っている、そのことに無自覚であることを鋭く突きました。それは、二〇〇七年広島市で岩国米軍基地海兵隊員四人によるレイプ事件が発生したとき、図らずも広島市で開催されていた「日本女性会議ひろしま」が「女性に対する暴力根絶」を掲げながらも、このレイプ事件を問題化できなかったことにも象徴されています。

また、高雄さんの出身地である船越町には、戦前軍都を支える軍需工場（日本製鋼）が立地し、徴用された朝鮮人たちの暮らす部落もあったこと、敗戦後は船越町にも占領軍向け「慰安所」が出来たこと等、広島市をその周囲も含めた地理的空間から位置付けることの大切さ、それを欠くと見えなくなってしまうものがあることにこだわってこられた方です。

今回は、反戦・反核詩人として世界でも有名な栗原貞子のミニコミ紙に注目し、これまであまり語られてこなかった「もう一つの面」を浮かび上がらせられました。そして栗原の、「母性」に依りかからず、「ヒロシマの女性化」に加担しないフェミニズムから、広島女性史・ジェンダー史を書き直していかねばらないと強調されました。

河口和也さんの報告に関して

近年日本社会もＬＧＢＴ（Lesbian, Gay, Bisexual, Transgender, Intersex＝いわゆる「性的少数者」）の権利保障に向けた変化が見え始めていますが、ジェンダー研究もクィア理論のインパクトを受けて、攪乱され、鍛えられようとしています。先週（二〇一五年一二月）東京で開催されたジェンダー史学会大会も、初めて「ＬＢＧＴ」をテーマに掲げました。

今回の河口さんの報告も、「広島をクィアする」というチャレンジングな報告です。このような視点からの初めての報告かと思っていたら、二〇一二年に、広島で開催された「カルチュラル・タイフーン in 広島」で、「『差異』と多様性をことほぐ」というセッションで、「クィア／フェミニズムを超えて」が取り組まれていたことを知り、その先見性にびっくりしています。今回の河口さんの報告は、さらに、広島というローカルな場に注目した点で重要だと思います。

河口さんが調査されたＦｔＭトランスジェンダーのＡさんが、Ｌパーティに参加したり、チャットをすることを通して、自分のセクシュアリティを自分で決めた、と言われたことがとても新鮮でした。これまで、ライフヒストリーのなかで、違和感を持ってきた人が思春期に同性愛者であることを自覚するというパターンをよく見聞きしていたからです。また、Aさんは「狭い街」である広島で、カミングアウトの範囲を意識的に選択するなどリスク回避を戦略的に行いながら、家族も「抑圧的存在」にさせない関係性構築など、広島というローカルな場で生きるLGBTのエイジェンシーに満ちた姿が浮かび上がって来ました。

河口さんの報告を聞きながら、被爆者の中にもLGBTの存在はあったはず、その視点をわたしは欠落していたことに気が付きました。「広島をクィアする」ことから遡及的に「ヒロシマをクィアする」ことも今後の課題として提示されたと思います。

森田裕美さんの報告に関して

中国新聞の記者である森田さんは、ご自身の「家族と仕事の葛藤」の体験も重ねつつ、「広島とメディア」というテーマで、「原爆乙女」というジェンダー化された被爆者表象に関する『中国新聞』報道に焦点を当てられました。被爆三日後の八月九日から代行印刷によって『中国新聞』が発行されたことなどを聞いて、二〇一一年三月一一日直後の東北でも地方新聞が手書きで発行されたことを重ねて想起し、ローカル新聞の矜持に改めて息をのみました。森田さんは、「原爆乙女」と対をなす

BRUNETTE BOMBSHELL Marine Staff Sergeant Robert V McMenimen of Orange, N.J., presents first prize to Yamamure Yoko, winner of the title, "Miss Atom Bomb of 1946," at a beauty contest held in Nagasaki. Standing to the right are the second, third and fourth place winners.

Nagasaki School Girl Crowned 'Miss Atom Bomb'

By Pfc PHILIP R. WAX
Marine Corps Correspondent

NAGASAKI, May 15—For once the Marines and the Japanese are in accord.

Three Leathernecks of the 10th Marine Regiment joined with six Japanese judges and one Frenchman to cast a unanimous vote for a young Japanese school girl as "Miss Atom Bomb of 1946."

The girl, Yamamura Yoko, 19, slender and dark-eyed, won her honors over 80 competitors in a city-wide contest sponsored by Nagasaki's newspapers. A graduate of the Japanese Girls High School in Nanking, China, Miss Atom Bomb is an even five feet tall and tips the scales at 106 pounds.

The crowning of the victor climaxing three days of competition, was witnessed by more than 1,000 American and Japanese spectators.

Stepping gracefully over the boards of the jam-packed Takarazuka Dancehall, Miss Yamamura paused momentarily before the reviewing table, wheeled slowly around and smiled shyly. The Marine judges, Pvt. Edgar J. Thomas of 127 Huron Street, Jacksonville, Fla.; Cpl. Delmar F. Reid of 626 1 Street, S.W., Washington, D.C., and Pfc Ervin L. Wolff of Froir Mont., needed only one glance. The Japanese judges and the Frenchman agreed.

Staff Sergeant Robert V. McMenimen of 191 Stirling Drive, Orange, N.J., representing the occupation forces, presented Miss Yamamura with a bouquet of Japanese roses, traditional symbol of victory

「ミス原爆」コンテストを報道する『スターズ&ストライプス』(1946.5.16.)

「原爆青年」がどのように報道されたのか／されなかったのかも検証されました。

森田さんの報告に加えて、原爆と少女を結び付けて表象する報道は、長崎にも見られることをここで共有しておきたいと思います。この新聞記事は占領軍兵士たちが読む『スターズ&ストライプス』ですが、一九四六年の五月に日米共催の形で「ミス原爆」のコンテストが行われています。長崎新聞もスポンサーとして名を連ねています。このことをどう考えたらよいのか、わたしは大変当惑します（八〇人の応募者の中からグランプリに長崎女学校の高校生が選ばれ、会場には一〇〇〇人の日米の観客が集まった。『スターズ&ストライプス』一九四六年五月一六日）。

北原恵さんの報告に関して

北原さんの報告は、「昭和天皇の広島巡幸と被爆者慰問」の意味を問うものです。敗戦後、大元帥から日本国民の象徴として、正に「一身にして二生を経る」かのごとく生きた昭和天皇ですが、北原さんは、戦後の変化における天皇の「脱軍事化」と「女性化」に注目されました。天皇制は敗戦後も生き延びる為に脱軍事化を迫られ、服装（天皇服）や女性的と評される言葉、甲高い声や、ライフスタイル（私的な日常風景・家族写真）においてジェンダーの境界を横断する存在となったと指摘されます。それは、一九四六年から始まった天皇の全国巡幸にも含意され、それまで専ら皇后や女性皇族の役割として描かれて来た「病院慰問」が、天皇の役割として打ち出されたというジェンダーの越境戦略にも表れているとされます。

一九四七年一二月五日からの広島巡幸では、初めて被爆者を見舞ったとされる国立大竹病院で、本当に天皇は被爆者と会ったのかを詳細に検討することによって、国家は誰を見舞い、誰を補償するのかを改めて問われました。六日、宮島泊。七日、五日市町に入り、広島戦災児育成所孤児による送迎を受け、「良い子におなりなさい」と発したと伝えられているその場に、二二歳だったわたしの父もカメラを持って居合わせたそうです。広島選出の衆議院・山下義信が「陛下、あちらに見えるのが原爆孤児たちの収容施設です」と説明し、婦人会の女性たちが地面にひれ伏している様子を間近に見たと言います。昨晩、実家に泊まった際に、その時どういう気持ちがしたのかと聞いたら、「当時は、嬉しかった。原爆で破壊された広島を天皇が励ましに来てくれたと思って。」と答えました。その後、天皇は広島市へ入って「爆心地に立つ天皇」となったわけです（長崎市には一九四九年五月二七日、爆心地付近に。五万人が参集）。

また、北原さんは広島県の西の端に位置する大竹という町の持つ、戦前から戦後にかけての歴史的役割（海軍基地・引き揚げ港・大竹病院・占領軍向け「慰安施設」）にも注目が必要であると指摘されました。

戦後七〇周年の二〇一五年、武力による安全保障へ前のめりの現政権に、一見抗うような現天皇・皇后の戦没者慰霊の旅、そして東北被災地への慰問を車の両輪のようにセットにして考える必要があると、北原報告は鋭く示唆しています。

中岡志保さんの報告に関して

中岡さんは、呉の大和ミュージアムに象徴される軍事化され、男性化された戦争の記憶をジェンダー視点で検討されました。二〇一五年、開館一〇周年で入館者一〇〇〇万人を達成したという大和ミュージアム。その「戦艦大和と特別企画展」では、四つの柱が打ち出され、四番目の「平和を考える」場面で、はじめて女性の語りとして戦争未亡人の語りが採用されていることに中岡さんは注目されます。ここで妻や母の語りを意図的に使うことによって、初めて軍事主義が戦後の平和希求へ着地できるというジェンダー戦略が使われているという指摘は重要です。

一九三四（昭和九）年の『軍港案内』では、軍事施設と朝日遊郭（呉鎮守府設立と同時に開設され、広島の東遊郭とならぶ二大遊郭）が描かれ、戦前までは男性化された記憶と女性化された記憶が存在した、しかし、一九四五年七月の呉大空襲で焼け野原になり、一九五〇年の「軍転法」（旧軍港市転換法）以降、軍事産業が造船、鉄鋼、自動車の平和産業へシフトするなかで、女性の記憶が不可視化されてきたとされます。この過程で、戦艦大和は「平和産業への科学技術の粋を集めた」という文脈で継承されていくことになります。わたしの専門に引き付けると、呉と広地区には数カ所占領軍「慰安所」も開設されましたので、軍隊と遊郭は戦後も連続していることも加えておきたいと思います。

中岡さんは、性産業を含めた接客業の女性たちに注目することの重要性も挙げられましたが、そこに加えて「もう一つの」不可視化されてきた存在に、軍事化される女性たち（女性自衛官・女性兵士）の問題も述べておきたいと思います。わたしは数年前大和ミュージアムの前を通りかかった時、自衛官募集のポスターの「平和を仕事にする」というのを見て大変驚いたことがあります。

先週、東京で開かれたジェンダー史学会大会で佐藤文香さんが、自衛隊（軍隊）の本来の任務をカモフラージュするのに、女性自衛官がジェンダー利用されているという報告をされました。安倍政権のもとでは「積極的平和主義」の広報に、女性自衛官が派遣先の少女と折鶴を折っているポスターが使われています（加納さんの報告参照）。今や、「軍隊は殺し、傷つけ、破壊するのではなく、救い、ケアし、建設する、タフで優しき『平和の戦士姫』」（『週刊文春』二〇一五年三月二六日）に支えられているという事態が進んでいます。

自衛官募集のポスター

現在、「テロとの戦い」という合言葉で世界中、武力による安全保障を前提とする危機的な状況を前に、ヒロシマが無力でいるのは、国際平和文化都市とセットになっていた周囲の軍事施設を視野に入れて来なかったからではないかと思っています。

おわりに

意図的・無意識的に無視され、あるいは忘却されてきた「もうひとつの広島」がそれぞれの報告から浮上し、互いに響き合っているように感じました。先ほど、質問として出された加納さん、Iさん、そして上野さんの、栗原の「パンパン」への視線=女性アナーキストの「パンパン」へのまなざしの議論も含めて、これから二日間にわたって、さまざまな議論が出されると思いますが、ここで五人の方が提示された「広島に関するもうひとつの語り」を念頭に置いて豊かな議論が紡がれることを願っています。

「〈ヒロシマ〉というき、〈ああ、ヒロシマ〉とやさしくこたえてもらえるために」。

参考文献

米山リサ『広島　記憶のポリティクス』岩波書店、二〇〇五年。

阪上史子『大竹から戦争が見える』ひろしま女性学研究所、二〇一六年。

パネル 3

パネル 4

第二章

つながるために
そのⅠ

パネル 5

広島在日朝鮮人女性

原爆被害者と平和運動

梁東淑

はじめに

韓国では、韓国近現代史研究者であっても在日朝鮮人の歴史を視野に入れることを疎かにしていました。しかし韓国の民主化と冷戦の崩壊で変わり始め、ようやく視野を広げ始めました。私は在日朝鮮人史、特に被爆した朝鮮人の経験に焦点をあて、戦後、在日朝鮮人女性がどのように生きたのか、またどのように平和運動に関与したのかを研究しました。

広島は日清戦争時代に大本営が置かれた軍事都市であり、近隣にある軍港の呉、海軍兵学校のあった江田島、航空基地があった岩国などと一体となって、日本軍の施設が高度に集中していました。よって広島の在日朝鮮人女性の経験を解明することは、軍都が在日朝鮮人女性の移住と生活にどのような影響を与えたかを明らかにすることにもつながります。また、世界史上初めて原爆攻撃を受けた広島において、民族差別と女性差別の二重の抑圧状況にあった在日朝鮮人女性が、いかに被害に遭い、いかに生きてきたのかを明らかにすることにもつながります。

広島・長崎の原爆投下によって一九四五年末までに約二三万人が死亡しましたが、そのうち朝鮮人は約四万人に及びます。それから五年以内にほぼ同数の人々が放射能被害によって死亡しました。朝鮮人女性被爆者は民族差別・女性差別に加えて、被爆者であるがゆえに受ける差別に苦しみました。女性被爆者は結婚、妊娠、出産というリプロダクティブ・ヘルスの面でダメージを受けたことが差別に直結したため、被害事実を隠したり、沈黙を守ることも多くありました。

本稿は、このような複合的な差別の結果、不可視化されてきた朝鮮人女性被爆者に焦点をあて、広島在日朝鮮人女性の平和運動を明らかにすることをめざしました。

一、植民地時代：在日朝鮮人の渡日と女性の社会・経済的な条件

渡日と人口推移

渡日の開始は明治時代の留学ですが、日韓併合（一九一〇年）以降、渡日は増加し、とりわけ日中戦争（一九三七年）後は労働力確保のために急激に増加しました。そして、国家総動員法（一九三八年）が朝鮮半島に適用されると、強制動員による渡日も増加していきました。

増加する在日朝鮮人と日本人との「内地融和」を図る目的で、一九三四年から内務省は「内鮮一体」をスローガンとした朝鮮人「皇国臣民化」運動を推し進め、「協和会」を設立しました。協和会は融和や親睦促進という名目のもとに、在日朝鮮人労働力を把握するための行政機関でした。協和会は一九三〇年代後半から敗戦に至るまでの戦時体制下で、朝鮮人に対する行政管理と強制連行を支えた統制組織として重要な役割を担っていました。

広島県協和会の設立過程について見てみます。広島県では「広島県社会事業会」（一九三六年）によって協和事業が実施されていましたが、「広島県協和会」（一九三七年）がその翌年に設立されました。その後、一九三八年には福山、三次、宇品三ヵ所に支部が結成され、またたくまに二三ヵ所（一九三九年末）になりました。広島県下、三六の警察署管内すべてに支部が設置（一九四〇年）され、朝鮮人団体は協和会の各支部に再編されました。こうした皇民化政策に対して朝鮮人の抵抗（工場、鉱山に強制連行された朝鮮人の逃走事件）が多発し、労働運動に発展する中で、広島朝鮮人社会主義・民族主義系労働者、青年団体も結成されました。

中央協和会は一九四〇年に約四五万部の会員証を発行、全国協和会を通じて配布し、在日朝鮮人の管理・統制を強化する方針をとっていきました。しかし、会員証は正会員（世帯主）と準会員（世帯主に準じて労働に従事する者）に区分され、女性、子供たち、無職者には配布されませんでした。

広島県の在日朝鮮人人口の推移（表1）を見ると、一九一〇～二〇年代と違って、一九三〇年代には大量の人口流入がありました。四〇年代になっても、戦時動員策の展開時期に軍事都市であった広島は、目に見えて人口が増加します。広島県の全体人口で朝鮮人が占める割合は、三〇年代半ばまでは一％を超えず、戦争末期の時点では二％強、主要な都市では五％強でした。これは人口二〇人のうち一人が朝鮮人である地域が登場したという事実を意味します。つまり二〇世紀、日本において外国人が最も多くの割合を占めた時代は一九四〇年代前半だということです。

広島県の在日朝鮮人の性別人口の推移（表2・表3）を見ると、在日朝鮮人の男女比、人口構成は、男性より女性の増加比率が高くなる傾向にあります。それは、初めは若い男性が単身渡航し、その後、女性を同行し、家族を形成したということにあります。戦時動員政策の開始までに、男女割合はますます近づいてきますが、家族を形成した人が相対的に多くなりました。同時に、女工などの形で女性単身労働者も存在しました。広島においては男性の構成比が非常に高い状態でしたが、段々と均衡してきて、強制連行の開始前年の一九三七年には女性一人に対して男性一・五人となりました。つまり〝出家ぎ型〟から〝定住型〟へと変化してきたということです（福山は一九一七年から福山紡績福山工場が朝鮮人女工を雇用していたので、一九二六年まで多数の在日朝鮮人女性がいました）。

表1　広島県在日朝鮮人人口の推移（植民地時代）

年度	朝鮮人人口総数	日本総人口	割合
1910	24		
1920	958	1,541,905	0.06%
1930	7,189	1,692,136	0.42%
1935	17,385		
1940	38,221	1,869,504	2.04%
1945	84,886		

出典：外村大『在日朝鮮人社会の歴史学的研究：形成・構造・変容』緑蔭書房、2009年を参照。

女性の社会・経済的な条件

一九三二～四二年の広島県在日朝鮮人の在学者・無職者の推移をみると、広島県の在日朝鮮人の学生（小・中・高生）や無職者（世帯主の扶養者）を合わせた割合が四〇％を超えています。朝鮮人の移動が〝定住型〟に移行し、

表2　広島県在日朝鮮人における性別人口の推移（植民地時代）

年度	男	女	総数	年度	男	女	総数
1912	51	6	57	1929	4,218	1,471	5,689
1913	39	5	44	1930	5,541	2,264	7,805
1914	35	4	39	1931	5,846	2,409	8,255
1915	48	1	49	1932	7,816	2,973	10,789
1916	68	0	68	1933	10,736	4,164	14,900
1917	804	182	986	1934	12,286	5,641	17,927
1918	913	109	1,022	1935	10,671	6,745	17,416
1919	653	149	802	1936	11,942	7,601	19,543
1920	762	197	959	1937	11,722	7,753	19,525
1921	1,148	256	1,404	1938	15,573	9,305	24,878
1922	1,399	282	1,681	1939	19,083	11,781	30,864
1923	2,595	491	3,086	1940	24,143	14,078	38,221
1924	3,030	368	3,398	1941	31,324	17,422	48,746
1925	3,337	688	4,025	1942	32,493	21,458	53,951
1926	2,707	748	3,455	1943			68,274
1927	4,600	1,289	5,899	1944			81,863
1928	4,590	1,281	5,871	1945			84,886

出典：『広島県統計書』／内務省警保局『社会運動の状況』／『在日朝鮮人関係資料集成：戦後編』第５巻等を参照。

表３　広島県在日朝鮮人における性別人口の割合
（植民地時代の全国の在日朝鮮人の性別人口割合）

年度	広島男性割合（全国）	広島女性割合（全国）
1920	79.4%（88.4%）	20.5%（11.5%）
1930	70.9%（71.0%）	29.0%（28.9%）
1940	63.1%（59.9%）	36.8%（40.0%）

出典：森田芳夫『数字が語る在日韓国朝鮮人の歴史』／『広島県統計書』／内務省警保局『社会運動の状況』／『在日朝鮮人関係資料集成：戦後編』第５巻を参照して、割合は筆者が計算。

強制連行開始以降も四〇%の構成比を引き続き維持しています。特に小学児童は大幅に増加しました。そこで朝鮮人の集住地では、子どもの教育に対する対応が急務になりました(1)。

広島県、在日朝鮮人の職業別人口の推移（表4）を見ると、一九二〇年は工場労働者が多いのですが、一九二一年には土工、建設工事労働者が急増しています。一九二五年には、他の上位一〇位内の都道府県の人夫の割合はたいてい三〇%であるにもかかわらず、品川、山口そして広島だけ六九%を超えているのです。これは地域による職業構成に明確な差があるということを表しています。一九二〇年代の電源開発と鉄道、上水道などの大規模な土木、建設工事には必ず朝鮮人の姿があったという証言もあります。以降、強制連行開始直前の一九三八年には、土工建築業が二六%で低い状態です。

一方、商業などの割合は増加しています。しかし、朝鮮人の就労は不安定でした。商業はほとんど雑業に分類され、工業従事者も雑役が半数以上、農業もほとんど小作や使用人でした。また「その他労働者」に分類された割合も多い傾向にあります。生きるために朝鮮人は様々な雑業の職業に従事することを余儀なくされました。

一九四一年の広島市の朝鮮人居住者は一五〇一三人（広島市人口の一・二%）でしたが、そのうち九千人以上が広島市西区に居住したため、そこには朝鮮人を対象にした各種商業圏が形成され、朝鮮人ネットワークができました。広島市の在日朝鮮人の職業別人口数（表5）を見ると、土工、人夫、日稼ぎが半数以上でした。つまり土木、建設作業の従事者が多くを占めたということです。これは広島県全体の状況と共通していて、広島市も軍事都市建設のために朝鮮人労働力を活用していたわけです。ま

表4　広島県在日朝鮮人における職業別人口（1920年/1921年/1925年）

年度	学生	商業	土工	日雇稼	鑛坑夫	職工	人夫	無職	その他	合計
1920			269	33		250	97	33	93	775
1921			873	14		244	153	104	161	1,549
1925	60	94			0	495	2,746		587	3,982

出典：伊藤泰郎「朝鮮人の被差別部落への移住過程：広島市の地区を事例として」『部落解放研究』第14号、50〜51頁を参照して筆者が整理。

た、都市部である広島市の特徴として、工業関係の従事者の比率が県全体の割合より特に高いことに加えて、一九二三年の人夫の割合も非常に高く、全体の八九・四%を占めていますが、これは集住地の土木工事との関係かと推測されますが、定かではありません。

一九二〇～三〇年代、在日朝鮮人労働者の妻は、夫の少ない収入を補うために様々な労働に従事しなければなりませんでした（地方の行政当局の社会調査は有職者のみ該当）。下宿屋・簡単な飲食店は、朝鮮人工場労働者の妻が経営するケースが多く、廃品の回収、家業の補助、あるいは中小工場で〝雑役〟と呼ばれる補助的な仕事に従事しました。日稼ぎの朝鮮人女性の中には密造酒で生計を維持する人もいたし、児童労働（廃品収集・工場少年工）も見られました。

表５　広島市在日朝鮮人における職業別人口表

年度	中国新聞記事(1923年)		広島市社会課(1925年)	
土工	200	25.3%	0	0%
人夫	84	10.6%	431	89.4%
仲任	7	0.9%	4	0.8%
日稼	117	14.8%	0	0%
労働請負	0	0%	2	0.4%
建設業	72	9.1%	11	2.3%
工業	238	30.2%	14	2.9%
商業	30	3.8%	6	1.2%
使用人	28	3.5%	0	0%
その他	1	1.6%	14	2.9%
有業者合計	789	100%	482	100%
人口	999		594	

出典：『中国新聞』1923年／広島市社会課「在広朝鮮人生活状態」1926年／伊藤泰郎「朝鮮人の被差別部落への移住過程：広島市の地区を事例として」『部落解放研究』第14号、54頁を参照して筆者が整理。

二、敗戦後：在日朝鮮人女性の原爆被害と反戦・平和運動

原爆被害の実態と帰還

被爆前後の広島在住朝鮮人の実態にはいくつかの特徴があります。陜川《ハプチョン》（韓国慶尚南道）出身の朝鮮人（ほとんどは農業に従事）が多く、広島では主に日本人がやりたがらない仕事に従事しました。そして、朝鮮人が多く住んでいた集住地は、全て爆心から半径四キロ以内。このことが被爆者の健康手帳交付に影響を与えました。日本人の証人確保が困難だったからです。強制連行された労働者の場合は、爆心地から離れてはいたものの、主に入市被爆を受けました。さらに、被爆直後の治療面でも不利でした。広島市外に住む親戚が少ないため、市外には滞在する場所がなかったのです。市内の避難所と救援所では朝鮮人という理由で、十分な手当を受けることができませんでした（李実根、米澤鐵志にインタビュー、二〇一四年）。

敗戦後、多くの朝鮮人被爆者は帰還（陜川出身の原爆被害者五〇〇一人のうち約八〇％が四五年に帰還）したため、四六年八月から広島で被爆者の人口学的な調査が開始された時点では、朝鮮人被爆者は被爆者の数に含まれていませんでした。

一九七八年に実施された広島在日朝鮮人原爆被害者の実態調査（表6・表7・表8）によると、全体の五〇％が高齢と病気であるにもかかわらず、生きるために失対や土工に従事していました。また、原爆被害者として差別を受けていたため、全体の八〇％が「原爆被害は米国の責任もあるが、日本の責任が最も大きい」と答えました。その理由は、圧倒的多数が日本の朝鮮植民地下の強制連行、違法な侵略戦争のためだと認識していたからです。

また、被害実態は五九・六％がけがややけど、四八・五％が経済的な理由で健康検診を受けたことがなく、そのため六三％の人は病気にかかりやすく、七二％が治療を受けなければならない状態でした。彼らの八五％が慶尚南

北道から集団的に連行され、八二％が日本の植民地政策で日本に渡航したにもかかわらず、です。

　朝鮮人被爆者に対して、「私たちが十分な援護を受けられなくなる。朝鮮人にまで余裕がない。」「朝鮮人被爆者を救援したら、私たちの被爆者の対策予算が削減される。」などという日本人被爆者の証言もあり、朝鮮人原爆被害の問題は日本人被爆者の内部でも無関心だったと言えます。(2)

　広島県の在日朝鮮人の人口推移（表9）を見ると、一九四七年までの二年間で朝鮮人人口が急減したことがわかります。多数の朝鮮人が韓半島に帰還したためです。この現象は、日本全体の在日朝鮮人の人口推移と重なっています。朝鮮人の大半は一九四六年までに故国に帰還したため、同年夏以降の帰還は少なくなりました。四五年の広島県の朝鮮人人口数は原

表6　広島県/市外国人/在日朝鮮人原爆被害者数（1976年5月31日現在）

広島県朝鮮人原爆被害者数		帰国者数・行方不明	
被爆者	死亡者	南朝鮮	北朝鮮
50,000	30,000	47,000～4,8000	2,500（被爆者2,000）
一般被爆者：34,000, 軍人軍属：10,000～11,000			

広島市外国人数	広島市外国人被爆者数	広島市在日朝鮮人数	広島市在日朝鮮人被爆者数
10,764	1,840	10,020	およそ1,821（外国人被爆者数の99%）

表7　在日朝鮮人原爆被害者における実態調査（1821中208名=11.42% 調査）

年齢別	男	女	不明
30～40	12	7	
41～50	16	21	
51～60	28	29	
61 以上	50	43	
총수	106	100	2

表8　在日朝鮮人原爆被害者の職業

労務者	主婦	不明
129	61	18

出典：『被爆朝鮮人実態調査集約表』／『広島朝鮮人原爆被害者名簿』　広島県朝鮮人被爆者協議会、1978年を参照して筆者が整理。

爆被害者の数を含みますので、当時の生存した朝鮮人は約六万人と推測されます。そのうち四六年三月までに約三万五千人が帰還、残った二万五千人のうち約二万人が帰還を希望していました（一九四六年三月一八日厚生省調査）。

そこで広島県は朝鮮人帰還者の輸送計画を発表しました。しかし県内の帰還希望者約二万人のうち、計画送還期間中（一九四六年四月～一二月）、実際に帰還した者は約六千人にとどまりました。その理由として、①原爆による全財産の喪失、②帰還後の生計の不安、③韓半島の情勢不安、④朝鮮のコレラ流行、⑤携行金の低額（一〇〇〇円）制限などが挙げられます。

その後、一九四七年五月に施行された「外国人登録令」で在日朝鮮人は外国人としての法適用を受けたために、密入国者は強制送還の対象となりました。一九四八～四九年にかけて広島市への密入国者は三八二人、そのうち逮捕者は一八人でした。そして引き揚げ業務も朝鮮戦争の勃発で中止となりました。このように帰還したくてもできなかった朝鮮人が、広島にそのまま居住することになったわけです。

表9　広島県在日朝鮮人人口の推移（1945～64年）

年度	人口数
1945	84,886
1946	24,392
1947	20,484
1959	17,248
1964	14,406

出典：『広島民団35年史』を参照。

女性原爆被害者と反戦・平和運動

在日朝鮮人は外国人登録令によって内鮮一体から排除対象の外国人に転化し、この過程で雇用喪失の割合が増加しました。一九五〇年の広島市在日朝鮮人職業別の人口数をみると、無職は六〇％を超えています。

ここでは女性について見てみます。日本は戦後民主主義実現の過程であり、女性の選挙権獲得、男女平等を保障した日本国憲法が施行されました。一方、日本人女性とは違って、在日朝鮮人女性は社会、経済、政治的に困難な状況に置かれていました。日本人との生活条件・権利の格差が急速に拡大していく中で、在日朝鮮人女性にとって「生きていく」ことはすなわち「闘う」ことと同義であり、自分たちの生活を脅かす日本政府の民族差別政策に対抗して、生活権闘争を展開することになりました。

「在日本朝鮮人聯盟（以下、朝聯）」の周辺にいた多数の朝鮮人女性が女性組織の設立に着手（一九四六年三月第四回中央委員会）し、第七回中央委員会（一九四六年）では女性部を独立的な組織として設置することを決定、本国の「朝鮮婦女総同盟」にならって「在日本朝鮮婦女同盟」と命名しました。婦女同盟は一九四七年一〇月、「在日本朝鮮民主女性同盟」へと改編されますが、広島の女性同盟も一九四七年一〇月一二日に結成されることになります（表10）。

女性同盟は植民地主義批判と反戦反核平和意識が強く、冷戦構造に編入される中でもたらされた家族の崩壊と解体に対して抵抗しました。「団体等規制令」（一九四九年）によって朝聯の「在日本朝鮮民主青年同盟（以下、民青）」が解散すると、解散を免れた女性同盟が活動の拠点となりました。一九四九年に開催された全国代表者会議では、食料の完全配給闘争・協同組合闘争・生活近代化などの決議もし、生活防衛と平和擁護スローガンを掲げました。

しかし、女性の平和活動に対する弾圧が苛酷になり、食糧取引や密造酒取り締まりで危険な状況が発生する中、民族組織内の性差別問題は、在日朝鮮人全体の生命を脅かす政治的圧制問題と結びつかざるをえませんでした。朝鮮人組

表10　広島県朝鮮人総連合会傘下の女性同盟の歴代委員長

任期	女性同盟委員長	任期	女性同盟委員長
1947年4月22日	（女性同盟中央組織の結成前）初代委員長 郭有福	1989～90年	5代目：権恵敬
1958～61年	2代目：崔点生	1990～2002年	6代目：李京順
1961～81年	3代目：李明淑	2002～現在	7代目：呉英順
1981～89年	4代目：李貴点		

出典：『広島同胞愛國運動발자취』、広島同胞愛國運動의 발자취 刊行期成會、2000年／李貴点・李京順・呉英順へのインタビューを参照して筆者が整理。

織は日本共産党に編入され、女性同盟も組織全体として日本共産党に入党。日本女性と共闘することになり、朝鮮戦争に対する反戦運動を展開しました。それは東アジア反共軍事同盟形成の情勢下における祖国防衛の一環でしたが、闘争の最前線には朝鮮人が圧倒的に多く配置されました。

朝鮮戦争時の日本共産党への入党と離党は、植民地主義を問題化することを困難にするとともに、一九五二年四月サンフランシスコ条約の発効で、在日朝鮮人は明白な外国人と規定されてしまいました。同時に日本が独立した主権国家になったことで、日本社会は在日朝鮮人の日本政治への関与を拒否する意識も強くなりました。また外国人である朝鮮人がなぜ日本に居住しているのかということを、日本人が意識する機会を失うことにもなりました。こうして日本共産党内にあった植民地主義を問わない階級・女性解放論や民族的な序列意識の残存のため、朝鮮人女性と日本人女性も分断されていきました。

「北朝鮮帰国事業」が実施されるとともに、植民地主義という差別を受けていた在日朝鮮人の国家帰属意識が強くなっていった一九五五年八月六日、「広島朝鮮総連」が結成されました。こうした祖国志向型ナショナリズムの背景にはいろいろありますが、①北朝鮮の労働力不足、技術者補充、②韓国との対立による北朝鮮社会主義の優位性の誇示、③在日朝鮮人の祖国建設に貢献したいという意志の拡大、④在日朝鮮人による植民地支配政策と在日朝鮮人形成に関する歴史研究の出現、⑤戦前以来の民衆レベルの素朴なナショナリズム、⑥実体としての祖国の形成、⑦戦中から戦後日本の犯罪の未清算および差別、などが考えられます。

朝鮮総連は、日本政府の弾圧から組織を守るため、日本政府に干渉しないという政治的姿勢を表明しました。その結果、朝鮮人を排斥する日本社会の差別性を少なくとも理論上、問題視しないこととなりました。とはいえ、現実には継続して民族差別撤廃運動が展開されていきます。

帰国事業を通じて、北朝鮮行きを選んだ人たちは、ほとんどが貧困層や専門技術者でした。当時の在日朝鮮人数は六〇万人ですが、その一五%、八六七八〇人が北朝鮮へ帰国しました。広島においても同一の現象が見られ、軍需工場があった地域には著しい人口減少がありました（表11）。こうして、責任を負わなければならない植民地難民に対する社会保障の義務を放棄した日本は、植民地難民の棄民化に成功したといえます。

三、高度経済成長期
：在日朝鮮人女性と反核・平和運動

女性原爆被害者の状況

まず、日米韓同盟体制への編入と原爆被害者の状況をお話します。

一九六九年を基点に「朝鮮人」（植民地難民）という国籍より「韓国籍」所持者の割合が多くなりました。植民地主義の歴史的な証言者である在日朝鮮人は、新しい日米韓の政治・軍事同盟体制と軍事独裁政権の家父長的なジェンダー秩序へと編入されました。また、在日朝鮮人の都市への人口集中現象が見られるようになり、広島では朝鮮人コミュニティが縮小していきました。そのため、地方では都市より植民地主義が不可視化し、記憶の断絶、同化現象が急速に進行しました。

たとえば、民族差別に対抗する歴史教育を学習するための公的教育機会が奪われ、生きていくために日本への同

表11　広島県在日朝鮮人の北朝鮮帰国者数（1959〜62年）

次数	総人員	男性	女性	世帯数	次数	総人員	男性	女性	世帯数
1	17	12	5	4	55	63	33	30	15
2	56	32	24	13	56	110	54	56	29
3	21	19	12	7	60	136	63	73	46
5	60	33	27	13	63	137	75	62	41
10	150	79	71	30	66	89	45	44	26
13	86	51	35	21	71	41	21	20	10
17	89	49	40	26	74	67	38	29	11
24	149	78	71	34	75	11	6	5	2
28	126	71	55	28	79	62	42	20	15
36	91	48	43	21	86	2	2	0	2
40	110	50	60	24	91	9	5	4	5
43	120	60	60	32	93	16	9	7	8
48	124	53	71	27	95	5	3	2	3
50	91	40	51	20	101	10	7	3	8
					計	2048	1078	980	521

出典：『朝鮮民主主義人民共和国帰国者名簿（1959〜1962）』を参照して筆者が整理。

化現象がすすみました。中でも、広島都市建設に駆り出された朝鮮人原爆被害女性たちの苦難の記憶が消されたことは、基町相生通りの事例にもよく現われています。基町相生通りは、朝鮮人原爆被害者と朝鮮人居住区が重なったところであり、「土手もん」と差別的に呼ばれたところでした。一九六七年には八九二世帯、居住者三〇一五人が住んでいましたが、そのうち朝鮮人は三七%、一一一七人でした。広島市内に居住する朝鮮人の六分の一がここに集中していたわけです。こうした実態は、被爆後の在日朝鮮人が置かれてきたある断面をよく表しています。基町相生通りは一九六八年から再開発が議論され、七七年秋、高層集合住宅建設が完了するとともに、朝鮮人集落の歴史は不可視化されていきました。

一九七〇年代に入って、日本社会では女性解放運動が起こり、女性の経済的自立が強調されるようになりましたが、在日朝鮮人女性原爆被害者の現実とは乖離していました。さらに民族差別・被爆者差別（結婚・妊娠・出産・二世）まで加わって困難を極めましたが、女性原爆被害者にとって、女性解放の課題はあらゆる差別撤廃及び人権運動としての平和運動と結合していきました。しかし、女性たちは、補助的で安い労働力であったため経済的自立は難しく、家族やコミュニティを離れて生きていくことも困難でした。こうして植民地主義の体験者である朝鮮人女性原爆被害者は、日本社会の中に分散していき、歴史的な体験の忘却が進みました。

このような状況の中でも、一九六〇年代までは朝鮮総連や女性同盟の影響力は大きいものでした。日本社会の排外主義的な態度が持続しており、日本帝国主義と最も非妥協的に対決してきた者は社会主義者たち（北朝鮮及び朝鮮総連も社会主義者）であり、社会主義思想は抑圧されている貧困者の解放思想だという認識（北朝鮮も社会主義的な改革の下で国力の発展を図っていた）があったからです。さらに、地域で人権侵害に立ち向かって闘っていた活動家が朝鮮総連に所

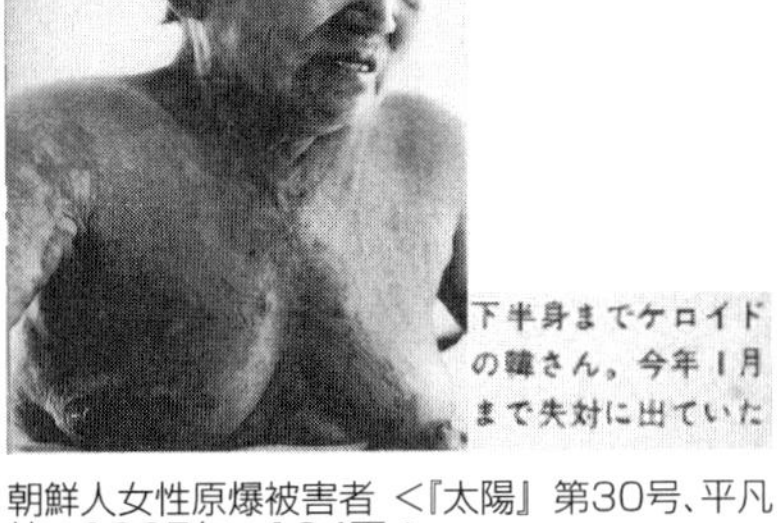

朝鮮人女性原爆被害者 ＜『太陽』第30号、平凡社、1965年、124頁。＞

「韓日条約」に反対する広島朝日婦人懇談会（1965年2月）<李貴点所蔵>

属していたこと、韓国の政権及び民団指導者の中には戦前に「親日」だったものが存在していたこと、そして、韓国支配層の対米従属・独裁政治・腐敗状況に対する情報を共有していたことも、影響力の背景となっています。

広島の女性同盟の具体的な活動としては、北朝鮮帰国事業、韓日会談反対、強制退去反対、民族教育権擁護、原爆被害者支援運動などが挙げられます。

一方、一九七〇年代以降、新たな「共生運動」[3]が展開されました。この時期、北朝鮮体制の問題点が少しずつ認識され、特に個人崇拝と硬直した官僚主義に失望した人が増加した事実も影響を与え、朝鮮総連の影響力が揺らぎ始めました。内部批判は総連指導部によって排除されることになる場合もありましたが、日本人との関係を重視する流れが顕著になったのも事実です。たとえば、日本社会で朝鮮人としてのアイデンティティを維持するため、差別撤廃運動、国籍条項撤廃運動などが起こりましたが、ここに日本人も参加するようになり、日本社会の変革のためにともに闘いました。これは民衆の論理が再登場したことを意味しています。

八〇年代、広島でも日朝女性運動の交流が広がりました。たとえば「朝鮮の平和統一を支持する広島県婦人運動」の開催（一九八四年）とか「アジア外交・太平洋地域の非核化に向けて反核・軍縮・地球を守る女性たちの集会」広島フォーラムの組織化（一九八八年）、などです。そこには朝鮮人としての自分を否定せず、韓半島

広島の通称原爆部落の母親たち、母親学校での朝鮮語（ハングル）教育、失対での働き<『太陽』第30号、平凡社、1965年、128頁。>

の親戚との連帯と連絡を回復して行こうとする試みが見られます。

戦前以来、こうした日本人との交流は、多くの在日朝鮮人が希望したことでもあります。しかし、現実には、日本の社会保障制度、企業就職など、日本への同和を促進させることにもなり、朝鮮に対する支配を反省しない日本国家に在日朝鮮人が帰属することにはならないかという批判も出てきました。ここにいたって、生活基盤である日本社会の現実を前に、根本的な疑問が浮上したといえます。もちろん、冷戦構造解消の念願と帝国主義の加害の反省を行っていない日本の国家に対する批判も含まれます。

「広島県朝鮮人被爆者協議会」の結成と反核・平和運動

在日朝鮮人は朝鮮戦争（一九五〇年）が勃発すると、日本共産党の下で日本人とともに反戦闘争を遂行しました。韓半島への兵器輸送と軍需物資の生産阻止のための、いわゆる「反米平和運動」を展開したのです。以降、反戦闘争を遂行した在日朝鮮人の多数が朝鮮総連に加入して反核・平和運動を展開しましたが、ビキニ事件（一九五四年）をきっかけに一挙に総連でも反核・平和運動が高まりました。

一九五〇～六〇年代には被爆者への援護が社会問題化し、日本女性の平和運動が起こりました。このような流れの中で一三〇人の在日朝鮮人原爆被害者が集まり、「広島県朝鮮人被爆者協議会」（一九七五年）が結成されました。ここに在日朝鮮人原爆被害者が沈黙を破って、反核・平和運動の主体として初めて登場したのです。一方、日本政府は戦災者全体に受忍を要求しましたが、唯一原爆被害者だけを例外として援護の対象としました。日本の植民地支配と侵略戦争の責任を認めないまま、特殊な被害者として被爆を特権化することで、この問題が表面化しないよ

「アジア外交・太平洋地域の非核化に向けて反核・軍縮・地球を守る女性たちの集会」広島フォーラム（1988年）<李貴点所蔵>

うに取り計らったのです。

広島朝被協の運動は戦後、援護法の差別是正問題だけに限定せず、日本帝国主義の植民地支配と民族差別に対する批判的な観点を一貫して固持しました。在日朝鮮人の視点から世界に向けて反核を発信するとともに、広島の市民団体「韓国の原爆被害者を救援する市民の会」や中国新聞社・原水禁・原水協などとも連帯した運動は、共に生きる社会、共生の実現、という新しい「共生運動」へと展開しました。

朝鮮人女性原爆被害者の多様な連帯

女性原爆被害者も広島朝被協を中心に集まって、原水禁との連帯運動を展開しました。一九七〇年代には米国の韓半島に対する核兵器使用に反対する広島—呉海上デモ（一九七五年）、広島朝鮮人原爆被害者初の実態調査（一九七五~七七年）、広島での「NGOの被爆問題国際シンポジウム」の開催（一九七七年）、第一回「ニューヨークの国連軍縮総会」に参加し全世界に向けて朝鮮人原爆被害者の問題を初めて発信（一九七八年）、広島朝鮮人女性原爆被害者の証言採録運動（『白いチョゴリの被爆者』労働旬報社、一九七九年）。一九八〇年代にはジュネーブ、ニューヨーク、ドイツなど世界反核平和運動への参加、南朝鮮の核武装反対運動の展開（一九八二年）、日朝婦人会の交流、「朝鮮の平和統一を支持する広島県婦人運動」の開催（一九八四年）、「アジア・太平洋地域の非核化に向けて反核・軍縮・地球を守る女性たちの集会」広島フォーラムの組織化（一九八八年）、一九八九年以降、北朝鮮原爆被害者支援運動や日朝原爆被害者の交流運動、南北原爆被害者の共同連帯活動など、多様な連帯を実践しました。

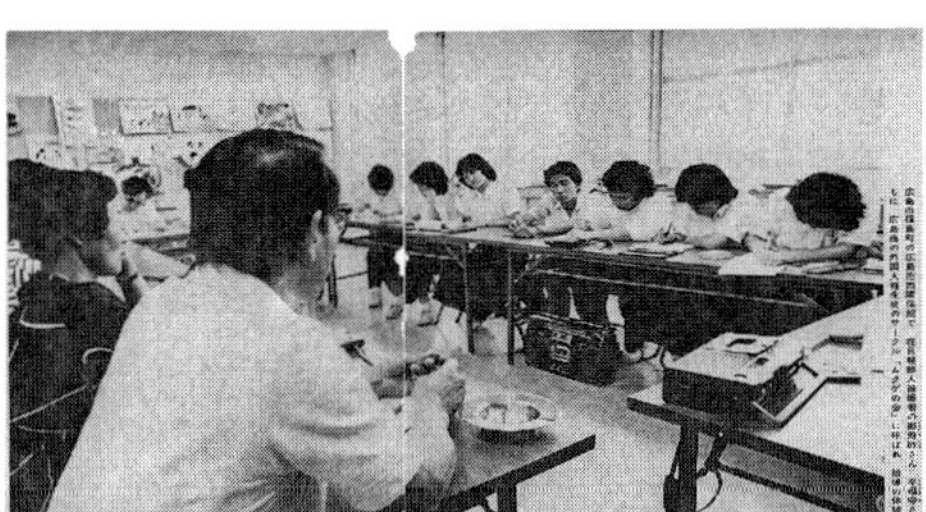

広島西麟保館で在日朝鮮人女性原爆被害者鄭寿祚さん・辛福守さんが高校の外国人籍生徒のサークル“ムクゲの会”に呼ばれ被爆体験を話す<『アサヒグラフ』朝日新聞社、1980年、46−47頁。>

『白いチョゴリの被爆者』（労働旬報社、1979年）出版記念会 <李実根所蔵>

今年は被爆七〇年です。在日朝鮮人にとっては三世、四世へと世代交代する節目でもあります。これまで平和運動でも女性運動でも朝鮮人女性被爆者は疎外されてきました。広島朝鮮人原爆被害者が初めて報道されたのは一九六五年であり、広島市主催の平和記念式典に朝鮮人代表が出席したのは一九七〇年でした。そして一九七五年になってようやく「広島県朝鮮人被爆者協議会」という平和運動団体が作られました。それから四〇年が経った今日、ようやく広島朝鮮人女性原爆被害者による女性平和運動に光を当てることができました。このような流れこそ、広島の大多数がこれまで朝鮮人女性原爆被害者の存在を忘却したまま「平和」を叫んできたことを如実に表しているのではないでしょうか。

原爆被害者の高齢化が進む中、彼らの体験の継承と平和教育の充実、原爆被害者二世の問題などが叫ばれていますが、在日朝鮮人を取り巻く反人権的な差別構造は、今日まで深く根をおろし、かつ再生産されているのが現状です。

広島朝鮮人女性原爆被害者は日米韓の政治的な関係、日本の政治的状況、韓半島の分断状況に直接影響を受けながら、日常的に植民地主義に晒されて生きてきました。植民地主義を批判し、階級・民族・性、さらに原爆被害者という複合的な視点を体現してきた彼女たちの人生は、これまで植民地主義を無視してきた日本・韓国の女性平和運動史を批判的に見ることができる手

「朝鮮の自主的平和統一を支持する日本婦人集会」の開催（1984年10月27日）<李貴点所蔵>

助けとなることでしょう。そのような省察の過程の中で、新たに東アジアの女性平和運動の思想と実践を作っていかなければならないのです。

おわりに

ここ二年間行ってきた「広島在日朝鮮人女性原爆被害者と平和運動史」に関する調査活動をいったん終えるにあたって、個人的な思いを申しあげて発表を終わります。

広島朝鮮人女性が展開した平和運動の原動力は、民衆である弱者の苦痛に対する共感でした。一九五〇年代、国際情勢を背景に反核運動を展開しましたが、その歴史的な起源は、戦後の戦争・原爆被害者、朝鮮戦争被害者、そしてビキニ水爆の被害者の苦痛に耳を傾けたことにあります。そのような苦痛に対する共感が、人権問題、平和問題へと拡張されたのです。さらに、彼女たちは女性、民衆、あるいはアジア植民地の被害と苦しみに連帯していきます。原爆被害女性たちの、戦争被害女性たちの生にこそ、「他者に対する憐憫ではなく苦痛の原因に関与しているという熟考」があったのです。

広島朝鮮人女性の平和運動も、結局、この「悲しみ」から始まったといっても過言ではありません。彼女たちは戦争と暴力の状況でさへ死と苦痛を経験する人たちを記憶し、哀悼しました。そして、日米韓軍事同盟国が実行する軍事主義、その権力を批判しました。戦争は、死という最も極端な暴力の中で経験する喪失と悲しみと苦痛の問題です。死と平和を統制した権力に対抗して、死を哀悼し、抵抗した広島朝鮮人女性原爆被害者たちの平和運動は、見えない人たちを見えるようにしたという点で、多分に政治的だと言えるのです。彼女たちの哀悼の意を、子を亡くした母親の自然な心または単純な人道主義的な悲痛と見ることもできますが、それで狭小化してはいけない、他の性格を持っています。それは人間の関係性を深く認識し、その関係の中に苦痛を感知し、悲しみを表現する、二元化されたジェンダーシステムを超える行為でした。

したがって、広島朝鮮人女性原爆被害者が展開した多くの実践行動は、女性性に閉じ込められた女性としての実践ではなく、他人の苦痛と連帯する政治的な実践であり、国家の境界を貫通する国際連帯の性格を帯びています。戦争への危機感が高まっている現在、武力よりはるかに重要な、広島原爆被害者と彼ら／彼女らの道徳的、人間的な力こそが世界の危機を告発しているのではないでしょうか。

註

（1）伊藤泰郎「朝鮮人の被差別部落への移住過程：広島市の地区を事例として」『部落解放研究』第一四号、二〇〇八年、四九頁。
（2）平岡敬『無援の海峡：ヒロシマの声、被爆朝鮮人の声』影書房、一九八三年、一三六頁。
（3）外村大『在日朝鮮人社会の歴史学的研究：形成・構造・変容』緑蔭書房、二〇〇九年。

参考文献

宋連玉「植民地主義に対する抵抗:在日朝鮮人女性が創造するアイデンティティ」『黄海文化』第五七号、二〇〇七年。

宋連玉「朝鮮戦争期の在日朝鮮人女性の闘い」『アジア現代女性史』第五号、二〇〇九年。

高雄きくえ「広島湾軍事三角地帯の原点〈ヒロシマ・広島〉から」『アジア現代女性史』第六号、二〇一一年
鄭栄桓『朝鮮独立への隘路：在日朝鮮人の解放五年史』法政大学出版局、二〇一三年。

朴慶植編『在日朝鮮人関係資料集成：戦後編』第五巻、不二出版、二〇〇〇年。

藤目ゆき「モニカ・フェルトンの軌跡 一九五二－一九五六」『アジア現代女性史』第八号、二〇一三年。

森田芳夫『数字が語る在日韓国・朝鮮人の歴史』明石書店、一九九六年。

梁東淑「朝鮮人原爆被害者関連の研究状況と李実根（広島県朝鮮人被爆者協議会）所蔵資料」大阪大学人間科学研究科『グローバル人間学紀要』第七号、二〇一五年。

李実根『PRIDE 共生への道：私とヒロシマ』汐文社、二〇〇六年。

「在日一世女性」はどこにいるのか

在日研究の再検討のために

安錦珠

「虚と実の皮膜すれすれで書き綴られた本書は、文字によるドキュドラマと言えるかもしれない。母語であるハングルの識字からもまた日本語の識字からも疎外された母たちが文字として残したものは何にもない。あるのは、ただ、私の中の、母たちの切れ切れの記憶だけだ。」（姜尚中『母：オモニ』集英社、二〇一三年、三一二頁）

はじめに

日本における高齢化は、日本人だけの問題ではありませんでした。一九九〇年代は、日本の高齢化と時期と同じくし、在日一世の高齢化の時期でもありました。

一九九七年に、金賛汀は『在日コリアン百年史』（三五館、一九九七年）というタイトルの本を出しました。それによると、一九〇〇年前後からボツボツと始まった朝鮮半島の人々の日本への流入は、一九一〇年の日韓併合を機にその人数は膨れ上がりました。朝鮮半島で耕作する農地を奪われた農民が、仕事を求めて親戚や友人を頼りに日本にやって来ました。日本のアジア太平洋への侵略戦争が拡大すると、日本政府は、労働力不足を解消するために「募集」や「徴用」などの制度をつくり、朝鮮半島の人々を日本に連れて来ました。一九四五年、第二次世界大戦が終わる前の朝鮮半島出身の人々の人数は二百万人を超えました。その人々の中には、終戦後に祖国に帰ったものもいれば、祖国に帰ろうとヤミの船を借りて乗ったものの、その途中に海峡に沈んだものもいます。そして、約六〇万の人々が日本に留まりました。

日本に留まった理由はさまざまですが、その多くの人々は、祖国には頼れる身内も財産もなく、帰っても生計を切り抜けるすべがない人がほとんどでした。また、後から帰ろうとしたけど、朝鮮戦争の勃発など当時の朝鮮半島内での不安定な情勢も一因しました。その後、一九六五年に日韓国交正常化するまで、孤立したまま日本に生活基盤を下ろしました。その人々が祖国に帰れぬまま、日本で高齢化したのです。そして、この時期に、庄谷怜子と中山徹らが在日高齢者問題を指摘しました[1]。

その後、これまでの在日高齢者問題の一連の研究実績は、充分とは言えませんが、少ない量でもありません。それらの研究の主な関心は、「在日」の権利に関する問題や文化的差異によるトラブルを指摘することに重点を置いたものばかりです。なぜ、いま、そのような在日高齢者問題が表面化したのかという問いは必要不可欠なものであり、その真相を探るためには、「在日」がこれまで歩んできた生活史を読み解いていかねばなりません[2]。そのなかでも、女性が多数を占める「在日高齢女性」がどのように生活してきたかということを辿っていかねばなりません。

しかし、文頭に紹介した姜尚中の著書『母』の終わりの部分に「母たちが文字として残したものは何にもない。あるのは、ただ、私の中の、母たちの切れ切れの記憶だけだ」と書いてあるように、在日女性の研究は皆無に等しく、その記録は指で数えられる程度です。本稿を書くに当たり、筆者が「在日女性」について記録した出版物を探しましたが、左記のように数少ないものでした。

＜在日女性が記録された出版物＞
むくげの会編『身世打鈴：在日朝鮮女性の半生』東都書房、一九七二年 ――（二二名）
小熊英二・姜尚中編『在日一世の記憶』（二〇〇八年）集英社、二〇〇八年 ――（五二名のうち女性一七名）
かわさきのハルモニ・ハラボジと結ぶ二〇〇〇人ネットワーク 生活史聞き書き・編集委員会『在日コリアン女性二〇人の軌跡』明石書店、二〇〇九年 ――（二〇名）
川崎市ふれあい館高齢者識字学級・ウリハッキョ編『おもいはふかく：ウリハッキョの作文集』二〇一一年 ――（六名：一〇名のうち四名は『在日コリアン女性二〇人の軌跡』に重複）

では、なぜ、これまで「在日女性」は語られなかったのでしょうか？　また、「在日女性」が語られなかったのであれば、これまで「在日」と言っていたのはだれを指していたのでしょうか？　M・ウィティグは「男性は男性ではなく、一般である」と言いました（上野　一九九五：一九）。そうだとすると、私たちが「在日」と言っていたその正体は、朝鮮半島にルーツをもつエスニック・グループ一般、すなわち「在日」の男性のことになります。それをものかたるかのように、「在日」研究の対象のなかに「女性」はいませんでした。では、「在日女性」はどこにいるのでしょうか？　上野千鶴子さんもJ・スコットを引用しながら歴史の中で女性史がいかに欠けていたかということを指摘しました。

彼女（J・スコット）は、『ジェンダーと歴史学』（Scott, 1988）のなかで、歴史を「テクストの織物」とみなしたうえで、そこにジェンダー概念を持ち込むことの重要性を説く。それは歴史学に「女性史」という補完史をつけ加えることではなく、歴史学そのものを「ジェンダー化」することである。ジェンダー化は「女性領域」や「私的領域」に限定されない。したがって、政治史であれ経済史であれ、公的な領域の歴史もまた「ジェンダー化」をまぬがれない。歴史を「テクストの織物」とみなす考え方は、「歴史的事実」を対象とする実証史学の立場とはあいいれないが、逆に誰の目からみても客観的な「事実」とはなにか、という問いをつきつけかえす。（上野千鶴子『ナショナリズムとジェンダー』青土社、一九九八年、一五－一六頁）

本稿では、以上のような問題意識をもって、在日高齢者問題を取り上げ、ジェンダー視点を用いて在日社会における「在日女性」、とくに「在日一世女性」の存在を浮き彫りにすることを試みます。そして、彼女らは現在、どのような境遇に置かれていて、その問題の所在はどこにあるのかをさぐってみたいと思います。それは、これまでの「在日」研究の再検討の必要性を主張し、また、ジェンダー研究におけるマイノリティ女性へのケースワーク的な十分な研究がなされてこなかったことを指摘したいからです。

一、ジェンダー概念と「民族」

ジェンダー批判の流れとジェンダー概念

ジェンダー概念は、性自認形成要因を示す概念から始められ、性支配の権力関係を分析する概念として成立しました（舘 一九九八：八五―八七）。前者は、女性と男性との間の政治的立場の違い（のみ）を強調し、それを「女性一般」の問題として解消していました。そこには、「人種・民族・セクシュアリティ・階級等によって様々に異なっている女性の経験を、特権的な存在である白人中産階級の異性愛の女の経験に回収し、それを女性一般の経験」の如く主張しました（江原 一九九五：三二）。

そこで、ジェンダー概念についての合意が必要とされました。ジェンダー研究において、それまで使われていたジェンダー概念は、少しずつその意味解釈の進化を重ねて来ました。江原由美子も、「それぞれが背後に持っていた『問題』のありかたによって、それぞれ異なる視野を持つ社会理論を産出してきた」（江原 一九九五：三二）と言っております。

スコットは、歴史学の中にジェンダー視点を導入し、ジェンダー問題を「知」の問題として捉えました。そして、ジェンダーを「肉体的差異に意味を付与する知なのである」（傍点は筆者挿入）と定義しました。わたしたちが「性差」として認識しているものは、その肉体的な差異に意味を付与された「知」によって認識させられているということです。スコットは、また「性差とは、そこから第一義的に社会的組織化を暴き出すことのできる始原的根拠などではない」と言いました。性差を肉体的差異に基づく始原的根拠としていたこれまでの知の転覆を宣言したのです。むしろ性差それ自体が「説明を必要とする一つの可変的な社会組織」であるとも言っております。

しかし、スコットのいう、付与された「知」は、「社会の組織化と不可分なもの」であります（舘 一九九八：九〇－九一／上野 一九九五：一五－一六）。それは、上野さんの言う「性差の社会的組織化」（上野 一九九五）というものです。スコットは、「性差」と「知」の「社会構築性」を繰り返し強調しました。歴史学では男女の「体験」の違いで性差を説明し、性差が男と女の「体験」の非対称性を説明してきたとし、それは「堂々巡り」にすぎないもので、性差の固定化を再生産していたということを指摘しました。つまり、「何が男と女の体験を形成しているか」という視座に立たず、既存の規範的定義に依拠して解釈してきており、歴史学が性差の固定化をさらに裏書きする結果を生みだしたというものです。「在日」研究の言説においても、男と女の体験を形成しているものを突き詰めるという視座をもっていませんでした。そのため、これまでの「在日」研究は、在日社会の性差の固定化をより一層深めていたのです。

本論に入る前に、ジェンダーに対する本稿の見解について簡単に触れたいと思います。C・デルフィによると、ジェンダーとは、女性の性もしくは男性の性の個々の性の問題ではなく、「性差」の問題であるため、二つのジェンダーが存在するのではなく、「一つのジェンダー」があるのみと言いました。上野さんは、デルフィとウィティグを引用してその説明を紹介しています。

J・マネーとP・ダッカー、そしてE・シュルロはセックスとジェンダーを区別しました。デルフィは、ジェンダー論の対象は、男／女の二項対立ではなく、「差異化という行為」そのものが対象だと言いました。上野さんによると、「この差異化という行為は、政治的なもの」であり、そこには「権力関係が組み込まれている」と言いました（上野 一九九五：一二）。ウィティグも、「ジェンダーは単数」であり、「二つのジェンダーは存在しない」と言いました。「女性だけであり、『男性』とはジェンダーではない。なぜなら男性は男性ではなく、一般だからである」（上野 一九九五：一九）とも言いました。そして上野さんは、スコットを引用しながら、これまで男性を「一般」と見なし、「ジェンダー」の普遍的な説明がなされていなかったと強調しました。

…偏りを自認することは、普遍的な説明の追求において敗北したと認めることではないと、私は考えている。むしろそれは、普遍的な説明はこれまでも可能ではなかったし、いまも可能ではないと示唆しているのである（上野　一九九五：一六）

上野さんによると、ジェンダーとは女性の問題ではなく、女性・男性両方の問題であるということになります。そのため、これまでの言説を「補うのではなく、語られなかったもう一面を語る」作業の必要があります。

ジェンダーと「民族」

江原は、ラディカル・フェミニズム理論だけでなく、マルクス主義フェミニズム理論も「カテゴリー的」アプローチであるとし、その「カテゴリー」が固定化していることに、コンネルの批判を引用して共感を示しました。

「カテゴリー的」アプローチは、問題を発見するために「当たりをつけるための枠組み」に基づく分析や「代表的な個人に焦点をあわせ」てしまい代表的でない少数派の人々を無視するような分析を絶対化するという、「誤った普遍主義」を、横行させることになるという。そしてこのような（しばしば政治的対立を背景にした）性別カテゴリーの「普遍化」「絶対化」は、日常生活における男性との関わりなしには現実に生活できない女性たちのフェミニズム離れをも帰結する（江原　一九九五：五一）

伊藤るりによると、一九八〇年代末から、民族集団あるいはエスニック集団の社会関係とジェンダーを正面に据えた研究が出ています（伊藤 一九九五：二一五）。しかし、ジェンダーと民族の相互関係に関わる一連の研究は、どちらかと言えば、この文化的境界の局面に重点を置き、女性に割り当てられている「文化的境界標識（cultural boundary marker）」（デニズ・カンディヨティ）としての役割を分析対象としています。伊藤は、もう一つ、ジェンダー研究の視点から民族・エスニック集団の生物学的境界という局面が、あらたに提起された研究として、C・エンローとN・ユーヴァル＝ディヴィスらの研究を紹介しました。（伊藤 一九九五：二一六－二一八）。

エンローは、民族・エスニック共同体の男性が女性に与えてきた五つの役割や位置を説明しました。そこには、同じ共同体の女性の外形的魅力や性的純潔のイデオロギー的重要性と「次世代の生み手」という生物学的境界の再生産に関わる女性の役割の重要性が強調されています。そして、ユーヴァル＝ディヴィスらも彼らの論文集に次の五つの領域の役割を説明しました。

①エスニック集団成員の生物学的な再生産の担い手
②民族・エスニック集団の境界を再生産する役割の担い手
③民族・エスニック集団のイデオロギーを再生産し、文化を伝達する役割の担い手
④民族・エスニック集団の差異の象徴として
⑤民族、経済、政治、そして軍事の各領域における紛争への参加主体として

ユーヴァル＝ディヴィスらによれば、①と③は説明の必要なく、②は、女性が民族・エスニック集団の成員を生物学的に再生産するという場合に、その行為がどのようなルールに則ってなされるか、すなわち正当な（ないし合法的な）婚姻に基づく再生産であらねばならないという規範に始まって、婚姻と性交渉の相手の限定の問題などが

含まれます。④は、女性は文化を伝達するだけでなく、自身がその文化の象徴としてみなされる現象を指しています。戦争、民族解放闘争など、ナショナリズムが鼓吹されるとき、「妻と妹を守るために」という名目によって、男性成員の戦闘士気を奮い立たせます。そこには、女性に性的純潔と貞淑が要求されます。この領域は、民族・エスニック集団の境界維持の問題と分かちがたく結びついています。⑤は、その他の項目とは異なった位置を占めています。従来、女性の関与が注目されてこなかった部分であり、きわめて受動的な位置づけが多いのに対して、この領域では、女性の参加主体としての働きに光を当てようとする指向性が強くあります。

二、「在日女性」とデータ概要

「在日」と「在日女性」

従来の在日研究には男性の問題しか見えていないということは本稿の冒頭に述べました。在日女性に関する言及は、在日研究のための語り分析のなかで、酒を飲んで暴れるオヤジとひたすら働くオモニの姿が登場する程度でした。在日研究のなかでの「在日」とは、つまり、「家長」である男性を指していました。女性の社会的経験はそれらの世界観にはほとんど表現されておらず、それらの「知」の担い手の中にも女性は存在していなかったのです。女性の歴史が描かれているとしても、それは「普遍的歴史」として位置づけられることなく「単なるエピソードとして扱われる」（江原 一九九五：三五）ことがほとんどでした。「在日女性」は、家庭（家族）という空間の中でプライバシーの問題として外部に不可視化されていました。江原由美子は社会問題の研究における「男性中心主義」のことを批判しています。

社会問題を論じる際に暗黙に女性ではなく男性社会成員の経験を重要な意味を持つ経験として前提としてしまっていた。女性たちの生活や意識・行動・経験について何一つ明らかにすることがない研究を、一般的社会研究として位置づけながら、…（江原　一九九五：三七）

「女性を主要な研究対象とし」たり、「女性の視点で研究をすすめ」たり、「男女間の権力関係や利害対立を主要な主題とし」たりするような研究を、排除し周辺化し無視するような「学問的伝統」にも起因していた（江原　一九九五：四六）

在日の高齢化によって問題視されるようになった在日高齢化問題。つまり、女性の寿命が長いことで「在日女性」の存在はようやく可視化されるようになりました。こうした「在日女性」を対象とした研究を通じて、彼女たちがどのような生活のなかで生計を営み、次世代へとつないできたのか、どのようにエスニシティ継承の役割を担ってきたのかという過程が浮き彫りになります。これまで「在日研究」に欠けていた部分を詰めることで、在日社会の全貌が初めて読みとることができます。それは、「在日」研究を補うのではなく、これまでの「在日」研究の見直しを迫ることを意味します。

しかし、在日女性の調査にはいくつかの困難があります。高谷幸らは、国勢調査を用いての在日外国人の「家族とジェンダー」に着目したデータ開示を試みるなかで、在日韓国・朝鮮人のデータの補足率が低いことを指摘しました。その理由としては、国籍欄に日本籍と記入し外国籍として算定されないケースや「話したくない、プライバシーにふれる、いやだ」という調査拒否も多かったと言っています（高谷幸ほか　二〇一四：五七）。

「むくげの会」は日韓条約が締結した直後から六年間に渡って在日女性約三十名にたいしての聞き書きを行いました。その過程で、在日女性が「自分の半生を語ってくれる人を探すのは、予想していたよりも、むずかしいことであった」と回想しました。「おおまかに言えば、日本人は、朝鮮人にとって胸襟を開いて語りあえる相手ではない」、当時の六〇歳以上の女性は「日本語があまりうまく話せない」といった壁にぶつかったようでした（むくげの会編 一九七四：二一一）。そして、そのうちの一二人の記録を『身世打鈴』（東都書房、一九七二年）に収めています。つまり、在日調査のデータが充分ではないなかで、在日女性の記録にはより多くの障害を抱えていたのです。そして、高齢にともなう認知症や記憶障害、読み書きができない、自分を表現することに慣れていない、などの問題もあったようです。

データの概要

本稿で用いるデータは、二〇〇八年に、広島市内の在日集住地域において、在日高齢者が多く利用している高齢者通所施設をフィールドに、その利用者五九名のうち、在日女性の利用者二三名を対象にして行った「二〇〇八年調査」[3]のものです。当時のデータ収集方法としては、調査対象者に読み書きが出来ない人が多いため、参与観察を続けながら利用者や当施設の職員からの聞き取りも行いました。表1は、当時の在日女性の利用状況で、表2はそのフェースシートです。

表1　施設の在日韓国朝鮮人の利用状況　（2008年10月現在）

利用者数	平均年齢	平均介護度	曜日ごと利用人数					
			月	火	水	木	金	土
25名／51名 (一世23名、二世1名、在日配偶者1名)	83.4歳	要介護①	8名(1)／25名 32.0%	8名(1)／26名 30.8%	17名／30名 56.7%	8名(1)／26名 30.8%	15名(1)／30名 50.0%	9名／27名 33.3%

(　)の中の数字は、夫が在日韓国朝鮮人である日本人の数字

表2　在日利用者の年齢・介護度・週利用状況（2008年調査）

（2008 年 8 月 21 日現在）

全23名	①属性			②資源（経済的資源）			②資源（人的資源）		③機会（家族）					③機会（地域）			
	1-2) 年齢	1-3) 来日年齢	1-4) 国籍	2-1) 年金受給	2-2) 生計状況	2-3) 住居環境	2-4) 学歴（語学能力）	2-5) 健康状態（介護度）	3-1) 配偶者	3-2) 来日動機	3-3) 親族の居住地	3-4) 家族との距離（同居/別居）	3-5) 子どもの日本人との結婚	3-6) 主な職種経験	3-7) 民族団体の関わり	3-8) 集住地域か否か	3-9) 他地域への転居希望
A	88	16	帰化	×	生保	民間	×	③	早期死去	親	なし	1 人	○	その他	×	集住	×
B	82	14	帰化	×	失対	自宅	×	支援	早期死去	親	広島	2 人以上	×	失対	×	集住	×
C	91	16	帰化なし	×	子ども	自宅	カナ	③	死去	結婚	結婚	1 人	×	その他	×	非集住	×
D	86	日本生まれ	帰化	×	子ども	自宅	小卒	①	早期死去	生れ	広島	同町内	○	飲食店	×	集住	×
E	80	12	帰化なし	×	非課税	公営	カナ	①	死去	親	帰国	2 人以上	×	自営業	○	集住	×
F	79	14 才	帰化なし	×	非課税	公営	×	①	早期死去	親	広島	同町内	×	自営業	×	集住	×
G	86	15 歳以上	子の帰化	×	生保	公営	×	③	早期死去	親	広島	同町内	×	失対	×	非集住	○
H	90	小さい頃	帰化なし	×	子ども	自宅	自分名	③	死去	親	帰国	2 人以上	×	自営業	×	集住	×
I	80	19	子の帰化	×	子ども	自宅	×	支援	早期死去	結婚	結婚	同町内	×	失対	×	集住	×
J	85	子ども	帰化	×	子ども	自宅	自分名	①	死去	親	広島	2 人以上	○	その他	×	非集住	×
K	86	12	子の帰化	×	生保	自宅	カナ	③	死去	親	?	1 人	×	自営業	×	集住	×
L	80	日本生まれ	帰化	×	生保	公営	小中退	③	死去	生れ	広島	同町内	○	失対	×	集住	×
M	85	5	子の帰化	×	夫	公営	小卒	⑤	有り	親	広島	1 人（夫婦）	○	失対	×	集住	×
N	87	子ども	帰化なし	×	貯蓄	自宅	自分名	②	早期死去	親	広島	2 人以上	○	自営業	×	非集住	×
O	79	こども	子の帰化	×	生保	民間	×	④	早期死去	親	?	同町内	×	その他	×	集住	×
P	87	3	帰化	×	生保	民間	×	支援	死去	親	?	同区	?	その他	×	非集住	×
Q	73	17	帰化なし	×	子ども	自宅	×	支援	早期死去	結婚	結婚	2 人以上	○	失対	×	小集住	×
R	79	14	帰化なし	×	非課税	公営	小卒	支援	死去	親	北	同区	×	その他	○	集住	×
S	86	18	帰化なし	×	生保	自宅	×	支援	死去	結婚	結婚	1 人	×	失対	○	小集住	×
T	86	12	帰化なし	×	貯蓄	自宅	カナ	支援	早期死去	親	帰国	同町内	×	自営業	○	集住	×
U	78	14	帰化なし	×	貯蓄	自宅	自分名	①	死去	親	広島	同区	×	自営業	○	小集住	×
V	85	18	帰化なし	×	子ども	公営	×	①	死去	親	?	2 人以上	×	その他	○	集住	×
W	85	0	帰化なし	×	貯蓄	民間	×	支援	死去	親	広島	市内	×	飲食店	○	集住	×

＊介護度で、要支援は「支援」、①～⑤は要介護の介護度を表す。
＊親族関係は、広島に親族関係がいる人は「広島」、戦後帰国した親族がある場合は「帰国」、1960 年前後に北への帰国者が居る場合は「北」と記した。

三、「在日高齢女性」の生活史と置かれている条件

在日高齢女性の生活史

次は、被調査者二三名のうちの五人の生活史（二〇〇八年調査時）を概観したものです。

Aさん（八〇歳）

日本で生まれて幼児期に小河内町に転居し、他地域の小学校に通うために二～三年間この地域を離れていたが、それ以降はずっと福島町付近で現在まで生活している。一人娘として生まれたAさんは、親から大事にされ、小学校教育も受けている。また兄がすし屋に弟子入りしていたので、日本文化には自然な形で馴染んでいた。そして、近所の朝鮮人男性と結婚した。被爆で子供ひとりを亡くし、親と兄は帰国した。生活のために当時の在日社会の「流行業」である飴作りをしたが、仕入れや販売ルーツを確保できず、また親族からの情報も得られず、長続きできなかった。夫は、四〇歳頃から病気になり、自らが生計を担い、観音や宇品まで勤めに出た。その後は、市内の歓楽街で飲食店を経営して生計を担った。日本の高度経済成長と相まって店は繁盛し、子供を高校と大学まで行かすことが出来た。現在は、公営住宅で一人暮らしだが、近くに息子が居住している。老後は近くの当施設を利用しながら生活している。

Bさん（八〇歳）

乳児期に両親に連れて来られ、広島市天満町に居住した。学校へは行かず、工場で働き、「仲介結婚」で可部にいた夫と結婚してからは、夫の家族と可部で生活した。原爆投下直後は、一時期、実家の家族の避難生活場として

提供することが出来た。結婚一〇年後、きょうだいから情報を得て夫の家族と一緒に小河内に転居した。Bさんは、当時の在日社会の「流行業」であったドブロクを作った。そして、身内の繋がりでドブロクの仕入れや販売ルートが確保できた。後に姉の勧めで屋台を始める。都市改造事業後は、自宅を改造して飲食店を始め、三年前、病気で長期入院になるまで続けてきた。夫は土方の仕事をしていたが、それだけでは大家族の生計を立てることが出来ず、家族の生計の大部分がBさんの収入に頼られた。現在は、週二日の当施設利用をしているが、飲食店を生涯続けてきた生活リズムで、なにもしない時間に不安を感じ、施設利用日を増やしてほしいと希望している。

Cさん（八六歳）

慶尚南道晋州出身。生活が困窮していたため、親が渡日することを決め、一二歳の時、一緒に来日し、京都に居住した。結婚前は宿所付きの糸工場で働き、京都にいる在日の男性と「仲介結婚」した。結婚一年後、夫の親戚の勧めで広島市福島地区に転居した。終戦後は、夫の家族も自分の家族も帰国したが、Cさんの家族は広島に残り、公有地となった河川の土手に居住した。初めは、親戚からお金を借り、闇市で巻きタバコを作って販売した。後にドブロクを作り、養豚もした。立退きで都町の土地を払い下げて貰い、飲食店を始め、自宅で八百屋を営んだ。夫は原爆後遺症で仕事が出来ず、Cさんが治療費や生計を担っていた。長男の死後、他地域の子らが呼び寄せようとしたが、住みなれた福島地区を離れることができず、賃貸マンションで一人暮らししながら施設を利用している。

Dさん（八五歳）

写真一枚だけの結婚で来日、愛媛に居住した。夫は土木の仕事をしていて、後に飯場の移動で広島の祇園に転居した。夫は飲酒が多く、仕事は休みがちで、家族への生活費援助はなかった。そのため、Dさんが生計を担い、飯場で手伝い始めた。飯場の移動で祇園から船越や海田まで出かけることもあった。被爆後、トタン作りの住宅は崩

壊し、福島町の土手に転居した。福島町では自分の家と借りた土地で二〇頭前後の養豚を始めた。同時にドブロクも作った。ドブロクを作った後のカスと、己斐の中華屋からもらう残飯を豚の餌にした。立退き後は、都町に土地を払い下げてもらい飲食店を始めたが、長く続かず、行商をしたこともあった。後に建設会社に入るが、辞めさせられないよう一生懸命仕事に没頭した。そのことを会社は認めてくれ、長く務めた。次男と二階で同居していたが、現在は、足が不自由となり、同ビルの二階の一ＤＫに移って一人暮らしをしながら、当施設に通っている。

Ｅさん（八六歳）

朝鮮半島南部の農家に生まれる。広島の宇品に居住している夫と「仲介結婚」をし、来日。結婚当時、夫に同棲の女性がおり、Ｅさんへの配慮はなかった。来日当時は言葉が不自由で仕事も出来ず、物乞いのような生活をした。周囲の朝鮮人の生活様式を徐々に学び、ドブロクやあめ作りを始めた。後に宇品海岸に転居した。宇品海岸は朝鮮人が暮らす三〇軒ほどの集住居住地で、殆どの人が県有地で養豚をしていた。Ｅさんは資金不足と豚選びの情報を習得出来ず、委託養豚を続けた。並行してドブロク作りや焼酎を作った。作った焼酎は、自宅でコップ売り販売するか似島へ持って行き、瓶売りの行商をした。また失対に出て働き、宇品港で本船が入ると荷役の仕事に出たりもしていた。立ち退き後は、養豚は出来ず、宇品港の貯木場で海面に浮んでいる材木の皮をむく危険と隣り合わせの仕事を続けた。現在は、長男の借金で次女名義になっている家に暮らし、施設からの送迎が行われるようになった二年前から施設を利用している。

在日女性の置かれていた（不利な）条件

前節の在日女性の生活史から、当時の在日女性の置かれている状況を要約すると次のことが言えます。

①来日動機と親族ネットワーク

在日一世女性は、親が来日する際に連れて来られたか、結婚を機に来日しています。日本生まれの人の場合でも親が日本に来て間もない時期に生まれたのであり、親のエスニシティはストレートに受けていると言えます。当時の「在日一世女性」にとって、結婚の形態にさほどの差はありませんでした。結婚は「仲介婚」というかたちで親が決めていて、結婚相手を選択する自由などもありませんでした。当時の朝鮮半島の女性は、結婚と同時に自分の家族成員からは除外され、夫の家族の成員に含まれました。それまでは、村の外の世界を知る機会を持たなかった朝鮮半島の貧困層の「むすめ」が、自分の親族もなく日常生活での日本語も不自由なまま、突如一人身を投げ出され海を渡って日本へ来たのです。頼りになる人は夫だけで、その夫の生活世界のなかに入るのです。そこには、しばしば夫にほっとかれたまま、ひとり立ちしなければならない状況もありました。

親同伴で来日した人は、とりわけ親がおり、きょうだいが日本にいました。それは、その後の日本での生活に親族ネットワークに恵まれ、貧窮のなかでも頼れる存在がいるということを意味します。また子ども時期に来日しているので、結婚する前から日本で生活しており、言語などでの不便さを感じることは少なかったと言えます。

②夫を頼ることは出来なかった

親と同行で来日して結婚した人も結婚を機に来日した人も、多少結婚後の生活に、慣れ不慣れ、親戚ネットワークの有無、夫からの待遇などで差はあるものの、多くの人は夫に早死されるか、夫の生活力は乏しいものでした。当時、朝鮮半島では家父長制の意識が強く、日本社会で差別されていた男性が（その鬱憤を）家庭内では女性を差別していました。このような激しい社会状況のなかでも、女性には母性が期待され、家族を守るために外の社会へ晒されました。

③教育歴がない

当時、日本の植民地政策の支配下にあった朝鮮半島の人々は貧困のどん底でした。在日社会のほとんどの人が貧困ゆえに来日していたのです。また、乳幼児の死亡率も多く、子は働き手になるので、多産でした。上の子は親が働くときは子守りをさせられたり、家計の足しにするため働きました。学校に行く余裕などありませんでした。また、親の近代教育に関する無知から、入学通知の仕組みがわからなく、転々とする居住生活のなかで入学手続きができないこともありました。とくに、女子には、朝鮮半島での家父長制の意識が強く、教育を与えないことも多かったのです。そのように教育の機会に恵まれなかった在日女性は、学識はもちろん、言語能力を必要としない仕事に従事せざるを得なかったのです。そこで「非」とされる闇市場での販売、密造、養豚や、「危」とされる土方の仕事、「負」とされる失業対策事業、飲食店などの仕事をしました。

④仕事・ネットワーク・地域（在日集住地／在日非集住地）

在日朝鮮人は、日本社会では高い家賃のところに住めないだけではなく、日本人の家主から部屋を貸してもらえず、被差別部落や河川沿いの公有地にバラックを建てて居住しました。そこは、都心に近く就労しやすいという利点がありました。また、周辺の日本人の生活もバラック建てで異質感を感じさせなかったのです。当時の在日社会の多くの人がやっていた養豚をするにも好条件の場所でした。

在日女性の仕事は、終戦前後は、養豚をしたりドブロク、焼酎、あめなどを家で作りました。戦後、日本社会の秩序が整備されてからは、これらの仕事はできなくなりました。しかし、在日女性に雇用の機会は閉ざされていました。そのため、店を構えて飲食店などを営むか都市下層労働市場で下層労働をするしかありませんでした。親戚関係の援助が期待できる人は飲食店や商売をすることができました。また夫が古鉄などの事業を始められた場合は夫経営の手伝いをすることもできました。

Eさんのケースをあげます。Eさんは、広島の宇品海岸の公有地の朝鮮人集住地に居住しました。周囲の在日社会がやっているのをまねて、養豚、ドブロク、焼酎作りをしました。Eさんの家の近くの公有地は、市内の最大の養豚地でした（『中国新聞』一九六七年二月五日）。そのため、周辺の日本人からの苦情があり、養豚の取り締まりで立ち退きの対象となりました。立ち退き後は、在日社会の「流行業」であったドブロクや焼酎を作り、のちには宇品港の貯木場で、海に浮かべた材木の上で皮を剥く危険な仕事に従事しました。

四、「在日女性」に期待された役割と高齢期

「在日女性」に期待された役割

二章で紹介したユーヴァル＝ディヴィスらの論文集で紹介した五つの領域を参考にし、在日社会が在日女性に課した役割を考えると、次のように要約できます。

①民族の集団成員の次世代の生み手
②民族集団の境界を再生産する役割の担い手――結婚、安らぎの場（「在日男性」の避難所）
③民族の文化を伝達する役割の担い手――子育て
④民族・エスニック集団の差異の象徴として――チマチョゴリ、ドブロク、養豚
⑤民族、経済、政治、そして軍事の各領域における紛争への参加主体として

①の場合は、説明するまでもありません。②は、「在日女性」に民族集団成員の次世代の生み手としての役割を果たさせるために、朝鮮半島から見知らぬ夫だけを頼りに日本社会に投げ出される状況に置かれました。そのうえ、家父長制という名の「家族」というしばりで「安らぎの場」の提供を求められ、対外的な活動は抑止されました。③は、子育ての役割を担わされ、家庭のなかで民族文化の伝達の役割を担わされました。対外的な社会活動もなく自分に対する意味を見出すことなく、家族のなかで家庭成員への郷愁保持の役割を果たしました。④は、「女性は民族の文化を伝達するだけでなく、自身がその文化の象徴としてみなされる現象を指す」ものです。とくに、女性の衣服（チマチョゴリ）や女性の仕事（ドブロク作り、養豚、飲食店など）は、民族のシンボルとなり得るだけでなく、それが外の社会から除外されるシンボルにもなっていました。⑤は、前述の役割では受動的な位置づけでありましたが、（夫不在、親族不在のなかでも）家族をまもるために生計を担い、日常生活のなかで文化の伝承を自ら行っていました。また、自分の苦しみから次世代にはより良い環境を与えるために、自分の置かれている（不利な）条件や対外的な社会活動が抑止されたなかでも、自ら積極的に切り開いていきました。例えば、極限の生活状況のなかでも生き抜いた大阪夜間中学独立運動（徐阿貴 二〇〇五）や在日大韓基督教会女性牧師・長老按手の活動（李恩子 二〇一二）などがその例と言えます。

在日高齢女性が高齢期を生きる

本稿の冒頭でいったように、在日社会も高齢化しました。これまで不可視化されていた女性は、皮肉にも女性の平均寿命の長さから可視化しました。そして、これまで学校教育や日本社会経験が少ない在日女性は、高齢となり、高齢者福祉サービス受給に至りました。まだ元気なうちは、在宅サービスを受給すればよいのですが、高齢が進むにつれ、通所事業所や入所施設を利用するようになりました。高齢となって初めて社会生活をするわけです。そこで起こる不協和音は、これまでの生活の「（不利な）条件」や強いられた「負の役割」のつけが解消されないまま、在日高齢女性問題として浮かび上がりました。

在日社会は家族のきずなが強いと言われていましたが、現在は在日社会も変化しました。子が成長し、転出によって離ればなれにもなりました。このように家族のきずなが弱まると、当然のように、家族のなかで世代間のエスニシティの断絶も生じました。まだかろうじて日常生活を通じてエスニシティは継承できることもありますが、意識の継承まではできていないのが現状です。二〇一一年の日本国籍取得者は、現在累計で三三三、二〇六人です。これは、「日本で生きることを選択した」ことを意味しているのです。

在日女性は、高齢期という時間の余裕からくる淋しさや認知症状から内在していたエスニシティが爆発（安 二〇一〇）し、表出することもあります。これまでは外の世界との断絶から、差別に対して敏感ではなかったのですが、高齢となって高齢福祉制度に組み込まれ、そのサービスを受給するために社会生活を余儀なくされると、日本社会の在日に対する差別に遭遇します。在日高齢女性がそのような差別を受けるのは、これまで教育を受けていないこと、経済的な余裕がなかったことによる資源の無さと家族や地域・ネットワークという機会が乏しいことに起因しているものです。つまり、在日高齢女性は、高齢福祉制度政策から孤立しやすい状況にある（安 二〇一六）存在と言えます。

おわりに

これまで述べたように、在日高齢者問題を考える際に、マンネリ化した男性中心的な「在日」研究の流れで進めることには限界があります。しかし、これまで語られなかった「在日女性」の痕跡を見出すことも容易ではありません。在日高齢者問題の浮上をきっかけに「在日」研究にジェンダー視点を用いて再検証する必要があります。「ジェンダー」は、「女性の性」のみならず「男性の性」のことでもあります。これまで見ようとしなかった／見ぬふりしていたことで空白になっている「在日女性」の存在を語ることで、「在日」研究を補うのではなく、欠けていた部分を明らかにする作業が不可欠です。これまで在日高齢女性が強いられてきた役割を演じさせたのは、「在日」共同体全体の問題なのです。また、「在日女性」の存在を明らかにする作業は、「むくげの会」が、「在日女性」の話を聞く過程で、「過去の日本の罪業の歴史が、はっきり描きだされていることに気がついた（むくげの会編 一九四七：二一二）。」と言っているように、彼女たちが生きてきた社会、すなわち日本社会の問題でもあります。

彼女たちは、いま、高齢となってはじめて、強いられてきた「ジェンダー役割の負」という問題が明らかになりました。「在日高齢女性」の問題は、「在日」共同体全体の問題であり、日本社会の問題であることをしっかり受け止め、さらなる「在日女性」研究をとおして、「在日」研究の全貌を明らかにし、その解釈の見直しを行わなければなりません。

註

（1）庄谷怜子と中山徹らは、在日高齢者の問題を初めて問題視し、福祉問題の視点で大阪の在日高齢者を対象にし調査を行いました。なぜそこに在日高齢者が生まれたのかということを、これまでの在日産業を中心に説明しています（庄谷・中山一九九七）。

（2）「生活史」とは、社会学研究の研究方法の一つで、現在の問題はこれまでの生活していく中で形成されたものであるという見方。

（3）筆者は、二〇〇八年と二〇一三年に調査を行いました。

参考文献

安錦珠「在日一世女性の高齢者福祉問題：広島市西区福島地区の通所介護施設を事例より」『部落解放研究』第一六〇号、二〇一〇年、一〇七－一二六頁。

安錦珠「在日高齢女性と社会的孤立：在日集住地域の通所介護施設を事例として」『部落解放研究』第二二号、二〇一六年、一〇三－一二六頁。

李恩子「ジェンダー、エスニシティ、「聖なる権威」への抵抗：在日大韓基督教会女性牧師・長老按手プロセスにおける『民族』の位置」『関西学院大学キリスト教と文化研究』第一三〇号、二〇一一年。

伊藤るり「ジェンダー・階級・民族の相互関係：移住女性の状況を一つの手がかりとして」井上俊ほか編『岩波講座　現代社会学一一　ジェンダーの社会学』岩波書店、一九九五年。

上野千鶴子「性差と政治学」井上俊ほか編『岩波講座　現代社会学一一　ジェンダーの社会学』一九九五年、岩波書店。

上野千鶴子『ナショナリズムとジェンダー』青土社、一九九八年。

上野千鶴子「市民権とジェンダー」『思想』第九五五号、二〇〇三年。

江原由美子「ジェンダーと社会理論」井上俊ほか編『岩波講座　現代社会学一一　ジェンダーの社会学』岩波書店、一九九五年。

小熊英二・姜尚中『在日一世の記憶』集英社、二〇〇八年。

姜尚中『母：オモニ』集英社、二〇一三年。

かわさきのハルモニ・ハラボジと結ぶ二〇〇〇人ネットワーク　生活史聞き書き・編集委員会編『在日コリアン女性二〇人の軌跡』明石書店、二〇〇九年。

川崎市ふれあい館高齢者識字学級・ウリハッキョ編『おもいはふかく：ウリハッキョの作文集』かわさきのハルモニ・ハラボジと結ぶ二〇〇〇人ネットワーク生活史聞き書き・編集委員会、二〇一一年。

川崎市ふれあい館『川崎　在日韓国・朝鮮人の生活と声：在日高齢者実態調査報告書』一九九八年。

金賛汀『在日コリアン百年史』三五館、一九九七年。

徐阿貴「在日朝鮮女性による対抗的な公共圏の形成と主体構築：大阪における夜間中学独立運動の事例から」『ジェンダー研究』第八号、二〇〇五年。

徐阿貴「在日朝鮮女性による対抗的な公共圏の形成と主体構築：大阪における夜間中学独立運動の事例から」『ジェンダー研究』

第八号、二〇〇五年。
庄谷玲子・中山徹『高齢在日韓国・朝鮮人：大阪における「在日」の生活構造と高齢福祉の問題』お茶の水書房、一九九七年。
髙谷幸・大曲由起子・樋口直人・鍛治致・稲葉奈々子「家族・ジェンダーからみる在日外国人：一九八〇・一九八五年国勢調査データ分析」『岡山大学大学院社会文化科学研究科紀要』第三八号、二〇一四年。
舘かおる「ジェンダー概念の検討」『ジェンダー研究』第一号、一九九八年。
平成二六年版高齢社会白書（概要版）http://www8.cao.go.jp/kourei/whaitepaper/w-2014/gaiyou/26pdf_indexg.html（二〇一五年一二月一三日最終閲覧）
民団統計二〇一二年 http://www.mindan.org/shokai/toukei.html#02（二〇一五年一二月一三日最終閲覧）
むくげの会編『身世打鈴：在日朝鮮女性の半生』東都書房、一九七二年。

〈質疑応答〉

Ｗさん：山口から来ました。英語を教えています。沖縄の血が流れていて、ハーフとかダブルとか言われるものです。このあいだＮＨＫで、在日の子どもたちが通う学校の校門の外で抗議があって、その体験が子どもたちにとってトラウマになるのではないかというような話があったんですが、今日の話は在日の高齢化でしたね。こういう問題があることも知っているし、子どもたちのトラウマもよくわかるんですが、教育の現場ではなにも言及されていない。反省どころか向き合ってもいないし、話し合いをすることもしないわけです。高齢化した在日韓国人は日本人のコミュニティにどのように発信しているのでしょうか。

安さん：私自身は、発言できる場があったら積極的に発言することを心がけています。しかし、高齢者の方が自分から発信するということは難しいですから、そのことをちゃんと受けとめないといけません。そして見て見ぬふりをする人たちに対して、問題意識を持つ人が発信していかなければいけませんし、そうした場、機会をつくる、あるいは紹介していくことも大事です。

Ｋさん：大阪から来ました。私は五〇歳で親が在日一世です。私の子どものときの記憶だと、男の大人たちは政治的な対立がものすごくあって、中でも南北分断が一番大きい問題なのではないかと思います。少なくとも大阪はそうなんですが、広島はどうなんでしょうか。高齢化する中でその南北問題はどうなっているんでしょうか。

安さん：広島でも政治的な対立は結構激しいです。そして、男性の政治性は問題にされますが、女性の政治性は問題にされてないですね。先ほど梁東淑さんが話した「アリラン」には、私も何回か遊びに行ってお話を聞きましたが、ハルモニたちはしっかり政治性を持っていらっしゃるなあと感じています。もちろんその政治性も生活状況や性格によって違いますが。

鄭さん：まず梁東淑さんに質問があります。李実根さんの本の翻訳をされましたね。被爆七〇年になって、何のために原爆投下したのかが問われるようになってきましたが、広島では投下したアメリカの加害性を問うことさえタブーになっているかのように思います。李実根さんが問い続けたことが、広島社会に、他の日本人を含めたいろんな被爆者の人たちにどんな影響を与え、韓国社会ではどう受けとめられたのかをお聞きしたいです。次に安さんが示された、在日一世女性の描いた絵に衝撃を受けました。山とはこんなもんで、太陽は小さく描いて…私たちが当たり前と思っていることさえ共有されていないということ。日本に渡ってきた歴史だとか、被爆後の困難な生活とか、いろんなことが折り重なっているとは思うんですが、常識を常識として持つ機会すらなかった女性たちが生きるにあたって、特にデイサービスセンターにおいて、日本人利用者とのあいだのコミュニケーションギャップ、トラブルなどがどんな形で起きているのでしょうか。もう一つ気になるのは、世代間ですね。子どもたちは学校教育を受けているので、そういう親たちとの間に理解が進まなかった場合どうしたのかということもお聞きしたいです。

梁さん：広島朝鮮人被爆者協議会代表の李実根さんの本を翻訳し、今年、韓国で出版しました。いまや韓国で知らない人はいないという方です。一九七〇～八〇年にかけては、日本人と朝鮮人の新しい共生運動が始まったときだと言えます。李実根さんの活動もその共生運動を強力に進めました。例えば日本の市民運動、在韓被害者を支援した豊永恵三郎さんとか市場淳子さん、そして、原水禁とかと連帯できた時代であり、それまでとは違った新しい運動でした。私はこのことをもっと評価しなければならないと思います。

安さん：日本人と在日の関係ですが、ここは地域的な特徴があります。先ほど言いましたが、たくさんの被差別部落と在日の人たちが一緒に住みつくということは、広島だけではなく、多くの他の地域でも見られることです。「アリラン」のある町は部落解放運動が盛んなことで有名で、他の地域は日本人と在日は別々に住むんですが、ここは日本人の中にばらばらに入り込むという形になっていて、在日の規模も大きく、部落の人も在日ということは認識していて、隣同士長く暮らしています。部落の人も生活が厳しかったわけですから、在日もあまり劣等感なくすんなり入れる。部落の人から朝鮮人、朝鮮人と言われながらも、近所付き合いが何十年とあります。独特な近所付き合いです。施設は在日だけの施設ではなく、部落の方も利用されますが、職員は状況を理解しています。スケジュールを見ますと、在日の人はある曜日にみんな集まるんですが、そんな地域でも在日同士の方がやっぱり気楽だという気持ちの表れだと思います。差別がないわけではなく、差別はありながら付き合っていく。それが現実の姿だと思います。

反核・反原発とフェミニズムの問題

「デルタ・女の会」を例に

ウルリケ・ヴェール

はじめに

本報告で取り上げる「デルタ・女の会」に私がたどり着いたのは、かなり遠回りしたあげくのことです。ヒロシマについて、あるいは女性の平和運動について調べたからではありません。それはまさにフクシマの原発事故のあと、自分が研究者としてどうすべきか模索していた中での出来事です。三・一一のあと、絶望に陥らないためにも、原発に反対した人たちの歴史を調べ始め、その歴史をジェンダー視点で研究しようと考えました。

全国的な反原発運動の資料を調べたら、一九七〇年代半ばから東京や大阪で活動していた女性のグループや個人がいることがわかり、史料・インタビュー調査をはじめました。[1] その中で、広島の「デルタ・女の会」というグループが、一九八〇年代の反核・反原発の全国的な女性のネットワークづくりで重要な役割を担ったことを聞いて、地元の広島こそ調べなければいけないと感じたのです。三・一一まで私は、近代史が専門であることを口実に、広島に住んでいながらも、ヒロシマには付き合ってきませんでした。その理由の一つは、平和記念資料館、平和公園、平和運動におけるヒロシマの「記憶の女性化[2]」に違和感を抱いたからです。

「なぜヒロシマはフクシマを止められなかったのか[3]」という、加納実紀代さんの問いと合わせて、「なぜフェミニズムはフクシマを止められなかったのか」というもう一つの重要な問題が、三・一一以降を生きる私たちに突きつけられています。言い換えれば、「どうやってフェミニズムはフクシマの繰り返しを止められるか」ということです。本報告ではこの問題関心から、反核・反原発とフェミニズムとの関係に焦点を当てます。また、フェミニズムを掲げていなかった「デルタ・女の会」の反核・反原発運動から見えてくるものについても考えたいと思います。

一、女性の反核・反原発運動とフェミニズムの関係

フェミニズム（そして「女性解放」、「ウーマン・リブ」）という立場から発言してきた人たちと、反原発運動をしている女性たちとの間には、以前から乖離が存在しています。[4] フクシマの原発事故直後に、この不一致が改めて浮上したと言えるでしょう。福島から避難して、全国を飛び回りながら精力的に反原発を訴え続けている宇野朗子は、二〇一一年八月六日にひろしま女性学研究所で開かれた座談会で次のように語りました。

フェミニストたちが、三・一一をどういうふうに受け止めて、どんなアクションを起こすのかというのを感じさせてほしいと切望していました。この戦争下において、鋭く権力の戦略を見抜き、ともに闘ってほしいと。でも、私のところには、そういう声は届いてこない。（中略）（そして—引用者注）私の言葉は彼女たちに届かない。[5]

その理由は、「パターナリスティックな反原発運動には与しないとして（フェミニストたち—引用者注）自らが原発問題にコミットしないでよしとしてしまっ」たことだと宇野は考えました。[6] 加えて言うならば、パターナリスティックな男たちの運動だけではなく、それに対応するような女性像を掲げた女たちの反原発運動にもフェミニストたちは距離を置いて、フェミニズムと反原発は相いれないと考えてきました。例えば、一九七〇年代のウーマン・リブ運動に積極的に関わりながら、反戦運動もし、一九七八年に「なにがなんでも原発に反対する女たちのグループ」を作った大阪の女性の一人も、リブの仲間に「男の尻拭いをする運動」をしていると「せせら笑われた」と語っています。[7] また、フェミニスト心理学者の小倉千加子は、女性が反原発運動に参加する動機を次のように理解しています。

（前略）多数派の専業主婦の人が、その三年間（フェミニズムを勉強した三年間―引用者注）の思想と生活のねじれに対して出した答えというのが、フェミニズムを捨てるということです。で、反原発にいったりね、エコロジーにいったりしてた。仮想敵は、夫から原発に変えるほうがずっと楽なんですよ。[8]

多くのフェミニストたちと同様に、「原発」にも、そして「ヒロシマ」にもコミットしてこなかったジェンダー史研究者の私にとって、以上引用した宇野の言葉はひとごとではない、胸をえぐられるようなものでした。実際私も、三・一一のあとに盛り上がった母親運動に懐疑的でした。しかし、脱原発、核廃絶を含む、グローバルな時代の問題に取り組むときに、その懐疑心をどこまで保持すれば建設的なのでしょうか。

「母」「女」「レズビアン」「フェミニスト」「被爆者」「朝鮮人」あるいは「ジェンダー研究者」といった、多様な立場・アイデンティティの共存が許されない運動は憂鬱で、怖い。けれども、そういったアイデンティティが絶対的なものになったら、ともに闘うことは難しくなります。「アイデンティティ政治（identity politics）」、つまり「○○として」闘うことについて、特に一九八〇年代以降のアメリカにおいて様々な議論がなされてきました。[9]確固たるアイデンティティを掲げた運動のわかりやすさ、迫力、当事者たちの自己解放感はメリットとして挙げられます。しかし一方、そこで掲げられるアイデンティティは権力関係や差別の結晶でもあり、国家権力による動員のツールにもなりうるものです。権力のカテゴリー（あるいは、カテゴリーの権力）が追認され、それを保持するために均一化と排除が行われ、また、内集団の利害関係を超える構造的な問題が見えなくなることなどは、アイデンティティ政治の危険性です。「フェミニズム」が原発に対抗できなかったことも、アイデンティティ政治による「排除」と関連付けて論じることができるでしょう。「フェミニスト」と自称する人たちは、反原発やエコロジー運動で掲げられた「母」「主婦」を忌避して、それらの運動を排除したからです。

フェミニズムが「母性」に懐疑的な理由は、それが一番効果的に女性をジェンダーに封じ込めるもので、一番巧妙に国家権力に利用されてきたものだからです。[10]しかし、「母」「主婦」だけではなく、リブ運動の思想を受け継いだフェミニズムが掲げている「女」も、当然権力にからめとられたカテゴリーです。それを広島の文脈で明らかにする米山リサさんの興味深い研究があります。原水禁運動が政治闘争によって分裂していく一九五〇年代終わりころに、「母」としてその動きに対抗する「原水爆禁止広島母の会」が結成されます。[11]そして、一九八〇年代になると「女」と自称する人たちの自律的な平和運動も見られます。ほかならぬ「デルタ・女の会」なのです。それらのグループの思想と実践で平和の担い手とされた「女」（また、「母」「主婦」）は、政治と無縁な領域としての「日常」・「いのち」に結び付けられました。[12]その結果、「女」の「抑圧」や「差別」が解消されるどころか、「女」が「家父長制と消費資本主義の言語内において再接合（rearticulate）[13]」されたと米山さんは分析しています。[14]

一九七〇年代のリブは、平和の象徴としての近代家族的な「母」を徹底的に批判したけれども、「女」を逆にラディカルな立場を表す記号にしていました。[15]しかし、「女」という言葉の使用がだんだんと一般化して、ラディカルではなくなった経緯があるようです。つまり、「女」と自称しているからといって、「フェミニスト」的意識があるとは限らなくなったわけです。たとえば「デルタ」も、「女」を掲げながら、「フェミニスト」としてのアイデンティティは表明していませんでした。[16]フェミニズムを自ら遠ざけた側面もあれば、その逆も言えると思います。

そもそも「フェミニズム」とは何なのか。上野千鶴子さんの定義によると、「女性の自律的な運動」だけでは不十分です。フェミニズムの特徴は「ジェンダーの問題化」をともなうこと、そして「自己言及性を持つ」ことだと説明しています。[17]つまり「女」でも、自己言及性を持つ――「女」というアイデンティティそのものを問いつづける――「女」でなければフェミニストにはならないということです。しかし、どこで線を引くか。どれほどの自己言及性を条件とするか。「自己」を解体し切ったら、行動を起こすことは難しくなります。また、「自己」を解体し切った相手とつながることも難しいです。逆に、自己言及性が不十分だからつながるのをやめることももったいない場合があります。そもそも、十分か不十分かの判断は困難です。

本報告はこの問題の理論的解明を目指すものではありません。以下は、広島の「デルタ・女の会」が展開した反核・反原発運動を事例として、こうした運動と「フェミニズム」との関係について考えたいと思います。「デルタ・女の会」は、それが存在していた一七年余り（一九八二〜九九年）に多様な人たちが加わり、様々な活動をしていました。一七年間、不定期的に発行された『デルタ・女の会ニュース』（全七九号）という豊富な史料や、元メンバーへの聞き取りをもとに、「デルタ」の活動とその活動への、彼女たち自らによる意味づけを考察することができます。[18] ここではこの運動のほんの一部しか取り上げられませんが、「つながり」と「演技」という二つのキーワードを使って、それが示唆する可能性を考えたいと思います。

二、つながることでつくられたアイデンティティーズ

「デルタ・女の会」は、「おんな・個人参加のゆるやかな結がりを創ろう」[19] と呼びかけて、日本の「新しい」反核・平和運動が最高の盛り上がりを示した一九八二年に結成されました。「個人参加」と「ゆるやかなつながり」は、まさにこの「新しい」反核・平和運動を特徴づけるものでした。つまり、ベ平連の時代よりも、労働運動や政党・党派とかかわりのない多くの個人が、自発的にデモや集会や署名運動に参加しはじめたのです。[20]「デルタ」の場合、「個人」が「ゆるやかにつながる」ことは、このグループが二〇年近く精力的に活動し続け、全国的、そして世界的に多くのグループや個人と連携[21]できた秘訣といえるかもしれません。『「私」の体験や感じ方、暮らしぶりを大事に」して、それを「自分の言葉で表現する」スタンス、「とうかさん（という広島の祭り―引用者注）の帰りに子ども連れで慰霊碑前の座り込みに寄ってみたりするという、「日常生活」から切り離されていない運動のスタイル、そして「正しさ」を追求しないということは、「デルタ」のメンバーたちが繰り返し主張していた「デルタらしさ」です。[22] ある主義主張に従わない「おんな＝私」の体験・感じ方・考えを自分の言葉と身体で表現することは、

リブ運動でも大事にされたものです。しかし、「デルタ」やリブが掲げた「私」「自分」「女」という主体があらかじめ存在していて、その「つながり」によって運動が成り立ったという簡単で一方向的なプロセスではもちろんありません。ジェンダー、セクシュアリティ、エスニシティなどの属性を付与された主体は所与のものではなく、他者との関係、また規範や権力が働く社会の中でつくり上げられ、つくりなおされるものです[23]。

「つながり」を合言葉にしていた「デルタ」においてこそ、多様なつながりやネットワークの中で多様なアイデンティティーズが創造・想像されたのです。「いいだしっぺがやる」[24]というコンセプトに基づいて、それぞれのメンバーの興味関心や人脈が「デルタ」に持ち込まれていきました。それによって、提案者を中心に多くのプロジェクトが取り組まれ、クモの巣状のネットワークが編み続けられました。そのプロセスで、「デルタ」の人たちが「女」としてのアイデンティティを構築したり、再確認したりすることは少なくありませんでした。たとえば、チェルノブイリ事故の直後に男性の反原発運動家たちと共同で集会を開いて、「命を生み育てている女として」[25]発言したときなどです。

しかし、「女性」とひとくくりにされた人たち同士の出会いにおいて、「女」は不均一な集団として捉えなおされ、その不均一性にこそ、つながる意味が見出されたのです。たとえば、同じ反原発運動でも、広島などの「女たち」と上関祝島の「かーちゃんたち」[26]、島根の原発現地で闘っている人と広島で電気を使っている人[27]、そして「数字を使わずに」「自分の思いをぶちまけて」抗議する街の「おんなたち」と「数字の面でも、向こうの専門家を言い負かせるくらい、勉強」する原発予定地の女性町議会議員[28]との出会い。また、国境横断的なつながりでも、イギリスで核廃絶を求める女性たちとのつながりの中で「アジア人」としての有徴化や差別を感じさせられたけれども、フィリピンや南太平洋の女性たちとの関わりを通じて、「経済侵略をする側」[29]、核廃棄物を投棄する者[30]としての加害性を意識させられたそうです。さらに、韓国の女性との出会いにさいして、「日本の女であることのつらさ」を感じさせられ、女として「押さえつけられる存在であると同時に、アジアの女たちを押さえつけている」自分を自覚する必要性を説いています[31]。日本国内で指紋押捺拒否運動をしている在日の女性への関心と協力も[32]、こうした認識に支えられたに違いありません。
多様で流動的な女の主体がつくり出されたのは、「外部」とのつながりにおいてだけではありません。「デルタの女」同士でも「つながり」の中で多様な立場が意識化されました。「母親」と自称する人とそうでない人、「結婚」・「離婚」・「独身」、「職業を持つ女性」・「共働き」・「専業主婦」、「自治体の窓口に…文句を言ってゆく」女・「窓口にいるので」文句を言われることをしんどく思う女などと。[33]また、それらの立場が問われたり、相対化されたりすることも少なくありませんでした。たとえば、「デルタ」の集まりで主婦としての経験を語っている人に対して「あんた主婦の顔しとらんね」という声が上がり、「どんな顔が主婦の顔か」とふざけて口論した場面が『デルタ・女の会ニュース』で再現されています。[34]
つまり、つながる（つながれる）かどうか、それは所与のアイデンティティの持ち様によると思われがちですけれども、「デルタ」内外のネットワーキングを考察してわかるように、つながることによってこそ多様なアイデンティティーズ、多様な「女」が作り出されました。

三、ジェンダーを「撹乱」するパフォーマティヴィティ

そこで疑問として残るのは、「女」の内部で多様なアイデンティティーズの創造・想像が起きても、「女」が不変で普遍な大枠として存続し、ジェンダーが再生産されるのではないかということです。この問題については、「演技」という、もうひとつのキーワードを提示して論じたいと思います。

さきほどまで、「女」という多様な主体がつながりの中で作り上げられる過程について見てきましたが、こうしたプロセス、つまりジェンダー・セクシュアリティを付与された主体が、規範や権力が働く社会の中で他者との関係において生産される過程を、哲学者のジュディス・バトラーが「パフォーマティヴィティ（peformativity）」とい

う概念によって説明しています。「女」（そして「男」）という主体が「パフォーマティヴ」に作り出されるといっても、それは単に（自由に選択して行うものとされる）「演技」によってではありません。バトラーの説明によると、ジェンダーの規範に即した行為が繰り返し遂行されることによって女性性（または男性性）が身体に「書き込まれ[35]」、「女性」「男性」という身体的な性（セックス）が作り出されるということです。このように、主体がつねにすでにジェンダー化されているので、ジェンダーから脱することは不可能ですが、繰り返しという行為によってこそ、「すき間や割れ目もまた開き[36]」、性に揺さぶりがかけられるということです。つまり、「パフォーマティヴ」に作り出されるジェンダーと「演劇」・「演技」を同一視してはいけません。そのため、「パフォーマティヴ」とは通常「演技的」ではなく、「行為遂行的」と訳されます。

　しかしバトラーは、「パフォーマティヴ」を「意味の演劇的で偶発的な構築[37]」にもたとえ、ドラァグ（異性装）を例に挙げている[38]ことでもわかるように、「演劇」・「演技」の連想もあえて排除しません。異性装などの「パロディ」によってこそ、ジェンダー化された行為のパロディ性、つまりジェンダーには本質も本物もないということが暗示され、ジェンダー規範が「撹乱」される可能性があると論じています[39]。また、演劇研究者のアリサ・ソロモンも、演劇におけるジェンダー表象と日常的に作り出されるジェンダーとの類似性を指摘しています[40]。

　ちなみに、「デルタ」の人たちは演劇が大好きで、早くから「劇団・激団」をつくることが提案されました。彼女たちは日常を排除した、小さい子どもを抱えている「主婦」「母」、障害者や高齢者の参加を妨げる従来の運動のやり方を批判していました[41]。しかし、運動のために必要な「怒りを持続する（中略）エネルギー[42]」を求め、彼女たちは逆に非日常に欲望を募らせ、「お祭りみたいに闘おう[43]」という気持ちも強かったようです。一九八七年には、彼女たちが決然と反対していた中曽根首相の句碑が、平和公園に建てられました。一九八八年以来、中曽根句碑への彼女たちの抗議行動は劇の形をとり、一九八八年にはまず人形劇、一九八九年から一九九九年までは寸劇で、毎年、句碑前の抗議行動を続けて、広島県内はもちろん、全国的に有名になりました[44]。演劇という表現方法は、軍備拡張や原発推進という、中曽根政権下のうっとうしい現実を前にしても諦めない元気を彼女たちに与えてくれたのではないでしょうか。そして「中曽根役」や「宮沢（喜一—引用者注）役[45]」などの異性役を彼女たちが演じた劇は、ジェンダーの「撹乱」にどのように寄与したか、今後ぜひ詳しく検討したいものです。

本報告では、「演劇」・「演技」とは分類されていないけれども、本人の意図とは関係なく、周囲には大げさに、場合によってはわざとらしく感じられる言動や行動、そのなかでもジェンダーに結びつきやすい言動や行動に注目したいと思います。たとえば、中曽根句碑の設立に、身体を張り、泣きながら抗議した「デルタ」の女性の姿がテレビで報道され、彼女が職場をクビになりそうになったことがあります[46]。また、そこまで目立つ行為ではありませんが、一九八五年に「デルタ」のメンバー二人が「下の二人の子供と、着替えのパンツとおむつ、おやつとベビーカー[47]」をもって、「主婦」としてあえて広島の平和行進に参加しました。しかし、子どもの歩くペースや「おしっこ」の声でまもなく行進に追いつけなくなった二人は、「春闘とあまり変わらない（男性の—引用者注）一群（中略）の人々と一度も口を聞けなかったし、話しかけて下さる人も[48]」いなかったということです。さらに例を挙げると、チェルノブイリ事故が起きた二ヵ月後、一九八六年六月の出来事があります。「デルタ」のメンバー九人が中国電力本社を訪れ、「母」「主婦」「被爆者」として「自分のことばで自分の思いをぶちまけ」て、原発に反対したそのとき、「そう感情的になられても」と中電の男性社員に言われるのですが、彼女たちは「自分の子供が殺されるかもしれんというときに感情的になるのは当然でしょうが！[49]」と、より感情的に切り返しています。そして、それによく似た場面は、四国電力伊方原発で予定されていた出力調整実験の中止を求める、高松での抗議行動（一九八八年一月・二月）の中でも起きたそうです。「デルタ」のメンバーも参加していたので、『デルタ・女の会ニュース』で報告されています。

> 母たちの泣き声。怒りの声。会議室に入りきれず廊下に座り込んだ女たちは、周りを取り囲んでいる四電の社員の人たちに訴える。こうした交渉が深夜まで続けられたが、四電側は一方的に退席した[50]。

以上の場面それぞれが、理性・合理性の対局にある情緒・狂気・ヒステリーや、精神・超越の対局にある肉体・内在の位置を女性たちが進んでとり、肉体・性・日常に縛られ、ヒステリーを起こしがちな「女」を再生産しているようにも見えます。しかし、「女」だけではなく、それらの場面に登場している、「女」・「女性性」を排除して成り立つ「男」も視野に入れる必要があります。そうすると、全身全霊で抗議する「女」のプラスイメージと、冷たくて無感動の、ビジネスがスムーズに進むことにしか関心がない「男」のマイナスイメージとの対立図式が浮かび上がります。そして、傍観者の（あるいは社会の）注目を集めるはずだったやっかいな「女」から、肉体・情緒・日常を排除した「男」にこそ視線が向け直させられ、「男性性」こそが、命・環境・社会・世界を危険にさらすものとして認識される可能性が出てきます。

一九八〇年代アメリカにおける女性の反核運動で見られる「ヒステリカル母性（hysterical mothers）」について論じた政治学者、ティーナ・マナハンは、文化人類学者のヒュー・ガスタソンを引用して、「劇的な感情表現」(51)で「女性性」や「母性」を強調した女性たちの運動によって「身体を排除した合理性（disembodied rationality）が『合理的というよりもむしろ男性的』に見え始めた」(52)ことを指摘しています。つまり、「合理性」というものは普遍的で客観的な原則ではなく、「男性」を象徴する偏ったものだという捉え方が彼女たちの活動によって促進されたということです。この運動は、核抑止論や原発推進政策を止め、ジェンダー秩序を覆す効果はもちろんありませんでしたが、「社会的視線の不安定化・流動化」(53)によって国家権力とも結びついた肉体・情緒・日常を排除した「男性性」（つまり、「覇権的男性性」(54)）こそが「奇妙なもの」(55)として有徴化され、「女」と「男」、「社会」と「国家」の関係を問い直す回路が開かれ、核超大国としてのアメリカのアイデンティティとレトリックも多少なりとも変わったとマナハンが論じています。

さて、その活動の一部において、アメリカの女性たちが展開した「ヒステリカル母性」によく似た戦略をとった「デルタ・女の会」、そしてこのような運動とフェミニズムとの関係に戻りたいと思います。フェミニズムと位置付けられる運動と思想は、自己言及的でなければいけないと上野さんが書いていますが、先にも言ったように、何を十分な自己言及性として認めるかが問題になります。「デルタ」のメンバーは、「女」「主婦」「母」を、その効果を意識して戦略的に使っていたに違いありません。[56] リブの人たちもまた、「母性」を問題化しながらそれを戦略的に使っており、「『母性』に対して自覚的に両義的だった」[57] ということです。しかし、その自覚性に（ひいては自己言及性に？）は限界があり、「日本のリブもまた『文化の束縛』のうちに」あったという「疑い」[58] を上野さんが表明しています。「戦略的本質主義」という、比較文学者・ポストコロニアル理論家のガヤトリ・スピヴァクが提示してから広く議論されるようになった概念がありますが、[59] たとえば「女の本質」を掲げた運動でも、それが意識的で戦略的なものだったら問題ないということになるでしょうか。「文化の束縛」とはなんでしょうか。バトラーが言うように、主体それ自体が文化的に構築され、すでにジェンダー化されています。またスピヴァクは、「本質主義者でないことは不可能」[60] だと指摘しています。そうすれば、「文化の束縛」もまた当然で、主体が常に背負っているものだと言えます。

デルタ、リブ、そしてフェミニズムは、ジェンダーの束縛や他の「文化の束縛」に関して、連続体をなしています。優劣をつけることは困難なだけではなく、「つながる」可能性から考えてもあまり生産的ではないでしょう。また、マナハンの研究も示唆しているように、戦略的な「繰り返し」の中でもジェンダーや他の権力関係の「撹乱」はつねに起きているものです。そのことは当然、文化、ジェンダー、そしてそれと結びついている政治を問い直し続ける責任から、私たちが免除されることを意味しません。それでも、自分たちこそ文化やジェンダーに束縛されていることを認識しないかぎり、新たな二項対立や序列関係を作り出す結果になるでしょう。
二〇一一年の座談会で宇野朗子は次のようにも言いました。

三・一一原発震災が起きて、私たちは痛恨の思いとともに目覚め、これまでの思考の枠組みそのものを問い直しながら様々な分断を乗り越えなければならないのだと思っています。その作業は、必ず、自分自身から、なのだとも思います。[61]

ヒロシマとフクシマの分断。自己言及性をもつ（とされる）女とそれをもたない（とされる）女の分断。「デルタ・女の会」の実践は、ジェンダー秩序を問いながらこの分断を超える方法を示唆しています。そして私も自分自身から、ジェンダーをはじめとした様々な「文化の束縛」を見つめつづけ、分析しつづけながら、さまざまな分断を超える努力を続けたいと思います。

註

（1）その成果は下記の論文にまとめました。U. Wöhr, "Gender and Citizenship in the Anti-nuclear Power Movement in 1970s Japan", A. Germer, V. Mackie, U. Wöhr (eds.), *Gender, Nation and State in Modern Japan*, London: Routledge, 2014, pp. 230-254; U. Wöhr, "Reimagining Greenham, or the Transnationality of the Nation in Activist Women's Narratives in 1980s Japan", C. Midgley, A. Twells, J. Carlier (eds.), *Women in Transnational History*, London: Routledge (2016, pp. 54-74)。
（2）米山リサ『広島　記憶のポリティックス』岩波書店、二〇〇五年、二五三－二八七頁参照。

（3）加納美紀代「ヒロシマとフクシマのあいだ」『インパクション』一八〇号、インパクト出版会、二〇一一年、一五〇頁。
（4）例えば、『クリティーク』一二号（一九八八年）に掲載された深江誠子、加納実紀代、石塚友子の論考を参照。
（5）富山洋子・宇野朗子・大橋由香子「座談会　脱原発と『母』『女』について考える」『インパクション』一八一号、インパクト出版会、二〇一一年、二二頁。
（6）同上。
（7）聞き取り（大阪・二〇一三年三月四日）。
（8）上野千鶴子・小倉千加子『ザ・フェミニズム』筑摩書房、二〇〇二年、一一三頁。
（9）その議論の概要は、以下を参照：C. Heyes, "Identity Politics", E. N. Zalta (ed.) *The Stanford Encyclopedia of Philosophy* (Winter 2014), http://plato.stanford.edu/archives/win2014/entries/identity-politics/（二〇一六年三月一日最終閲覧）。
（10）例えば、牟田和恵『戦略としての家族：近代日本の国民国家形成と女性』新曜社、一九九六年、一二一－一三〇頁参照。
（11）米山、前掲書、二六九－二七〇頁、二七三頁。
（12）同上、二七二－二七九頁。
（13）同上、二七九頁。
（14）日本の戦後に原子力の「平和利用」が積極的に受け入れられたのも、まさに女性を「ケアや後始末」、言い換えれば「いのちや日常生活」を守る者とするジェンダー分業が成立していたからだという指摘があります。加納実紀代「『原子力の平和利用』と近代家族」『ジェンダー史学』一一号、二〇一五年、一七頁。
（15）上野千鶴子「日本のリブ：その思想と背景」井上輝子ほか編『リブとフェミニズム』岩波書店、一九九四年、五－八頁。／S. Shigematsu, *Scream from the Shadows: The Women's Liberation Movement in Japan*, Minneapolis: University of Minnesota Press, 2012, pp.3-31.
（16）一七年間の『デルタ・女の会ニュース』において「フェミニズム」という言葉は、「フェミニズム（中略）に興味がある私」という新会員の自己紹介以外には見当たりませんでした（五七号、一九九三年、三頁）。
（17）上野千鶴子「戦後女性運動の地政学」西川祐子編『戦後という地政学』東京大学出版会、二〇〇六年、一四〇－一四一頁。
（18）「デルタ・女の会」の会員数は、結成当時には三五～四〇人程度でした。実際に活動している「会員」は次第に二〇人程度まで減りましたが、『ニュース』の発行部数は一五〇部で、一九九〇年代後半でも元「会員」を含む『ニュース』の「購読者」は八〇～九〇人いたそうです（電話による聞き取り・二〇一六年三月二三日）。

(19)「デルタ・女の会」の出発点となった「八二年・平和のためのヒロシマ行動」という反戦・反核集会（一九八二年三月二一日）で配られたビラから引用。

(20) 谷内真理子「『国防婦人会』もうごめん」八二年・平和のためのヒロシマ行動広島実行委員会編『記録　八二年平和のためのヒロシマ行動』八二年・平和のためのヒロシマ行動広島実行委員会、一九八二年、九三―九四頁／H. Ohnishi, "The Peace Movement in Japan", *International Peace Research Newsletter* 21 (1983), pp.26-33／吉武輝子「戦争への道を許さない女たちの連絡会」行動する会記録集編集委員会編『行動する女たちが開いた道：メキシコからニューヨークへ』未来社、一九九九年、二三八―二四六頁。

(21)「デルタ」の国内における精力的なネットワーキングは、一九八五年八月と一九八七年八月に彼女たちが催した「ヒロシマ女たちの集い」に象徴されます。外国に関しては、一番継続的で親しい関係はイギリスとドイツの女性との関係かもしれませんが、アジア・太平洋諸国や北米の女性とも頻繁に交流していました。

(22) ここでの引用は、『デルタ・女の会ニュース』七九号、一九九九年、四頁参照。

(23) ジュディス・バトラー『ジェンダー・トラブル』竹村和子訳、青土社、一九九九年、二〇―二一頁。

(24)『デルタ・女の会ニュース』七〇号、一九九六年、二頁。

(25)『デルタ・女の会ニュース』二九号、一九八六年、一頁。

(26) デルタ・女の会発行『八・九ヒロシマ女たちの集い』一九八七年、三頁。

(27)『デルタ・女の会ニュース』二四号、一九八五年、五頁。

(28)『デルタ・女の会ニュース』二九号、一九八六年、二頁・同二八号、一九八六年、二頁。

(29)『デルタ・女の会ニュース』三七号、一九八八年、二頁。

(30)『デルタ・女の会ニュース』三〇号、一九八六年、二頁。

(31)『デルタ・女の会ニュース』一八号、一九八四年、二頁。

(32)『デルタ・女の会ニュース』三一号、一九八六年、二頁。

(33)『デルタ・女の会ニュース』二一号、一九八五年、一頁。

(34) 同上。

（35）バトラー、前掲書、二三八頁。バトラーは、ミシェル・フーコーを引用しながらそう論じています。
（36）J. Butler, *Bodies that Matter: On the Discursive Limits of "Sex"*. New York and London: Routledge, p.10.（英語の訳は引用者による。以下同じ。）
（37）バトラー、前掲書、二四五頁。
（38）同上、二四一頁。
（39）同上、二四〇－二四四頁。
（40）Alisa Solomon, *Re-dressing the Canon: Essays on Theater and Gender*, London and New York: Routledge, 1997, pp. 15-17. 演劇研究における「パフォーマティヴィティ」論について、外岡尚美「ジェンダーと演劇」『ジェンダー史学』一一号、二〇一五年、三九－四〇頁も参照。
（41）たとえば、『デルタ・女の会ニュース』二二号、一九八五年、二頁。
（42）『デルタ・女の会ニュース』三七号、一九八八年、一頁。
（43）同上。
（44）「デルタ」の寸劇は八月六日のイベントとして定着していました（『デルタ・女の会ニュース』五九号、一九九三年、二頁参照）。それを見るために関東などから来る人もいたし、「デルタ」のシナリオを元に他県で寸劇を演じる女性グループもいました（『デルタ・女の会ニュース』五四号、一九九二年、四頁／七三号、一九九七年、四頁／七八号、一九九八年、二頁／七九号、一九九九年、六頁参照）。
（45）『デルタ・女の会ニュース』五五号、一九九二年、一頁。
（46）『デルタ・女の会ニュース』三五号、一九八七年、一頁／聞き取り（広島・二〇一三年五月三一日）。
（47）『デルタ・女の会ニュース』二二号、一九八五年、二頁。
（48）同上。
（49）『デルタ・女の会ニュース』二九号、一九八六年、二頁。
（50）『デルタ・女の会ニュース』三六号、一九八八年、一頁。
（51）T. Managhan, "Shifting the Gaze from Hysterical Mothers to 'Deadly Dads'", *Review of International Studies* 33, 4 (2007), p.647.

(52) 同上、p.650.
(53) 同上、p.654.
(54) 「覇権的男性性」とは、社会学者R.W.コンネルが提示した概念で、当該の男性中心社会の中で主流とされる男性像を意味します。つまり、基本的には男性が優遇される社会でありながら、男性性自体が多様であり、男性集団内部に権力関係が働くことに注目する概念です（R.W. Connell, *Masculinities*, Second Edition, Berkeley and Los Angeles: University of California Press, 2005）。マナハンはこの概念を使用していませんが、男性集団内部の多様性や彼らの、女性たちの運動への多様な反応には言及しています（Managhan, 2007, p.652.）。
(55) 同上、p.654.
(56) たとえば、次のように。「『私はなんの主義・主張も持たない一主婦ですが…。』あとから考えるとこの言い出しの言葉は嘘だったなあ、と思います。［…］けれどそんな普通の主婦が［…］素朴で単純な、そしてもっともな疑問を持っていること。また決してそういう人は少なくないんだという事。つたない表現ではありましたが、伝える事ができたのを嬉しく思っています。」『デルタ・女の会ニュース』二三号、一九八五年、一頁。
(57) 上野、前掲（註15）、六頁。
(58) 同上、八頁。
(59) ガヤトリ・C.スピヴァク『ポスト植民地主義の思想』清水和子・崎谷若菜訳、彩流社、一九九二年。
(60) スピヴァク、前掲書、一九五頁。
(61) 富山洋子・宇野朗子・大橋由香子、前掲、二三二頁。

フクシマからヒロシマを問い直す

木村朗子

はじめに

ご紹介にありましたように、私の専門は日本古典文学研究でありまして、最新刊も『女子大で源氏物語を読む：古典を自由に読む方法』（青土社、二〇一六年）というものなのですが、震災後に、震災を扱った小説、演劇、映画などを読みまくり見まくりして『震災後文学論』（青土社、二〇一三年）という本を出しましたので、今回お呼びいただいたのだと思います。私は文学の研究者ですので、表象分析が主となります。そこで今回は『ヒロシマ・モナムール』という映画を扱いたいと思います。

フクシマが起こったときに最も衝撃を受けたのは、広島そして長崎の方々なのではないかと思います。加納実紀代さんは「被爆国がなぜ原発大国になったのか？」「ヒロシマはなぜフクシマを止められなかったのか？なぜむざむざと五四基もの原発建設を許してしまったのか？」と問い、『ヒロシマとフクシマのあいだ：ジェンダーの視点から』（インパクト出版会、二〇一三年）を出されました。本発表では、この問いかけに応えるつもりで、ヒロシマ表象を再検討したいと思います。

ヒロシマあるいはナガサキとフクシマの被ばくの問題は、つながっているようでいて、フクシマの原発事故まで、原爆と原発を別なものとして考えてきたように、やはり異なるものとして、別々に捉えられていたように思うのですが、ここでは爆弾による被爆といまフクシマで起こっている被曝を、どのようにつないだらいいのかということを考えたいと思います。そのために、ヒロシマの原爆イメージを再検討したいと思います。

まずヒロシマの被爆イメージとはどのようなものでしょうか。たとえば原民喜の「夏の花」に描かれた世界。映画『ひろしま』あるいは『黒い雨』で再現された世界。そして、その後につくられた核戦争の恐怖を描く映画やアニメーションの中であらわされたような世界です。それは、砂漠のような不毛地帯となって、すべての生物が死滅した世界イメージです。実際、原爆が落とされた直後は、今後七五年は生物が育たないと言われてもいました。しかし実際は、広島は緑豊かな土地として甦っています。二〇〇四年にアルバイトで、イギリスからいらした研究者を広島にご案内したことがあります。彼女は、どうしてこんなにも緑が豊かなのと驚いていました。こんなにも木が大きいということは、だいぶ前からきちんと育っていたってことでしょう？ というのです。彼女にとっても、核後の世界というのは、緑とは無縁のものと想像されていたのでしょう。

このようなことを考えながら、あらためて『ヒロシマ・モナムール』をみてみたいと思います。『ヒロシマ・モナムール』は、一九五九年に公開されたアラン・レネ監督による作品で、脚本はマルグリット・デュラスです。この作品を、知ることと体験すること、記憶と忘却、トラウマと政治的トラウマ化をキーワードに読み解いていきたいと思います。

一、知ることと体験すること

物語は、エマニュエル・リヴァ演じるフランス人女性が平和をテーマとした映画に出演するために広島にやってきて、そこで岡田英次演じる日本人男性と知り合います。日本語タイトルが『二十四時間の情事』ですから、情事が行われ、語り合うというものです。この男女には、名前が与えられていません。アノニマスな男女は、男がヒロシマを、女がフランスのヌヴェールを象徴しています。

映画は男女の次のセリフから始まります。

男――きみはヒロシマで何も見なかった。何も。

女――わたしはすべてを見た。すべてを。

女――だって病院を、あれを、わたしは見た。それは確かなこと。ヒロシマには病院があるのだから。
どうしてそれを見ずにいられるでしょう。

男――きみはヒロシマで病院を見なかった。きみはヒロシマで何も見なかった。

病院の内部をカメラが移動していき、被爆者の方々が映ります。その後、カメラは平和記念資料館の内部を移動します。女は四回も資料館に行って、資料館にあるものを見たと言います。そこで見たのは次のものです。

四回も、ヒロシマの資料館に行った。（中略）人びとを眺めた。わたし自身も、考えこみながら、鉄を眺めた。焼け焦げた鉄。打ち砕かれた鉄、人の体のように傷つきやすくなった鉄。瓶の王冠が花束のように溶けて一つになっているのも見た。そんなこと、誰が思いつくでしょう？ ふわふわになって、まだ生きているような、苦しみの生々しさに耐えている人の皮膚。いろいろな石。焼け焦げた石。粉々になった石。ヒロシマの女たちが朝、目覚めたときに、ごっそり抜け落ちていたという、誰のものかわからない頭髪の束。

資料館に展示されているものは、私たちのヒロシマイメージそのままだといえます。それから女は映像作品も見たと言っているのですが、アラン・レネの映画の中には関川秀雄監督の映画『ひろしま』（一九五三年）の映像がそのまま入っています。爆撃直後のシーンなど、すべては役者による演技なのですが、こうして別の作品に引用されると、実際広島で起こったことのドキュメントのようにも見えてきます。

女は「わたしはいつだって涙をこぼしたわ、ヒロシマの運命を思うとき。いつだって」と言うのですが、「何を思って、きみは涙をこぼしたというの？」という形で、女がヒロシマを目撃したということを男がひたすら否定する会話が続きます。ここでは、人はヒロシマを目撃することできるのか、という問題が提起されています。確かに女が見たのは資料館であり映画であり、本当の原爆・被爆といったものではない。ですが、たとえば被爆の当事者にとってもその時の体験というのは、いま私たちがヒロシマと片仮名で名指すような総体としての出来事ではなくて、目の前に突然起きた、わけのわからないことであったはずです。この状態というのは津波の被災地でありますとか、東日本大震災の被災地でも同じでした。三・一一の被災地では電気がなくなっていましたから、自分たちがとてつもなく巨大な津波に捲き込まれたのだということを知ったのは数日後だったという話もきかれました。離れたところでテレビを見ている人たちは、その日の出来事を三・一一という事件として把握できて、当の被災者たちは、何かわけのわからないことが起きた一日としてしか記憶していないという差があって、結局、ある歴史的な災厄を本当に「見る」ことができる人というのは存在し得ないということがあるのではないかと思います。

これについてフランスの思想家のジョルジュ・バタイユが、ジョン・ハーシーの書いたルポルタージュ『ヒロシマ』を読んで『ヒロシマの物語の人々』(酒井健訳、景文館書店、二〇一五年)に同様のことを書いています。バタイユは、被災者、体験者が体験しているのは「動物的」な出来事でしかなくて、ヒロシマを最も「人間的」に表現し得たのはトルーマン、原爆を落とすことを決めた人であったと述べています。非常に皮肉な言い方ですが、何が起きたのかを事件の当時理解していたのはトルーマンであって、被爆者たちではなかったというのですね。

私たちが知っている広島の原爆文学あるいはその映画などに描かれた八月六日もおなじように、「動物的」な状態、ただ出来事を呆然と受け入れるだけの人々の状態を再現しようとしてきました。歴史のなかの問題としてではなくて、あの日の昏迷を表現してきたのです。原民喜の「夏の花」は、彼自身広島で被災して、街を歩いているわけですし、井伏鱒二の『黒い雨』も重松静馬の体験記『重松日記』を引用しているわけですから、体験者の側からあの日に起こったことを再現しているものとなっています。動物にたとえるなんて酷いとお思いになるかもしれませんが、なんといっても「人間」の例がトルーマンなのですから、「人間」のほうが上で、「動物」が下だという意味ではないとわかります。

この動物のテーマについては、最近になってやはりフランスの思想家ジャン＝クリストフ・バイイが『思考する動物たち：人間と動物の共生をもとめて』（石田和男・山口俊洋訳、出版館ブック・クラブ、二〇一三年）のなかで論じていることですが、彼はチェルノブイリの立入禁止区域（exclusion zone）、いわゆるゾーンの動物たちに言及しています。私たちにとって、フクシマの（なぜか日本語では帰ることを前提とした「帰還困難区域」と呼ばれますが）ゾーンで撮影された動物の姿は記憶に新しいものだと思います。動物というのは、生き物と置き換えてもいいかもしれません。意図があって、なにかの目的のために活動しているわけではなくて、生きている存在として「動物」という形象が思考されているのです。人間はゾーンから逃げましたが、多くの動物たちは、そこに取り残されました。ただ生きているだけの生命は見殺しにされるのです。こうしたことを容認する状況が現在ありとあらゆるところで起きている。その問題をバイイは「動物」というテーマで考えようとしたのだと思います。そして、理性的な「人間」の活動によって、ヒロシマは生きることの困難に突き落されたのだというのがバタイユの見方でした。バイイは動物との共生のもとに人間の活動を考え直すべきだと提案しています。

原爆文学や映画は、そうした生きることの困難に突き落された被爆者を多く描いてきました。一方で、それに対しては、厳しい批判もあります。ミック・ブロデリックが編集した論文集『ヒバクシャ・シネマ：日本映画における広島・長崎と核のイメージ』（紫崎昭則・和波雅子訳、現代書館、一九九九年）のなかで黒澤明監督『八月の狂詩曲《ラプソディー》』『夢』を論じたリンダ・C・アーリックは次のように述べています。


複雑な歴史的事件を単純化しようとしすぎたため、『夢』も『八月の狂詩曲《ラプソディー》』も、（先行した今村の『黒い雨』同様に）日本の戦争責任については触れずじまいである。第二次大戦の苦しみや「無垢」の複雑性だけをこのように選び取って記憶したなら、核攻撃の恐怖が残した形見の価値もそれだけ下がってしまうはずなのに。

（リンダ・C・アーリック「極端な無垢の時代：黒澤の夢と狂詩曲《ラプソディー》」一五七頁）

こうした批判は、戦後の戦争教育、ヒロシマ、ナガサキをめぐる反核教育にも言われてきたものです。そうした戦争における日本の加害責任の問題はさまざまに論じられていますが、ここで問題にしたいのは、ヒロシマ表象は、冷戦時代の第三次世界大戦あるいは核戦争に対する恐怖には結びついたものの、フクシマを恐怖させるものには結ばれていなかったという点です。そこでフクシマを経た今、ヒロシマ表象になにを見出すことができるかということを考えたいと思います。

さて、『ヒロシマ・モナムール』は、日本映画ではないこともあって、ヒロシマを世界のなかに置きなおして考えるものとなっている点で稀有な作品だといえます。体験者の語りに対して、フランス人の女の表現するヒロシマ、あるいはフランス人の作家が書き、フランス人の監督がつくる映画は、どうしても「きみはヒロシマで何も見なかった」と言われるものにならざるを得ません。東日本大震災についても、被災者でもないのに被災地を語るのはいかがなものかという言い方があって、とくに小説のようにフィクションとして再現するものに対する、まるで被災を搾取するようだといった非難はとりわけ強かった。したがって、それらの作品の評価はあまり高くなかったということがあります。しかし被災地を被災地として語ることは、実は被災者にもできないという問題があるのです。『ヒロシマ・モナムール』の冒頭では、まずはじめに「見る」ことの不可能性をめぐる問題が提起されていたことを、まず確認しておきたいと思います。

二、記憶と忘却そしてトラウマと政治的トラウマ化

一方でヒロシマという出来事をどのように記憶するのかという問題があると思います。この映画では、名前のな

かった男女が、ラストシーンでそれぞれ男がヒロシマ、女がヌヴェールと名づけられて終わります。

どうして女性がヌヴェールと呼ばれるかといいますと、彼女は大戦中をヌヴェールで過ごしたからです。そこで彼女はドイツ兵と恋仲になり、密会していたのでした。ドイツ兵は殺されてしまいますが、彼女は敵対国であるドイツ兵と通じていたということで罰を受け、街の人に頭を丸刈りにされて自宅の地下室に閉じ込められた過去を持っているのです。その彼女のトラウマの地であるヌヴェールとヒロシマとが映画では女と男の負うものとして象徴化されているのです。

トラウマ研究で知られるアメリカの研究者、キャシー・カルースは『トラウマ・歴史・物語：持ち主なき出来事』（下河辺美知子訳、みすず書房、二〇〇五年）のなかで、『ヒロシマ・モナムール』を分析しています。カルースはユダヤ民族の問題を論じる章のなかで、トラウマと記憶の問題について「トラウマがもつ歴史的な力は、ある体験が忘れられた後になっても繰り返されることにあるのではなく、体験しているその最中から忘却という事態が終始つきまとっていることにある」と述べていますが、トラウマ的体験と記憶そして忘却の問題は、『ヒロシマ・モナムール』の主題でもありました。また「歴史がトラウマの歴史であると言うとき、歴史はそれが起こっているときには十分知覚されていないという、まさにその限りにおいて指示的であるということである。別の言い方をすれば、歴史とは、その発生をリアルタイムで把握できぬその状況において把握されるということになるだろう」と指摘していますが、『ヒロシマ・モナムール』でも、女がヌヴェールでの体験を他者（男）に語って聞かせることによって、彼女の体験ははじめて歴史化するのだと読み解いています。日本人の男にとってのヒロシマと女にとってのヌヴェールはともにトラウマ的体験だということは間違いないですが、私はここにもう一つ異なる見方を導入してみたいと思います。

女はただドイツ人の恋人が死んでしまったことを語っていたわけではないのです。街の人たちに罰として髪を削がれ、地下室に閉じ込められた日々を語っているのです。それは単なる個人的な心の傷という意味でのトラウマ体験を超えて、集団によるトラウマ化が行われた記憶だと思うのです。思えば、ヒロシマの被爆も、圧倒的な被害者をつくりだしたわけではなくて、アメリカを訴えるよりはむしろ、あんな無謀な戦争をやったのが悪いだとか、原爆がなければ戦争は終わらなかっただとかいった言説によって、政治的にトラウマ化されたということがあると思います。被害を罪のように思わせること、それを「政治的トラウマ化」とここでは名づけたいと思います。

被害者が守られるどころか、非難にさらされることは、二〇〇四年のイラク日本人人質事件でもみられました。自らの命を守ることは当然の人間の権利であるはずなのに、危険地域にでかけ人質にとられたことは自己責任だといわれて、あたかも死んで当然であるかのような扱いを受けたのでした。バッシングの激しさに、人質にとられたうかつさが罪の意識としてトラウマ化される。ついでに言えば、二〇一四年末にシリアでＩＳに拘束され、二〇一五年初頭に殺害されたジャーナリストの後藤健二さんが「なにが起こっても責任はわたし自身にあります。どうか日本のみなさんもシリアの人たちに何も責任を負わせないでください」という動画メッセージをわざわざ残したのは、二〇〇四年に渦巻いた自己責任論を忘れてはいなかったからでしょう。以後、紛争地域や危険地帯へ行く人は誰でも、同じような批判にさらされることを覚悟したのではないでしょうか。

この政治的トラウマ化のメカニズムは、たとえば二〇一五年一月に起きたＩＳによるシャルリ・エブド襲撃事件のときにもみてとれました。事件後、フランス市民がいっせいに Je suis Charlie（私はシャルリ）と掲げて被害者の側についたのに対し、日本のマスコミの多くは、あんな風刺画を描いたほうが悪いという論調でした。雑誌を出して命を奪われるようなことは断じてあってはならないというフランス社会の共通認識が、Je suis Charlie であったとすれば、あんなことをしたのだから死んでも仕方がないと言わんばかりの論調は、自己規制と自粛のはびこるいまの日本社会そのものでしたし、もしあの事件が日本で起こっていたら、被害者を悼むどころか、風刺画を描いたことそれ自体が反省すべきものとして政治的トラウマ化されてしまったかもしれません。同じようなことがフクシマの被災者にも起こってはいないでしょうか。

『ヒロシマ・モナムール』は、ある歴史的出来事を個人の傷として矮小化してしまう政治的トラウマ化の力をもみていたように思います。被爆は歴史的なトラウマと考えるべき出来事であって、個人の傷としてのみ扱われるべき問題ではありません。もっと広げて言えば、日本の傷としてのみ扱われるべき問題ではありません。核に関する世界の問題なのです。同時にこの映画は、歴史的出来事を個人の記憶としていかに引き受けることができるかということも問うています。ですから、ヒロシマ、あるいはヌヴェールを、男、女として、その親密な性愛関係のなかに置いたのです。

ヒロシマを忘却に抗ってどのように記憶することができるかという問題に対して、『ヒロシマ・モナムール』は、「愛」というかたちで答えを出しています。たしかに、いかに物忘れがひどくなろうとも、さすがに一度愛し合った恋人のことならば、完全に記憶から消え去ってしまうことはありません。いろんなことを忘れてしまっても、残る記憶がある。それが私の恋人、つまり「モナムール」だというわけです。女は次のように語っています。「愛のなかにも、そうした幻想は在る、決して忘れずにいられるという幻想が。同じように、わたしはヒロシマを前にして、決して忘れないだろうという幻想をもちました。愛のなかに在るものと同じだわ」。

ところがこの映画のラストシーンは次のように終わっているのです。

女——あなたを忘れてみせる！ もう忘れているわ！ 見てよ、どんなにあなたを忘れているか！ あたしを見て！

男は女の両腕を［両方の手首を］つかむ、女は男と正面から向き合っている、頭を後ろにのけぞらせて。
女は荒々しい仕草で男から身を引き離す。
男は自分のことはそっちのけで、女をいたわろうとする。まるで女が危険に瀕しているかのように。

男は女を見つめ、女のほうも男を見つめる、ちょうど町を見つめるときのような眼差しで、そして突然とても優しく男に呼びかける。
女は《遠くに向ける》かのように、驚嘆しながら呼びかける。すべてを呑みこむ忘却の淵に、ついに男を沈めることができたのだ。女は、そのことに驚嘆するのである。

女――ヒ・ロ・シ・マ。
女――ヒ・ロ・シ・マ。それが、あなたの名。

ふたりは見つめ合っているが、おたがいを見ているのではない。いつまでも。

男――それは、ぼくの名。そうだね。
「それだけの仲ということになる。そしていつまでも、そのままでいるだろう」そして、きみの名は、ヌヴェール。フラン・ス・の・ヌ・ヴェール。

女はドイツ人の恋人のこと、ヌヴェールのことを忘れてしまうことの恐怖をさんざん語りながら、ヒロシマであるところの男を「忘れて見せる」と言い出します。この映画では、忘却の対象が愛（アムール）あるいは恋人の比喩で語られているのですから、ここでの忘却は思い出すことが可能な忘却だと読むべきでしょう。ラストカットで、女が男を「ヒロシマ」と名づけ、男がそれを認め、女を「ヌヴェール」と名づけます。名前のなかった男女にここで名前が与えられる。名前が与えられるということは、混とん状態が歴史化することをあらわしているとみていいでしょう。こうして歴史の名前をまとった男女ですが、しかしこの二人はいま別れようとしている恋人同士であるわけで、忘却があろうとも、それは甦る可能性のある、歴史の記憶として位置づけられたと考えられます。

三、フクシマからヒロシマへ

『ヒロシマ・モナムール』の公開は一九五九年、撮影はその前年ですから、一九五四年に起きた第五福竜丸事件の映像、またその後に起きた原水禁のデモの映像も取り込まれています。それらの映像とともに、女は、ヒロシマのようなことがまた起きるのだと言い始めます。原水禁のデモの様子が映し出されているのですが、しかし女は反核運動や核兵器使用について問題にしているのではないのです。雨の路上、被曝した大量のマグロ、穴を掘って埋められる大量のマグロの映像を背景に、女は次のように語ります。


女たちは月足らずの子や五体揃わぬ子を生む恐れがあるのだけれど、でも、それはつづいている。

男たちは子種のない身になっている恐れがあるのだけれど、でも、それはつづいている。

雨は恐ろしいもの。

太平洋の海水に降り注ぐ灰の雨。

太平洋の海水は命を奪う。

太平洋の漁師たちが何人も死んだ。

食べ物は恐ろしい。

ひとつの町全体の食べ物が捨てられる。

いくつもの町全体の食べ物が地中に埋められる。
ひとつの町全体が怒りに燃える。
　いくつもの町全体が怒りに燃える。

ここで女が語る被爆の恐怖は、放射能雨にぬれること、「原子マグロ」を食べることであり、これらはすべて内部被曝、低線量被曝の問題です。ヒロシマのような直接の爆撃を受けていなくても、死に直面していなくても被曝の危険があって、その結果、生殖機能がおかされてしまうのだと言っているのです。『ヒロシマ・モナムール』が低線量被曝の問題を扱っていたことは特筆に値するでしょう。

それからもう一つ面白いところがありまして、原爆が落とされた二週間後に、すでに植物が芽生え、たくさんの花が咲いたのだということを女が言う場面があります。私たちが、何も生き物が存在しないような世界が原爆・核後の世界だと思っている一方で、非常に豊かな緑があふれていたのです。

女は次のように言います。

　二週間目のこと。
　ヒロシマは花々におおわれた。どこもかしこも灰のなかから甦った矢車菊やグラジオラス、そして昼顔や朝顔などでいっぱいになっていた、花々に、そんな凄まじい生命力があるなんて、それまで誰も考えなかったけれど。

この箇所は、ジョン・ハーシーの『ヒロシマ』からとったことが明らかにされているのですが、ハーシーの『ヒロシマ』の当該箇所は佐々木とし子さんの語りにあります。原爆の爆撃のほぼ一ヵ月後の九月九日に佐々木とし子さんは他の病院に搬送され、はじめて廃墟と化した広島の街を見ます。

荒れ果てたとは聞いていたし、まだ痛みはきつかったが、目で見るありさまには、いまさらながらおののき、驚愕した。廃墟のなかで、ふと気がついて、とりわけぞっとしたのは、街の瓦礫の間からのび、溝に生え、川岸に茂り、瓦やトタン屋根にからみ、黒焦げの幹に這いのぼり、すべてを埋めつくしたのが、新鮮で生き生きとした、みずみずしい天衣無縫の緑だったことだ。青々としたバラが、つぶれ去った家々の土台にさえ生えていた。雑草はすでに灰燼を隠し、死都の骸骨の間に野の花が咲き乱れている。爆弾は植物の地下の組織には手を触れなかったばかりか、そこに刺激をあたえたのだ。あちこちに、ヤグルマギク、ユッカ、アカザ、アサガオ、ワスレナグサ、ダイズ、マツバボタン、ゴボウ、ゴマ、キビ、ナツシロギクを見かけるのである。ことに市の中心に一円を描いて、ハブソウがすばらしい勢いで再生していた。黒焦げの残骸の間に伸びているばかりでなく、いままで生えていなかった煉瓦の間やアスファルト道の割れ目を抜いて、萌え出ていた。まるで、この草の種子がひと車、爆弾といっしょに落ちたかとさえ思われた。

（ジョン・ハーシー『ヒロシマ（増補版）』石川欣一・谷本清・明田川融訳、法政大学出版局、二〇一四年、八九頁）

不気味なほど繁茂する緑のイメージは、ヒロシマのイメージとしてあまり強調されてこなかったことではないでしょうか。原爆というと死のイメージが強くて、生命が湧いてくるイメージはなかなか捉えられないものでした。例外として、藤子・F・不二雄「みどりの守り神」という作品をあげておきたいと思います。人類全滅、世界滅亡を扱う作品で、一九七六年に発表されました。細菌の蔓延が原因で人間が死に絶えてしまう設定ですが、人類滅亡後の東京のイメージは、緑が増殖してジャングルのようになっている画で描かれているのです。滅亡イメージが、繁茂する緑で描かれた例といえると思います。結果として、街を覆い尽くすほどに増殖した植物がまた人間を再生させる力となるのですが、原爆後の緑の問題を考えるのに非常に示唆的な作品だと思います。

さて、被曝後の世界というのは、ヒロシマ、ナガサキも含め、実際には緑が絶えたわけではありませんでした。この繁茂する緑のイメージにおいて、ヒロシマはようやくフクシマと接続できるのではないでしょうか。震災直後、ゾーンのなかで満開になった桜の写真を記憶している方もいらっしゃるのではないでしょうか。満開の桜とともに白い防護服を着た人が写っている写真です。フクシマのゾーンで、人がいなくなった場所は、うっそうと草木の茂る場所となり、人間がつくったコンクリートや建造物を埋め尽くしていっています。

あるいは震災短歌にもそのことが詠まれています。一般人による短歌が『変わらない空 泣きながら笑いながら』（講談社、二〇一四年）という歌集に英語の対訳をつけて編まれています。たとえば以下のような歌があります。

それでも春は巡り来てけぶるがに咲くふくしまのうめももさくら（福島県・美原凍子さん）
あの日から電車も人も来ない駅吾より大きな向日葵の咲く（宮城県・山田洋子さん）

いずれも二〇一一年に詠まれた作品ですが、被曝した土地が、人がいなくなったあとに植物があふれるイメージで捉えられているのです。死のイメージとはまったく反対に、そこには生存（survive）する命があり、実はこの点において、ヒロシマとフクシマがつながるのではないかと思うのです。

被爆には、死んでしまうとかやけどを負って病気になってしまう側面もありますが、一方で被爆を生き延びて、survive した方もいらっしゃいます。ヒロシマから生き延びた人たちが体験していたことが、いまフクシマを考えるために求められているのではないかと思います。

おわりに

まとめますと、サバイバー、生き延びた被爆者こそが、福島で被曝した人たちとの接点ではないかと思うのです。原発事故による被曝者というのは、爆撃を受けたわけではありませんので、被曝の体験が実感として持てない。そしてそれはヒロシマ、ナガサキの内部被曝、低線量被曝の犠牲者にも共通する点です。低線量被曝というのは、後にたとえば癌になるとか白血病になるなどの病気が起こっても、それを遡及的に、もしかして被曝していたのではないかと振り返る、その地点に、確実性としてではなく可能性としてのみ存在するものであって、それが確定性をもたないゆえに、不安を呼び起こすものとなります。あれを食べたのがいけなかったのか、あのとき外にいたのがいけなかったのか、などと思い返す、そういうかたちで不確定な不安をかきたてるのです。

実際に、低線量被曝と病気の関係を政府はなかなか認めないでしょうし、当事者にとってもはっきりとはわからないものであり続ける、そのように不安としてだけ存在する被爆が内部被曝、低線量被曝の現実です。生きていく中でふと心にきざす不安、なにかを食べようとおもって躊躇するような不安、そうした結論のでない不安を抱え続けるということが、ヒロシマを生き延びた人たちといまフクシマで起こっていることをつなぐ問題なのかと思います。そうした不安を抱えて生きることは、十全な生を謳歌することとは程遠い。病気にならなかったからよい、長生きしているのだからよいというものではなくて、すでにそのような不安を与えたこと自体が問題なのです。

フクシマを経て『ヒロシマ・モナムール』をあらためてみなおしてみると、内部被曝、低線量被曝の問題や生き延びる生命のことを語っていたことがわかります。このように、ヒロシマ表象は、フクシマ以後、あらたな読み直しの契機を迎えているのかもしれません。そのような読み直しをとおして、ヒロシマとフクシマの問題を捉えなおすきっかけもうまれてくると思います。

〈質疑応答〉

Ｗ さ ん：ヴェールさんが「ヒステリカルな女性のパフォーマンス」、次に木村さんが「サバイバー」とおっしゃいましたね。みんなが「ヒステリカルな女性」とか「サバイバー」とか名づけられて活動するわけではない。私は三〇代で結婚していなくて母親でもないので、「サバイバー」とは言えないと思うんですが、そして名前を欲しがっているわけでもないのですが、私にはどういう名前が成立すると思われますか。

ヴェールさん：要するに多様なアイデンティティというのがあるが、自分自身がそこに自分のアイデンティティを見いだせないということですね。それはよく理解できる問題ですけど、自分のアイデンティティを名づけない方が幸せかもしれません（笑）。

木村さん：早口だったので誤解があったかもしれませんが、「アイ　アム　サバイバー」ではなくて「ウイ　アーオール　サバイバーズ」という意味で言いました。福島だけではなくて、既に広島・長崎に内部被曝の問題があったわけですよね。その生き残った人たちは、不安をずっと抱えて生きているという問題を、福島の問題と接続したいということです。また内部被曝をする・しない境界線はわからないわけです。食べ物の問題もありますし、いろんな形で影響を受けるわけですから、世界中に住んでいる人たちが「サバイバーズ」だと思います。

米山さん：トラウマ化のお話がたいへん興味深くて、とてもよくわかりました。「そんなところに住んだのが悪い」という言い方をされてしまうことによって語れないということ、そういったトラウマ化もあるということを、お二人がこの場でお話してくださったことに感謝いたします。それから、これはヴェールさんへの質問です。「デルタ・女の会」ですが、私も広島に滞在していたときにいろんな会合にも行き、お話も聞きました。その中で大事だと思ったのは、「デルタ・女の会」が女性の貧困、賃金格差などの取り組みから出発しているということでした。そのとき会員だった方がいらしたらお話していただきたいのですが、違っていたらすみません。「デルタ・女の会」は「児童扶養手当を一八歳に引き上げる会」から始まっていて、ジェンダーの視点から経済格差の問題を明確に問うていたと記憶しています。しかし、核という現実にかかわらざるをえなくなったときに、既成の枠組み（女だから平和を求めるというような）に取り込まれてしまう。その取り込まれるときに何があったのかを考えると、そこにはナショナリズムがあったのではないかと思うのですが、この点についてどうお考えですか。

ヴェールさん：確かに「デルタ・女の会」は児童扶養手当の要求のため、離婚した母親たちが集まったのが始まりです。特に離婚した母の立場で闘う人たちが会の中心だったわけです。ナショナリズムの問題ですが、何か超えられていないものがあるというのはもちろん私も感じていますが…。

米山さん：言葉が足りなかったかもしれないので補足すると、メンバー一人ひとりが現実にナショナリズムを超えたか超えないかということではなくて、活動の表象のされ方ですね。「デルタ・女の会」の活動に対する理解が、現場や当事者の意図とはかかわりなく、日本のナショナリズムのなかの平和や反核のイメージや語られ方に取り込まれていたこともあったのではないか、ということです。

ヴェールさん：私はどちらとも言えると思います。本人たちがどこまでそれを見抜いたかということはありますが。私が問題にしたかったのは、どこで線を引くかというか、からめとられているのはこの人たちだけでもこのグループだけでもない。リブについても同じようなことが言えるし、私たちもからめとられていることを強調したかったんです。

Ｋ　さ　ん：木村さんのお話から当事者性というのを考えています。当事者でない人が当事者のことを表現することへのバッシングも起きているようですが、どう思いますか。

木村さん：確かに、フィクショナルな作品をつくること自体を、作家たちが規制していくような事態があります。自主規制自体が問題ではないでしょうか。

「沖縄の被爆者」の声

新城郁夫

一、沖縄「の」被爆者とは誰か――大江健三郎『ヒロシマ・ノート』から

大江健三郎の『ヒロシマ・ノート』の次のような記述を読み直すことから、「沖縄の被爆者」の人々のことを考えてみたいと思います。大江健三郎のここでの記述には、「沖縄の被爆者」を語ることの難しさと、被爆を属性としての場所あるいは出自で語ることの困難とが、二つながらに露呈しているように思われます。

この春、僕は沖縄へ旅行した。沖縄の人々はみな穏和な微笑をたたえて、われわれ本土からの旅行者をむかえたが、唯ひとり、どのような自制心を発動してもなお、その微笑はたちまちこおりつき、穏和な表情の底から不信と拒絶の感情がこみあげてくるのを禁じえないでいる、そのような婦人に僕は会った。そして彼女の態度こそはもっとも正当なものだったのである。われわれは戦後二十年間、沖縄のすべての原爆被災者がまったく放置されてきたことをあらためて認識しなければならない。(中略)

沖縄原水協が作ったリストにのっている一三五人の被爆者たちのほとんどが、おおかれ少なかれ躰の異常を感じている。しかしかれらの不安の訴えはすべて、沖縄の医師たちによって、疲労だとかノイローゼだとかいってしりぞけられている。もっともそれは沖縄の医師たちに責をおわせるべきでなく、本土から原爆病院の専門医が沖縄を訪れるほかに解決しようとない状況であろう。われわれは沖縄に二〇年間放置されてきた被爆者たちの不安と憎悪の総量のまえで、なお眼をとじ、耳をふさぎ舌を縛りつづけていられるだろうか? しかも、おそらくは広島と長崎をおそった今世紀最悪の怪物のもたらしたものによって、疲労感に領された躰を、不安な魂において支えねばならない一三五人をこえる被爆者たちは、現に核兵器の基地と同居しているのであり、それに対して沈黙をまもるほかない人々なのである。この沖縄の被爆者たちが、われわれに対して微笑をうしない、不信と拒否の表情を示すことほどにもごく素直な心理反応はないであろう。しかもなお、

これら忍耐強い人々はわれわれ本土の人間に、十年間みたされなかった期待をかけているのである。（中略）／かれらの存在と呼びかけの声が、かくもぬきさしならないものである以上、われわれの誰の内部で、広島的なるものがすっかり完結してしまうだろう？（『ヒロシマ・ノート』岩波新書、一九六五年、一一―一三頁）

「われわれ本土の人間」という主体が負うべきものと大江のなかで思念されている罪責感は、ここで、「不信と拒否の表情を示すことほどにもごく素直な心理反応」を示す「沖縄の被爆者たち」の「沈黙」の告発に依拠しているように思われます。つまり、沖縄の被爆者の「沈黙」は、「われわれ本土の人間」の主体画定のための媒介として、「素直な心理反応」という了解の構図のなかに配置されているのはないか、ということです。しかも、このとき、「沖縄の被爆者」たちは、「われわれ」とは異なるカテゴリーとして、言わば準国民という形でテリトライズされたうえで包摂的に除外されてもいるとさえ感じられます（沖縄が日本に「復帰」する前のこととはいえです）。

しかし、沖縄の被爆者たちが、日本への告発者という形で沖縄を背負う存在として沖縄の内外において認識されてきたかどうかは検討されて然るべきでしょう。この検討の営みは、日本人を問う大江の問いを転じさせるための、沖縄からの／への問いという作業と言うべきかもしれません。

実のところ、沖縄「の」被爆者たちは、沖縄においてさえも「われわれ」として存在してきたとは言えないように思われます。「沖縄に被爆者はいない」という占領アメリカ軍の一貫した見解のみならず、「沖縄の被爆者」という存在そのものへの否認を、占領下の「琉球政府」（一九七二年の沖縄「日本復帰」以前、米軍の事実上の下部組織として構成された「琉球民政府」のことで、この上に、統治権および施政権を掌握する「琉球列島米国民政府」ＵＳＣＡＲがありました）を筆頭に、沖縄社会もまた共有していたと言っても過言ではありません。戦争の傷をめぐる承認は、沖縄戦の被害に特化されてきたとみえますし、その沖縄戦が広島と長崎に直結していることが、沖縄に生きる人間のなかで共通認識として明確に意識化されてきたとは、現在に至ってなお言えないのが実情のように思えるのです。

政策面に関連して言えば、占領初期に米軍は「解放」者としてプレゼンスされた側面がありますし、そうした認識を背景として、沖縄戦は広島・長崎の原爆とは意図的に切り離されていたと言えます。そのことを実証する重要な一例として、一九五三年の「第一次琉大事件」をあげることができます。他ならぬ米軍主導により一九五〇年開設された植民地大学たる琉球大学の大学生たちが、広島原爆写真展示を那覇市内のデパート等で行うという試みに対して、アメリカ軍からの強い圧力を受けた琉球大学は、「反米行為」を理由に、四人の学生を罰則規則のないまま不法に除籍処分としています。学内外の批判的検証と要請にもかかわらず、琉球大学は今現在に至るまで公式に謝罪していません。この事件が開示するものこそ、原爆投下による被爆者の存在が、沖縄の「戦後」において強い抑圧のもと、歴史の他者とされ特殊化されてきたという事実であるといえるでしょう。剝き出しの軍事の構造的暴力の下に呪縛されている沖縄であるがゆえに、被爆者は、さらなる否認にさらされてきたのです。

「現に核兵器の基地と同居している」と大江が正しく指摘する政治的暴力の構図の維持のなか、沖縄において、被爆者たちは生きながらにしてなきものにされてこようとしたと見ることも可能ですし、それゆえに、沖縄の被爆者の告発は、何よりもまず沖縄への告発でもあったという点が忘れられてはならないと思えるのです。

問われるべきは、日本と沖縄という相補的関係を構造化するアメリカ覇権の後景化のなかで、国民主義的に道義的責任を語るさいの「われわれ」という主体を産出する認識の構造のあり方であり、その構造が産出する他者の位相であるはずです。大江は、沖縄の被爆者の「沈黙」を書くのですが、沖縄の被爆者は沈黙していたのではなく、その心身から持続的に発せられていた錯綜した声が聞き取られてこなかったということなのかもしれません。

病室で、職場で、家庭で、被爆者自身の心身において、被爆という経験を語り聞く条件そのものが、失われ奪われてきたといえるようにすら感じられます。沖縄（戦）という圧倒的被害の連鎖する歴史の層のなかに、広島が、原爆が、伏流していることをいかにして想起することが可能か。問われているのはそのことでしょう。そしてたとえば、大江の『ヒロシマ・ノート』のなかで聞き取られ書かれた次のような言葉のなかに、この想起のむけた契機が示されているようにも感じられます。

やはり七四歳の老婦人の言葉、《健康については歩くことを最良としています。用のない時には何時もあちこちを歩くので、人に、よく歩く、と言われます。主人は満州で亡くなり、姉も沖縄で死に、その長男は中支で戦死、次男は沖縄の健児の塔にまつられています。》(大江、前掲書、八四-八五頁)

ここで大江が聞き取っている女性の言葉のなかに読みとられるべきは、「戦後」、「主人」が亡くなった「満州」と「長男」が戦死した「中支」に、そして「姉」と「次男」が戦死したた「沖縄」との繋がりにおいてこそ、この女性にとっての広島という日常があるということであり、この女性においては、広島の街を周囲の人々の噂となるほど「よく歩く」たび、沖縄という戦地が、つねに広島の光景に重ね見られているに違いないということであると感じられます。沖縄で戦死した広島の人は多くいるし(しかし「広島の人」と私自身こうして書いていて、それが誰を指していないのか、他ならぬ私が知り得ていないことを感じます)、広島で戦死した沖縄の人も少なくない(こうして「沖縄の人」と書くとき、私が誰かのことを忘れていなかったためしがありません)。そしてまた、戦死者たちとともに「戦後」を生きつつ、沖縄と広島の往還をこそ生きる人の歴史もまた特殊ではなかったことを、この女性の言葉は伝えてくれています。不測のまま生きられ想起される沖縄(戦)が広島にあり、同時に、生きられてしまう広島(原爆)が沖縄に生きているということです。

ここで更に想起したいのは、では、「沖縄の被爆者」たちは、被爆者であることの承認の困難のさなかにおいて、広島と沖縄の往還を、広島と沖縄の内外にわたっていかに生きたか、生きようとしたかという、歴史の痕跡です。

二、沖縄の告発の沖縄への告発について

私の家は、八、九年前まではとても明るく楽しい家庭でした。私も元気な体だったので米軍基地で働きながら妻がやっていた食品店の手伝いもしていたので、家庭が生活をしていくための収入には心配ありませんでした。ところが、私の体が急に弱くなり、足腰がだるく、いくら気持ちは丈夫でも思うように体が働けなくなり、生活の支えだった米軍基地での仕事もできずにやめさせられるという最悪事態におちいってしまいました。まだ働けない年でもなかったし、子供もまだ一人前になっていないので早く自分の身体をもとどおりにして働けなければと思って一生懸命でした。そのため、わずかではありましたが貯えてきたお金をはたいてヘルシィーレイという電気治療器を買い、病院に通いながら自宅治療に夢中でした。おかげで少しはよくなってきました。今まで家の中にじっとしていなかった私が、家にとじこもって治療したり病院通いをしていることで世間ではいろいろ言うし、「原爆症という病気は伝染病だそうだ。あの家に行ってもお茶は飲んでもいけない。子供たちにも遊びに行かせてもならない。物をもらったらすぐ捨てなさい」というように伝染病あつかいされ、しまいには気ちがい呼ばわりされ、口をきいてくれる人や相手にしてくれる人も少なくなり、泣くに泣けないみじめな人間になっていってしまいました。（中略）とうとう一年前に私一人を残して妻子とは別居してしまいました。（玉城寿松〔沖縄市在〕、福地廣昭編『沖縄の被爆者』沖縄県原爆被害者協議会刊、一九八一年、一六六－一六七頁）

田舎に生まれ、被爆者ということがわかってからは、伝染病患者と同じようにみられ、部落内でもみんなからきたなくされてきました。そのみじめさは他人にいくら話してもわかってくれないでしょう。（兼島四朗〔仮名・宮古島在〕、福地編、前掲書、七八頁）

右に引いたような沖縄の被爆者の声は、おそらくは、医療の場だけではなく、沖縄のなかで、ほぼ閑却されてきたと言っていいのではないでしょうか。その原因は幾つか考えられますが、被爆者たちが、沖縄戦の被害という認識枠のなかに馴致できない「異物」のような存在として恐れられたという事情があるように思えます。「戦傷病者戦没者遺族等援護法」（一九五二年）以後、沖縄に対する援護法が、殉国イデオロギーの浸透作用のなかで沖縄戦被害を「認定」してきた点を踏まえるならば、沖縄の被爆者は、その被害の場所を特定できないという移動性において「戦後」を生き延びたというその事実によってこそ、体現する被害を、日米はもとより沖縄社会からも黙殺されてきたように思えるのです。

また、こうした被爆地からの移動をともなう被害者の存在が、沖縄において特に伝染恐怖において忌避されていたことは、福島原発事件以後の避難者への差別的言動の発動を思い起こしつつ沖縄の現在への批判的検証の必要性とともに想起されなければならないと感じます。というのも、被爆（者）は、沖縄において、伝染力を持つ「生ける汚染」として、沖縄の歴史にとっての他者とされてきたとさえ感じられるからです。しかも、この汚染恐怖が、沖縄戦の記憶に関わる正史化の動きに連動していることを疑うことは困難です。

ここで、「異国で客死した死者たちは、国民的想像力が描く同心円状の地図の上には傷痕を残すことなくこの世を去り、忘却されることとすらないのである」（直野章子『原爆体験と戦後日本』岩波書店、二〇一五年、一三〇頁）という大切な指摘を受けて、次のようなことを想起したいと思います。沖縄の被爆者たちを予感において待ち受けていたのが、言わば「故郷での客死」であり、この客死もまた忘却されることすらなかったのではないか、ということです。そのことを考えること抜きに、沖縄における沖縄の被爆者を想起することは許されていません。沖縄の被爆者は、故郷を異国として生き、自らの生を「故郷」の歴史に接続する契機を奪われ、過酷な疎外を受ける（alienated）という二重化された意味で「エイリアン」たる生を強いられた人たちと言えるかもしれないのです。

故郷＝異国としての沖縄は、まずは、日米両政府との共犯組織たる琉球政府の意図的無策として被爆者たちの前に現れ、そして地域社会からの過酷な差別と存在の抹消の力として被爆者の前に現れたといえるでしょう。この歴史的政治的な文脈において、「沖縄の被爆者」という言葉のなかには、ある矛盾と亀裂が、沖縄への告発とともに含意されているはずです。沖縄の歴史は、被爆の歴史との切断と被爆者たちの「告発」の黙殺によってこそ成立したと言えるかもしれません。この点において、大江が恥をこめて自認する「本土日本人」との差異において、沖縄の「われわれ」が無辜としての自らを立ち上げることは不可能であり、繰り返しいえば許されていないのです。必要なのは、歴史の枠組みからこぼれ落ちていきかねない、身体そのものが発する声そして身体にむけられたまなざしを、注意深く、被爆者の言葉のなかに読みとることではないでしょうか。

三、戦争の記憶の重ね書き——身体が生きる傷の強度について

私は原爆で焼かれ、体の大部分にケロイドが残っています。原爆によるケロイドというのは普通のヤケドとはちがって、当時は薬がなかったせいもあって、焼かれたところはくされてしまい、それが日がたつにつれて落ち、残った部分には肉がついてきたものだけにその傷痕というのはきたないものです。私は日ごろから自分の家以外では裸になったり風呂に入ったりしませんが、仕事の都合で遠方に住みこむことがたまたまあります。そんなときはどうして共同風呂になるわけです。自分のケロイドを他人に見せまいとして気をつかい、だれもいない時間をみはからって入浴したり、時には入浴をあきらめたりします。（屋良広敏〔仮名・在所記載無〕、福地編、前掲書、六八－六九頁）

ケロイドについて語ろうとするさい、「私は日ごろから自分の家以外では裸になったり風呂に入ったりしません

が、仕事の都合で遠方に住みこむことがたまたまあります。そんなときはどうして共同風呂になるわけです」と、屋良広敏さん（仮名）は言葉にされていますが、この言葉からも、被爆の負荷を生きケロイドとともに生きる「沖縄の被爆者」たちの多くが、日本本土での季節雇用あるいは米軍基地雇用という形で、労働条件が極めて不安定ななかを生きてきたことが推察されます。事実、『沖縄の被爆者』のなかの証言の多くが、数少ない働き口としての米軍基地労働の辛さを語り、「戦後」沖縄の日常において働くことと働けないことの苦悩に触れています。その点において、ケロイドは、働くという営みにおいて身体にそそがれる社会化されたまなざしのなかで、被爆者の心身に織り込みなおさた「他者」となっているといえるようにも思えてきます。屋良広敏(仮名)さんの言葉は、そうした身体の相関のありかたを実に繊細な方法で伝えてくれているといえるのではないでしょうか。

証言当時、おそらくは六〇歳前後であったと思われる屋良（仮名）さんのここでの証言を踏まえつつ、こうした事情を別の角度から考えるために、大江の『ヒロシマ・ノート』のなか次のような一連の記述を読んでみたいと思います。

「ケロイドのある娘たちは、みずからの恥、屈辱の重みをになってどのような生きることを選んだか？」（九九頁）という言葉に繋げつつ、大江は、「ケロイドのある娘たち」を、「家々の奥にじっとひそんでいる」「逃亡型」のあり方と、「再び原水爆が落下し、地上すべての人間が彼女とおなじくケロイドにおかされるのを希望することで自分の恥ずかしさ、屈辱感の対抗する心理的支えをえる人たち」というあり方という二様式に分け対比的に並置しています。そのうえで、その二つのあり方を止揚する生き方として、大江は次のように書いています。

もしあなたに醜いケロイドがあり、そのケロイドによる心理的外傷をあなたみずからが克服するために手がかりを欲するとするなら、それは、自分のケロイドこそが、核兵器の全廃のために本質的な価値を持つ、と信じることのほかにはないはずではないか。（大江、前掲書、一〇〇–一〇一頁）

ここでのケロイドを語る大江の一連の言葉は、深く混乱しているように思えます。その混乱は、特に、全ての人間にケロイドにおかされることを希望する「娘たち」のことを想像しつつ書かれる次の言葉に明らかです。

彼女のケロイドを見つめる他人の目はすべて失われ、他者は存在しなくなってこの地上のもっとも恐ろしい分裂は失われる。そのような声を現に私は聞いたしそのような短歌も既に引用した。（大江、前掲書、九九頁）。

「彼女」から「あなた」という人称への転位をともないつつ「娘たち」を動員する、極めて奇妙なジェンダー・バイアスが作用しているこの箇所において、大江の言葉が逆説的に開示してしまっているものこそ、「ケロイドを見つめる他人の目」の全き喪失の不可能性と、他者のまなざしに由来する自我の「分裂」のほとんど絶対的な不可避性とは言えないでしょうか。そもそも、大江が聞き取りそして書いているケロイドを見る「他人の目」とは、誰の目でしょうか。おそらくその「目」は、いかなる形であれ、「自分のケロイドこそが、核兵器の全廃のために本質的な価値を持つ、と信じること」といった教唆を垂れる資格を持たない空点となるほかないでしょう。あえて言うならば、この「他人の目」が、大江自身の「心理的外傷」である可能性も残ります。更に言うならば、ここでの大江は、みずからがケロイドに見られる恐怖をこそ語っているようにも思えます。このとき考えるべきは、ケロイドそのものが「他者のまなざし」でありうるということではないでしょうか。それは、ケロイドのある人をも無い人をも見ている体内化されてしまった「他者の目」と言えるようにすら考えられるのです。

ここで、再度、屋良広敏（仮名）さんの言葉を読み返してみたいと思います。みずからのケロイドを語る屋良さんの言葉を読むとき、私たちに痛いまでに感受されてくるのは、彼が、自らの裸を、他者に見られる肉体という界面として極めて繊細に想像し、他者のまなざしをみずからの心身の折りこんでいる、そのまなざしの洗練を極めたはたらきです。このまなざしの折り込みにおいて、意識をこえて変成しやまない生きものとしてのケロイドを宿すみずからの皮膚に、屋良さん自身のまなざしが触れている、と、そう感じられるのです。

この言葉に触れて思うのは、ケロイドという言わば変成体を、自己の意図を超えて、身体がみずからに重ね書きする生き延びの約束と見ることはできないかということです。この生き延びの約束としてのケロイドという変成体は、人を、いやおうなく身体に結びつけ、身体という界面を通した他者との連続性と歴史への接続へと導いているようにすら感じられます。ここに読み届けられるべきは、私たちの身体が、つねに他者のまなざしにさらされ、迎えられ、触れられている、その交わりの感覚とはいえないでしょうか。

この交わりの感覚は、大江も書いていたように他者の存在から呼び招かれる「分裂」の危機を体内化することの別ではないに違いありませんが、しかし、この危機の体内化においてこそ、被爆者の身体は、そしてその身体の危機を体内化する私たちの身体は、危機を生きる人間の歴史そのものに接続していると言えるように思えます。もしヴァルター・ベンヤミンが言うように「過去を歴史的に関連づけることは、それを『もともとあったとおり』に認識することではない。危機の瞬間にひらめくような回想を捉えることである。歴史的唯物論の問題は、危機の瞬間に思いがけず歴史の主体のまえあらわれでてくる過去のイメージを、捉えることだ。危機は現に伝統の総体をも、伝統の受け手たちをも、おびやかしている」（ヴァルター・ベンヤミン「歴史批判テーゼ」の「第Ⅳテーゼ」）のであるとしたら、被爆者がみずからの身体との関わりを模索するその危機とは、「歴史の主体」への転生へとかけられた切迫した呼びかけであり、そして同時に、根源的な歴史批判であると言えるかもしれません。問われているのは、危機を感受できるか否かの淵にいる、私（たち）そのものです。

四、呼びかけとしての「沖縄の被爆者」のために

米山リサ『広島　記憶のポリティクス』（岩波書店、二〇〇五年）は、どのページを開いても、原爆への切実な問いと広島をめぐる深い思索の詰まった著ですが、ここで「日本語版への序文」に置かれた次のような言葉に立ちどまりつつ、この小文をひとまず閉じようと思います。

ヒロシマが、冷戦の大きな物語のなかで全面戦争の可能性を示唆してきたのに対して、現在、世界で起きている深刻なカタストロフは、エイズ感染の恐怖であり、低強度紛争であり、使用可能な核兵器による放射能汚染であり、グローバリゼイションの二極化であり、貧困の女性化であり、人身売買であり、軍事占領下の地域や、とめどなく増設される監獄や難民キャンプなどの監禁空間で生み出される社会的死・政治的死であり、環境破壊がもたらした人種化された戦闘である。（米山、前掲書、x頁）

ここで米山によって書きつらねられている「世界で起きている深刻なカタストロフ」は、直接的にヒロシマそして原爆に繋がっていると言えるのではないでしょうか。まさに「ネクロ（死の）ポリティクスの時空間」として、これらは、歴史的に、政治的に、性的に、接続し連動しています。そして、言うまでもなく、今の今、沖縄で戦われている、辺野古・高江の反基地運動とそれに対する国家暴力の発動にまっすぐ結びついています。そして、ここで米山が鋭敏に指摘している「低強度紛争」とは、微温な戦争状態といったものを指しているのではおそらくはなく、国家間の局地的戦争とは異なる位相でしかし更に過酷に全般化された「人種化された戦闘」として、病のなかに、ジェンダー／セクシュアリティ配置のなかに、貧困のなかに、監禁空間のなかに、死の先取りとして政治的社会的に構造化された暴力をこそ指しているように思えます。

被爆者が置かれた「戦後」という時空間が、この低強度紛争という苛烈な戦争の日常化と無縁だったと果たしていうことができるでしょうか。被爆者が直面していた過酷が「人種化された戦闘」ではなかったと誰が言えるでしょうか。そしてまた、こうした戦争を生き（た）被爆者たちと「われわれ」の現在が無関係であるとどうしたら言えるでしょうか。私には、「ネクロ（死の）ポリティクスの時空間」の再生産のなかで、死を先取りし計測し資源化する暴力装置としての国家と国家間同盟の制度下にある私たちもまた、程度の差こそあれ、被爆者との深い連鎖のなかを生きているようにも感じされます。喫緊に求められているのは、私たち自身の日常のなかに張り巡らされた「死の政治」を感知し、これに徹底して抗う生の様式化への模索であると思われます。そして、こうした政治の暴力を正しく感受し、これに抗う次のような言葉こそが、ありうべき呼びかけとなって、私たちが今現在さらされている無数の戦争への根源的な告発となっているように思えるのです。

本当のこと、政治は私たちのような被爆者が一人、また一人というようにこの世から去っていくのを数え、あと何年で被爆者というやっかい者がいなくなるという計算をしているのではないでしょうか。うたがいたくないことや、政治というものを知らない私のような者でも、皮肉や批判と一つや二つはいいたくなるものです。（田港昌光〔仮名・沖縄市在住〕、福地編、前掲書、九三－九四頁）

届かぬ発話の行方

沖縄の被爆者についての記録と物語

村上陽子

はじめに

この報告のタイトルは「届かぬ発話」としました。しかし正確には、届いたのかもしれない、届かなかったのかもしれない、明確な宛先を持たない発話、と言うべきかと思います。曖昧さ極まるこのような発話の行方を、沖縄の被爆者についての記録や物語からわずかでも読み取っていきたい、というのがこの報告の趣旨です。

沖縄の被爆者、これもまた曖昧な言葉です。沖縄の被爆者とはいったい誰を指すのか。沖縄出身の被爆者なのか、沖縄に暮らす被爆者なのか。沖縄の被爆者と呼ばれる、あるいは呼ばれうる人々について考えるとき、このような問題も浮上してきます。沖縄の被爆者について考えはじめたとき、私は沖縄の被爆者をめぐる記録の少なさ、物語の少なさに直面しました。それはこの問題について語ることの困難さを突きつけてくるものでもありました。私はまだ、沖縄出身でなおかつ戦後沖縄に戻って暮らした人々に関する記録や物語にしか触れることができていません。沖縄出身で沖縄以外に暮らしつづけた被爆者をめぐる、あるいは戦後に沖縄にやってきた被爆者をめぐる言葉を、いまだ見つけられずにいます。

そのため、今回の報告では、比較的よく知られた記憶や作品の中にあらわれる沖縄の被爆者に着目することになりました。曖昧な言葉に立ち止まり、実証しようのない考察を進めていくことを試みたいと思います。

一、聞き取られなかった（かもしれない）言葉に向けて

最初に取り上げるのは蜂谷道彦『ヒロシマ日記』（平和文庫、二〇一〇年）です。『ヒロシマ日記』は広島の原爆記録としてよく知られたものです。著者の蜂谷道彦は被爆当時、広島逓信病院長でした。自宅で被爆し、崩壊寸前の

家から妻とともに抜け出した蜂谷は、後に「当時、市内にいた患者で私ほど手厚い看護を受けた者はないだろう」(『ヒロシマ日記』あとがき)と語っています。蜂谷は大怪我を負いながらも勤め先の病院にたどり着き、被爆当日に病院で外科医による縫合手術を受けることができました。その後も医師や職員の手厚い看護によって順調に回復していきます。

蜂谷が被爆当時の克明なメモを加筆・訂正した一九四五年八月六日から同年九月三〇日までの記録が『ヒロシマ日記』です。もともとこれは、「ヒロシマの原爆雑話」と題され、一九五〇〜五二年にかけて『逓信医学』随想欄に一二回にわたって連載されたものでした。蜂谷としては抜き刷りを周囲の人に配ることができれば、というくらいのつもりだったようですが、「ヒロシマの原爆雑話」連載中に当時ABCC(Atomic Bomb Casualty Commission)の外科顧問として滞日していたワーナー・ウェルスが英訳を申し入れ、一九五五年八月六日、ノースカロライナ大学出版局から"HIROSHIMA DIARY"として出版されることになりました。この記録は世界的に大きな反響を呼び、原著も『ヒロシマ日記』と表題を改めて一九五五年九月に朝日新聞社から出版されたのです。このあたりの経緯は、樫原修の「『ヒロシマ日記』(蜂谷道彦)」(『国文学　解釈と鑑賞』一九八五年八月)でくわしく述べられています。

さて、『ヒロシマ日記』は、終始蜂谷の目線でつづられています。被爆から数日間、ろくにベッドから起き上がることもできなかった蜂谷は、大変な事態に陥っていることをまざまざと感じながらも、医師や職員、見舞い客の言葉から被爆の様相のすさまじさを推し量るしかありませんでした。しかし蜂谷は、八月一〇日には起き上がって医師や職員に指図をはじめ、一一日には抜糸して救護資材の調達に加わって外出し、変わり果てた町を眺め、院長回診まで行なっています。『ヒロシマ日記』のきびきびとした文体には、驚異的な回復を遂げ、全力で院長としての職責を全うしようとする蜂谷の心情が反映されており、周囲の人々とのユーモアすら感じさせるやりとりによって奇妙な明るさが添えられています。あきらめや絶望の感情を表に出さず、ひたすら現状を改善しようと努力した人々を描いたこの記録は、原爆投下直後から生き延びるために奮闘した人々の「たくましさ」や、戦後「復興」へことは無縁ではないと思われます。『ヒロシマ日記』が世に出た経緯や、広く読まれたこの意志を感じさせるものだったでしょう。それはおそらく、『ヒロシマ日記』が世に出た経緯や、広く読まれたことと無縁ではないと思われます。

『ヒロシマ日記』への興味は尽きませんが、今回の報告ではこの記録のごく一部のみに注目することにします。実は、『ヒロシマ日記』には沖縄出身の「長堂君」という医師の一家の姿が描かれているのです。最初に「長堂君」一家についての記述が見られるのは八月八日です。「歯科の長堂君が泉邸前で罹災して、親子三人牛田の山に逃げ込んでいる。長堂君は大火傷、奥さんと子供さんは大したことなし、救援たのむ申入れがあった」とあります。翌九日、「長堂君」とその妻子が病院にかつぎこまれます。「長堂君」は喘息持ちで、一家は沖縄から赴任してまだ日が浅く、近隣に身よりがいないことがここで明かされます。蜂谷本人もこの時はまだろくに起き上がれませんから、看護婦同士が「長堂先生は大変よ。顔から体中ずるずる（分泌物が流れるさま）になって恐いよ。とても助かりそうにないよ」と話しているのを聞いて彼の病状を知ります。「長堂君の奥さん」と生後間もない「嬢ちゃん」は無傷で病院に運ばれたそうです。

一三日、すでに院長としての勤めをはじめていた蜂谷は「長堂君」を見舞います。「長堂君」の意識は朦朧としていて、蜂谷のこともわからなかったそうです。蜂谷は「長堂君」を眺め、「真正面から光線を浴び背中の方は焼けていないのだなと思い思い、長堂君、元気を出してと返事のない長堂君に声をかけた」と記しています。その後、「長堂君」に関する記述は見られません。蜂谷は「長堂君の奥さん」や「嬢ちゃん」を気にかけるようになりますが、その頃には、もう「長堂君」は亡くなっています。

次に引用するのは、二八日の「長堂君の奥さん」と蜂谷の会話です。

奥さん、どうされました

と私が枕元へ近寄って尋ねると、沖縄弁か、九州弁か、わかりにくい日本語で、心悸亢進か、胸部苦悶か、そういう意味のことを小声でいわれた。

奥さん

元気を出していて下さい

嬢ちゃんが可哀想ですから

と思わずセンチになる言葉を出したので奥さんは涙ぐまれた。私はしまったと思って

大丈夫です

安心して養生して下さい

病院として出来るだけのことをしてあげます

と激励した。生後いくばくもない嬢ちゃんが奥さんのお乳に手を当てて無心にねむっていた。私はそうはいったものの、言葉のわかりにくい奥さんの身の上を、長堂君が亡くなってから奥さんの顔を見る都度思いだされ苦しみぬいていたのであった。奥さんの胸には斑点がでている。このままで助かればよいが、助からなかったらどうしようか、私は心が曇り是が非でも助けねばならぬと思った。

まず、ここで注目したいのは、蜂谷が「長堂君の奥さん」の「わかりにくい」言葉を、耳で聞いた音そのままではなく、「心悸亢進」や「胸部苦悶」という医学用語に翻訳して記述していることです。翻訳されているがゆえに、私たち読者は彼女の発した言葉がどのように「わかりにくい」ものであったのか、知ることができません。そもそも、果たして「長堂君の奥さん」はそういう意味のことを言ったのだろうかという疑問すら湧いてきます。

沖縄では一八八〇（明治一三）年の会話伝習所の設立以降、標準語獲得のために血のにじむような努力が積み重ねられてきました。生活言語として沖縄の言葉が用いられる一方、学校教育の現場では子どもたちに標準語が強い

られました。学校で沖縄の言葉を使った生徒に対しては、首に「方言札」をぶら下げるという罰もありました。アジア・太平洋戦争末期の沖縄戦では、沖縄の人々が日本兵の前で沖縄の言葉を口にした場合、「スパイ」とみなされて殺されることすらありました。標準語を話せるかどうかが沖縄の人々の生死を分けたのです。沖縄の人々にとって、標準語の習得はまさに命がけの、切実なものでした。

しかし、私は「長堂君の奥さん」が標準語を話せたはずだと主張したいわけではありません。標準語の習得の度合いは世代や教育、環境によって異なりますし、「長堂君の奥さん」の年齢や出身、どの程度学校教育を受けていたかが『ヒロシマ日記』からはわからないからです。ただ、『ヒロシマ日記』の記述を見るかぎり、蜂谷と「長堂君の奥さん」の間に言葉の通じにくさが存在していた、少なくとも蜂谷はそう感じていた、ということは言えそうです。そこで私は、それを手がかりに少し想像を広げてみたいと思います。

『ヒロシマ日記』は標準語の書き言葉で書かれていますが、話し言葉の部分には広島の方言が色濃く出ています。それは標準語の文にルビを付けるかたちで表現されています。たとえば、「早く《ハヨウ》死なせて《シナセテ》下さい《クダシャン》ませ《セエーヤ》」とか「恐ろ《イビ》し《セ》かったです」などです。「長堂君の奥さん」が「標準語」を学んでいたとしても、これらの言葉は耳慣れないもの、意味の取りにくいものであったはずです。広島にやってきて、標準語とは異なる言葉が飛び交っていることに、彼女は非常に驚いていたはずなのです。沖縄においては公的領域で口にすることすらはばかられた「方言」が、広島では話されていたのですから。

しかし蜂谷は、「長堂君の奥さん」の言葉を医学用語に翻訳したように、彼女の心情もまた自分の文脈に回収して解釈してしまいます。「長堂君の奥さん」が蜂谷との会話のさなかに涙ぐんだのは、「嬢ちゃんが可哀想ですから」と「思わずセンチになる言葉」を出してしまったからだと蜂谷は捉えています。実は「長堂君の奥さん」に限らず、蜂谷はしばしば、病院内の女性患者たちが物思いに沈む姿を描写しています。そして蜂谷は彼女たちが亡くした子どもや見失った子どものことを思っているのだろう、と推察するのです。私は彼女たちの涙や物思いが子どもたちのことを考えてのことではなかった、などと断定したいわけではありませんし、そのように断じることは不可能だとも思います。しかし、むしろ「センチ」なのは蜂谷のまなざしであり、その「センチ」さが何かを覆い隠しているかもしれないという可能性を考えてみたいのです。

被爆し、夫を亡くし、耳慣れない広島の言葉でのうわごとや呻きに囲まれていた「長堂君の奥さん」が、具合を尋ねた蜂谷の言葉を正しく理解して「胸部苦悶」という意味のことを答えたのだとしたら、「奥さん 元気を出していてください」という蜂谷のあまりにも無難な受け答えは、むしろ彼女に自分の健康状態への不安を抱かせたかもしれません。それが涙ぐんだ原因かもしれないのです。

やがて「長堂君の奥さん」も亡くなってしまいます。そして九月一日、ただ一人遺された「長堂君の嬢ちゃん」が病院を離れることになりました。「長堂君の嬢ちゃん」の乳母役をしてくれていた女性の乳が出なくなり、宇品の託児所に預けることになったのです。蜂谷は「託児所に預かってもらえれば私の負担が軽くなる」という自分の「浅ましさ」を自覚しながら「長堂君の嬢ちゃん」を見送り、「病院で悶死された長堂君と、嬢ちゃんをあやしあやし亡くなられた奥様と、そのほとりで母の死を知らずに無心に手遊びしていた嬢ちゃん」を偲んでいます。『ヒロシマ日記』は九月三〇日まで続きますが、これ以後、「長堂君」一家への言及はありません。

さて、私たち読者は、このようなわからなさ、確かめようのなさにどう向き合っていけばよいのでしょうか。一つには、可能な限りの証言や記録を集めるという方法があると思います。たとえば、『ヒロシマ日記』には書かれていない「長堂君」一家三人のフルネームをなんとかして探し、宇品の託児所の記録にあたってみれば、「長堂君の嬢ちゃん」のその後がわかるかもしれません。しかしそれができたとしても、蜂谷と「長堂君の奥さん」が一九四五年八月二八日に何を話したのか、そこで二人の意志の疎通があったのか、はたまたどうしようもなくすれ違ってしまったのかということはやはりつかみ取れないと思うのです。仮定に仮定を重ねて、間違っているかもしれない解釈をして、記録を読み開くこと。これが確かめようのなさに向き合うもう一つの方法なのではないかと私は考えています。確かめようがないからこそ、終わりにすることができない、そのような記録の読み方があってもいいのではないかと思うのです。

二、沖縄の被爆者をめぐるつぶやき

山代巴編『この世界の片隅で』（岩波新書、一九六五年）に、大牟田稔「沖縄の被爆者たち」という記録が収められています。一九六三年、石垣島の女性が「原爆症ではないか」と原水協関係者に語ったのが契機となって沖縄での被爆者実態調査が始まりました。そして、一九六四年七月、沖縄に「広島・長崎被爆者連盟」が設立されます。大牟田はその直後にはじめて沖縄を訪れました。渡航の際、国籍欄にＪＡＰＡＮと書き込んだ大牟田は、「沖縄と広島を結ぶ線を考えたこともなかった」「日本人」としての自分を強く意識して取材を行い、一九人の被爆者を訪ねています。ここでは宮里浩という、当時五六歳の男性の証言にのみ触れておきたいと思います。妻に死なれ、養女と二人で貧しい生活を送っていた宮里は、次のように口火を切ります。

「広島には十年間住んどりましたんで、沖縄よりよく知っています」

意外に明るい、はっきりした口調だ。被爆の体験を証明しようとでもするように、町の名を次々にあげる。皆実町の川岸で工場疎開のための荷物を船積み中に被爆、右足に負傷。傷痕は今もはっきり残っている。山口県宇部市の炭鉱から原爆投下直前の八月一日広島へ。「不運の始まりでしょうね」と笑う彼である。被爆後、廃墟にバラックを建てて住んだが、傷の痛みは長く続き、甘藷の葉を塩でゆがいて飢えをしのぐ日が続いた。翌年春、一歩でも生れ故郷へ近づこうと歩いたり汽車に乗ったりして九州へ辿り着いた。二十代で本土へ出稼ぎに渡った宮里浩だったが、やっと沖縄へ帰ったのは敗戦二年後の秋、もう四十歳に近くなっていた。

「広島には十年間住んどりました」と語る宮里ですが、被爆前も被爆後も、職や住まいを転々として暮らしていたようです。一九四五年八月一日以前は山口で働き、被爆を挟んで半年以上を広島で暮らし、一九四六年春以降は九州に移り、そして一九四七年の秋以降は沖縄に帰るという具合に移動を繰り返しています。その宮里が、ふいにこのようなことを口にします。

「そうそう、戦争中、広島の東と西の遊廓には沖縄の人がずいぶん居ましたが、みんな原爆で死んだのでしょうかねぇ」

原爆に話が及ぶと、孤独に懸命に耐える彼の一面がのぞく。いつ発病するか分らぬ不安が幼い養女との底辺の生活をさらに脅かしているのだ。沖縄には戦前から〝離島苦〟という言葉があるが、せめて戦争犠牲者は政治的にも〝離島苦〟から解放されねばならない。

広島の遊廓で暮らしていた沖縄の女性たちをめぐる宮里のこの発言は、これ以上掘り下げられることはありません。宙に浮いたように投げ出されたきりです。さて、この一言をどう読み開いていけるでしょうか。ここでも、宮里の証言の信憑性を検証したり、沖縄の女性たちが広島の遊廓にいたということを実証したりするのとは異なるかたちで、思考を広げていければと思います。

宮里は「広島の東と西の遊廓には沖縄の人がずいぶん居ました」と断定的に語っていますが、その根拠は定かではありません。被爆後の遊廓の女性たちについて、宮里がまったく情報を持ちえていないことから考えると、遊廓に直接の知り合いがいたわけではないのでしょう。しかし二〇代で沖縄から本土に渡り、移動を繰り返しながら働いていた貧しい一人の労働者であった宮里が、何かの折に「広島の遊廓に沖縄の人がいる」という情報を得、それを信じたということは十分に考えられます。なぜなら宮里自身が流浪する沖縄出身の労働者の一人であり、貧しい沖縄の女性が働く場所として広島の遊廓に行き着くという流れを、自らの境遇に重ねて想像したはずだからです。

そして、戦後二〇年近く経って広島からやってきた初対面の大牟田を前にして、宮里は遊廓の女性たちのことをふと思い出します。あの日の広島にいたはずの、しかし誰にも語られることのない彼女たちはいったいどうしたのだろうか、と。宮里のつぶやきを聞き取った大牟田は、これを記録の中にしっかりと書きとめています。宮里は答えを求めているわけではなく、求められたとしても大牟田はこれに対する答えを持っていません。しかし、このやりとりの中には、自らの言葉で自らを語ることのできなかった人々の存在を想起させる契機が潜んでいると私には思えるのです。

さて、大牟田は宮里のつぶやきを孤独や不安のあらわれとして受け止め、さらに本土から隔絶された場所で生きる「離島苦」の問題につなげていきました。たしかに、宮里のように戦後に沖縄に戻った被爆者は、本土とは異なる負担を背負わなければなりませんでした。最も大きな問題は、原爆医療法の適用除外です。本土では一九五七年四月に原爆医療法が制定されましたが、このとき沖縄在住被爆者は適用除外されました。同法が沖縄で準用された一九六六年までの一〇年間、沖縄の被爆者は医療費の全額自費負担を余儀なくされたのです。そのため、原爆症の発症は一家の破産に直結していました。沖縄の被爆者が原爆医療法に基づき、政府に医療費を請求した結果、一人二〇万円の見舞金を獲得できたのは一九七九年のことです。このあたりの事情に関しては福地曠昭編『沖縄の被爆者：癒やされぬ三六年の日々』（那覇出版社、一九八一年）に詳しく記されています。また、同書には沖縄の被爆者を調査する過程で獲得された核実験・核兵器・原発・再処理工場での被曝問題、そしてそこに存在するマイノリティや貧困層への視点も見られます。それは、沖縄における核の脅威が、復帰前も復帰後も身近でありつづけたことの証左となっています。

三、広島のキジムナーはどこへ行くのか

ここまでは記録に基づいて考察を進めてきましたが、最後に坂手洋二「ピカドン・キジムナー」(『坂手洋二2』ハヤカワ演劇文庫、二〇〇八年)という戯曲を取り上げたいと思います。一九七二年の「復帰」前後の沖縄を舞台に、沖縄出身の被爆者、韓国済州島出身の被爆者の問題が扱われる戯曲です。

「ピカドン・キジムナー」の中心となる玉城家では、父の真栄と、千恵、美晴、隆、寛次という五人の子どもたちが暮らしています。母の鶴子は真栄と衝突し、家出中です。円からドルへの切り替えにとまどったり、母の不在で年長の子どもたちが気苦労をしたりしている玉城家に、真栄の弟の照政がいきなり転がりこんできます。後になってわかることですが、照政は広島で被爆していました。照政と照政の恋人、そしてその連れ子をめぐる物語は、在日朝鮮人被爆者の問題を含んで展開していくことになります。一方、玉城家の次女の美晴は牛乳配達のアルバイトを通して、村はずれの大きなガジュマルのある家、「キジムナー屋敷」と呼ばれる家に一人で暮らす秀子という女性と知り合います。秀子もまた、広島で被爆していました。秀子と玉城家の子どもたちは次第に打ち解けていき、家出中だった母の鶴子も加わって交流を深めていきます。

キジムナーというのは赤い髪、赤い体をした沖縄の妖怪で、ガジュマルの木に棲んでいます。キジムナーはちょっとしたいたずらをしかけてくる悪ガキのような存在で、恐れられるというより身近な妖怪として親しまれてきました。それを踏まえて、今回は、この秀子が子どもたちと鶴子に被爆の体験を話す場面に注目したいと思います。

秀子　電線がショートしたみたいな光がピカーッて、目の前いっぱいになって、フワーッと熱いものが押し寄せてくるの。それから、ドーンって……、ううん、耳で聴こえたわけじゃない。からだじゅうに響いてるの、たぶん今も、ずーっと。

寛次　……ピカと、ドーン。
秀子　一瞬にして風景が変わった。生きている人より、死んでいる人のほうが多いの。人間のからだが燃えて、火が消えないから次々に川に飛び込んで……。広島は川がいっぱいあって、橋も多いの。その川じゅうに人が溢れて……、水をくれって声がするんだけど、川を目の前にしながら死んでゆく人がいっぱい……。
鶴子　……アキサミヨー。
秀子　怖くて泣いた。そしたらオカーサンが言ったの。……心配いらないよ。あの人たちは死んだんじゃない。キジムナーになったんだ。火や水で死んだ子供は、キジムナーになるんだよって。
美晴　……火や水で。
鶴子　……キジムナー火って、ヒーダマ（人魂）のことねー。
秀子　キジムナーは一人じゃない。死んだ子の数だけいる。みんなキジムナーになって、新しいガジュマルを探して、そこで生き続けるからだいじょうぶ……。
鶴子　……。
秀子　でもおかしいでしょ。棲家をなくした広島のキジムナーはどこに行くの。いったいどこにガジュマルがあるの。それを尋《き》こうと思っても、オカーサンもういない……。
　　秀子、ガジュマルの樹を見上げる。
秀子　私もいつかキジムナーになるのかナー。……だから見つけておいたの、自分のガジュマル。
　秀子は被爆したとき六歳でした。一年生になったばかりで、熱を出して学校を休んでいた彼女は命を拾ったのですが、同級生はみんな亡くなっています。彼女の左手にはケロイドが残っていて、秀子はその手を「キジムナーの手」と呼びます。

引用した場面で注目したいのは、原爆で死んだ人々をキジムナーになぞらえた秀子の母の言葉です。おびえる秀子に、母は「火や水で死んだ子供は、キジムナーになるんだよ」と語りかけ、彼女をなぐさめようとします。広島での生活の中で、キジムナーの物語をこの母子は語り合っていたのです。キジムナーになるということは、ガジュマルの大樹に宿り、人々によりそって暮らすこと。暗くも辛くもない、別の生を生きること。そのような認識が秀子に共有されていると思い、秀子の母は「火や水で死んだ子供は、キジムナーになるんだよ」という言葉を発したのだと言えます。

しかし秀子は、その言葉に安心することができませんでした。秀子の母は、広島にあるアコウという「クワ科の大木」は「ガジュマルの仲間だからキジムナーもいるはずだ」とも言っています。しかし、広島ではキジムナーの棲家になるような立派なガジュマルは育ちません。アコウの大木がその代わりになってくれるとしても、火傷を負い、川を埋めつくした死者が宿れるだけの木々が広島にあるとは秀子には思えなかったのです。そのため彼女は、キジムナーになったという死者たちの行方を心配しつづけます。棲家も、寄り添う人もいないキジムナーがさまよう様子を秀子は思い描くのです。

行き場のない広島のキジムナーたち。その行方を母に尋ねようと思っても、母はもういないのだと秀子は言います。玉城家の子どもたちや鶴子と出会うまで、秀子は広島のキジムナーについて語る相手を持つことができずにいました。広島の人々はキジムナーを知らず、沖縄の人々は原爆を知らない。そのような状況の中で、秀子の思いは内にこもっていきました。そして秀子は「キジムナー屋敷」のガジュマルを「自分のガジュマル」と呼びはじめます。秀子はこのあと広島の病院で治療を受けますが、ほどなく亡くなってしまいます。

「自分のガジュマル」を見つけた秀子、自分の言葉を玉城家の子どもたちに伝えられた秀子は、行き場のなさから逃れえたのでしょうか。あるいはそうかもしれません。しかし秀子の見た、焼かれ、溺れていく無数の広島のキジムナーたち。その広島のキジムナーたちはいまだ行き場を見つけられていないかもしれません。広島のキジムナーを思うときの秀子の困惑や痛みは、そこに起因していると思われます。そしてその困惑や痛みに、読者としての私は引き付けられます。それは、広島のキジムナーという存在に、沖縄の被爆者をめぐる曖昧で不確かな、明確な宛先を持たないままに投げ出される言葉たちが重なって見えてくるからです。記録や語り、文学の中にあらわれる沖縄の被爆者をめぐる言葉たち。それはいったいどこに向けられているのか。その言葉がはらむわからなさ、行き詰まりを、私たちはどのようにして開いていくことができるのか。それを考えつづけていきたいと思うのです。

おわりに

私は一九八一年生まれです。沖縄や原爆の問題に関心を持ちはじめたのは二〇〇〇年代はじめですが、そのとき私の前にはすでに膨大な記録や手記が存在していました。それらは図書館で簡単に手に取ることができました。当時の私は、それを当然のことだと思っていました。証言が語りだされるまでに、そしてそれらを整理し、編集し、まとめられるまでにどれほどの困難があったのかを知ったのは、ずっと後のことです。

このたびの報告で私は、記録の一部、戯曲の一部を読み広げていくということを試みました。しかし、記録や証言に書かれていないことを想像し、誤読かもしれない読みを施していくことに迷いを感じる部分もあります。記録や証言は記憶に深く向き合い、検証を重ね、出来事を正確に伝えるためにきわめて慎重に紡がれてきた言葉だからです。そのような言葉をあえて誤読するというのは、怖いことです。

では、記録や証言を読んで正確に理解することだけが読者に求められているのでしょうか。もちろん、まずそのように読むことが必要です。膨大な記録を、証言を、私たちはこれから先、丁寧に読んでいかなければなりません。

しかしそれで終わってしまっては語りの強度に読みの強度がつりあわないのではないか、という思いがあるのです。語りの中に生じるほころびや、十分に語られていない部分。それらを拾い上げ、つなげていくことで、語られている以上のことが見えてくることがあるかもしれません。私が用いた誤読かもしれない読み、という言葉は、そのような読み方を指しています。記録や証言がさまざまな困難を経て紡ぎだされたように、出来事を語る言葉を受け取る側もまた、努力を重ねていかなければなりません。その努力の方向性の一つにこのような読み方を位置づけられればと思い、今回の報告をさせていただきました。

〈質疑応答〉

Ｍさん：新城さんに質問です。「原爆症忌避」というのが印象に残ったんですが、先ほどご挨拶をされた福島からの避難者の方のように、沖縄に避難・移住された方への忌避があったんでしょうか。

新城さん：そう受け取られたならば、それは完全に僕の間違いです。久米島に福島から避難された方々が安全に暮らすための施設をつくったときに、琉球人ではない人たちが入ってくることへの忌避感はあったと思います。これ以上植民者としての日本人が入ってくることを忌避したということです。沖縄の新聞を読んでいますと、福島原発事故が起きたあとに来られた子どもたちが、学校現場で「うつる」といわれて忌避されたという記事が少なくないということです。

Ｔさん：質問ではないんですが一言。広島には西遊郭（舟入町）と東遊郭（弥生町）があり、西遊郭の近くに母の実家があったんです。遊郭の女性たちも買いにくるような、ブティックのような店を祖父がしていました。店はその遊郭の通りと今のバス通りとの間にあって通り抜けができましたから、遊郭側からも反対側からも買い物に来るというような店でした。まだ遊郭の大門の跡がありましたが、当時母から絶対そこを通ってはいけないと言われていました。通るなと言われると通りたくなって、こっそりと通っていました。その頃の遊郭は間口は狭く奥にずっと長く通路があって、玄関にはやり手婆さんが座っている。吉原のように格子のなかに遊女が見えるということはなかったです。路地に遊女の大きな写真が飾ってあって、男性はその写真で相手を選ぶ。お客さんのほとんどが兵隊。格が違っていました。東はちょっと格が落ちます。たとえば羽織を着ることができない。西は格が上なので、西のお女郎さんたちはそれなりの誇りを持っていて、お客さんは陸軍の将校さんでした。一兵卒や軍需工場に勤めているような男性は東に行きます。お女郎さんのなかには私も知っている人がいましたが、とてもかわいくてひそかに憧れていました。沖縄の方がいらしたというのは初めて聞きました。大牟田さんが書いておられるんですね。私も大牟田さんはよく存じ上げているんですが、遊郭の話をしたことがなかったなあと思って。西遊郭は爆心に近いですから、実家も壊滅しました。だからほぼ助かった人はいらっしゃらないと思います。何とも言えない悲しい思いをしています。

中岡さん：私も遊郭の研究をしていましたのでひとこと言わせて下さい。西と東は格が違っていたというのは事実です。でも東が格が低いと言っても、更に格の低い遊郭が島嶼部には散在していまして、そこには沖縄の人がいたという記録があるんです。しかし、東と西遊郭に沖縄の人がいたというのは私も聞いたことがなくて、検証の余地があるかなと感じました。

Wさん：沖縄出身です。小学生のときに被爆者という言葉は聞いたことがありませんでした。現在は教えられているんですか。小さい頃『はだしのゲン』を読んで衝撃を受けたんですが、作者の中沢啓治さんが中国新聞で、「自分の体験を忠実にストーリーに組み立てたとき、絵は現実より弱めて書きました」と言っていました。また去年『はだしのゲン』を子どもたちには読ませない方がいいと、ある教育委員会が言ったという報道もありましたが、被爆体験、戦争体験を子どもたちに伝えることをどう思いますか。

新城さん：沖縄では、小学校どころかあらゆる教育課程でまったく教えられていませんし、僕も知りませんでした。もっと言えば、関心すらなかったというより、知るための条件がなかったような気がします。こういう言い方は他人に預けているようで適切ではないかもしれませんが。七〇代の人たちに尋ねても、聞いたこともないし見たこともないと言われる。それほど被爆者の存在が見えていないということです。先ほど村上さんも言われましたが、資料しかない。沖縄戦の何によって死んだとか、生き残ったとかを、沖縄戦という記憶の中で語る場所を見つけていくということで言うと、村上さんの言葉の中で重要だと思ったのは、被爆者は「そのことを語る宛先もまだ見つけていない」ということかなと思います。

村上さん：先ほどは遊郭のことを教えていただいてありがとうございました。西と東の遊郭に沖縄の人がおられたかどうかということは、私も大牟田さんのこの一行でしか確認していないので、事実関係は今後確認していかなければいけないと思います。沖縄の被爆者については沖縄でも教えられていないと思いますが、広島県でもありません。私は八一年生まれで三原出身です。一八歳まで広島で平和教育を受けたんですが、小学校のとき、広島の被爆者と朝鮮人の被爆者についてはいくらか習いました。朝鮮人被爆者慰霊碑の移設の問題などがまさに紛糾していたときでしたから。しかし沖縄の人については何も習いませんでした。中沢啓治さんに関してですが、中沢さんは沖縄を舞台にした漫画を描いておられて、小さいころ読みました。現在、中沢啓治著作集『オキナワ』（DINO BOX、二〇一五年）にまとまっている諸篇です。基地被害や沖縄戦での日本兵の暴虐に触れながら、沖縄の米軍基地の中に原爆があること、それが爆発したら大変なことになるという危機感が打ち出されていました。私が沖縄と原爆をつなげて考えた最初のきっかけは、中沢さんの漫画だったのだと思います。

新城さん：僕は沖縄の被爆者の資料はまだ見たことがないんですが、広島や長崎で被爆した朝鮮半島の人々が一万から二万人いたわけですから、この人たちが忽然と消えるわけがないのに、跡づけられていない。また奄美大島の問題ですね。奄美大島は一九五二年に日本に復帰しますが、食い詰めて、沖縄で米軍の軍港要員として奄美大島から吸収されています。しかし当時は琉球人ではないので外国人登録されるということがあるわけですが、その中にも被爆者はいるわけです。沖縄の被爆者のなかでも奄美大島出身の被爆者は更に忘れ去られているということを付け加えたいと思います。

コメント——

広島で航跡が交錯する

東琢磨

はじめに

高いところから失礼します。今日九時半からずっと聴いておりまして、時間というものを考えてしまいます。一日、労働をこれだけして、早く終わらないかなとか、そしてそれが全く記憶に残らないというようなことが日常の積み重ねだろうと思います。

今日、こちらに参りまして、受付で茶封筒をいただきました。開けていくと、なんだこれ？ というくらいいろんな資料が出て来て、コメントをしないといけないということで、順番に並べていくところから一日が始まりまして、午前の部を聞いていろいろここを聞きたいと思うところがあったりするんですが、午前の部の平井さんの総括コメントがあまりにすごくて、コメントというより解説という感じで、何か高雄きくえ研究から入っていて、こりゃどうしようと、隣にいるやはりコメンテーターの阿部さんと震撼としていたんですが、僕はおそらくそのようにはできませんが、やっていきたいと思います。

さっきご紹介いただきましたが、広島出身、高校卒業まで広島にいまして、その後東京に出ました。あいだに二年間広島に帰って来たことがあったんですが、結局ずっと東京で広島とはかかわりのない仕事をしてまいりました。途中からカリブ海やアメリカのなかのエスニックマイノリティの人たちの音楽を専門的に扱うようになって、もう随分前ですが、ジョージ・リプシッツさんと一緒に米山リサさんが東京にいらした際には、東京のストリート・カルチャーの道案内役のひとりを引き受けたりしたりとか。その時には、自分が広島について考える、それも広島に帰ってそんな仕事に取り組むとは考えてもおりませんでした。

一九九五年頃からか沖縄にも関わるようになり、新城さんや阿部さんと出会ったことも今日は思い出していました。二〇〇〇年過ぎたあたりからか、僕も新城さんやほかの沖縄の人たちのように、沖縄にいて沖縄のことを考えるように、広島にいて広島を考えることがいいかなと思ったりしつつ、二〇〇五年に帰ってきました。東京に長く住んでいましたので、広島には何も人間関係はなかったんですが、東京から広島に帰るときに東京の先輩たちに言われたのが、広島にはすごい人たちがいるから先ず挨拶しといたほうがいいよということでした。二人いまして、一人はカフェ・テアトロ・アビエルト（広島市安佐南区八木）の中山幸雄さんです。もう一人は高雄さんです。

昨年、参加することはできなかったんですが、アビエルトの中山さんのご友人で船本洲治さんという、一九七二年かな、沖縄の嘉手納Aゲート前で焼身決起をされた方がいまして、その方の生誕七〇周年祭というのがそのアビエルトであったんです。今日なんとなく持ってきたんですが、ジェンダー・フォーラムとそれとを単純に見ると、中山さんが企画されている船本洲治さんの会、決して批判的に言っているわけではないのですが、見事に登壇者が男性だけです。そして、こちらのフォーラムはほぼ女性。俺なんか自分でおばさんのようだと思っていますから。で、中山さんにこのパンフレットを見せたら、東さんは何でこんな女ばっかりのところに入るかね、いや僕もよくわからないんですけど、なんて話をしてきました。

一、アジアを南から把え直す

今回の発表のなかでも、「個人的なことは政治的なことである」という話が出てきましたが、僕は先ほどご紹介いただきましたように批評家と名乗っています。最近はあまり批評もしない批評家になってますが。では、何をやっているのかということですが、調査・研究というのは物を書くときにはやりますが、専門的な調査をアカデミズムでやっているわけではありません。ずっと旅に従ってその時その時に出会った人と時間が積み重なっていく、それを自らの生活の時空に持ち帰り記述していくという作業です。

僕の今年の動きを申し上げますと、夏前後は平和学会というところに関わらされまして、東北の震災の経験と広島の経験ということを一緒に考えてくれということで、関東や福島県の方々との企画で、宮城県にお住まいの方たちと東京と広島でセッションを行いました。そこでのひとつの大きなテーマは「復興」ということだったんですが、実は今回このフォーラムで全く出てこないのが「復興」です。「復興」という言葉がジェンダーを考える上で重要な問題になって来るのではないかと思います。高雄さんご自身が、「復興」とジェンダーについては、重要な指摘をおこなっておられまして、今回のフォーラムではぜひそこも展開していただきたかったのですが。[1]

もう一つ、ここの会場についてです。留学生会館という会場です。先ほど在日の方々についての報告がありました。実は僕の連れ合い、後でパフォーマンスをしますが広島の在日でして、僕自身関係があるところなんですが、留学生会館を考えるとき、あるいは広島とアジアを考えるとき、僕も見落としていたんですが、南方特別留学生という存在が広島の戦前にはありました。その留学生たちは興南寮に住んでいたのですが、この興南寮というのは、「南を興す」なんですね。南進政策の問題です。この南方特別留学生というのはいろんな意味合いがありまして、いろんな解釈があって、一つには人質とも言われていたんです。東南アジア各地の植民地化されているところの、イギリスやフランス、宗主国との関係があります。そこにかつ華僑が入りこんでいる。その下にそれぞれの土地の少数民族、主流民族がいて、それぞれ主流民族のエリート家族の人たちを広島に連れてくる。その人たちが被爆したり、被爆死したりしている。生きてその後の独立の時代に国を作っていたということがあります。そういうことを思い起こしました。植民地エリート一家の男性が、大東亜共栄圏の軍都＝学都に留学させられるわけですが、民族ごとジェンダー化されるという問題でもありますね。

今回のこの素晴らしいジェンダー・フォーラムを続けていく意味あるいは責務があるとすれば、「アジア」を南から捉え直すということもあるでしょう。この留学生会館の歴史的な意味、あるいは、現在もここに暮らしているだろうムスリムの女性たちとの関係性、そこにはたぶんムスリムのフェミニストたちもいるでしょう、そうしたものを構築していくことがあげられるだろうとも思います。[2]

もう一つは、連れ合いがパフォーマンスをすると言いましたが、この会場でも写真展などがありますね。その写真をしっかり見ていただきたいと思いますが、僕たちは漠然とした時間を過ごしたり、あるいは集中したりします。僕はこの夏、八戸に呼ばれまして、それは先ほど新城さんがふれられていました若い女性の写真家・笹岡啓子の作品を八戸に持って行くということでした。そこで、僕はさきの新城さんのような見方を彼女の写真にはしてきたんですが、主催者の方が面白いことをおっしゃっていたんですね。

彼女はクリティカルに資料館の内部を撮影しているんですが、たとえば展示のケースのガラスの反映なども使って写真を作っているんです。八戸ではずっとその展示会場で警備員の人が見続けているんです。その警備員さんが主催者の方に、広島のことって知ってるつもりだけど、こんなに長い時間見たことないよとおっしゃったと。これってとても面白い話だと思います。写真というのは時間が止まっているゆえにすごく対話ができるメディアなんですね。写真家の意図を超えて撮られているものが見られる。是非会場にある写真もゆっくり見て対話してお帰りください。

二、「ライフ」という視点

ではコメントに入ります。もうすでにしているつもりではありますが。

まず最初の梁さん、安さんの報告ですが、データと質的な研究がスリリングで、これに関して二つの質問というか提言をしたいなと思ったのは、在日であること、あるいは日本人であることもですが、実に多くの被爆者の方が沈黙のまま施設にいらっしゃるということです。これは僕自身が経験したことではなく、連れ合いが看護師をやっていますので在日の方々の施設にも行きますし、今は訪問看護師をやっていますのでいろんなところに行きますが、施設に、あるいは孤老の方々がこれまで沈黙のままに生きたたくさんの方がいます。移民から帰ってこられた方々もいます。そうした方々が今まで語ってこなかったのが認知症の果てに語りだすと。そういう人たちの語りを僕たちはどういうふうに受け止めればいいのか、その問題です。もう一つは、在日の人たちの施設の利用者が減っていると聞きます。これからどのような推移をたどるのか、そして在日の高齢女性たちが日本社会にどのように訴えかけていくのかということがありましたが、もちろん主体的に訴える必要もありますが、介護や医療の問題が専門的なブラックボックスに入れられないでどのように我々は介入していけるのか、生や死の問題を医療や介護の問題に任せないということです。

そういう意味においてですが、次の第二セッションのヴェールさんと木村さんの発表ですが、米山さんに触れられながら「その結果女への抑圧や差別が解消されるどころか、女が家父長制と消費資本主義の言語内において再接合された」とあります。ここがちょっと気になったポイントです。ここでは日常生活・命が同じものとしてまだ考えられている。ところが原発後に起きた事態というのは、皆さんご記憶の方もいらっしゃると思いますが、生活と命の分離というのが盛んに言われたということです。先ほど避難者の方がすばらしいアピールをしてくださって、自分たちの問題としてともにやっていかなければという思いを新たにしましたが、避難者のなかでもまさに「男が生活を担い女が命を担う」というジェンダー対立がつくられた。ところがこれは変な話なんですね。ここで日常生活・命というのがなぜ同じものかというと、どちらも英語でライフだからです。ではなぜ日本では生活と命が分離しうるのかということだと思います。これはおそらくその後の発表の木村さんの「命の危うさ」というところにつながっていくのではないかと思います。

もう一つ重要となるだろう指摘をしておきます。つながりとパフォーマンスということをヴェールさんは強調されていて、これは「デルタ・女の会」からですが、どのように分節し接合していくのか。常に我々が動いていかないとつながっていけないですよね。さっき当事者性という言葉がありましたが、なり得ない当事者に何とかなろうとする、そういう動きもあり得るんだろう、それが他者へ変わっていく、他者とつながっていく、それが動いていくということではないかと。僕が旅をしながらいろんな話をさせてもらってること、全く関係なくここにおいても自分が動いていなくても我々は動くことができます。そのことを常に考えていきたいなと思います。

三、見つけ出すということ

そして新城さんと村上さんの発表ですが、いくつか個人的に思い出すことがありまして、自分自身の著書にも書いているので、またその話かと思われると思いますが、僕のもともとの実家というのは袋町なんですね。広島のローカルな方はご存じだと思いますが、袋町小学校の隣にあったんです。そこで壊滅的な被害を受けた。病院をやっていまして、朝すでに勤めている人もいる、治療に来ている人もいる、結局何人亡くなったかわからないんですね。その被爆したお一人のなかに沖縄の与那国島から働きに来ておられた、今でいう看護師さん。ただ当時の看護師さんは今の階級でいうとかなり違いますのでどういう存在なのかはっきりわかりませんが、その看護師さんが似島に転送されるんです。またローカルな話になりますが、似島は広島港から四キロ、二〇分ほど行った島で、広島が軍都化されていく日清日露戦争時、広島に大本営が置かれ、テッサ・モーリス＝スズキさんの言い方によりますと「第一次朝鮮戦争」期の日本が富国強兵化していくときの軍の検疫所が置かれたところです。検疫所があるということで、道具があるだろうということでドンドン被爆者が送られて、そこで一万人くらい亡くなられたそうですが、今でも掘ればお骨が出てくるという島なんですね。似島に転送されて亡くなったんですが、うちの祖母との関係でその方の遺骨をずっと預かっていました。なぜずっと預かっていたか、それは沖縄が返還されなかったからです。当時与那国から引き取りに来ることはできなかったわけです。一九七二年、僕が小学二年の時、その方のお兄さんが引き取りに来られたことを鮮明に覚えています。

遊郭の話も出て、どういう風に語ればいいかと思うんですが、広島に帰ってきて、広島のことを書く、帰る前から書き始めてはいましたが、自分は広島に生まれて育っているんだから知っているだろう、高校までいろんな勉強もしてきたんだからと思いましたが、本当に知らないことばかりです。帰ってきていろんな方から連絡をいただいたときはご案内するようにしていますが、いろんな方といろんなふうに歩くことで街が見えてくるんですが、原爆・被爆ということと遊郭ということ、あるいは軍事都市ということですが、地図を視ながら思考するということが非常に有効です。広島の遊廓で、西と東はどっちがランクが上かというと西なんですが、平和公園から一本、橋を渡ると、よりランクの高い地域がずっと続くわけです。そこからもう一本、橋を渡ると舟入なんですが、舟入には名前を出していいか、羽田別荘というのがあります。大きな料亭ですが、残っているものの一つです。もちろん遊郭として残っているわけではないのですが、西に、川を渡ったすぐのところに韓国人被爆者の慰霊碑があったんですね。そこからすぐがそういう地域だったわけです。その韓国人の慰霊碑がなぜ公園の外、川の傍にあるのか。先ほど村上さんがふれておられましたが、そういうことがありました。

もう一つ、中沢啓治さんが出ましたが、そこからすぐが中沢さんが通っていた、マンガのなかでは神山国民学校だったかな、そういう名前で出ていますが、現在の神崎小学校です。神崎小学校近くに遊郭があって、そこに印象的に登場してくる人物、朝鮮人の朴さん、みなさんも覚えておられるでしょう。ところが『はだしのゲン』で、朴さんの周りにもっと朝鮮人が出てくるかと思ったら朴さんしか出てこない。ただ朴さんの像というのはすごく印象的で、すごくいい人として登場しますよね。すごくフェアであるゲンのお父さんを信頼して慕ってゲンたちを助ける。だけど、もう何も信用しない、お金しか信用しない「在日」の人として、しかしゲンを助けてくれる、そういう存在として出てきます。この朴さんの、被爆・敗戦前後の変化と不変な義と情のあり方の形象は非常に印象的です。おそらく典型でもあるでしょう。

村上さんの報告の中で、どのように調査をしていくのかということと同時に、どのように現在出ているものを深読みするかが重要だとおっしゃって、僕もその通りだと思います。と言いますのが、広島に帰ってきてヒロシマ平和映画祭に関わっていると、大量の映像を見るんです。いろんな人からいろんな話を伺います。いろんなところに埋まっている資料がそのままになっていることに改めて気づきます。いまそういうところに入り込んで資料探したり話を聴いたりするのがほとんど趣味みたいになっていますが、問題はどのように見直していくのか、どういう資料を整理して、提示しなおしていくのかということではなかろうかと思います。先日松山で「偽ベートーベン事件」について話したんですが、面白いのはあれはマスコミが作り出したものだということです。常に新たなネタを作っていく、広島でも同じですが、若い人が何か取り組んでませんか、ということです。

しかし僕たちができることは見つけ出すということ、見つけ出していく、再検証していくこと、そして現実的なつながりだけではなくて、広島と共有できる、分かち合える体験をどのようにつかみ、それを内側に取り込むことによって検証していくということです。

おわりに

これで最後にします。アルジェリアのアシア・ジェバールという作家と、スペインのバスクのキルメン・ウルベという作家を続けて読みました。(3) ジェバールのものは、フランスがアルジェリアに侵攻していくとき、その「歴史」をアルジェリア側から読み直していく。さらに独立戦争のなかで、女性たちはどうしていたかを聞き取り、さらにそこに創作を加えていくという、離れ業のような作品です。バスクのものは、スペイン市民戦争の時に、バスクの子どもたちが海外各地の里子のように疎開させられたという史実のなかで、それを受け入れたベルギーの独身男性に関しての記憶を構成しなおしていく話です。

それぞれに広島とも原爆とも関係はないのですが、しかし、当事者の話もありましたが、人の経験を同じくすることは不可能である前提の上で、何ができるのかを思考し尽くし感受し尽くしています。ヒロシマに関しても、不可能性の前に立ち尽くす倫理的な姿勢を前提としつつも、しかし、イメージしていく冒険にも挑むことが忘れられているのではないか、と。だからこそ僕たちはまずは知らねばならない、考えていかなければならない。語っていかなければならないということ。そうした実践を今からも皆さんと一緒に試行していければという思いを新たにしております。今日はありがとうございました。

追記

このコメント発表後、会場にいらした女性ふたりがそれぞれによってこられて、船本洲治のそれぞれ高校と大学の同級生であるとおっしゃった。今回のジェンダーフォーラムがさまざまな人びとの、さまざまな航跡のまじわる場としてあったことの証左ともいえるだろう。ここに記しておく。また、ジェンダーフォーラム終了後の年明けには、船本洲治の命日に『山谷　やられたらやりかえせ』上映を、ヒロシマ平和映画祭とアビエルトなどと協働で開催した。この作品は、インドネシア語化した「ロームシャ」の記事のアップで終わる。東南アジア各地での「ローームシャ」（労務者）の語りを冒頭に置いているという意味で以下を参照のこと。倉沢愛子『資源の戦争：「大東亜共栄圏」の人流・物流』岩波書店、二〇一二年。従軍慰安婦と労務者。広島からの、「ヒロシマ」をフィルターとしての記憶巡りは、「原爆」が「軍都」を隠蔽するものであってはならないはずだ。

註

（1）高雄、東らによる座談会「公園都市・広島」での「女性化される広島：都市の復興と女の顔の修復」を参照されたい。北島敬三・笹岡啓子編『photographers' gallery press no.12：爆心地の写真　一九五四－一九五二』photographers' gallery、二〇一四年、所収。

（2）南方特別留学生に関しては以下を参照。宇高雄志『南方特別留学生ラザクの「戦後」』南船北馬舎、二〇一二年。同書などにあたる前に書いたものだが、前掲座談会を受けての、東「顔と出会うこと」前掲（1）書所収、も参照されたい。現代ムスリム女性のフェミニズムについては、さしあたり以下を参照されたい。アイファ・オング『《アジア》、例外としての新自由主義』加藤敦典ほか訳、新評論、二〇一三年。オングはマレーシア・ペナン島出身の華人の女性人類学者。前掲、宇高の書で主人公となるラザクもまたペナン島出身者である。また、日本におけるチマチョゴリ切り裂きなどの出来事を、ヨーロッパにおけるムスリム女性の「ヴェール」問題と関係づけて思考するという動きもある。「ヴェール」問題については以下を参照。ジョーン・W・スコット『ヴェールの政治学』李孝徳訳、みすず書房、二〇一二年。また、この問題に関しての淵源のひとつである、女性抑圧をイスラムの文化とすることに関しての批判の書において、強制収容所をも生き延びた、民族学者ジェルメーヌ・ティヨンは、ある種の地中海特有の親族構造を指摘しているが、それは地中海地域だけではなく世界に偏在しているとし、その「爆心地」が東に至るのが「日本」であるとしているのも示唆的だ（残念ながら、一カ所でのまさに示唆的な記述のみだが）。ジェルメーヌ・ティヨン『イトコたちの共和国：地中海社会の親族構造と女性の抑圧』宮治美江子訳、みすず書房、二〇一二年、参照。

（3）アシア・ジェバール『愛、ファンタジア』石川清子訳、みすず書房、二〇一一年。キルメン・ウリベ『ムシェ　小さな英雄の物語』金子奈美訳、白水社、二〇一五年。また、「第三世界」、ムスリムのフェミニズムそのものではないが、パキスタン出身でアメリカで生活する女性からの早い時点での、「白人中産階級フェミニズム」への違和感の表明に関しては以下を参照。サラ・スレーリ『肉のない日』大島かおり訳、みすず書房、一九九二年。

第三章

つながるために　そのⅡ

パネル 6

パネル 7

核抑止論と性差別

高橋博子

はじめに

皆さん、おはようございます。私は広島市立大学広島平和研究所に所属し、この九月まで広島にいました。現在明治学院大学に所属していますが、名古屋に住んでいます。一三年間近く広島に住んでいましたが、広島に来る前から広島に関心を持って研究をしてまいりました。広島にいる間、また広島を去った後も、私にとって広島は大事な地であり続けます。そんな中で、このジェンダーフォーラムが開催されることはとても意義のあることだと思いますし、その場でこうしてお話しをする機会をいただき感謝しています。

私の今回のタイトルは、「核抑止論と性差別」を仮題として出しています。私自身、自分の研究において、フェミニズムやジェンダーに関心は持っていますし、日頃からそうした視点で研究をされている方に敬意を持っていますが、私は何しろ素人です。後で皆さんと議論したいと思います。

核抑止論とは、国際政治学者、軍事戦略家によりますと、「核兵器を持っている、それが脅しになってひいては相手に核兵器を使わせない。つまり脅しによって核戦争は起りにくくなる」というレトリックです。私は歴史研究をしておりますが、歴史的に振り返ってみると、本当にどうなんだろうかという疑問がどんどん湧いています。核抑止論が本当に有効だったとか、実際に機能したという前例がどうも見当らないわけです。もし核抑止論が効いていたとしたら、それは国際政治学者や軍事戦略家や政治家が言う抑止論ではなくて、広島や長崎で起こったような、核戦争が起きればこのようなことになるという、被爆者の方々をはじめとして現実を突き付けてきた方々の声こそが核兵器を使いにくくさせて来たのだと思います。よく核抑止論が現実論であるという人たちがいるわけなんですが、実際本当に広島や長崎で起こったことを見たら、核兵器を持つことそのものが危険だと思うのが人間の感情だと思います。私はこの現実論者と言われる人たちは、本当は現実を見ていない、だからこうしたレトリックを出しているんだと思います。それに対して本当の現実論者は誰なのかということですが、今日の参加者をはじめ、広島や長崎で本当に何が起こったのか、人間に何が起きたのかをしっかり見る人たちのことだと思います。ですから今日の私の話は、こうした核抑止論はおかしいと思っていらっしゃる方たちに向けているという前提でお話をします。

一、原爆投下後のアメリカ

広島・長崎の原爆投下の後、米国が何を語ったかというと、爆風・熱射・放射線のうち、爆風・熱射を強調しました。爆風・熱射も本当に凄まじいもので、アメリカ側が戦略爆撃調査団を送り、実際原爆がどういう被害をもたらしたのか調査を行うわけなんですが、日本側が撮った写真を含めてアメリカに持ちかえり、軍事資料として取り扱われているわけです。ところが広島・長崎で収集された写真のうち、医療現場の写真がたくさん入っていますし、爆風・熱射によってひどい状態になった人の写真をアメリカも持っているわけなんですが、アメリカ側が当初公開した写真というのは二種類ありまして、それはキノコ雲の写真、それも上空で写したキノコ雲の写真、さらにキノコ雲以外の写真として出したものは、広島・長崎の廃墟の写真なんですが、廃墟の中には人間が一人もいないという写真を選んで公開をしていました。そうした写真は一九四五年当時すぐに『ライフ』に公開されていて、アメリカの意図としてはキノコ雲という原爆の威力を表すものだったり、破壊力を示す廃墟などは積極的に公開したわけです。そして広島・長崎で被爆の研究、国益を担うということで調査をしていくわけですが、そうした中で被爆者にはいったい何が起こったのか、を示す写真はなかったわけです。一九四五年というのは少なくとも何が起きたのかはわかりませんでした。

ところが一九四六年七月一日と三〇日、マーシャル諸島のビキニ環礁で戦後初めて核実験が実施されます。一回目は空中爆発で、これは広島・長崎と同じように上空で爆発しました。規模も広島・長崎と同じような規模なんですが、二回目が水中爆発という爆発の仕方でした。アメリカはこうして太平洋上で核実験を実施するんですが、その時に核実験のことを大宣伝します。どういうふうに宣伝するかと言いますと、核実験に世界中の報道関係者、ジャーナリスト、アメリカの議会の要人を招待します。このころ広島・長崎で起きたことについての報告書が出来上がりつつある時期でしたが、戦略爆撃調査団医学部会の報告をマンハッタン計画責任者レスリー・グローブズ准将は実験以前には出してはいけないとしながら、原爆の威力を指し示す情報は積極的に公表しようとします。核実験に招待して実際に見せるのです。

写真1　ビキニ環礁での米核実験「クロスロード作戦」

写真1はビキニ環礁での米核実験「クロスロード作戦」の際の写真です。この時にビキニ環礁の住人が避難しています。この実験の時に黒い影がずっと見えていますが、これは第二次大戦の時に使われた軍艦です。アメリカが使用していた軍艦や呉で造られた戦艦長門も配置されております。つまり第二次大戦で使用された軍艦をこういうふうに配置して、爆心地からどの距離の、どの戦艦が具体的にどのような影響を受けるのか、そういう実験を行っていたわけです。一回目の時は戦艦はほとんど沈みませんでした。ところが二回目の水中爆発の時ですが、広島・長崎とはちょっと違うんですが、この時にたくさんの戦艦が海に沈められます。戦艦長門も沈められるわけです。

この実験にはアメリカ兵もたくさん参加しまして、スタッフォード・ウォレンという科学者も放射線安全対策の責任者として携わっていました。彼は広島・長崎の場合、空中高く爆発したから放射線の影響はたいしたことはないんだということを言ってのけた科学者なんですが、二週間に五〇〇〜六〇〇ミリシーベルトを浴びると放射線安全偵察隊に参加することはできないとしています。こういう安全対策を見ると、とうてい安全ではないものなんですが、実際沈められた戦艦を米兵が海に潜って撮影していた、その写真がアメリカの国立公文書館に保管されていて、私も見たことがあります。この様にどれだけ破壊力があるのかを宣伝し、写真もそのようなものを公開しているんですが、第二回目の水爆実験の時に放射能汚染がかなりひどくなったので、実験の前は宣伝しているんですが、実験後は放射能汚染を隠蔽しようとしています。こうして実験が行われて放射性汚染がひどかったために、その後は核実験についてはかなり慎重になっています。

二、核抑止論は誰も守らない

ところが一九四九年にソビエトが核実験をして、アメリカ国内で民間防衛計画が実施されるようになります。この時、実際に原爆が落とされた時にどうしたらいいのかという原爆対策が実施されます。しかし、一九五〇年代初期まで、広島・長崎でなにが起きたのかは公表されていません。

そのときにつくられたパンフレットの中には「すべての原爆の力は限られているので、原爆攻撃から生き残るチャンスはあなたが思うよりもはるかにあります。広島市では爆心地から一マイル（約一・六キロ）にいた人々のうち半分を超える人々がいまだに生きています。」「水中爆発は地上爆発以外は爆風や熱射ほどには怖れる必要はありません。」といったことが述べられています。広島・長崎で起こった現実を知らせない一方で、表現として可笑しいと思うんですが、「半分を超える人々が生きている」という、とんでもないことを書きいれたものが配布されていたわけです。しかも爆風・熱射によって被害を受けた人たちの現実を見せないで、「爆風さえ避ければ大丈夫」といったようなことも書かれています。あと、空中高く爆発したから放射線の影響は消えてなくなるなどと言っており、放射線の影響は無視されていました。

一九五四年三月一日のビキニ事件は皆さんご存知だと思いますが、一九五五年五月に行われたネバダ核実験場で、やはり民間人や報道陣を招いて民間防衛の必要性を訴えています。乗組員はもちろん、マーシャル諸島の人たちが

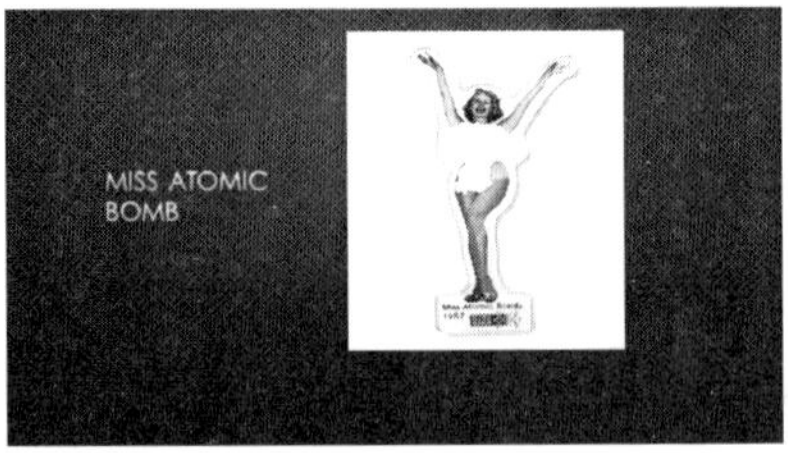

写真2　ミス・アトミックボムのマグネット

実際に被害を受けるわけなんですが、そういう現実は見せないわけです。

　現実を見せない代わりに何をやっていたかということです。昨日平井さんが長崎で「ミス長崎アトミックコンテスト」が一九四七年五月にあったことを紹介されていましたが、ラスベガス近郊にあるネバタ核実験場に行く核実験ツアーが実施されていまして、ラスベガスにはカジノがあり、さまざまなショーがあり、ショーガールがいる所ですが、二つの名物を合体させて「ミス・アトミックボム・コンテスト」というのが一九五〇年代に実施されます。一九五七年に選ばれたミスを表象して作られたのがこのマグネット（写真2）です。元々は写真なんですが、白くくりぬいてある部分はキノコ雲です。つまりこれはキノコ雲を身にまとったショーガールです。ラスベガスに原爆実験博物館というのがあるんですが、そこで今も八ドルで売られています。インターネットでも購入できます。威力は示し、マグネットを売るわけです。

　一方で、アイゼンハワー大統領が放射性降下物に対応した核シェルターの建設について検討する大統領諮問委員会ゲイサー委員会をつくって、実際核兵器が使われた時にどれくらいの被害を受けるかシミュレーションをするわけですが、その委員会が国家安全保障会議に報告書「核時代における抑止と生存」を出し、その中で、核シェルターをつくると二二五億ドルかかるという報告書を出します。それに対してアイゼンハワー大統領が「こうした見積もりを市民に出すには大きすぎる。公表しない」と言います。つまり嘘をつくというわけです。当時副大統領だったニクソンが「国家的存亡の観点から言えば、死傷者が三〇〇〇万人だろうと五〇〇〇万人だろうと違いはない。アメリカの安全は民間防衛ではなく核抑止による能動的防衛にかかっている」と述べます。つまり三〇〇〇万人、五〇〇〇万人でも同じだから、核抑止によって脅すべきだと言うのです。

　さらに一九五九年に、第三次世界大戦が勃発し、放射性高各部（死の灰）によって全人類が滅亡に向かうことを描いた映画『渚にて』が公開されるんですが、その公開に先だってアメリカの原子力委員会が想定問答集を用意します。米原子力委員会によると、核攻撃を受けた場合、三〇%が死傷するが民間防衛によって三%まで削減できる、などとしています。人々に対して嘘をつき続けるわけです。

核抑止論というのは誰をも守らないということが、アメリカの文書からも証明されています。核抑止論と今現在の安倍政権の抑止論はそっくりです。安倍政権は昨年二〇一四年七月一日「国の存立を全うし、国民を守るための切れ目のない安全保障法の整備」について閣議決定をしましたが、そこでは「閣議決定文、日本と密接な関係にある国が攻撃された場合、一　日本の存立が脅かされ、国民の生命、自由と幸福の追求権が根底から覆される明白な危険がある、二　日本の存立を全うし、国民を守るために他に適当な手段がない、三　必要最小限の実力行使にとどまる」——の三条件を満たせば、集団的自衛権は「憲法上許容されると考えるべきであると判断するに至った」と述べています。さらに日米安保と積極的平和主義に関して次のように述べてます。

さらに、我が国自身の防衛力を適切に整備、維持、運用し、同盟国である米国との相互協力を強化するとともに、域内外のパートナーとの信頼及び協力関係を深めることが重要である。特に我が国の安全及びアジア太平洋地域の平和と安定のために、日米安全保障体制の実効性を一層高め、日米同盟の抑止力を向上させることにより、武力紛争を未然に回避し、我が国の脅威が及ぶことを防止することが必要不可欠である。その上で、いかなる事態においても国民の命と平和な暮らしを断固として守り抜くとともに、国際協調主義に基づく「積極的平和主義」の下、国際社会の平和と安定にこれまで以上に積極的に貢献するためには、切れ目のない対応を可能とする国内法制を整備しなければならない。

ここでは日米安保の実効性と積極的平和主義というのを掲げています。脅しによって封じ込めるということです。

積極的平和主義という言葉ですが、私が所属する日本平和学会で共有しているのは「構造的暴力、差別をなくす」ということです。安倍政権はこれと全く逆の意味で使用しているわけです。脅しによって封じ込める、ハラスメントによって支配していくことにつながると言えます。

おわりに

安倍の言う積極的平和主義ではなく、ガルトゥングが言うような構造的暴力をはじめとして、あらゆるハラスメントの状態をなくすことがこれからのアジアとの関係において重要だと思います。こうしたジェンダー・フォーラム的積極的平和主義で抑止論を封じ込めるようにつながっていきましょう。

(本稿は、当日の発表を文字起こししたものです。)

原爆被害者の怒りを拓く

対米責任追及と「戦後日本」

直野章子

はじめに――誰が「過ち」を犯したのか

安らかに眠って下さい
過ちは　繰返しませぬから

あまりにも有名な「原爆死没者慰霊碑」（正式名称は広島平和都市記念碑、以下「原爆慰霊碑」）の碑文です。一九五二年八月六日に除幕された原爆慰霊碑に刻まれた言葉は、その後、多くの論争を生み出してきました。有名なのは、五二年一一月に広島を訪れたラダビノド・パル博士による批判に端を発した論争ですが、「過ち」の主体をめぐって意見が交わされました。[1] 原爆を投下したのは米国であって、広島の人びとを含む日本人が「過ち」を犯したのではないというパル博士の指摘は、政治的立場を超えて多くの人びとの共感を呼んできましたが、「平和」という理念を掲げる市民や団体、そして広島市当局は、碑文を擁護してきました。八三年には広島市が碑文の傍に「碑文はすべての人びとが　原爆犠牲者の冥福を祈り　戦争という過ちを再び繰り返さないことを誓う言葉である　過去の悲しみに耐え　憎しみを乗り越えて　全人類の共存と繁栄を願い　真の世界平和の実現を祈念するヒロシマの心がここに刻まれている」という説明文を設置することで、論争の収束が図られました。他方、碑文の修正を求めた個人や団体――七〇年代以降「原爆慰霊碑をただす会」など民族主義的な団体や活動家が中心でした――は、米国の原爆投下を非難しながらも、その責任を追及する行動を起こしたかというと、そうではありません。碑文の修正を求めた側も碑文を擁護した側も、原爆被害を引き起こした主体――「過ち」の主体――を追及することで死者を慰めようとはしなかったのです。

「碑文論争」において「過ち」が何であったのか、その主体は誰だったのかが議論されはしたのですが、死をもたらしたものの責任を追及する声が大きなうねりとなることはありませんでした。数十万もの非戦闘員をターゲットとした核兵器による戦略爆撃が、非人道的な行為であるのは疑いようがありません。この非人道行為によって殺された死者たちに向かって「安らかに眠ってください」と慰霊の言葉をかけながら、殺戮行為が裁かれていないことに矛盾を感じないのでしょうか。「私は感じる」という人はいるでしょう。実際に少なくないでしょう。しかし問題は、米国の行為の非人道性を認識し、指摘する人が少なくないにもかかわらず、原爆にかかわる日本の言説空間からは「平和の実現を祈念する」「憎しみを乗り越えて」といった「平和」と「和解」を説く声しか聞こえてこないということにあるのです。米国に対する怒りや怨みの感情が表現され、米国の責任を問う声が発されてきたにもかかわらず、それがほとんど聞こえてこなかったのはなぜなのか、それを問う必要があるのです。この問いを追究するには綿密な歴史的および理論的な研究が求められますが、本格的な研究を始動させるためのたたき台として、本稿ではいくつかの試論を提示することを目指したいと思います。

一、「米国への怒りの封印」という語り

被爆者には米国に対する怒りが欠けている、という批判があります。自分がこれほどの被害を受けたのであれば米国に怒りをぶつけて責任を追及するのに被爆者にはそれができていない、と高みから見下す態度が見え隠れしますが、こうした物言いは「進歩的知識人」や「革新的な活動家」から聞かれることが多いように思われます。中沢啓治さんが『はだしのゲン』や回顧録で米国への怒りをストレートに表現したことは広く知られていますし、上野英信さんの「アメリカ人をひとり残らず殺してしまいたい」という言葉を知る人は少なくないですが、彼らは例外として位置づけられているのでしょう。

占領期に刊行された原爆体験記集である『天よりの大いなる声』(四九年)、『原爆体験記』(五〇年)、『長崎』(四

九年）を収録した図書を解説するなかで、文芸批評家の小田切秀雄さんは「原爆をおとした国、つまり加害者側への怒りは書かれていない、というのがこの時期の諸記録の特色の一つ」であると指摘します。[2] その原因について小田切さんは追及していませんが、同じ時期に書かれた他の作品がＧＨＱの検閲の対象となったことに触れており、「怒り」の欠如が検閲体制によるものであることを示唆しています。

堀場清子さんなどが明らかにしているように、占領期には原爆体験を表現した文学作品や放射線障害に関する報道などは検閲の対象となっており、原爆を語る言葉は制限されていました。ただし、原爆被害に関する言論が完全に封殺されていたわけではありません。占領期に五三四編もの原爆手記が出版されていたことが宇吹暁さんの労作によって明らかにされています。[3] 米国が明確な意図をもって原爆被害の言論を検閲し、その非人道性を隠蔽しようとしたことは間違いないでしょう。しかし、「米占領軍によって原爆報道は禁止された」「米国の検閲によって原爆被害の非人道性が隠蔽された」という見解が繰り返されることで、日本が「米国の被害者」という位置に置かれることになり、戦後を形作って来た日米間の共犯関係が加害と被害の関係に置き換えられてしまうことになるのです。これは本稿にとって重要な点ですが、酒井直樹さんの論考を手掛かりにしながら後述することにします。

最近では、加藤典洋さんが『戦後入門』のなかで「なぜ、原爆投下への批判がないのか」という問いを立てています。[4] 大田洋子、栗原貞子、原民喜、永井隆による占領期の作品に触れた後、手塚千鶴子さんという研究者の論考を引用しながら、「被爆者達が怒りをあらわにすること」は少なく、とりわけ、彼らの「体験記や報告、語りに、原爆を投下した米国や米国人への怒りが出てこない」という「沈黙」の傾向があると指摘します。被爆者の「沈黙」が「検閲の力だけによるものではなかったこと」は、被爆者が「占領が終わった後も依然、同じ対応に終始し」たことからも、跡づけられ」るそうです。[5] そうした「沈黙」や「無力感」の「最終的な現れ」が「原爆死没者慰霊碑」の碑文だと加藤さんは位置づけますが、「けっしてうらまない」という言葉の陰に隠れた「米国を批判できない」という無力感、あるいは「米国を批判すべきだ」という抵抗の意思の放棄は「ＧＨＱの求める完全鉄則」であるところの「米国批判をしない、過去をふりかえらない」という占領体制下の方針によるものであると論じています[6]。米国の対日占領政策が被爆者をはじめとする日本人に内面化された結果、対米批判がなくなっていると示唆しており、加藤さんが批判的に言及する江藤淳さんとどれほど違うのだろうかと首をかしげたくなります。最終的には、現在に至るまで原爆被害者の「沈黙」と「無力」が続いている、その最大の原因を「原爆投下を、否定しない、という合意の上に成り立っている」と加藤さんが診断する「国際社会の戦後秩序」に求めているのですが、そこでも米国の覇権が大きな影響力を持つことになりますから、やはり、対米批判の欠如は戦勝国である米国の力によるものであるという結論になるのだと思われます[7]。

米国の力による覇権に対抗するためには、「普遍的」な「ことば」を持つことが肝要であることを何度も加藤さんは主張しています。だからこそ、日本の加害責任にも向き合わなければならないそうですが（この主張については、後で批判的に言及します。）、「『憎しみ』や『うらみ』をもってではなく、自由と民主主義の原理を信じ、平和を希求するがゆえに、自国の犯した犯罪の責任とともに米国の原爆投下の責任を論じる、批判する」という加藤さんが提案する論理でもって、すでに多くの原爆被害者は世界に向けて語りかけ、運動を展開してきました[8]。それにもかかわらず、原爆投下という米国の行為はいまだに裁かれていないのです。それどころか「唯一の被爆国」を自称する日本国家も社会も米国の責任を追及してはこなかったのです[9]。

加藤さんは、原爆をめぐる言論の理不尽さを指摘するうえで、いかにも原爆被害者の側に立っているかのごとく語りますが、実際に原爆被害者が発してきた声に耳を傾けようとする努力に欠けており、結果的に原爆被害者の声を封殺していることになります。問われるべきは、被爆者が「なぜ『沈黙』したのか」ではなく、「なぜ、被爆者の批判はなかったことにされたのか」なのです。

二、原爆被害者による米国批判

小田切さんや加藤さんをはじめとする多くの論者により、アメリカに対する被爆者からの批判の欠如が指摘されてきましたが、米国に対する批判、怒り、憎しみ、恨みは表現されてきました。時代を追っていくつかの事例を見ていきたいと思います。

原爆投下直後

原爆投下直後は、まだ交戦中でしたから、敵国による攻撃に対して被害を受けた人びとは怒りや憎しみの念を抱き、報復を誓ったことが後の原爆体験記には記録されています。相生橋で被爆して瀕死の状態にあった米兵捕虜が殴られていたという話は有名ですが、原爆投下直後に報復が行われていたのです。

降伏後・占領開始時

ポツダム宣言を受諾した八月一四日以降、九月一九日のプレスコード発令までの間には、米国の原爆投下を非難する声が新聞紙上でも報道されています。作家の大田洋子さんの寄稿文が八月三〇日（大阪本社版は三一日）に載りましたが、そこで大田さんは明確に米国を非難しています。

　廣島市が一瞬の間にかき消え燃えただれて無に落ちた時から私は好戦的になった。かならずしも好きではなかった戦争を、六日のあの日から、どうしても続けなくてはならないと思った。やめてはならぬと思った。

〔中略〕新兵器の残忍性を否定することは出来ない。だが私は精神は兵器によって焼き払う術もないと思った。あの爆弾は戦争を早く止めたい故に、使った側の恥辱である。〔中略〕廣島市の被害は結果的に深く大きいけれど、もしその情景が醜悪だったならば、それは相手方の醜悪さである。廣島市は醜悪ではなかった。むしろ犠牲者の美しさで、戦争の終局を飾ったものと思いたい。[10]

他にも、『朝日新聞』の九月七日付紙面には「生存者の憎悪の眼　米人記者のみた廣島」という見出しで、広島の人びとの米国人に対する憎悪を取り上げた記事が載っています。

占領期I（プレスコード下）

一九四五年九月一九日にマッカーサー指令でプレスコードが発令された後は、原爆に関する批判的言論を刊行物に見つけることは極めて困難です。ただし、原爆投下に対する批判が一切なかったかというと、そうではありません。同盟通信社から四五年に刊行された『原子爆弾』は、原爆投下に至る過程を米国側の主張に基づいて解説したものですが、著者の武井武夫さんが、その割り切れない思いを吐露しています。

これは確かに良心の問題であり、無辜の民衆の大量虐殺には如何としても心の中に承服し兼ねるものがあるのは誰しも同じではないだろうか。原子爆弾が戦争の集結を早め多数の人命を救ったのは事実かもしれない。確かに多くの将兵が捨てるべき生命が助かったにちがいあるまい。しかしながら、世界戦史上、非戦闘員の死傷は極めて少く、今次大戦の如く戦略爆撃による人命喪失が甚だしかった中でも、一発の爆弾により数十万の死傷を生ずるという例は勿論他にあるべくもない。例えば、これは、喧嘩している二人の人間の一方を敗北せしめるために、その妻子を傍らで責めさいなむのと少しも変らない。戦争である以上これは論ずべきではないかもしれないが、原子爆弾が戦場に使用されずして本土の都市に使用されたという事実には、全世界の人が何か割り切れないものを感じるのではなかろうか。

奥歯にものが挟まったような言い方ではありますが、占領下にある報道人が公に書く文章としては、これが精一杯だったのかもしれません。

原爆に遭った作家たちの作品や体験記が検閲を受けたことは広く知られていますが、被害者による作品のなかで、プレスコードをすり抜けたものがあります。四六年の夏に出された『泉　第一集：みたまの前に捧ぐる』という追悼文集です。被爆当時、広島県立広島第一中学校（一中）の三五学級（三年五組）に在籍していた生徒と、被爆の夏まで同じ工場で勤労奉仕に従事した広島県立広島第一高等女学校（県女）の生徒らが文章を寄せたものです。[11]被爆翌年の八月という最も早い時期に発行された貴重な原爆体験記集であり、動員学徒追悼記としても、遺族ではなく生徒たちの手でつくられたという点で、異例のものといえますが、ガリ版刷りの追悼記集は百部ほど印刷されて関係者に配られただけで、広く流通することはなかったそうです。[12]だから、占領軍の検閲の手を逃れることができたのでしょう。そこには「呪わしい原子爆弾」「にくい原子爆弾」という言葉とともに、原爆によって変わり果ててしまった一中学徒の姿や遺言が記録されています。

疎開作業から殆ど裸で帰って来た一中の生徒を見た時の驚き、きりっと引き締まったあの逞しい、りりしい様は失せて、火傷のために余りにも変わり果てた姿に呆然として手の施し様も知りませんでした。（中西妙子）

「君の仇は必ず討つぞ」と誓いつつその後を追って散りいかれた。〔中略〕あの原子爆弾の為に、私達の目指していた目的も希望も何もかもめちゃくちゃにこわされてしまいました。そして〝必ず勝つ〟と信じて逝かれた人々の心を裏切って八月十五日遂に戦は終ってしまったのでした。（山之内昭子）

当事まだ一〇代半ばという若さが筆者たちにして率直な思いを書かせたのかもしれません。しかし、そこにも米国を非難したり、天皇を頂点とする国家責任者たちに対する恨みをあらわにした言葉はありません。「〝必ず勝つ〟と信じて逝かれた人々の心を裏切っ」て日本が敗北を認めことに山之内さんは言及していますが、天皇をはじめ、一億玉砕だと教え込んだ教師など、戦争を主導し、もしくは加担した全ての大人たちが死者を裏切って敗戦を受け容れ、戦後も生き延びたことと向き合ってはいません。彼女自身も裏切られたのであり、友を裏切ることを余儀なくさせられたわけですが、その責任の所在を追及することもありません。それどころか、学徒を裏切った国民国家を「平和国家」として建設することで死者を慰めようとしているのです。詳しくは別稿を参照いただきたいと思いますが、原爆死者追悼記で死者への裏切りと正面から向き合ったものは、皆無に等しいのです。[13] 子どもを含む帝国臣民を「天皇の赤子」として死と殺戮に追いやった責任を追及してこなかった戦後日本の原型をここにみることができますが、対米責任追及の欠如という本稿の問題と切り離すことのできない問題点だといえます。この点は、後でみていくことにしましょう。

被害に関する記述という点では、数は少ないものの、四六年以降、比較的詳細な惨状描写を含む体験記が刊行されています。たとえば『月刊中国』（四六年）、『広島原子爆弾の手記・絶後の記録』（四八年）などです。詳細な被害描写それ自体が「占領軍に対して不信、又は怨恨を招く」ものとして検閲の対象となったケースも少なくありませんが、検閲の手を経た後であっても原爆被害の酷さを伝えるに十分な記述が公にされていました。『改造』（四九年八月号）には大田洋子さんの体験記が掲載されていますが、放射線による挽発性の被害にも明確に言及しており、原爆の非人道性を告発したものといえます。

原子爆弾の被害の特質は、その当日の恐怖よりも、その後に来るものの方が深くて怖ろしいのです。そのとき生き残っても、いつ死ぬかも知れないという、まるでガンに犯された者のような、それよりももっと未知の、新しい驚がくと恐怖の世界に投げこまれることの悲惨さです。

占領期Ⅱ（プレスコード終了後）

プレスコードが終了した一九四九年一〇月末以降、とりわけ五〇年から五一年にかけては、後に「正典」となる体験記が数多く刊行されています。たとえば、『原爆体験記』（五〇年）、『原爆の子』（五一年）が挙げられるでしょう。体験記の多くは、原爆直後の被害の惨状を事細かに描写しており、原爆被害を示す記録として後年広く参照されることになりますが、同時に、「平和への願い」を表現したテクストとしても受容されていくことになります。[14]なかでも、五〇年に広島平和協会から発行された『原爆体験記』は、代表的な原爆体験記集として位置づけられるようになります。

五〇年五月下旬に広島市が「世界初の原爆の洗礼をうけた市民の貴重な体験を生かして世界平和運動に寄与するため」と呼びかけて体験記を募集すると、ひと月半ほどで一六五編が集まりました。[15]その一部が同年八月に『原爆体験記』として刊行されます。[16]一五〇〇部を印刷して国会と全国の県や市に寄贈する予定でしたが、朝鮮戦争勃発後の政治状況を踏まえ、関係者だけに配られたといいます。[17]六五年四月には『原爆体験記』がＧＨＱにより発刊禁止処分となっていたと『中国新聞』で報じられて波紋を呼びましたが、[18]そうした事実はなく、広島市職員の記憶違いだったと推測されます。[19]米軍による発刊禁止という神話を広める役割を担ったのが、六五年に朝日新聞社から発行された『原爆体験記』ですが、大江健三郎さんの解説の効果もあり、代表的な原爆体験記として版を重ね、いくつものアンソロジーに再録されることになります。朝日新聞社版における編集については第六節で触れることにします。

占領期の原爆に関する言論統制の代表的事例として語られることの多い『原爆体験記』ですが、体験記の原本が広島市公文書館に保存されているので、刊行されたバージョンと比較することができます。ここでは、米国への批判という点で見逃すことのできない一つの事例をみていきたいと思います。

不島勝文さんの体験記には被爆してから目にした惨状が描写されていますが、女学生らが「顔や手や背中や乳のあたりがずるりとむげて醜い姿」のまま水を求める様子を描いた後、次のように当時を振り返っています。

私は涙がこみ上げ「畜生ッこのヤンキー」と怒りが後から後から湧き上がってくるのだった。「俺達は何を悪いことをしたんだ」と強く胸に呼び返して見て現実をみて涙が出て仕方がなかった。

敵国の攻撃による惨状を目の当たりにしたわけですから、米国に怒りをぶつけるのは当然のことでしょう。しかし、広島市が体験記を刊行するにあたっては、これが「『俺達は何を悪いことをしたんだ』と強く胸に呼び返してみて現実を見て涙が出て仕方がなかった」と書き換えられました。「私は涙がこみ上げ『畜生ッこのヤンキー』と怒りが後から後から湧き上がってくるのだった」の部分が省略されているのです。さらに、「本当にあの瞬間は『ヤンキーの野郎』で一杯だった」という一文も削除されています。原文にある米国への怒りが広島市の刊行物ではすべて削除されたのですから、明らかに改ざん行為です。米占領軍に配慮した自己検閲の一例といえるでしょう。プレスコードが解除されていたにもかかわらず、このように自己検閲が行われたのは、当時の政治状況によるものが大きいといえます。

四九年ごろから東西冷戦が深まるなかで、五〇年六月下旬には朝鮮戦争が勃発し、日本政府は米軍への協力を決めました。八月には警察予備隊が創設され、翌年九月には「単独講和」となるサンフランシスコ講和条約とともに日米安保条約に調印しています。こうした政治状況の展開を受け、再び戦争が起きるのではないかという危機感だけでなく、原爆を使った世界戦争に発展するのではないかという不安感が高まり、ストックホルム・アピール署名運動や日教組による「教え子を戦場に送るな」運動などの平和運動に火がついたことはよく知られています。しかし、レッドパージが吹き荒れ、急進的な平和運動は共産主義と結びつけられて弾圧の対象となりました。広島でも、ノーモア・ヒロシマズ運動が広がりを見せ始めていましたが、体制批判的な平和運動は、共産主義の脅威と結び付けられて弾圧の対象となったのです。とりわけ、五〇年には、レッドパージの渦の中、占領軍と警察との決定を受けて平和祭が中止されることになり、八月六日を「反省と祈りの日」として過ごすよう通達されました。広島市平和擁護委員会や広島青年祖国戦線準備会といった急進的な平和運動体が準備していた集会は、「反占領軍的」「反日本的」というレッテルを張られ、そこに参加しないよう求めるビラが広島市警察本部によってまかれました[20]。翌五一年は原爆死者の七回忌でしたが、広島市警と広島市公安委員会は、平和擁護委員会などが予定していた平和大会を禁止し、「平和祭は認めるが、これは同日を市民の厳守な祈りとする建前であって、平和運動の美名にかくれて反占領軍的あるいは反日本的行動は断じて許されぬ」との談話を発表しました[21]。このような状況下で『原爆体験記』は刊行されたのです。「体験を生かして世界平和運動に寄与する」と広島市は体験記を募集しましたが、その当時、「平和」という概念がどのように機能したかをみることができます[22]。

サンフランシスコ講和条約発効後

一九五二年四月にサンフランシスコ講和条約が発効し、本土の占領を解かれた日本国家は、脱植民地化の衝撃を受けることもないまま国際社会に「復帰」しました。米占領下から解放されたということもあり、五二年の夏にはマスメディアが大々的に原爆被害を取り上げました。写真週刊誌『アサヒグラフ』(八月六日号)は、黒焦げの遺体や負傷者の姿など、原爆投下直後に撮った生々しい写真を掲載しましたが、五〇万部が発売後まもなく売り切れ、最終的には七〇万部を売り上げました。[23] 同じく八月に『記録写真 原爆の長崎』や『広島』（岩波写真文庫）が刊行されて、こちらもベストセラーとなりました。これらの刊行物を通して、それまで原爆被害について知る術を持たなかった日本の人びとが被害の甚大さを知るようになったのです。こうした下地があったからこそ、五四年に「第五福竜丸事件」が起きたとき、広島と長崎の被害が想起されたのでしょう。宇吹さんが指摘するように、福竜丸事件以前においても、原爆をナショナルな枠組みで捉える言論は、ある程度の広がりを持っていたのですが[24]、たとえば『アサヒグラフ』は「日本人は不幸にして世界史上、最初の原爆の犠牲者となった」と振り返り、『原爆の長崎』も「世界で原爆の洗礼をうけた唯一の国民であるわれわれ」という認識のもとに、原爆の被害を伝えようとしました。全国紙のコラムや社説、『婦人公論』や『婦人画報』『改造』といった雑誌においても同様の語りがみられます。

原爆被害を日本の被害と捉える視点は目新しいものではありませんが、原爆をナショナルな枠組みで捉える言論のなかで米国の原爆投下を明確に批判したかといえば、そうではありません。しかし、当時は日本各地に米軍基地が置かれ、騒音や米兵の犯罪に地域住民が苦しめられており、各地で反米軍基地闘争が拡がりつつあった時期でもありました。五四年には「第五福竜丸事件」が起こり、原水爆禁止運動に火が付きましたが、そこに反米感情が作用していたことをみることは難しくありません。当初米国は加害者として責任を認めるどころか福竜丸の乗組員たちをスパイ呼ばわりしていたのですから、反米感情が湧き上がるのは無理からぬことでしょう。

政治的立場にかかわらず広く日本社会の構成員が参加した原水禁署名運動それ自体は、けっして反米運動といえるものではありませんでしたが、五五年に発足した原水爆禁止日本協議会（日本原水協）は、五九年には社会党や総評など一二団体とともに日米安保条約改定阻止国民会議を結成し、反安保改正運動の担い手の一つとなりました。同年、自民党をはじめとする保守陣営が日本原水協を脱退して、別の原水爆禁止運動体を組織します。

原水禁運動が反米感情を基盤としていたわけではなかったのですが、五〇年代半ばから末にかけて展開した反基地闘争、原水禁運動、反安保闘争は日本社会における反米感情の広がりとして米国当局には危機感を持って捉えられました。特に、原水禁運動に対しては、CIAのエージェント・正力松太郎（コードネーム＝ポダム）を中心に原子力の「平和利用」推進キャンペーンを展開することで世論操作を行おうとしたことからも、反共主義を掲げる米国の対アジア戦略においてそれが脅威として認識されたことは間違いありません。(25)

原水禁運動は日本統治上の厄介ごととして米国側からは受け止められましたが、原爆を生き残った者にとっては、それまでの苦しみを聞き届けてもらう社会的な場が初めて拓かれたことを意味しました。原水爆禁止の世論に勇気を得た原爆の生き残りたちは、自らを組織して、原爆被害を明らかにしながら、被害に対する責任を追及し、償いを要求するようになります。生き残りたちは運動を通して「被爆者＝原爆被害者」として主体化していくことになるのです。第一回原水爆禁止世界大会が開かれた五五年の翌年には日本原水爆被害者団体協議会（日本被団協）を結成し、原水爆禁止とともに「原水爆被害者援護法」および「原水爆被害者健康管理制度」の制定を当面の主な目標として掲げ、日本国家に対して被害の補償を要求しました。原爆被害は「国の責任において遂行した戦争による」被害であり「全く個人の責任範囲外の被害」であるからです。被団協結成当初の要求においては、国家を戦争遂行主体として捉え、国民を戦争に動員して被害を蒙らせた責任を問うていますが、そこで前提とされているのは、国民を保護し、その福祉に配慮する主体としての国家像です。

被団協は、戦争遂行主体としての日本国家の責任を要求の根拠としながらも、米国に対する償いの要求を運動方針として掲げてはいませんでした。ただし、米国に対する批判や責任追及の試みがなかったわけではありません。「原爆被害者の会」（五一年結成）は被爆者運動の先駆的な組織ですが、五二年には米国の原子爆弾傷害調査委員会（ABCC）への協力拒否を決議し、五三年には「原爆被害者の唯一の自主的団体である原爆被害者の会として提訴をおこす」と決議して、米国の原爆投下責任を法的に追及するために広島弁護士会に協力を依頼しています。(26)

この時期の体験記や文学作品、手記などにも対米批判の声が残されています。たとえば、大田洋子さんは「夕凪の街と人と」という作品のなかで原爆によって盲目になった男性にこう語らせています。

ニューヨーク、ワシントン、モスクワに、なんでもかまわず原爆が落ちて六百七〇万人の人間が、焼けただれて見ればよいと思っていますね。死んだんじゃあいけない。焼けただれたまま、五年なり一〇年なり、どんな工合か、生きていればいいでしょう。そうすればはじめて永久に戦争がなくなりますよ（『群像』五十四年一一月号）

他にも、次のような声が記録されています。

たまたま、アメリカの飛行機が落ちて死傷者が出たというニュースがありました。それを聴いた澄江は、「い丶気味」と一言もらしました。子供のこと故、なぜ戦争が始ったか、なぜ原子爆弾が広島に落されたのかは判らないのでしょうが、原子爆弾の為にこんなに苦しみ、その原子爆弾はアメリカが落したという動機がこんな言葉を吐かしたのだと思います。（行廣房子『文芸春秋』五四年四月号）

大体、勝たんが為には手段を選ばぬ米国のやったことが、将して国際法上ゆるさるべきであろうか。私の親戚には、戦犯として、現地で死刑になった人が（最高指揮官の故）居る。何れが重罪か疑われる。無辜の国民を殺傷したことは、原爆の方が大であるだろう。口には、何とか言っても、恐らくこの恨みは日本人としては、忘れられない。この汚点は、永く歴史に残るであろう。将来、記録を見るごとに爆弾を落された国民より、落した国民が、むしろ苦しむだろう。しかも、それが、キリスト教信者に依ってなされたとは、実に皮肉だ。（杉本寿雄『原爆と母たち』五五年）

どんなに残酷で、どんなにムゴイ結果を引き起す爆弾であるかを、よくよく承知の上で落して行ったのです。それが、口に平和を唱え、神の使徒と広言する国のしたことであり、人命の尊さを、何よりも重んずる国の行為だったのです。（副島まち子『あの日から今もなお』五六年）

原爆を落した罪悪、それは絶対につぐなえぬ人類最大のあやまちとして永久に残り無数の尊い犠牲者のために、けつして忘れ去ることができません。（渡辺千恵子『婦人画報』五七年八月号）

加藤典洋さんのいう「『米国を批判できない』という無力感」や「『米国を批判すべきだ』という抵抗の意思の放棄」ではなく、米国の残虐な行いに対する鋭い批判が展開されています。それは、「政治の時代」から「経済の時代」に移行した後になっても続いていくことになるのです。

高度経済成長期以降

先に触れた対米訴訟は「原爆裁判」として一九五五年四月、東京地方裁判所に提訴されることになります。当初は米国を相手取って原爆投下の法的責任を問うことが目指されたのですが、サンフランシスコ講和条約によって日本国が交戦国に対する損害賠償請求権を放棄してしまったことにより、法理論上、米国の法的責任追及が困難であったということ、米国内で弁護士の協力や市民の支援を得ることが出来なかったことなどから、損害賠償請求権を放棄した日本政府を相手に裁判を起こすことになったのです。しかし、六三年に下された判決は米国の行為を批判した画期的なものでした。日本政府に対する損害賠償請求は却下されて原告の敗訴となりましたが、米国による原爆投下が国際法に違反する行為であると認められたのです。さらに「戦争災害に対しては当然に結果責任に基づく国家補償の問題が生ずるであろう」「〔被告である日本政府が〕十分な救済策を執るべきであることは、多言を要しないであろう」と政府に対策を迫った判決は国会でも取り上げられ、「原子爆弾被爆者に対する特別措置に関する法律」の制定（六八年）の後押しをすることになりました。

被爆者運動のなかでも、原爆被害への償いを日本政府に求める法的根拠として対米損害賠償請求権の放棄が挙げられていました。しかし、米国に対して法的に責任を追及することがほぼ不可能であったとしても、政治的、道義的に責任を追及する道が閉ざされたわけではありませんし、被害者が責任追及を放棄していたわけでもありません。日本被団協の運動における対米責任追及が鮮明になるのは「原爆被害者の基本要求――ふたたび被爆者をつくらないために」（八四年一一月、以下「基本要求」）においてです。ふたたび被爆者を作らないために、核兵器廃絶と原爆被害者援護法の制定を求めていますが、日本政府に加え、米国をはじめとする核保有国に対する要求を掲げています。特に、アメリカに対しては原爆投下国としての責任を果たすよう求めています。

被爆者は、アメリカ政府に要求します。一、広島・長崎への原爆投下が人道に反し、国際法に違反することを認め、被爆者に謝罪すること。その証しとして、まず自国の核兵器をすて、核兵器廃絶へ主導的な役割を果たすこと。〔中略〕何よりも「ふたたび被爆者をつくらない」との被爆者の願いにこたえることこそ、アメリカが人類史上において犯した罪をつぐなう唯一の道なのです。

「基本要求」は、全国の被爆者団体を通して行った調査を基に、何度も議論を重ねて練り上げられたものですが、その原案づくりに奔走した吉田一人さんによると、米国に対する要求に関しては「原爆を落とすのは人間のすることじゃない。人間ではない相手に要求しても仕方がない」という声さえあったといいます。人間の国として認めることが出来ないほど、米国に対する怒りは根が深いということです。先にも副島さんと渡辺さんの言葉を引用しましたが、彼女たちのように、後に被爆者運動の中心を担っていく人たちも、米国への恨みや憎しみの感情を抱いたことを率直に表現しています。

米国が毒ガス以上の、大量殺戮兵器原爆を使用したことは、国際法に違反した行為だから、吉田首相がサンフランシスコ条約で賠償を放棄したが、被爆者としては、米国に賠償を要求する権利がある。もしそれができねば、原爆がどんな悲惨事か、一発米国へ落してやりたいと、怨み骨髄に徹していた。（下江武介『原爆体験記録』八四年）

下江武介さんは原爆を「一発落してやりたい」と思うほどにまで米国に対して憎しみを募らせたわけですが、被爆者運動を通して「ふたたび被爆者を作らない」ことを自らの使命とする「被爆者＝原爆被害者」となり、海外にまで飛び回って証言活動に取り組むようになっていきます。

積極的に被爆者運動に参加しなかった生き残りたちも、辛い記憶と向き合って証言を残していくことになりますが、とりわけ早い時期から体験を書き残してきたのが、動員学徒の遺族たちでした。そこには、仇討ちを懇願して死にゆく学徒の姿がありますが、六〇年代末から七〇年代にかけて書かれた追悼記にも、そうした学徒の遺言が記録されています。

「憎いアメリカ、イギリス、この仇は必らず自分たちがとりますから」と繰り返し、繰り返し、この事ばかり通りかかりの憲兵や消防団の人に真黒く焼けた手をついてひざまづき、頼んでいたとの事です。（久保正彦の母・久保綾子『ゆうかり』七四年）

「アメリカがにくい。私はだめだけれど、どうしてもカタキを打って……。」と〔瀕死の友は〕いっていた。私は「必ず」といって約束した。（花田艶子『炎のなかに』六九年）

五〇年代と違って、六〇年代末から七〇年代以降の動員学徒追悼記には、花田さんのような元動員学徒の生き残りが手記を寄せています。同級生の多くが原爆に斃れるなかで、生き残ってしまったことに後ろめたさを覚えて語ることができなかった元学徒たちが、それまでの沈黙を破って語り始めたのです[27]。そのなかにも級友の最期の言葉を書き留めたものがありますが、死にゆく友に「必ず」仇を討つと約束した花田さんが敗戦後をどう生きたのか、それを知る手掛かりを彼女の手記から見つけることはできません。

他にも、我が子を原爆に奪われた山本孝子さんは「戦争で戦っている者はいざ知らず、銃後の国民をこんな惨めな殺し方をするとは、アメリカが恨めしい」（山本勇樹の母・山本孝子『原爆追悼記』七三年）と米国に対する率直な思いを綴っています。

朝鮮人被害者

対米責任を考える際に見逃すことができないのが、朝鮮人原爆被害者の声です。朝鮮人が広島と長崎において米国が投下した原爆の被害を受けることになったのは何故なのかを問うていくと、日本による朝鮮半島の植民地支配に行きつかざるを得ません。ですから、朝鮮人被爆者による体験記の多くは、なぜ広島や長崎で被爆するに至ったのかという歴史的背景、つまり、日帝植民地支配について言及することで始まっています。そして、日本人被爆者の体験記が被爆直前から始まって、被爆直後の惨状へと筆を進める傾向が強いのに対して、朝鮮人被爆者の体験記は、日本人の植民地支配者としての横暴ぶりや被支配者として受けた差別や暴力などを詳細に記述し、戦後の差別と偏見に言及するものが多数を占めています。さらに、日本政府に対して補償を求めたり、援護において差別的な扱いをやめるよう要請するものも多くみられます。被爆者を援護する法制度には国籍条項がないにもかかわらず、在日朝鮮人や在外に居住する被害者たちは、差別的な扱いを受けてきました。こうした「戦後」の差別は「戦前」に行われた植民地暴力に対する反省のなさを示しており、朝鮮人被害者が日本に対する怒りや償いの要求を強める大きな要因となっています。

少し古いものですが、原爆被害の責任の所在に関する意識調査の結果を紹介します。「韓国の原爆被害者を救援する市民の会」がソウル地区と慶尚北道地区で一九七八年から七九年にかけて行った実態調査では、原爆被害への責任が日本政府にあると答えた人が三七％（ソウル）と六〇％（慶北）、日本政府と米国政府の両方にあると答えた人が六〇％（ソウル）と一九％（慶北）でした。[28] また、「広島県朝鮮人被爆者協議会」が七八年に広島市内に居住する朝鮮人被爆者二〇八人を対象とした調査でも、「被爆の責任」は日本にあると答えたものが八〇％を占めました。[29]

原爆を落としたアメリカより日本が憎い。自分らを日本に引っ張ってきたのはアメリカではない。自分たちは日本国民として“お国のために”と言われ働かされた。アメリカにやられたのではなく日本にやられたのです。（厳粉連『見捨てられた在韓被爆者』七〇年）

私は原爆を落としたアメリカよりも、私たちをバカにしている日本政府のほうが憎らしい。原爆をうけたときは、私たちも日本人だったのです。私自身も当時はそう考えていた。それをいまになって、私たちを区別するのは人道にはずれている行為です。（朴且点『潮』七二年七月号）

厳粉連さんは、米国よりも日本の責任の方が重いと断じていますが、調査結果からも原爆被害の責任が日本政府にあると答えた朝鮮人被害者が多いことがわかります。同時に、米国政府にも責任があると答えている人が少なないことも調査結果から伺うことができます。「広島県朝鮮人被爆者協議会」の会長を務めた李実根さんは、日本の植民地責任を問い続けてきましたが、米国の原爆投下についても「極悪非道な犯罪」であると糾弾してきました。(30)

他にも、朝鮮人被爆者の手記の中には、数は少ないですが、米国に対する怒りを表現したり責任を追及したりするものもあります。

わたしも、神様会う前に、アメリカ恨んだです。殺したいぐらい呪うたです。（宋年順『朝鮮・ヒロシマ・半日本人』七三年）

アメリカ人見たらアメリカ人が原爆落としたからこうなった思うて、もう憎くて憎くてたまらなかったですよ。（韓広順『もうひとつの被爆碑』八五年）

三七年にもなるのに、まだ原爆をつくりよるていうでしょう。もう戦争はやめてほしいですよ。上の人らは人間を虫けらのように思うとるでしょうけど、アメリカ人見たら憎たらしくてね。（金命今『被爆朝鮮・韓国人の証言』八二年）

私から従妹や父を、私の目と娘の人生を奪った原爆がにくい。それをつぐなおうとしないアメリカと日本の指導者を許せないのです。（金貞順『被爆朝鮮・韓国人の証言』八二年）

私は日本の教育をうけたので日本がなつかしい。全体的な責任はアメリカにあると思うが、半分は日本に

も責任がある。時代の流れで仕方のないことだが、責任をとってもらいたい。（鄭正五『イルボンサラムへ』八六年）

以上のように、枚挙に暇がないほど多くの対米批判の記録が残されています。これらの声を紹介したのは、米国への恨みや怒りが表現されてきたという歴史的事実を示したいという理由からだけではありません。加藤さんの主張にみられるように、これらが存在しなかったことにされているのは何故なのか、それがどういう意味を持つのかを考えたいからなのです。

三、「戦後日本」の言説構造――日米関係と「体制翼賛型少数者」

原爆被害者による対米批判が存在しなかったことにされるのは、米国の原爆投下を批判したり、その責任を追及したりする声が社会運動として実を結ばなかったからなのでしょうか。たしかに、日本被団協を中心とする被爆者運動においても、対米責任追及が主要な位置を占めたことはありません。しかし、上で見たように、対米批判が存在しなかったわけでは全くありません。米国に対する責任追及が大きなうねりとならなかったのは、米国の行為を批判する声がなかったからではなく、批判する声をなかったことにする――そうした声を聞こえなくする――言説上の作用によるものであると理解してみてはどうでしょうか。そうすることで、なぜ「唯一の被爆国」において対米責任追及運動が社会的な基盤を持ち得なかったのかを明らかにする一助ともなるでしょう。それは「戦後日本」という認識を検討の俎上に載せることを求めることになります。

米山リサさんは、戦後日本が「アメリカの支配する冷戦秩序における『模範的マイノリティ国家』」であると指摘したうえで、「否定的な対米感情を喚起するかもしれない過去の語りが抑圧されつづける」と、言説の働きによって対米批判が封じ込められてきたことを示唆します。さらに、原爆投下に関しては、「〔それが〕人道に対する罪であったのではないかという主張は、もっとも用心深く閉じ込められたもののひとつだろう」と推測しています。[31]意図を含意する「用心深く」という言葉を使っていることから、必ずしも「言説としての仕組み」について論じているだけではないのかもしれませんが、原爆投下という米国の行為を批判する言論が「戦後日本」においてどのような言説作用にさらされてきたのか、その理解を助けてくれます。[32]米山さんの議論をさらに洗練した形で提示したのが酒井直樹さんの戦後日本における言説の機制に関する考察ですが、それは後で詳しくみることにします。

酒井さんの議論を検討する前に、日米首脳の発話において日米戦争がどのように語られているかを概観するという回り道をしたいと思います。なぜなら、ここに「戦後日本」を規定する言説の作用をみることができるからです。

かつての敵同士が最強の同盟国として関係を再構築した「和解」の事例として日米関係を捉えるという立場は、日米両国において公的《オフィシャル》に共有されているようです。二〇一五年九月二日の"VJ Day"七〇年を記念して、バラク・オバマ大統領は戦争終結後の日米関係を「和解のモデル」("a model of the power of reconciliation")であると称えました。ケリー国務長官も、米日は「民主主義、人権、法の支配へのコミットメントを共有」していると評しました。しかし、彼らの言葉を字義通り受け取ることは当然ながらできません。「自由主義と資本主義」という反共イデオロギーに忠実な「同盟国」として、米国が与えた役割を戦後日本国家は立派に果たしてきたと承認する発話として捉えるべきでしょう。"VJ Day"というのは「日本に勝利した日」という意味で、戦勝国と敗戦国という米日の不均衡な関係性の出発点を公的に想起する記念日ですから、「和解」や「共有」という言葉を文字通り受け止めることはできないのです。

「同盟国」や「和解」という言葉が覆い隠す力関係は、二〇〇二年秋に米政府がイラク占領政策を練る上で「成功例」として日本占領を持ち出したことに端的に現れています。酒井さんが指摘するように、「巧くやれば、露骨な植民地主義によらなくても、自分たちの国家の直接統治領土の外にある地域にもより有効な支配の体制を作ることができる」ということを示す格好の事例として「日本占領」は持ち出されたのであって、けっして民主主義等「西洋」の価値を共有する「同盟国」として認めているわけではないのです。[33]衛星国として日本を再建するにあたっては、天皇という格好の傀儡が存在したことが米国にとって好都合であったことを、後の駐日大使となるハーバードの研究者・エドウィン・ライシャワーが早くも日米開戦の翌年に指摘していましたが、天皇裕仁を免責すると同時に国家の象徴として据え置くことで、米国は日本を「同盟国」に仕立て上げることに成功したのです。[34]その過程においては、天皇をはじめとする日本の支配層による積極的な協力があったのは言うまでもありません。しかし、敗戦後から時を経るにしたがって、米日支配層の共犯関係は忘れられてしまい、近年に至るまで「戦後日本」の集合的記憶を規定してきたのです。そこでは、あたかも日米が歴史的な「和解」を遂げて「対等なパートナー」となったという理解が浸透することになりましたが、そこに米山さんのいう「模範的マイノリティ国家」の在り方を体現したエリートが輩出することになったのです。

次に「模範的マイノリティ国家」としての典型的な振る舞いを幾つかみていくことにしましょう。一つ目は、安倍晋三首相が二〇一五年春に米国連邦議会上下両院合同会議において披露した演説「希望の同盟へ」です。かつての敵国が「和解」して同盟国となったことを高らかに謳いながら敗戦直後の米国市民による（ミルクや羊の）援助に謝意を示し、「戦後世界の平和と安全は、アメリカのリーダーシップなくして、ありえませんでした」と米国を持ち上げます。同時に、祖父・岸信介の「米国と組」むという選択が「日本を成長させ、繁栄させ」たと評しています。日米同盟こそが戦後日本の「平和と繁栄」の基盤を作ったというのですが、占領者に謝意を示すなかで、米国の対アジア戦略を抱き込むことで政治エリートとして延命を図った祖父の功績を讃え、祖父の意思を継ぐ安倍さん自身を正当化するナルシスティックな発話となっています。さらに、今後も米国の覇権に組み込まれるという選択肢以外に「道はな」く、米国の「リバランス」戦略を「徹頭徹尾支持」し、自衛隊と米軍を「切れ目のない」協力関係に置くために安保法制を数ヵ月のうちに整えることを誓うのです。少なくとも形式上は独立国家であり民主国家である日本国の総理大臣が米国の主権者の代表たちを前に、日本の世論の大半が反対する法案を近々「必ず成立させる」と誓うのですから、あなたは一体どこを向いているのかと問い質したくなります。しかし、被占領地の統治委託者《コロニアルエリート》が宗主国に対して忠誠を誓う発話として読み直してみると、なるほど理にかなっているのです。

もう一つ――これも安倍首相によるものですが――日米関係を象徴する一連のやり取りをみてみましょう。第一次安倍政権下の二〇〇七年春、首相就任後初の米国訪問の際、安倍首相はブッシュ大統領に対して「申し訳ない」と謝罪しました。「慰安婦問題」について「強制性を裏付ける証拠がない」とした安部首相の「失言」に対しては、米議会で日本に公式な謝罪を求める決議が採択され、米主要メディアが批判的な論説を載せるなど、日本政府として憂慮すべき事態に発展していました。安倍首相は渡米に際して「対応」を迫られたわけですが、発言によって傷を深められた当事者である女性たちに対してではなく、米大統領（しかも白人男性）に対して謝罪するのですから、反省する意思がないことを公言しているにも等しいといえます。しかし、ブッシュ大統領は「私は首相の謝罪を受け入れる」と応じたそうですから、慰安婦にされた女性たちの人権回復は米国側にとっても本来の関心事ではないことを露呈させています。[35] 当事者を置き去りにした日米首脳のやり取りは、武藤一羊さんが「日中関係も日韓関係も、戦後日本にとっては、日米関係だったのである」と喝破した日米の関係性を象徴するものであるといえます。[36]

二つの事例は安倍首相が関わったものですが、それを彼の政治的信条や心性の問題としてのみ批判していたのでは、問題の核心を取り逃がしてしまうことになるでしょう。そこには、酒井さんが「体制翼賛型少数者《モデル・マイノリティ》」と名付けた、戦後の日米関係の構造を見事に体現する自己の在り方が示されているからです。酒井さんによると、「体制翼賛型少数者」とは、劣位に置かれた自らの位置を、社会構造上のものとしてではなく、能力や資格の欠如によるものと誤認して、体制迎合的な努力によって劣位を克服しようと「多数者《マジョリティ》」による認知を求める人たちを指します。[37]「体制翼賛型少数者」にみられる心性は、被植民者に一般的にみられる精神構造であり、権力関係の結果であると酒井さんは指摘していますが、これは「戦後」の日米関係を考えるうえで、決定的に重要な点です。[38] 政治的、イデオロギー的な立ち位置を越えて日本の政治エリートや知識人の多くが「体制翼賛型少数者」として振る舞ってしまうのは、米日関係が宗主国と植民地の関係として成立しているにもかかわらず、それを否認しているからなのです。そこでは、「戦後日本」の起点を形作った、太平洋をまたがるヘゲモニー――酒井さんは「戦後天皇制の言説」と呼びます――が作用しています(39)。

「戦後日本」を形作る言説が原爆投下に関する対米責任追及の欠如という本論の主題とどのように関係しているかを考えるために、もう一つ「体制翼賛型少数者」の事例をみてみることにしましょう。オバマ米大統領が「核兵器を使用した唯一の核保有国として、行動する道義的責任」に言及した「プラハ演説」(二〇〇九年四月)は、アメリカ研究者や政治学者を含め、日本国内では高い評価を得ましたが、世界的にも評価されたようで、同年秋には現役の政治家であるオバマ大統領がノーベル平和賞を受賞するという異例の事態となりました。たしかに、原爆投下正当化論を公式見解とする米国の大統領が、広島と長崎に対して原爆攻撃をした唯一の核保有国として、その道義的責任を認めたことは画期的です。ただし、同じスピーチの中で、米国の核抑止力を当面保持することも明言されており、この点についてオバマ大統領を讃えた多くの評論は触れていません。

被爆者や被爆地住民のなかで「プラハ演説」を歓迎する人も少なくなかったようですが、なかでも広島の秋葉忠利市長(当時)は最も熱烈にオバマ大統領の演説を支持した一人でした。あまりにも感激したのでしょうか、秋葉さんは公的資金を投入して「オバマジョリティー・キャンペーン」なるものを展開することにしたのです。

「オバマ」と「マジョリティ」を合わせて「オバマジョリティー」としたのは、オバマ上院議員の大統領選キャンペーンにおいてですが、秋葉市長が広島市のキャンペーンに借用したようです。キャンペーンを開始した直後の「平和宣言」において、秋葉市長は「オバマ大統領を支持し、核兵器廃絶のために活動する責任があります」と断言し、「核兵器のない世界実現のため渾身の力を振り絞ること」を誓いながら、最後に英語で「世界に呼び掛け」ています。

We have the power. We have the responsibility. And we are the Obamajority.
Together, we can abolish nuclear weapons. Yes, we can.

最後にオバマ氏の決まり文句「Yes, we can」で締めくくるところが、自己陶酔的で目を覆いたくなるものがありますが、原爆死者の「御霊」を前に誓う言葉としては、あまりにも軽率で侮辱的でさえあると思います。オバマ大統領を支持することで「過ちは繰返しませぬ」と誓っているつもりなのでしょうか。「仇を取って」と言い残してその短い人生を閉じた動員学徒たちは、被害者に謝罪することもなく核兵器を保持し続ける原爆投下国の最高責任者を称賛してすり寄る「被爆都市」の責任者の姿を前にして、安らかに眠れるでしょうか。

「オバマジョリティー・キャンペーン」に関して住民監査請求した市民に対して、広島市はオバマ大統領のスピーチを「核兵器のない世界を創るために逃してはならない絶好の機会」として捉えたと主張しますが、オバマ大統領は「核兵器使用や自国の論理による戦争論を公言」しているのです[40]。監査請求した市民たちは怒りを込めて広島市と市長の姿勢を質しています。

他でもない米国の原爆投下により壊滅的な被害を被った被爆都市広島市は、米国に対して国際法違反の大量虐殺・原爆投下の責任を追及する立場にある。それにもかかわらず、米国の責任を不問にし、または、免責して、米国大統領を全面的に支持し、称揚するがごとき行為は、被爆者をはじめ多くの広島市民のとても許せることではない。

核兵器を非人道的な絶対悪として捉えるというのであれば、唯一の核兵器使用国である米国の大統領を持ち上げるよりも、日本被団協の「基本要求」のように、その投下責任を問い、謝罪を求め、償いとしての核兵器廃絶を要求するべきではないでしょうか。しかし、秋葉市長は、過去の「過ち」に対して謝罪を求めるのは後ろ向きであり、あくまでも未来志向であるべきだと考えているようです。

被爆者は原爆のもたらした痛みや悲嘆を乗り越え、視野を自分たち以外の人々に広げました。復讐や敵対の道を否定し、「他の誰にもこんな思いをさせてはならない」と決意したのです。〔中略〕つまり、一度陥ったら終わることがないかもしれない「憎しみと暴力、報復の連鎖」を自ら断ち、「和解」への道を切り拓いたのです。[41]

二〇〇二年の平和宣言では「人類共通の明るい未来を創るために、どんなに小さくても良いから協力を始めることが『和解』の意味」であるとしたうえで、「『和解』の心は過去を『裁く』ことにはありません。人類の過ちを素直に受け止め、その過ちを繰り返さずに、未来を創ることにあります。そのためにも、誠実に過去の事実を知り理解することが大切です」と続けています。「過ちを繰り返さずに、未来を創る」ためには「誠実に過去の事実を知り理解すること」が肝要であるとしながらも「過去を『裁く』」ことには否定的なのです。人道に反する罪であっても、「和解」のためには裁くべきではないというのです。加害と被害が入り組んでおり、しかも敵対した者同士が同じ社会のなかで共存しなければならないという状況下であれば、過去を裁くことでかえって憎悪が深まり、暴力の連鎖を引き起こす可能性があるかもしれません。しかし、憎しみを断ち切るためにこそ、過去の真相究明とともに「裁く」ことが求められるのです。その過程なくしては、被害者が泣き寝入りを強いられかねず、未来に禍根を残すことになるでしょう。米国の原爆投下や無差別爆撃を「裁く」ことがなかったからこそ、世界中で米軍による非人道的な空爆が繰り返されているのではないでしょうか。しかし、秋葉市長の唱える「和解」は、被害者に耐え抜くことを求めるのです。

市長就任後初めての平和宣言において秋葉市長は「多くの被爆者が世界のために残した足跡」への敬意を示しながら被爆者を讃えました。

復讐や敵対という人類滅亡につながる道ではなく、国家としての日本の過ちのみならず、戦争の過ちを一身に背負って未来を見据え、人類全体の公正と信義に依拠する道を選んだのです。

報復の連鎖を断ち切り、「戦争の過ちを一身に背負って未来を見据え」た被爆者こそが「原爆死没者慰霊碑に刻まれ日本国憲法に凝縮された「新しい」世界の考え方」を示しているというのです。原爆被害だけでなく「国家としての日本の過ち」まで一身に背負わされたのでは、被爆者も堪ったものではありませんが、ここに表現された思考様式こそが、米山さんが「核の普遍主義」として抽出したものなのです。[42]「核兵器廃絶」や「平和」といった「普遍的」価値を掲げながら核暴力が行使された過去を不問に付すことで、暴力をもたらした権力構造の再生産を助ける「普遍主義」です。（原爆慰霊碑の碑文を擁護する広島市の説明文にその典型がみられます。）秋葉元市長の意図とは別に（おそらく、善意でもって被爆者の「和解の精神」を唱えているでしょうから）、その言説効果を考察の俎上に載せなければならないのは、こうした発話こそが「広島」を「体制翼賛型少数者」たらしめているからなのです。[43]

「オバマジョリティー・キャンペーン」それ自体は秋葉さんが音頭をとって始めたことかもしれませんが、広島の市民や平和運動関係者、マスメディアも、オバマ大統領に大きな期待を寄せたことは「体制翼賛型少数者」としての広島を考えるうえで重要な点です。二〇〇九年初めにはオバマ大統領を広島に招聘するさまざまな活動が展開されましたが、中高生らが「オバマ大統領に招待状を書こう」と呼びかけると、中国新聞社の助けもあってか、三三五通もの「招待状」が集まったといいます。[44] オバマ大統領招へいの動きは、一九四九年、トルーマン大統領に「世界平和」を請願する署名運動に十万筆以上が集まったことを思い起こさせます。それにしても、なぜ「被爆の実相を理解」してもらうために、「オバマさん来てください」と広島がラブコールを送らなければならないのでしょうか。[45]（そもそも、「被爆の実相を理解」するためには広島市に行く必要があるという思考それ自体に問題がありますが、ここでは追究しないことにします。）

オバマ大統領招聘活動に関しては、別の展開がありましたが、それも米日関係を考えるうえで興味深いものです。米大統領の広島訪問は謝罪行為として受け止められる可能性があり「時期尚早」であると、二〇〇九年八月に日本の外務事務次官が米国側に進言していたのです。この一件は二〇一一年九月にウィキリークスによって暴露されたために、私たちが知るところとなりました。「進言」の当時は日米間の核密約について取りざたされていた時期と重なることから、米国の核の傘による安全保障体制を堅持するための配慮であるとも読み取れます。

「来てください」も「来ないでください」も米国に向けられていますが、発話の相反する内容とは裏腹に、そこに共通点をみないわけにはいきません。広島の良心的な市民や秋葉市長と日本の外務官僚とを同一視するつもりはありません。しかし、米国にすり寄ることで好意的な反応を引き出そうとする被植民者的な「求愛の所作」として共通性がないでしょうか。安部首相の発話に最も典型的に表現されていますが、求愛する対象との非対称的な関係性（片思い）を求愛という行為によって再生産するという意味において「体制翼賛型少数者」であるといえるのです。（ちなみに、安倍首相のおじいさんである岸信介さんや昭和天皇は「体制翼賛型少数者」ではありません。この点は酒井さんが注意を促していますが、彼らは敗戦国の支配者として、戦勝国である米国の覇権下でいかにして生き延びるかを計算しながら米国との共犯関係を築いたのであって、米国に従属しながらも対等な主権国家の成員として振る舞う「体制翼賛型少数者」とはわけが違うのです。広島市のエリートたちも敗戦直後は復興のための国家予算獲得の手段として米占領軍に対して「平和」カードを切ったわけですから、米国の良心を信じる秋葉元市長たちとは違うといえるでしょう。一言でいうならば、敗戦直後のエリートたちは米国に「片思い」はしていなかったのです。）

四、原爆批判と被爆ナショナリズムの歴史的変容

原爆を投下した加害国である米国に対して核兵器廃絶を主導するよう請願するという「体制翼賛型少数者」的な振る舞いは、敗戦直後には見られないものでした。当時の支配者たちは、もっと計算高かったわけです。

一九四五年八月一四日、日本政府は連合国に対してポツダム宣言受諾を認め、帝国臣民に対しては翌十五日に天皇裕仁による「終戦の詔勅」で戦争終結が伝えられました。天皇の肉声を通した終戦（敗戦ではない）の宣言においては、原爆による被害の甚大さを戦争終結の要因として挙げています。「敵ハ新ニ残虐ナル爆弾ヲ使用シテ頻ニ無辜ヲ殺傷シ」とあるように、原爆を投下した米国を非難し、自らの戦争責任を棚上げにしながら臣民に敗戦を受け容れさせようとしたのです。しかし、占領開始以降、天皇裕仁が米国に対して原爆投下を非難することはありませんでした。それどころか、沖縄を差し出すなどして、米国にすり寄りながら自己保身に走ったことは、周知のとおりです。

原爆投下に関して態度を豹変させたのは、昭和天皇だけではありません。長崎に原爆が投下された翌日、日本政府はスイス政府を通じて米国に抗議しました。そこでは米国による原爆攻撃を国際法違反の残虐な行為として明確に批判しています。

米国が今回使用したる本件爆弾は、その性能の無差別かつ惨虐性において従来かゝる性能を有するが故に使用を禁止せられをる毒ガスその他の兵器を遥かに凌駕しをれり、米国は国際法および人道の根本原則を無視して、すでに広範囲にわたり帝国の諸都市に対して無差別爆撃を実施し来り多数の老幼婦女子を殺傷し神社仏閣学校病院一般民衆などを倒壊または焼失せしめたり。

而していまや新奇にして、かつ従来のいかなる兵器、投射物にも比し得ざる無差別性惨虐性を有する本件

爆弾を使用せるは人類文化に対する新たなる罪悪なり。帝国政府はここに自からの名において、かつまた全人類および文明の名において米国政府を糾弾すると共に即時か丶る非人道的兵器の使用を放棄すべきことを厳重に要求す。

しかし、「原爆裁判」の答弁書では「交戦国として抗議をするという立場を離れてこれを客観的に眺めると、原子兵器の使用が国際法上なお未だ違法であると断定されていないことに鑑み、にわかにこれを違法と断定はできないとの見解に達し」たと主張を一八〇度変えています。

発話主体である日本国家が残虐行為を行っていたという歴史的な文脈を切り離して抗議文の内容だけをみたならば、戦時中の日本政府の主張の方が普遍性を持つ筋の通った訴えであるといえます。帝国政府としての抗議であることから、形式上は植民地出身者も含む帝国臣民すべての被害に言及していることになりますから、その訴えはより普遍性を持つことになり、米国の非人道性を際立たせることができます。この点は「億兆の赤子」を守るためにポツダム宣言を受諾したという「終戦の詔勅」にも該当するでしょう。しかし、植民地を持つ多民族国家としての過去が加速度的に忘却される敗戦後の日本において、原爆被害は「日本国民」であり「日本民族」である「日本人」の被害として記憶されることになります。

日本政府の原爆投下批判は、ポツダム宣言受諾からプレスコード発令までの数週間の間、継続されていました。海外における批判も取り上げるなどして「原爆批判キャンペーン」を展開したのです。[46] そこには日本の戦争犯罪に対する訴追をなるべく軽減しようとする目論見がありました。米国との交渉材料として原爆被害の非人道性を挙げているのです。そのあからさまな例として、AP通信記者の質問に対する東久邇宮成彦首相（当時）の応答が挙げられます。「米国民よ、どうか真珠湾を忘れて下さらないか、われわれ日本人も原子爆弾による惨害を忘れよう」と米国民に対して呼びかけたのです。[47] 真珠湾の被害と原爆の被害を交換することによって両者を等価に置くわけですが、穿った見方をするならば、日米による二つの攻撃をともに国際法違反行為として認識したうえで取引を呼びかけており、開戦にかかわる追及をかわそうという意図が見え隠れします。

米国は戦勝国であり日本は敗戦国であるという不均衡な関係性において取引を成立させるためには、日本側がかなり戦略的でなければなりません。だからこそ原爆の「非人道性」を強調したのです。「非人道性」という概念は普遍性を持ちうるものであるがゆえに、「自由と民主主義」という大義を守るために勇敢に闘い抜いたと自己画定する米国の正当性が揺らぐことになります。だからこそ、米国は原爆批判を危険なものとして受け止め、プレスコードを通して厳しい検閲の対象としたのです。加藤典洋さんも近著のなかで触れているように、原爆使用を批判する鳩山一郎さんの談話を掲載した『朝日新聞』が四五年九月八日に発禁処分となっていることからも、米国側がいかに日本の原爆批判に神経を使っていたかがうかがえます。

米占領軍による原爆批判の封印は、日本の支配層にとって交渉の手段を失うことを意味するもので、抗うべきものであったはずです。しかし、それは彼らにとっても有利に働くことになりました。なぜなら、それは批判の矛先が彼らに向かうことを防いだからです。原爆被害の直接的な加害者は言うまでもなく米国国家です。同時に、そもそも原爆投下による攻撃を受けるという状況をもたらした責任はどこにあるのかを問うたならば、日本国家も責任を負うべき主体であることになります。

原爆が投下される何ヶ月も前に、日本は既に敗戦が避けられない状況に置かれていました。国体護持のために「あと一撃」にこだわった結果、戦闘を長引かせて、沖縄戦、帝国各地の空襲、原爆などによる甚大な被害を招くことになったのです。「あと数日早く戦争が終わっていれば」という、悔やんでも悔やみきれない思いが多くの原爆被害者の手記には記されていますが、もっと早くに敗戦を受け入れていたならば原爆が投下される事態には至らなかったのです。原爆被害をもたらした直接の責任は米国国家にあるとしても、戦争を開始し、遂行し、終戦を引き伸ばして原爆被害を招いた責任は、日本国家、端的に言えば天皇裕仁にあるわけです。つまり、原爆被害の責任を追及していくと、日本の戦争責任を問わざるをえなくなるのです。そこに植民地支配責任も含まれることは、被害者全体の五%から一〇%といわれるほど多くの朝鮮人が被害を受けたことから必然となります。

加藤さんの議論に欠けているのはこの視点です。『敗戦後論』においては、大岡昇平さんの『俘虜記』を引用して、日本人の戦死は全て「身から出た錆」であり、原爆死者もその例外ではないと指摘します。たしかに死と殺戮へと動員された者は多かれ少なかれみな戦争に対する責任を免れ得ませんが、当時の日本国家の主権者は天皇であり、みな天皇の名の下に戦争に協力し、殺し、死んでいったのですから、最大の責任者が天皇裕仁であることは疑いようがありません。この点を加藤さんは否定しないでしょうが、戦後憲法を「押し付けた」米国こそが天皇を免責し、天皇も積極的に米国に取り込まれることを選択したという点については語っていません。「ねじれ」の有無以前に、大日本帝国の臣民たちを死と殺戮へと動員した最高責任者が免罪されたのですから、臣民たちが戦争責任を引き受ける主体たることはできないのです。つまり、「裕仁の戦争責任を追及せずに戦前日本国家全体の責任を明確にすることは不可能であった」と武藤一羊さんが指摘する通りなのです。[48]さらに、敗戦後日本において原爆で殺された者を「無辜の死者」と最初に位置付けたのは「護憲派」ではなく天皇であったこと、敗戦後に天皇は原爆による死を「平和国家」再生のための犠牲として位置づけることで、それが国体護持のための犠牲であったことを隠蔽したということにも加藤さんは触れていません。[49]

近著の『戦後入門』では、「原爆投下の責任を論ずる」うえで日本の「加害責任」を「引き受ける」ことは不可避であると加藤さんは強調しますが、両者が結びつくのは「等価の行為」としてだそうです。

同じ価値観の共有の宣揚として、相手の非を批判することと相手から批判される非に誠実に応え、謝罪することとが、等価の行為を意味するのです。その条件をみたすあり方は、現在の国際秩序の価値観に立つ批判のうちにしか見出せません。あなた方の価値観に、あなた方の行為は、道義に反し、法に反する。そういう行為が、ここでもあなた方を「われわれ」にし、ではお前の罪はどうなるのだ、という問いを不可避的に、呼び寄せるのです。(50)

加藤さんの論理でいうと、相手の責任を問うためには自らの非を認めないと説得力を持たないことになりますが、ここにみられる「等価」の論理は、東久邇宮首相のそれとどれほど違うでしょうか。国民国家と同一化しない限り（国民という主体を立ち上げない限り）加害責任を取ることができないという『敗戦後論』の論理がここにも繰り返されていることになります。しかし、原爆被害に対する責任を問うことと日本の戦争責任を問うことをつなぐ別の回路もあるのです。それは、すでに被爆者たちが運動を通して追究してきました。

日本被団協は、一九八〇年ごろから明確に日本政府の戦争遂行責任を追及し始めます。原爆被害を招いたのはそもそも戦争によるとして、日本政府に対して戦争責任に基づいて原爆被害への償いを要求するようになったのです。それまでも日本政府に対して要求を掲げていたのですが、その根拠としては、原爆被害を招いた結果責任（これは「原爆裁判」の判決を援用したものです）、サ条約で対米損害賠償請求権を放棄した責任、福祉国家として戦争被害者を救済する責任（憲法第二五条を根拠にしています）、占領期を含む敗戦後十数年もの間被害者を放置してきた責任を挙げています。それが、七〇年代の運動、とりわけ原爆被害者援護法制定運動や各種調査のなかで、「戦争さえなければ、この苦しみを味わうことはなかった」という声が届けられたことを受けて、要求の根拠として日本政府の戦争遂行責任を挙げるようになっていきます。加えて、八〇年一二月に出された「原爆被爆者対策基本問題懇談会」（基本懇）の意見書において「戦争被害は国民が受忍すべきものである」という戦争被害受忍論が打ち出されたことに対する激しい怒りも、日本国家の戦争責任追及を後押しすることになりました。(51)

被団協の戦争責任論は、敗戦後から米国と共同で日本のエリートや知識人たちが喧伝し国民の多くが受け入れた「指導者責任論」に留まらず、戦争に協力した全ての者の責任と、何よりも最高権力者であった昭和天皇の責任を問うことに論理的には帰結しますが、被団協は天皇の責任を追及するには至っていません。日本被団協に加盟する各都道府県の団体には、思想信条的には右から左までさまざまな会員がいます。原爆被害に遭ったという体験を結節点とした運動体ですので（もちろん、その体験は自明なものではなく、被害を発見しながら被害者として主体化するなかで獲得する「体験」ではありますが）、組織として天皇の戦争責任を追及するのは極めて困難です。[52] しかし、自民党員やシンパも相当数いる被団協において、「反人間的な原爆被害が、戦争の結果生じたものである以上、その被害の補償が戦争を遂行した国の責任で行われなければならないのは当然」（「基本要求」）であるとして、日本政府の戦争被害受忍政策に対して明確に異議を唱えていることは評価すべきだと思います。さらに、日米関係に関しても、日米安保体制や核の傘政策を批判しており、責任主体を名指すことのないまま平和と核兵器廃絶を訴える「核の普遍主義」とは一線を画しています。

たしかに、被団協が原爆被害の償いを求める相手が主に日本政府であるのは理屈に適っていないようにも思えます。しかし、対米責任追及が主たる課題として取り組まれてこなかったのは、人的、物的な資源制約があるのに加えて、多くの原爆被害者が病気と貧困に苦しむなか、生活上の援護も含めた原爆被害者援護制度の獲得を優先したからという面が大きいでしょう。冷戦下において米国の非人道性を正面から批判した場合、共産主義に結びつけられて社会的孤立——少なくとも国内と「西側陣営」においては——を招く危険性があったことも、対米追及に正面から取り組むことをためらわせた一因だったといえます。被団協結成時以来、原爆被害者援護法を制定することが最重要課題の一つでしたが、立法実現のためには世論の支持が求められました。元軍人軍属の組織のように圧力団体とはなり得ない被団協にとって、世論の支持は重要な資源だったからです。核兵器を廃絶するためにも、国内だけでなく国際的な草の根の支持を得ることが重視されてきました。

目標を実現するための手段ということ以上に、社会的な支持の有無は被爆者運動にとって、その存在を左右するほど決定的なものでした。社会的孤立のなかにあったならば、原爆を生き延びた者が被団協に代表されるような被爆者運動を展開することはできなかったからです。被爆者運動とは、原爆を生き延びた者が生き残りとしての使命感を持った「被爆者＝原爆被害者」として主体化するという過程なくしては成立しえなかったのであり、主体化するためには、生き残りの声が聴き届けられる社会的な場が必要でした。だからこそ、原爆から一〇年近い年月を苦しみと孤立のなかで生きていた生き残りたちが、原水禁運動によって創られていった共同性のなかに希望を見出し、自らを組織することができたのです。原爆を生き延びた者たちは「被爆ナショナリズム」によって生成される国民の連帯心に訴えかけながら運動を展開していくことになったわけです。

「第五福竜丸事件」の後、米国による水爆実験の被害を受けたという意識が、広島と長崎の被害を喚起させながら「唯一の被爆国」という被害者共同体を成立させていきます。後年「被爆ナショナリズム」として批判されることになる、被害者意識を媒体とした連帯心の形成です。この連帯心は被害の再発防止へと人々を動かし、共産党員から保守政党議員までこぞって「三度の原爆被害を受けた国民」として「人類を破壊から救う」という崇高な使命をうたいました。ただし、「人類を救う」という使命を担う主体は「日本国民」であり「日本民族」である「日本人」として想像されていました。

七〇年代には被団協が「国民運動」を展開していきますが、非核三原則の宣言（六八年）や首相の平和式典参列（七一年）などを通して「被爆ナショナリズム」が制度化され始めた時期でもあります。国家エリートたちは「唯一の被爆国」を標榜して国民を懐柔しようとしながら、実際には、米国の核戦略の一役を担って、沖縄住民に対する米軍の暴力を容認しつつ、独自の核兵器開発も目論んでいました。それに対して、被爆地自治体、被団協をはじめとする運動体、リベラルな知識人やジャーナリストたちは「唯一の被爆国」を掲げることで政府の二枚舌を批判しながら、被爆者に対する国家補償制度の制定と核兵器禁止の制度化を要求したのです。

このように被爆ナショナリズムは「上からのナショナリズム」としても「下からのナショナリズム」としても機能したわけで、国家に対する責任追及を含んでいました。しかし、「被爆ナショナリズム」においては責任を追及する主体が国民として統合されてしまうことになりますから、根本的な国家批判とはなりえません。「非国民」に対して行使される国家暴力――とくに植民地暴力――を見逃してしまうからです。

「被爆ナショナリズム」のこうした機能は、朝鮮人など日本人以外の被害者を不可視化し、日本の加害の歴史を忘却させるものとして批判されてきました。大変重要な指摘です。しかし、忘却が始まる以前から原爆被爆は日本という国民国家の被害として観念されていました。原爆は敵国による日本国土への攻撃だったわけですから、原爆投下直後にそれが日本の被害として捉えられたのはなんら不思議ではありません。原爆投下を大日本帝国への攻撃として捉え、米国に対する敵意を高めたのですから、それは「被爆ナショナリズム」の一形態であるといえるでしょう。しかし、原爆投下直後に見受けられた「被爆ナショナリズム」と原水禁運動を通して生成した「被爆ナショナリズム」とでは、ナショナリズムの内実が違うのです。

日本の支配下に置かれていた植民地が脱植民地化を遂げることで「日本」の構成員が敗戦後（特に本土占領終結後）に大きな変化を強いられることになりました。変化が法的に確定した直後の五二年夏にして既に「日本人は不幸にして世界史上、最初の原爆の犠牲者となった」「世界で原爆の洗礼をうけた唯一の国民であるわれわれ」と、帝国の過去が忘却され、旧植民地出身者である被害者があたかも存在しないかのごとく語られていたことには驚きを覚えますが、酒井さんが指摘する「帝国的国民主義から民族主義的国民主義への転向」がどれほど急速に進んだのかを示しているといえるでしょう[53]。この転向がいかにして奨励されたのかを考察する酒井さんの論考を手掛かりに、なぜ戦後日本において米国の原爆投下責任を追及することがこれほどまでに困難であったのか、その言説上の条件を検討してみることにしましょう。

五、「トランス・パシフィックな共犯関係」――日米合作による「戦後」と対米責任追及の欠如

第二節では、被爆者による対米批判はほとんど存在しなかったという従来の見方に対して、歴史的な資料を引用しながら反論を試みるなかで、米占領下において原爆投下を批判するような記述が自己検閲によって削除されていた例をみました。しかし、占領が解けた後も自己検閲が行われていました。広島市が体験記を発行してから一五年後に朝日新聞社から再版された『原爆体験記』にも、自己検閲と思われる跡が残されているのです。

朝日新聞社には、広島市版にあった一八編に加えて新たに一一編の手記が加えて収録されましたが、わざわざ「いずれも原文のまま」という一文を付け加えていることからも、再版に際して改めて原本にあたったと推測されます。それにもかかわらず、「原本のまま」ではない編集が行われているのです。詳細については別稿に譲りますが、米国批判の検閲の事例として、第三節で取り上げた不島勝文さん（朝日新聞社版では「木島克己」と表記）の体験記を改めてみておきたいと思います。[54]

原本にあった「『畜生ッこのヤンキー』と怒りが後から後から湧き上がってくる」の部分が広島市版から削除されたことを先に指摘しましたが、朝日新聞社版では「「畜生ッ、残酷なことを」と怒りが後から後から湧き上がってくる」となっています。「このヤンキー」が「残酷なことを」にわざわざ書き換えられているのです。さらに、広島市版で削除されていた「本当にあの瞬間は『ヤンキーの野郎』で一杯だった」という一文も復活をみていません。原爆を投下した米国に対する怒りを想起する記述は、占領下で朝鮮戦争開始直後に刊行された出版物だけでなく、敗戦後二〇年を経た出版物においても削除と書き換えの対象となっているのです。これでは、原爆の惨禍をもたらしたのが米国の行為によるという事実が後景に退いてしまうだけでなく、米国に対する生き残りたちの恨みや怒りがあたかも存在しなかったかのように受け止められてしまいます。不島さんの体験記でいうと、広島市版では削除されていた「今の為政者達や利欲に追われる人達は、あの日のことを忘れてしまったかのようだ」という日本

政府や社会に対する批判的な記述が朝日新聞社版では復活していることからも、米国批判にかかわる部分が削除されたり書き換えられているという事実が際立ってしまうのです。

この事例が示しているのは、朝日新聞社版を担当した編集者個人の意識の問題ではないでしょう。占領下であれば、有形無形の圧力がかかっていましたから、自己検閲であったとしても、抑圧によるものが大きいといえます。しかし、占領を解かれて独立した民主国家において、このような検閲が自発的に行われたということ――しかも、それと意識されずになされたであろうこと――を、どのように理解すればよいでしょうか。

対米従属――これがこの問いを解くキーワードなのは間違いないでしょう。しかし、それをどのような日米間の関係として捉えるかによって、見方が大きく分かれることになります。日本を米国に抑圧された被害者として置くのか、それとも米国の覇権の内に自らを組み込んだ共犯者や翼賛者として置くのか、そのどちらの見方を取るかによって、米国に対する原爆投下批判の欠如の捉え方も対米従属からの離脱の方法も違ってくるのです。

前者の代表としては、江藤淳さんや「新しい歴史教科書をつくる会」（以下、「つくる会」）の西尾幹二さんを挙げることができるでしょう。米山リサさんが的確に診断するように、彼らは「〈敗戦による去勢〉というトラウマ」を「家父長的で男根崇拝的な男性性の回復」によって克服しようとします。[55] 対米従属という不平等な関係性への不満を米国にぶつけるのでも、その関係性を変えようとするのでもなく、有色の人びと、特に近隣アジア諸国の人びとに対する人種主義《レイシズム》と女性嫌悪《ミソジニー》として表現するのです。しかし、不平等な関係性は、米国が戦勝国としての力を背景に、一方的に押し付けてきたものではありません。米国指導者は天皇裕仁を国民統合の象徴として延命させることを選択しましたが、天皇裕仁や日本国家支配層は、生き残るために米国に積極的に取り入ったのですから。この「戦後日本」を形作った共犯関係を問い直さない限り、「つくる会」等の言論は「歴史の抑圧にもとづくヒステリー症状」にしかなりえないのです。[56] 核武装論にしても、米国の注意を引き付けるための「求愛の所作」でしかないといえます。「戦後日本」を規定してきた米日関係を根本的に変容させるには、彼らのようなナショナリストでは役不足なのです。「大日本帝国正当化の原理は、本来は対米戦争合理化の原理でありながら、反米ナショナリズムにはなりえない宿命を負っていた。アメリカ覇権のおかげで維持された継承性だったからである」と武藤一羊さんが喝破するように、戦前の日本を正当化する民族主義は米国に擁護されることによって生き延びたという矛盾を抱え込んでいるからです。[57]

仮に日本が米国に従属を強いられた被害者であったとしましょう。日本の人びとは、その意思に反して従属させられるのですから、抵抗や叛乱が生じる可能性が高くなります。米国側からしてみれば、コストの高くつく統治形態です。植民地支配下に置かれた人びとは宗主国への抵抗を通して民族としての主体性を獲得していくことになりますが、酒井さんがいうように、あらかじめ「独立」を与えられた場合、「抵抗する主体」の成立が省略されてしまいます。[58]「民族独立の歴史の語りが骨抜きにされ」、米国に保護された天皇を国家＝民族の支柱とする敗戦後の新たなナショナリズム――酒井さんは「民族主義的国民主義」と呼びます――は対米従属からの離脱を助けはしません。なぜなら、この新たなナショナリズムを通して米国は日本を衛星国として支配しようとしたのですから。[59]

アジアにおける共産主義の防波堤として日本を衛星国化するという方針は、冷戦初期における米国の世界戦略のなかで重要な位置を占めるものでした。しかし、昨日までの敵を即座に衛生国家として作り直すのは至難の業です。そこで、米国側が注目したのが天皇でした。酒井さんが指摘するように、米国が日本の住民を支配するにあたって、その抵抗を封じ込め、かつ住民を統合して統治するために天皇裕仁ほど都合のよい傀儡はいなかったわけです。[60]他方、国体（天皇制と私有財産制）の護持が天皇を初めとする日本の支配層にとって敗戦時の最重要課題でしたから、米国の対日政策は彼らにとって願ってもないものでした。アジア太平洋戦争だけでなく植民地支配を含む国家暴力の行使にあたって最高責任者であった天皇を免罪し、新しい民主国家――しかも、私有財産制を死守する資本主義陣営の一員――の象徴として憲法に書き込むというのですから喜んで米国に「抱擁」され、新たな植民地体制の統治委託者へと転身したのです。

米日の支配層が互いを「抱擁」し合ったことは、近年の日米の研究成果により広く知られるようになりましたが、「対等なパートナー」としてではないことは、戦勝国と敗戦国という関係性を踏まえれば当然のことですが、改めて強調しておくべき点でもあります。イラク戦のときに日本統治が成功例として想起されたのは、米国の覇権を維持するうえで、日本を衛星国として「復興」させることができたからですが、日本が形式上は主権国家として「独立」を回復したことになっているために、米国の植民地として捉えることを難しくしているのです。

冷戦期に米国は、主権国家の体裁をとった衛星国を世界各地で――時にはクーデターや軍事介入というあからさまな暴力的手段によって――樹立しましたが、日本の場合、形式上は民主国家であるために、軍事支配下に置かれた沖縄を例外として、韓国やチリのように米国の支配下に置かれていると感じなくて済むような統治形態がとられました。武藤さんは、サンフランシスコ講和条約と日米安保条約によって「米覇権原理」が日本国家に内部化されたことを早くから指摘してきましたが、日本国憲法よりも日米安保条約のほうが日本国家を規定する規範としては上位であるという「米覇権原理」の優位性は、砂川判決への米国の介入や米軍の治外法権行使の事例から何度も露呈してきました。それにもかかわらず、日本社会の構成員の圧倒的多数の人びとは日本を独立国家として観念しているのです。そして、日米関係を植民地的な従属関係と見做して独立を訴えるナショナリストは、米国の被害者として振る舞うことによって、脱却すべき対米従属を強めているのです。

米国の行為による被害を代表する事例として、広島と長崎の原爆被爆は日本国民の被害者意識を形成するのに最も適していたといえます。なぜなら、米国との権力関係を「相互的」な関係としてではなく「外在的な加害と被害の関係」として捉えることを可能にするからです[61]。米国の被害者として振る舞う限り、戦後の日米関係を規定してきた共犯性に切り込んで、関係性を変容させることはできません。原爆はソ連による日本占領を防ぎ日本の支配層の首をつなげたという意味において、「戦後日本」を形成する重要な契機であったことになりますが、先に論じた通り、天皇の戦争責任を不問に付すのに好都合であり、かつ、米国の覇権を支えたという意味においても「戦後日本」の起源であるといえるのです。原水禁運動も被爆者運動も原爆が作り出したこの起源にまで遡って批判することはありませんでした。なぜなら、両者とも「被爆ナショナリズム」と内在的な関係にあり、「被爆ナショナリズム」には「戦後日本」を問う機能が奪われていたからです。

戦後日本、特に六〇年代以降において最も広範な社会的支持を得たナショナリズムが「被爆ナショナリズム」です。それは被害者意識を基盤とした共同性——「共感の共同体」（酒井直樹）——を形成しましたが、原爆被害者に投影的に同一化することで被害者になるという同一化の機制が決定的に重要でした。しかし、「唯一の（戦争）被爆国」を謳うのであれば、投下国である米国に対する怒りの感情が湧き上がってもおかしくないのですが、「共感の共同体」を成立させた「被爆ナショナリズム」は、米国に抗う主体を創出しませんでした。

原水禁運動によって成立した初期の「被爆ナショナリズム」には反米民族主義の要素が含まれていましたが、反米運動として広がりを持たないまま、原水禁運動そのものが社会的な支持を失っていきました。なぜ、原水禁運動が米国の責任を追及する運動へと結実しなかったのでしょうか。米国による工作があったことは間違いないでしょう。それ以上に、「核の普遍主義」と結びつくことによって、「被爆ナショナリズム」は対米責任を追及する主体を形成することができなくなったのです。原爆の被害を受けた日本人として、あ・ら・ゆ・る・立場を超えて世界の人びとに「平和と核兵器廃絶」を実現しようと呼びかける。このように、ナショナリズムと普遍主義が接合しながら発話の条件を形作る言説空間では、特定の国家や人びとを名指して責任を追及する発話が顕在化することはありません。発されたとしても、「少数意見」としてなかったことにされてしまうのです。

「抵抗する主体」形成の契機を欠いたナショナリズムという点でいうと、「被爆ナショナリズム」は「独立の語り」が省略された敗戦後日本の「民族主義的国民主義」と補完的な関係にあります。「民族主義的国民主義」においては、天皇や日本文化論などが重要な役割を果たしたと酒井さんは指摘しますが、「被爆ナショナリズム」も民族的—国民的一体感を感じさせる有効な装置の一つです。実際に、右派民族主義者は原爆投下を米国の犯罪行為として糾弾して支持を得ようとしますが、投下責任を追及するには至りません。彼らが「戦後日本」の起源に遡って「米覇権への従属原理」と「大日本帝国の継承原理」(武藤一羊)との共犯性と対峙することはありえないからです。

「平和と核兵器廃絶」や「和解」を唱える「核の普遍主義」と接合した「被爆ナショナリズム」も、米国の原爆投下を非難して対米独立を訴える「民族主義的国民主義」も、「戦後日本」を規定した冷戦体制における日米間の共犯関係を問うことができない言説上の構造を持っているのです。そのために、対米従属の歴史と構造を浮き彫りにして、米国の非人道的行為を追及する契機を形成することもできなかったのです。

おわりに――ありえたかもしれない「戦後」を

原爆投下の非人道性や違法性を告発して、米国に対して原爆被害をもたらした責任を追及したならば、天皇を頂点とした日本の戦争責任を問わずには済まされません。それだけではありません。米国批判は大日本帝国の植民地責任を免責してきた米国との共犯関係を断つことを要求しますが、倫理上の問題としてではなく、論理的帰結としてそうなるのです。

米国の原爆投下責任を問う声が社会的な力を獲得してこなかったのは、それが太平洋をまたいで形成された戦後体制に対する挑戦となるからです。原爆にかかわる歴史の語りは「戦後日本」という日米関係を支えてきた言説上の条件を組み替えかねない危機をもたらしうるのです。投下責任追及は過去の戦争犯罪を裁くということ以上の意味を持つことになります。冷戦体制下から冷戦後の現在に至るまで米国が国内外に喧伝してきた「自由と民主主義」という理念の内実を問い返し、米国の行為によってもたらされたヒロシマ・ナガサキに連なる世界中の苦難を顕在化させることにつながるからです。〈ヒロシマ〉〈ナガサキ〉は普遍性を持ってしまう可能性があるからこそ、「核の普遍主義」や「被爆ナショナリズム」を通して語られなければならないのです。

本稿で展開した試論は、酒井直樹さんと武藤一羊さんの論考に道標になっていただきながら、対米責任追及の欠如と「戦後日本」の内在的な関係の概要をスケッチした程度ですが、実証的な検証も含めて、理論的に綿密な考察を展開していきたいと考えています。その中で、語られながらも聞き届けられることのなかった過去の言葉を新たに置きなおして、ありえたかもしれない「戦後」を形作る多くの試みに連なることができればと願っています。

付記

本稿脱稿後にオバマ米大統領の広島訪問が決まりました。オバマ大統領訪広に関しては拙稿「被爆者という主体性と米国に謝罪を求めないということの間」『現代思想』二〇一六年八月号、七四－八五頁を参照して下さい。

註

（1）パル博士は、日本においては、極東国際軍事裁判（東京裁判）でA級戦犯の被告全員を無罪と主張した唯一の判事として知られており、「東京裁判史観」を否定するという右派の論客に援用されることも少なくありませんが、パル判事は、日本が罪を犯していないと主張したのでは必ずしもなく、事後的な法律を遡及させて過去の罪を罰することはできないという一九世紀的な法律論に依拠しています。ただし、彼の西洋批判主義の精神が、日本の侵略行為に対する認識を甘くしたことも否めません。詳しくは、中里成章『パル判事：インド・ナショナリズムと東京裁判』岩波新書、二〇一一年を参照ください。

（2）小田切秀雄「記録の生命力：禁圧をかいくぐって」『日本の原爆記録　一』日本図書センター、一九九一年、四五一頁。

（3）宇吹暁『原爆手記掲載図書・雑誌総目録』日外アソシエーツ、一九九九年、三九〇頁。

（4）加藤典洋『戦後入門』ちくま新書、二〇一五年、二八六頁。

（5）同上、二八九頁。

（6）同上、二九二―二九三頁。

（7）同上、三一六頁。
（8）同上、二九四頁。
（9）最近では「唯一の戦争被爆国」という言い回しが政府でもマスメディアでも使われるようになっており、それが放射線被曝国という「フクシマ後」の認識を封じ込めるためであると指摘されることもありますが、「唯一の被爆国」に比べて、原爆被爆が戦争の中で生じたという点を示唆する言葉として捉えることもできると思います。
（10）『朝日新聞』一九四五年八月三〇日。
（11）『泉』については、拙著『原爆体験と戦後日本：記憶の形成と継承』岩波書店、二〇一五年、一五〇－一五三頁を参照してください。
（12）浜田平太郎『泉 第二集 原爆と私』二〇一二年、六四頁。
（13）慰霊と平和の関係については、拙著（前掲書）の第三章と第五章を参照してください。
（14）詳細については、拙著（前掲書）の第三章を参照ください。
（15）『中国新聞』一九五〇年五月二八日、『ひろしま 市政広報』一九五〇年八月一日。
（16）二十九編（うち十一編は抜き書き）が収録されています。
（17）『中国新聞』一九六五年四月二九日、『中国新聞』一九六五年七月二八日、『中国新聞』二〇一五年一月一九日。
（18）『中国新聞』一九六五年四月二九日。
（19）『中国新聞』一九八六年七月一〇日。
（20）宇吹暁『平和記念式典の歩み』広島平和文化センター、一九九二年、二二－二三頁。
（21）宇吹、前掲書、一九九二年、二三頁。
（22）他にも「平和」に関する編集の跡がみられますが、詳しくは拙稿「『原爆体験記』の刊行と『原爆体験』の形成：『集合的記憶』の視点から」『広島平和記念資料館資料調査研究会研究報告』第一二号、二〇一六年刊行予定を参照ください。
（23）朝日新聞百年史編修委員会『朝日新聞社史 昭和戦後編』朝日新聞社、一九九五年、一五五頁。
（24）宇吹暁「日本における原水爆禁止運動の出発：一九五四年の署名運動を中心に」『広島平和科学』第五巻、一九八二年、二〇五頁。
（25）ＣＩＡの工作については、有馬哲夫『原発・正力・ＣＩＡ：機密文書で読む昭和裏面史』新潮新書、二〇〇八年を参照してください。

(26) 宇吹暁『ヒロシマ戦後史：被爆体験はどう受け止められてきたか』岩波書店、二〇一四年、八三頁。

(27) 詳しい内容については、拙著（前掲書）の第五章を参照してください。

(28) 韓国協会女性連合会・韓国の原爆被害者を救援する市民の会『在韓被爆者実態朝長共同報告書』一九八三年、一一二頁

(29) 広島県朝鮮人被爆者協議会編『白いチョゴリの被爆者』労働旬報社、一九七九年、二六二－二六七頁

(30) 李実根『プライド：共生への道　私とヒロシマ』汐文社、二〇〇六年、一六二頁。

(31) 米山リサ「戦争の語り直しとポスト冷戦のマスキュリニティ」『アジア・太平洋戦争』第一巻、岩波書店、二〇〇五年、三四一頁。

(32) 同上、三一八頁。

(33) 酒井直樹『希望と憲法：日本国憲法の発話主体と応答』以文社、二〇〇八年、六〇頁。

(34) タカシ・フジタニ「ライシャワー元米国大使の傀儡天皇制構想」『世界』二〇〇〇年三月号。

(35) 『朝日新聞』二〇〇七年四月二九日。

(36) 武藤一羊『潜在的核保有と戦後国家：フクシマ地点からの総括』社会評論社、二〇一一年、一四五頁。

(37) 酒井、前掲書、七八－七九頁。

(38) 酒井、前掲書、七九頁。

(39) 酒井、前掲書、八〇－八四頁。

(40) 「広島市職員に関する措置請求に係る監査結果について（通知）」二〇一〇年十月四日、http://www.city.hiroshima.lg.jp/www/contents/1286171175615/files/obamajoritycanpeignjigyou.pdf（二〇一六年三月四日最終閲覧）

(41) 秋葉忠利『報復ではなく和解を』岩波書店、二〇〇四年、三一頁。

(42) 米山リサ『広島　記憶のポリティクス』岩波書店、二〇〇五年の序章を参照ください。

(43) 「広島」は地理的な地域ではなく、広島／ヒロシマを代表＝表象する発話位置を指します。

(44) 『中国新聞』二〇〇九年四月三日。他にも、二〇一四年に広島テレビが「オバマへの手紙」というキャンペーンを始めて視聴者からオバマ大統領の広島訪問を願う手紙を募りました。

(45) 広島市「オバマ大統領の広島招へいについて」http://www.city.hiroshima.lg.jp/www/contents/1266977287346/index.html

（二〇一六年三月四日最終閲覧）
(46) 宇吹、前掲書、二〇一四年、四－五頁。
(47)『朝日新聞』一九四五年九月一六日朝刊。
(48) 武藤一羊『〈戦後日本国家〉という問題：この蛹からどんな蛾が飛び立つのか』れんが書房新社、一九九九年、二〇頁。
(49) 加藤典洋『敗戦後論』ちくま文庫、二〇〇五年、六一頁。
(50) 加藤、前掲書、二〇一五年、二九五－二九六頁。
(51) 受忍論の形成過程や論理については、拙稿「棄民を生み出す国家の論理：受忍論とその効力」『世界』二〇一三年八月号、一二一－一二九頁、「戦争被害受忍論：その形成過程と戦後補償制度における役割」『地球社会統合科学』第二三巻第一号、二〇一六年、一一－二九頁を参照ください。
(52)「八月六日より前になぜこの勅語が降らなかったのだろうと思い続ける。〔略〕八月六日以前に降っていたら勇樹も皆も死なななかったのに」（『原爆追悼記』七三年）と、当時中学二年生だった息子勇樹くんを原爆に奪われた山本孝子さんは、天皇に対するわだかまりと読み取れる言葉を書き残しましたが、原爆手記に天皇批判をみることは、米国批判に比べても圧倒的に少ないです。
(53) 酒井、前掲書、一九五頁。
(54) 拙稿、前掲『広島平和記念資料館資料調査研究会研究報告』二〇一六年を参照ください。
(55) 米山、前掲書、二〇〇五年、三二三－三二五頁。
(56) 米山、前掲書、二〇〇五年、三四四頁。
(57) 武藤、前掲書、二〇一一年、一四一頁。
(58) 酒井、前掲書、一九四－一九五頁。
(59) 酒井、前掲書、一九六頁。
(60) 酒井、前掲書、六四－七〇頁、一七〇頁。
(61) 酒井、前掲書、八一頁。

〈質疑応答〉

Ａさん：ジェンダー問題に関してはあまり詳しくないんですが、昨日から参加しています。お二方の話は、昨日のヴェール先生の話ともつながるところがありました。昨日このジェンダー・フォーラムが終わって家に帰ったら、ＮＨＫで集団的自衛権の特集番組をやっていて、それともちょっとつながるんですが、さっきの抑止論の話ですね。その番組では、要は、日本を守るために集団的自衛権を行使しないとアメリカから見捨てられるんだという話が出ていて、その後にＰＫＯ派遣の自衛隊の家族の方の「家族としては支えていくしかない」というコメントが流れていました。「見捨てられ論」のような短絡的な見方や、世界貢献、国際貢献のためには家族は支えていくしかないというコメントに対して、どう思われますか。高橋さんにお願いします。

高橋さん：レジュメで引用している「集団的自衛権による抑止論」のところで、「さらに我が国自身の防衛力を適切に整備・維持・運用し、同盟国であるアメリカとの相互協力を強化するとともに」というふうに、閣議決定でも明らかに、はっきりとアメリカとの同盟が大事なんだ、そのために集団的自衛権が大事なんだ、ということを述べているわけですね。ですから、本当に態度の表明のあり方として、隣国も含めて、中国も含めて、いろんな国と相互に信頼してやっていくという、そういう発想では全くないということが、明言されています。質問からずれるかもしれませんが、昨日、東さんが「復興」の問題について指摘されていましたが、「復興」とはいったい何なのか。本当にすり替えられている感じがしています。いろんな形の「復興」がありうるにもかかわらず、建物が再建されたという「復興」だけを指しているかのようです。一昨日ですか、アフガニスタンの特使が広島にやってきましたが、「復興」した広島を見て、「自分の国もテロをなくして、広島のように復興していきたい」というようなことを言っていました。その「テロをなくす」というのが、その根源的な問題をなくすということではなくて、アメリカと一緒に協力して、いわゆる「テロとの戦い」に取り組むという意味にすり替えられていますし、そのときに、この広島が利用されているということです。すり替えられないためには、先ほど直野さんも指摘していたように、アメリカが原爆を投下したという投下責任も含めて、日本の戦争責任も含めて、きちんと問うことが大事になってくると思います。

直野さん：ちょっと一言。「家族は支えるしかない」云々というお話ですが、自衛隊の家族が自衛隊員である夫／妻を支えることは、「殺し殺されることを支える」ことでもあるわけですよね。戦時中にまさにそうだったわけです。でも、私は原爆で殺された動員学徒たちの、子どもを失った親たちの手記もかなり読みましたが、やっぱり悲しみと同時に恨みや悔恨として自分に向かってくるものがあるんです。自分が子どもを行かせてしまった、死ぬことを防げなかったという。それを追及すると、天皇への恨みに近いようなものを表現された人もいますが、戦争指導者たちへの恨みはかなり表現されています。裏切ったわけですよね、要するに。平和を、敗戦を受け入れるということは。子どもたちは一億玉砕、最後まで戦うと信じて死んでいったわけですし、仇を討つように願ったわけですね。それに、仇を討つって約束したわけですね。でもそれを裏切ったわけですよ。裏切りの筆頭は、天皇裕仁ですよね。で、その責任を追及しなかったことによって、また同じことが繰り返されるかもしれない。戦争責任追及といった形で表現されていないかもしれないけれども、天皇への責任追及といった可能性を拓いていくことも求められているのではないかなと思います。

Ｂさん：家族の問題に関して、私の個人的な話をしたいです。韓国は軍隊があります。私には兄がいるんです。私の兄は、軍隊から逃げました。そのときに、私の両親は強く反対して、兄は入院することで軍隊を途中で終えました。もう一人の兄は、軍隊をボイコットしました。だから逮捕されて、長い期間、就職差別を受けました。そのときにも私の両親は本当に悩んでいましが、今頃は、軍隊に行かなくてよかったと言っています。母親は、兄が法律的な違反をするのが本当に怖かったのですが、時間が過ぎたら認めました。私にはそんな経験があります。もう一つ話したいことがあります。日本は、今まで同盟国アメリカに対して批判はしなかったと思いますが、その理由は、韓国とアメリカと日本の軍事同盟の中で高度経済成長をしたのが一つ、二つ目は、批判したら、帝国主義とか戦争の植民地主義の責任を浮かび上がらせることになるので強く批判しなかったと思います。だから日本は唯一の原爆被害者といって、朝鮮人の被害者問題を見ようとしなかったんですが、一緒に責任を持って批判したほうがいいのではないかと思っています。

Ｃさん：本日は貴重なお話をありがとうございました。まず直野先生に。「畜生、このヤンキー」という表現をされましたが、このヤンキーというのは、アメリカ人という国民性を対象にしたヘイトスピーチではないか、というのが第一点。第二点は、高橋先生に。安全保障条約、安倍総理大臣の集団的安保を認めない意見というのはよく聞くんですが、それに代わる対案というものを、安全保障を担保するような対案があればお聞かせ願いたいと思います。

直野さん：「ヤンキー」という原爆体験記で削除された部分、「畜生、このヤンキー」というのは、米国に対する怒りを表現していたにもかかわらず、それが削除されたということを、自己検閲として削除したということを私は問題にしているということなんですけれども、それでよろしいですか。

高橋さん：対案はもうすでにあると思います。私は日本国憲法によって信頼関係がアジアと築かれ続けていると思いますので、対案を作るどころか、本当に日本国憲法を守ること、それが対案だと思います。

Ｉさん：ＮＨＫの番組は見てないんですが、「見捨てられ論」というのは、元々「同盟のジレンマ」という概念からきているもので、軍事同盟はどうしても相手に見捨てられるんではないかというジレンマをもつ。

もう一つは、巻き込まれるのではないかという、この「巻き込まれ論」と「見捨てられ論」というのが、同盟のジレンマというもので、たぶんそれに即した文脈の報道だったと思います。今アメリカは、日本の、東アジアの状況に自分も巻き込まれるのではないかというジレンマを抱えています。

広島はアジアの交差点になりうるのか

鄭暎惠

はじめに

もし、ヒロシマが本当に平和を望んでいるなら、広島湾の軍事化と性暴力を看過できるはずはないでしょう。原爆を投下したアメリカは、一九四五年以降、同盟国に米軍を駐屯させてアジアを分断してきました。沖縄をはじめ基地がおかれた地域で、米兵たちは買春で女性の身体をab-useし、強姦・殺害事件を数多く繰り返してきました。もし、ヒロシマが本当に国際平和文化都市ならば、構造的暴力としての基地・軍隊と、今に至る「慰安婦」制度に反対するため、国を超えて連帯するでしょう。しかし、二〇〇七年広島で開催された日本女性会議は、米兵によるレイプ事件を「なかったこと」にしました。女性が同じ人間として扱われない性暴力を放置したまま被爆に抗議しても、平和を求めることなどできないはずです。

軍都廣島の過去をふまえ、平和を希求するヒロシマだからこそできる、平和・人権・共生のネットワーク拠点――アジアの交差点としての広島をいかに創り上げるか、ともに考えていきましょう。[1]

一、誰と誰の「戦争」なのか?　――home grown terroristsの時代

国家の枠を超えて、人々の間の連帯を創ることこそが戦争を抑止するのであって、核が戦争の抑止力になるというのは詭弁に過ぎません。しかも、これまで核兵器は国家単位で管理されてきましたが、今や「戦争」とは国家間で起こるだけではありません。自国民テロリスト（Home grown terrorists）やシリア内戦のように、国家と自国民の間、あるいは、国民と国民の間における、武力を用いた紛争が拡大しているのです。

二〇一五年の一月と一一月にパリで起きたテロは、暴力が解決の手段とはなりえないことを痛感させました。同

時に、再び記憶の政治について私たちに考えさせました。テロリストたちは、なぜ新聞社「シャルリ・エブド」を襲撃し、なぜ一般市民をターゲットとして無差別テロを行ったのでしょうか。テロという方法が間違っているからとはいえ、彼らを非難し撲滅を図るだけで、テロをなくすことができるでしょうか。テロリストたちが「なぜそれほどまでに憎しみをもったのか」、その理由と向き合わない限り、解決と平和は得られないでしょう。テロリストたちがなぜ「世界」に憎しみをもったのか、その要因を理解し、それを解消しなければ、暴力の連鎖だけが再生産され、ますます平和は失われていくでしょう。

しかし、双方がもつに至った憎しみは、公平に同じように記憶されるとは限りません。一方の憎しみ（だけ）が記憶され続け、もう一方の憎しみは忘却されていないでしょうか。

生まれながらのテロリストはいないのです。社会が差別・不公正を許してきた結果、社会に反感を抱き破壊しようとする動機は産み出されます。もちろん、差別された人全てがテロリストになるわけではありません。しかし、彼らが自分の命さえ顧みないほどの憎しみをもつに至った原因を取り除かない限り、いくらテロリストを見つけ出して息の根を止めても、いや、息の根を止めようとすればするほど、後に続くテロリストたちが産み出されてくるだけでしょう。

報復という名の暴力は許されません。しかし、そもそも報復を生むような暴力があってはならないのです。しかし、他者への暴力は許されないからと、その憎しみや暴力が他者に向けられることなく自己に向けられることがあることも看過できません。——自死です。

他害と自死は、少なからず表裏一体をなしています。暴力や差別を向けられ続けた者は、必ずしも他者への報復に向かうわけではない代わりに、自死を選ぶ者もいるのです。移民の若者（二世以降）など差別や暴力にさらされ続けた者ほど、絶望やうつ等、メンタルにダメージを受けて自死を選ぶ者が少なくありません。

テロの原因が「富者への貧者の嫉妬だ」という理解は、現実を直視していません。「テロリストたちは、構造的な暴力と差別にさらされてはいなかっただろうか?」――テロリストたちの世界観が間違っているか否かの判断よりも、彼ら彼女らの目には「世界がどのように見えているのか」、そのリアリティを客観的に推し量ることをまずすべきでしょう。それは、彼ら彼女らに同調することではありません。

その上で、「被害者」「加害者」いずれであれ、暴力による報復の連鎖という「底なし沼」からわれわれが抜け出すには、暴力にさらされた人々の〝心の傷〟を癒すことが不可欠です。国家間や民族・人種間でおこる暴力の被害者が、報復という新たな暴力の加害者とならないためには、受けた加害を何らかのかたちで〝許す〟ことが必要です。

ここで特に強調しておくべき点は、相手を支配するための暴力や報復のために加えられる暴力を、ジェンダーの視点で分析する必要があるということです。これら暴力が、実際には誰に向けられているかに注目してみましょう。例えば、戦争において、攻撃のターゲットとなるのは敵の兵士だけでなく、女性や子どもが少なくありません。敵対する集団間の男性たちが、家父長的思考を自明としていればいるほど、その敵対集団に属する女性や子どもを支配すること(特に、性暴力を加えること、性的に濫用ab-useすること)が、敵対する(その女性や子どもを所有していると自負している)男性のプライドに恥辱を与えられると考えています。単純に敵対する男性に身体上のダメージを与える以上に、精神的なダメージを加えることによって、より敗北感・屈辱感を強く与えうると考えられているのです。

そのため、勝つために手段を選ばない戦争・紛争・報復などの場合、家父長制下における〝弱者=女性・子ども・(独裁的権力者下の被支配者としての)無辜の市民〟が、具体的な攻撃対象として暴力にさらされていきます。戦争と強姦が切っても切り離せないのはそのためです。「従軍慰安婦」や「ボコハラムによる女子生徒誘拐事件」はその典型的な例だと言えます。戦時の暴力とは、単に、国対国、集団対集団の間でふるわれるだけではなく、支配する側の男性による支配される側の女性に対する暴力というかたちをしばしばとっています。むしろ、相手方の女性を支配することによって、男性間の勝敗に決着がつけられると言っても過言ではありません。

個人間あるいは集団間における支配－被支配の権力構造を、最もプリミティブなかたちで構築し固定化するのが性暴力です。帝国主義の支配者が、植民地やその人民への支配を強化するために、性暴力を濫用するのはそのためです。女を戦利品とみなし、自分たちの所有物となった女には何をしてもいいと考えます。言い換えれば、敵対する男性たちが相手の「所有」する女性を思いのままにできることが、敵対する男性に勝った証となるのです。「自分の妻に対してなら何をしてもいい」と考えるDV夫や、「金で買った売春婦なら何をしてもいい」と考える買春男のジェンダー差別と、発想は同じなのです。その反面、帝国主義に抵抗し報復しようとする「テロリスト」たちもまた、家父長制を強化することで、男子をジハードを闘う戦士予備軍に育てて動員し、女や子どもを資源や道具に仕立てていこうとします。これでは、ジハードによって、死をいとわずに帝国主義支配を批判しているつもりでも、ジェンダー視点で見れば、帝国主義者たちとジハード戦士は同じ過ちを繰り返しているに過ぎません。それでは、ただ暴力の連鎖に陥るだけであり、解放の出口に至ることはできないでしょう。

ジェンダー視点とは、女性を有利にして男性を非難するためにあるのではありません。出口のない矛盾に陥り、自らの首を絞めている男性たちにとっても、解放の糸口を見出すものとなるのです。

二、性暴力と被爆による“心の傷”と、記憶の政治
――広島はこれらとどのように向きあってきたのか？

二〇年ほど前、広島女子大学（当時）で開かれた「乖離性同一性障害」に関する集中講座において、講師の一丸藤太郎は、「乖離性同一性障害を引き起こす主な要因は性暴力被害だが、広島での原爆被害者でも乖離性同一性障

害を起こした者に出会ったことがある」と語っていました。一瞬にして二〇万を超える命と営々と築いてきた生活が奪われ、街が廃墟となって日常性・現実感が消滅しました。放射能による被曝で苦しみながら、多くの人々が亡くなるのを目にし続けた経験にPTSDが生じないはずがありません。

翻ってここで指摘しておくべきことは、性暴力被害とは、被害者がたった一人であっても、被害がたった一回であったとしても、広島での被爆に匹敵するようなPTSDを被害者個人に与えうる甚大な問題だということです。「何も減るものじゃなし」とレイプを誤解している人は未だにいますが、目に見えないだけで精神的ダメージはかりしれません。精神と身体が不可分であるゆえ、身体的ダメージも大きいのです。性暴力被害を受けることで、これまで信じて疑うことのなかった他者や社会を信じることは困難となります。自明性を喪失し、「あったこともなかったことにできる」世間の中で、絶望と孤独を強いられ、生きていく気力と術を失うほど、被害者にとっては生死にかかわる「魂の殺人」なのです。性暴力が放置されている現実は、被害者にとってまさに日常生活が〝戦場〟と化してしまうことです。平和と安心の得られない「悪夢」のような現実から、生還する出口を見失うことなのです。

そして、こうした性暴力被害者のPTSDと向き合い、回復するためのケア、社会的サポートが必要であるのと同様、広島はこの七〇年間、被爆者の心の傷、PTSDと向き合ってきたと言えるのでしょうか。一部、語り部の方々が歴史と記憶の継承に尽力している一方で、多くの被爆者は沈黙している、または沈黙を強いられているのではないでしょうか。被爆者という言葉は、被害者というニュアンスを弱めてはいないでしょうか。もし、被爆者の心の傷が癒されたとすれば、それは何によっていかに癒されたことを意味するのでしょうか。被爆者は、心の傷が癒されることによって、原爆投下を「赦すことができる」のでしょうか。

原爆投下した者たちへの報復を望む被爆者はおそらくいないでしょう。だからといって、原爆投下した者たちとの「和解」を被爆者が願っていると言いきれるでしょうか。被爆者にとっての課題は、加害者との「和解」を望むかどうかではなく、加害者を「赦せる」かどうかではないでしょうか。「和解」を願うのは、加害者の立場です。そして、仮に、性暴力被害者であれば、加害者を赦すことができたとしても、そこに至るまでは数えきれない葛藤を経なければなりません。もちろん、絶対に赦せないという被害者がいてもおかしくないのです。それは被爆者としても同じはずです。「赦し」と「和解」は、長く苦渋に満ちたプロセスだからです。

しかし、怒り憎しみ続けることもまた、苦痛以外の何ものでもありません。だから、赦せる境地に至ることは癒しとも関連しています。「赦せる」ためには、被害者が味わった苦しみを加害者が十分に理解し、自らの過ちを率直に認めて被害者に謝罪し、二度と同じ過ちを繰り返さないことを誓うことが不可欠です。加害者が被害者の苦しみを無視し、そうした他者理解・謝罪・反省・誓いを拒否し続ければ、被害者は加害者を憎み、怒り続ける苦痛から逃れられないからです。赦せないことは、さらなる苦痛が日々積み重ねられていくことでもあります。加害者が人間としての誠意を示すことで、被害者が加害者を「赦せる」境地に至るなら、被害者はさらなる苦痛を重ねることから解放されてゆくのです。

被爆者にとって、「赦せる」かどうかの対象は、原爆投下を実際に行った人・軍・国家だけではありません。過去から現在にいたって、核兵器の使用を阻止せず傍観してきた者たち、核兵器の保有に反対しなかった者たちも含まれるはずです。それらの人々を「赦す」境地に至るには、「和解」を目指す加害者側の熱意と誠意が不可欠です。つまり、「赦し」と「癒し」は、相互行為としてのコミュニケーションをともなうものであり、被害者側だけがいくら意志と努力を重ねても、それが双方向的なものにならなければ不可能なものなのです。それが、被害者が「赦し」「癒し」に至る過程を困難にしている主な要因でしょう。

広島の街や建物は再建されましたが、被爆者の〝心の傷〟は未だに癒されていないはずです。にもかかわらず、報復も怒り憎しみ続けることも望まないとしたら、何かによって「忘却」させられてきただけなのではないでしょうか。では、いったい何を、誰によって「忘却」させられてきたのでしょうか。

GHQのプレス・コードによって「平和」「復興」という表現が増加し、それによって「語りたくても語れなくなった」内容があると、森田裕美さんの報告「ヒロシマとメディア」で述べられていました。「語りたくても語れなくなった」内容とは何だったのでしょう。「語りたくても語れなくなった」ことに対し、当時の記者は怒りと反発を感じていたのでしょうか。あるいは、怒りと反発を感じることまで自己抑制したのでしょうか。「自己抑制＝本音を表現することをタブー視」したことから、その後の広島世論が形成されてきたのだとしたら、広島が失ってきたものは何だったのでしょう。そして、安心して本音を語れることによって得る癒し、つまり、〝ナラティブ・セラピー〟が困難になったことで、癒されないままの被爆体験を抱き続けるとは、どのようなものでしょうか。

北原恵さんの報告「天皇の広島・被爆者慰問はいかに語られてきたか？：一九四七年全国巡行」では、天皇の巡幸によって、「国家は誰を見舞うのか、補償するのか」という公的哀悼の境界が文化的・制度的に作られ、国家によって見舞われるべき正当性が付与されるものとそうでないものに分別されていったことが分析されていました。被爆者が負った心の傷は、国家によって見舞われるべき正当性を果たして付与されたのでしょうか。それとも国家によって見舞われる・補償されるべき正当性を与えられないままに疎外されてきたのでしょうか。

直野章子さんの報告「『和解』に抗して：原爆被害者の怒りを拓く」では、原爆を投下した国、加害者側への怒りが書かれずにいた状況下での「沈黙」と「無力」の意味を分析しながら、それでも記録されてきた米国に対する怒り、憎しみ、恨みに注目していました。怒りと憎しみは表現されなかったのではなく、されていても、誰が発したかによっては世間がそれを「聴き取らない」ことで、封印されてきたことに言及しています。例えば、女性が原爆を投下した加害者に率直な怒りと憎しみを表した場合、その表現をジェンダー化することで、ミソジニーとともに、人間としての未熟さや過ちによるものと解釈して「聴き取らない」ことを正当化したのです。

三、痛みの忘却と、保守化

広島の記憶を女性化するということは、さらに異なる意味がいくつもあります。被爆者イメージを「無害無辜の少女」にすることで、軍都ゆえに原爆投下のターゲットとされた廣島の加害責任を人々に忘却させる効果があることは、多く指摘されている通りです。

同時に、被爆者イメージをか弱き少女に限定することによって、「敗者・弱者であること」「深く受傷していること」を自らの男性性ゆえに認められずにいる男性被爆者たちが、「被害者としての自画像」を直視しなくてもいい効果を期待できます。敗北を受け入れることができずに、「諦めません、勝つまでは」「今に見ておれ、いつかこの落とし前をつけてやる」と、憲法九条「戦争放棄」は「去勢される屈辱」だとして未だに改憲を悲願とする人々の意識と、永久に〝敗け組〟の席に座り続けることから脱出したいナショナリズムは、広島の記憶の女性化と通底しているのではないでしょうか。軍都であったがゆえのジェンダー化とナショナリズムは、相互に関連し合いながら、心の傷を癒すことを困難にしています。癒しは、心の傷と向き合うことから始まるのですから。

保守化するということは、現存する権力構造を是認し、それを温存助長しようとすることです。その権力構造から恩恵・利益を得ようとすればなおさらです。「勝ち組」であろうと、他者を排除してでもマジョリティの地位を確保しようとすれば、他者を理解し人権を尊重することなど二の次となります。弱肉強食の新自由主義も批判することなく、社会的弱者、少数派マイノリティ、女性、子ども、性暴力被害者への差別に対する違和感も封印するでしょう。――広島も保守化していると言われますが、こうした状況は見られないでしょうか。「内向き」で「身内しか映らない視界」の中で、ナショナリズムを「享楽」しているのでしょうか。痛みの忘却は、保守化を招きます。自己の痛みを封印することで、他者の痛みに対する感性も鈍るからです。

四、平和・人権・共生の発信地であるために
――被爆・被曝・性暴力被害を二度と起こさないために広島にできること

自らの痛みの理解と表裏をなす〝他者理解〟から目を背けないこと――平和・人権・共生の発信地でありたいと広島が真摯に願うのであれば、性暴力被害と被爆による両方の心の傷と向き合うことが不可欠です。性暴力被害を「対岸の火事」と傍観するのではなく、同じ地平に立って見つめることです。

二〇〇七年広島市で起きた米兵によるレイプ事件[2]を、主催者「日本女性会議二〇〇七ひろしま」が出した報告書の中では「なかったこと」にされました。しかし、米国による被爆と米兵によるレイプを関連のないできごととしたままで、平和を希求していくことが果たして可能でしょうか。

そして、「従夫慰安婦」「従軍慰安婦」を生み出すジェンダー構造と権力作用を認識し、脱構築する方法を模索して対話・議論を重ねることはＤＶ・性暴力の根絶であり、反戦・反核・反原発と「同じ山頂を目指す別々の道」となるはずです。差別の撤廃と多様性の受容は、戦争をなくし平和を創る上で社会的な必要条件だからです。

五、自己決定権のない奴隷と、奴隷でない者は同志になりうるのか？

売買する者の関係性が完全に平等で、売る者が完全に自由な選択肢として行う売春は存在するでしょうか。もし、そうした売買春が可能であるなら、売買春と性暴力は切り離して考えることができるでしょう。しかし、もしそうではないなら、いくら暴力的な強制がなくとも、いくら「合意」があったとしても、売買春と性暴力を切り分けることは限りなく困難となります。

「自ら」の意思で売春を「選んだ」と考えている者であったとしても、関係性や社会状況・社会構造自体に暴力性や権力作用が内在していなかったとは断言できないでしょう。売春を拒否する選択肢が理屈上は存在しても、現実には売春以外の方法で経済的に自立して生き延びる選択肢が保障されていない場合、その売春が自由意志によるものとは言い難いのです。自由意志によらない売春は、いつでも性暴力被害と不可分だと言えます。

自己決定権をもたない奴隷と奴隷でない者がもし同志になれるとしたら、奴隷を生み出す構造、すなわち暴力性と権力作用をはらんだ関係性を、それぞれ別の位置から、互いに解体しようと目指しともに尽力するときのみです。また、性暴力被害者として、少女と娼婦を分けること、被害者の性的経験の多寡を問うことには、果たしてどのような意味があるでしょうか。

過去一九〇七年に成立した刑法強姦罪では、夫の所有物たる妻を、他の男が性的に強奪することを罪とすることによって、夫が妻を性的に独占所有できることを定めました。その際、守られるべき対象は女性の性的自己決定権ではなく、夫の所有物たる妻の貞操であり女性自身にも貞操義務が課されていたため、強姦が強姦と認定されるためには、男性の強奪行為だけでなく女性がどれほど貞節義務を順守していたかが問われてきました。しかし、こうした刑法強姦罪が成立した当時の社会状況ならともかく、現在はもはや女性は男性の所有物ではなく、一人の独立した人格として自己決定権が尊重されるべき時代となっています。そこでは、もはや貞操という概念自体が過去のものとなっている上、被害者の属性・性質や社会的地位の高さいかんに関係なく、強姦は強姦と認識されるはずです。なぜなら「相手の意思を無視して他者を支配し、最も原初的なプライベート領域である身体の境界線を侵犯する」という、あくまでも加害者の行為のいかんによって強姦は定義されるべきだからです。

六、強姦とは加害者の行為であって、被害者の属性によって定義されるべきでない

つまり、被害者の属性、行動のいかん、特に、被害者が「命がけの抵抗」をしたかどうかによって、強姦か否かを判断されたのは過去のことであって、現代にあってはそれが合理的だとは考えられなくなりました。「命がけの抵抗」がなければ、イコール「合意の上での性交」だという解釈がされるのであれば、それはあまりに論理の飛躍と無理があると言わざるをえません。「命がけでＮＯと言わない限り、それは合意を意味する」と判断されるものなど、強姦以外、いったいどんな例があるでしょうか。「命がけで強盗を阻止しない限り、その強盗に合意していたはずだ」とは誰も考えないように。

そのようなものは、存在しないはずなのです。にもかかわらず、なぜ強姦となると、そのような非常識すらもこれまで常識としてまかり通ってきたのでしょうか。

強姦が支配欲である以上、支配しようとする者に命がけで抵抗すればするほど、加害者側のさらなる支配欲を引き出し、殺されることまで覚悟しなければなりません。殺されたくなければ、どんなに不本意であっても強姦への抵抗を「自粛」し従わざるをえないと言えます。そもそも、殺される恐怖で身体が固まり、抵抗どころか身動きすらとれなくなるのが普通です。よって、強姦か否かの判断の際、被害者の「抵抗の度合い」を「合意の度合い」に読み替えること自体、身の危険を感じる恐怖に対する生理的反応や生存本能を理解していません。被害者側に少しでも「落ち度」があると解釈すれば、それをもって被害を被害と認めず、かえって「貞操を守り切れなかった落ち度」を責めるように、被害者に対しては「完璧さ」を厳しく求めるのに対し、加害者の故意・過失については、相対的に甘くなる、不当な判断が少なくありません。

「男は女より優位にあるもの」「男たるもの女を支配できて当然」という〝男らしさの神話〟によって男たちに内面化された支配欲が、男たちを強姦に向かわせてきたことをかんがみたとき、強姦の被害者側に「落ち度」があ

るか否かを推し量る発想そのものが、〝男らしさの神話〟を自明視したジェンダー差別であり、加害者側に立つ不公平な判断です。しかし、この認識が、社会的には未だに十分共有されていないのです。

元「慰安婦」女性は、たとえそれが日本人「慰安婦」であったとしても、男性が女性を金銭または権力関係によって支配しようとする、社会構造の中における性暴力被害者だといえます。「売春婦」またはセックス・ワーカーを、性暴力被害者と呼ぶことに違和感を覚える人もいるでしょう。しかし、個人の「選択」や「自己決定権」が十全にあるとは言えない時代や社会状況においては、個人の「選択」「行動」の背景にある社会構造、権力作用のあり様を考慮する必要があります。背景として、植民地と宗主国の間にある権力構造があるのならなおさらのことです。

さらに、男性が女性の性をお金で買うことを公然と制度化していた公娼制を有していた日本社会において、貧困層や階層的に低い層に属する社会的に弱者の女性が、その公娼制度の中で売春に従事せざるをえなかったことは歴史が示す通りです。仮に、「慰安婦」にされた女性たちが売春に従事していた事実があったとしても、それは彼女たちが商品として売られなければならなかったほどに社会的弱者であった事実を物語ってはいても、金銭を授受するなどして「慰安婦」制度から利益を得ていた（＝被害者ではない）などということを意味しません。

階級・階層の問題には触れずに、強制性や合意の有無、金銭の授受を介した売買春であったか否かに問題の焦点をそらすことで、加害者の所属集団側が「木を見て森を見ようとしない」のであれば、意図的な責任回避を集団／国家として行っていると思われても仕方ないでしょう。

たとえ売買春の形式をとっていたとしても、「『慰安婦』だって商売で金をもらっていたのに、今さら被害者だ、日本国の責任だと言ってくる方がおかしい」と言えるでしょうか。植民地時代で、土地・名前・言葉・教育・文化・コミュニティ・自己決定権を奪われ、生き延びるため家族も離散していかざるをえなかった民衆たちにとって、職業選択や「商売」上の契約が、社会構造や権力作用の影響が及ぶことなく自由かつ平等になされたことなどあったのでしょうか。

日本軍が自ら認めているように、「慰安婦」制度を採用し利用したそもそもの目的とは、戦地で民間女性をレイプすることによって皇軍に性病が蔓延して戦力が低下すること、あるいは軍の規律が乱れるのを防止すること、現地民衆が軍への反感を増大させて軍に不都合な状況が生じないようにすることにありました。そのために自国軍兵士の身体とセクシュアリティを徹底管理し、それにより兵士たちの人間性をはく奪し、命令に絶対服従する人殺しマシンとなるよう新兵訓練をすることにありました。その中で、相手を同じ人間として見なすことなく、被支配集団の女性を道具として設置し、使い捨て資源として徹底利用したのが「慰安婦」制度です。

それを「元慰安婦は売春婦だったのだから被害者ではない」と言って開き直ることは、単に自らの責任を放棄して、彼女たちに二次加害を与えるにとどまらない問題です。

七、権力構造＝重層化する加害者たち

ジェンダー視点から、社会構造として「慰安婦」への性暴力を考えた場合、その加害者／加担者は、「慰安婦」女性の身体を濫用した兵士といった特定の個人に留まりません。なおかつ、加害者は日本人、被害者は朝鮮人など、被支配民族と国籍や民族単位で加害者・被害者を分けることも困難です。「慰安婦」問題とは、あくまでも性暴力というジェンダー問題として解決を図るべきものであり、本来、そこに国家間や民族間で対立する政治としての問題設定を持ち込んではならなかったはずなのです。被害者である彼女たち自身を差し置いて、国家間の政治的駆け引きの材料にするなどもってのほかです。ましてや、国家間における妥協の産物としての「和解」を目指す課題であるはずもありません。そうした意味で、朴裕河の問題設定は単に記述に事実誤認が多いのみならず、文脈からして明らかに間違っています。米国をはじめ、日韓が政治的に妥協して関係改善することを望む勢力がいることは確

かですが、朴裕河の問題設定は被害者に二次加害を加え、かえって双方のナショナリズムを鼓舞する結果を招いただけで、ジェンダー視点による「慰安婦」問題解決を後退させました。朴裕河の罪は大変に深いと思います。

再び、社会構造として「慰安婦」への性暴力を考えてみましょう。その加害者／加担者は、「慰安婦」女性の身体を濫用した兵士といった特定の個人に留まらないことは明らかです。

それぞれの責任は均一ではありませんが、性暴力を発生させる社会構造に加担してきたのは、複数の多様な立場の人々です。朝鮮人を含め、実際に慰安所の運営にあたった民間業者もいれば、征服対象の民族を抹殺（民族浄化）する策として、あるいは新兵訓練のため、管理買春を通じて兵士の身体を管理支配しようとした軍も含まれます。戦争を遂行する道具として女性を利用した国家はもちろん含まれます[3]。さらに「慰安婦」制度以前から、女性に貞節を義務付けてきたことで、皮肉にも未婚女性の身体に日本軍から「衛生的なる公衆便所」の役割を付与されたこと、「解放」後は「貞操を守り切れなかった民族の恥」として、彼女たちを社会から排除してきた同胞社会の儒教的家父長制も含まれます。

性暴力を温存助長する社会構造に加担する者は重層化しているのです。それらの人々は互いに政治的には対立しながらも、いずれの社会においても買春する男性には寛容です。それに対し、売春する／せざるを得なかった女性に対しては、極端な非寛容をもって差別し、同じ人間とみなさずに排除してきた点においては共通しています。女性を家父長制社会における資源として「聖母」と「娼婦」に分け隔てる、この〝性の二重規範〟が戦時性奴隷制度を生み出した構造の根幹にあります。こうした女性を資源として活用する発想による〝性の二重規範〟と闘わずして、「慰安婦」問題の解決はありえません。そして、「慰安婦」にされた女性たちへの二次加害はなくならないのです。

八、彼女は「慰安婦」にならずに済んだのか？

では、その「慰安婦」にされた女性とは、いったい誰のことでしょうか。「慰安婦」にされたと名乗り出ることのできた女性たちは氷山の一角に過ぎません。被害者であるにもかかわらず、社会から厳しい二次被害を受けることを恐れ、名乗り出られない女性が多かったことは推測に難くないのです。しかし、それだけでは済まないのです。以下は、それを物語る一例です。

一九八七年、あるＴＶ局に広島在住の「在日」男性から「植民地時代の水原《スウォン》で暮らしていた初恋の女性の消息を探してほしい」という依頼がきたことから、当時ソウルに留学中であった私は、その女性の消息を探すアルバイトをすることになりました。植民地時代、ソウル付近で暮らしていたその男性には思いを寄せる女性がいました。その女性も男性に思いを寄せており、お互いの気持ちはわかっていましたが、それを口に出すことはできずにいました。ところが、その地域の各家庭におりた「未婚女性を全員挺身隊に出さなければならない」という命令が、彼女のところにも届きました。それが何を意味するかがわかっていた彼女の親は、慌てて誰でもいいから娘を嫁がせようとしました。しかし、既に多くの独身男性は軍に召集されており、残った独身男性は結核患者など徴兵検査に不合格になったような男性ばかりでした。そのため、ある日、その男性は彼女から「相談したいことがある」と打ち明けられました。当時、女性から結婚の申し込みなどできるはずもない時代でしたが、二人の結婚について男性から彼女の両親に話をしてもらえないかという思い余った彼女の相談だったのではないかと、男性は受け取りました。ところが、相談のために龍山の駅で会う約束をした日の直前、男性は召集されてしまい、彼女と会う約束を果たすことができませんでした。それから四〇数年の年月が過ぎ、彼女がその後どうしているのかずっと気がかりでした。男性も高齢となり、死ぬ前にどうしてももう一度彼女に会ってから死にたいと、ＴＶ局に彼女を探してほしいと依頼したのだそうです。

私が水原の市役所に出向き職員に事情を話すと大変協力的で、彼女の植民地時代の住所が一九八七年当時のどこに当たるかを一緒に調べてくれました。創氏改名による彼女の日本名を頼りに当時の戸籍を探したところ、彼女の実兄がまだ同じところに住んでいることを突き止め、連絡をとって会うことになりました。ところが、実際に会ってみると、「妹の消息は聞かないでくれ」の一点張りで話になりませんでした。そこで、私は恐る恐る「もしかしたら、妹さんは挺身隊に行ったのですか?」と聞いてみました。すると、お兄さんは「妹は『慰安婦』にされたわけではない」と言うために、やっと重たい口を開いて話を始めました。

お兄さんによると、挺身隊に行かなくていいようにと、妹さんは親から急いで無理やり結婚させられたのですが、相手は結核患者でした。夫は看病のかいなく、結婚後間もなく亡くなったそうです。それでも、女は「出家外人」(4)という儒教の教えにより、実家に戻ることも再婚することも許されませんでした。儒教の徳治主義(6)が近世から長く続いていた名残で、婦徳を破る女がその家系から出ると一門が没落するとまだ信じられていたため、彼女が実家に戻ること、再婚することを家族が許さなかったからです。こんな時代や価値観、文化体系をもつ社会での女性を「慰安婦」に仕立てあげたことが、どれほど当事者たちにダメージを与えたことか考えてみて下さい。

植民地支配から解放されたとはいえ、朝鮮戦争で生活の場がすぐ戦場となっていく当時の朝鮮にあって、家族からも締め出された彼女が生き延びていく手段は限られていました。お兄さんいわく、「解放」後、彼女は米兵相手の酌婦となったそうです。そして、米兵の一人と再婚して渡米した彼女は、貞節を守れなかった「一家の恥」として、家族から永遠に縁を切られてしまいました。家族と故郷を喪失した彼女が、渡米後、今どこで何をしているのか、生死すら不明だとお兄さんは語ってくれました。

確かに、彼女は日本軍の「慰安婦」にされることからは免れたかもしれません。しかし、家族と故郷を喪失してたった一人、洋公主《ヤンコンジュ》(「在韓米軍慰安婦」の蔑称)となって生き延びる以外に彼女には生きる途はなかったという事実に、果たして、彼女は「慰安婦」になることを本当に免れ得たのだろうかという疑問が湧きます。

「慰安婦」制度とは、日本軍の「慰安婦」にされた女性のみならずされなかった女性までをも含め、多くの女性から、その人生を、家族を、故郷を奪ったのです。そして、その「共犯者」は、儒教の婦徳をはじめとする女性を一人の人間として尊重せず、その人格や自己決定権を奪ってきた社会や文化のあり方としてのジェンダー差別です。「慰安婦」として連行された際における〝強制性〟の有無や〝売春〟いう形態の有無を議論することに終始するのは枝葉末節であり、「慰安婦」制度がもたらした問題の本質から目をそらすものです。

戦争遂行の手段として、恥もためらいもなく、女性を使い捨て資源として徹底利用した大日本帝国。そして、自分の家門が没落することを恐れるあまり、同族の女性を死か売春かを選ばざるをえない状況に追いやった朝鮮の儒教社会。「慰安婦」にされた女性たちは、この両社会によって幾重にも「魂を殺された」のです。その両社会において、当事者ではないメンバーが当事者の頭ごなしに、慰安婦問題において「和解」するという発想自体、当事者の主体性を無視した驕り以外の何ものではなく、二次加害そのものではないでしょうか。

では、被害当事者は誰と「和解」するのでしょうか。いや、そもそもそれは「和解」と呼びうるものなのでしょうか。

九、Home grown terroristsの意味
――グローバル資本主義国家間連携と搾取される人々との戦争

今や、戦争や植民地支配とは、国家間で生じる武力衝突や支配・搾取だけを意味するわけではありません。グローバル資本主義に基づいて連携する国家群と、それによって支配・搾取される人々との間における対立と暴力こそが、

その「主戦場」と言える時代へと移りつつあります。国家にとって、外国や外国人のみならず、国内で生まれ育った自国民が「敵」となって、「反社会的なテロ」攻撃を行うケースが目立ってきました。

グローバル資本主義が進むことにより、先進国の製造業は人件費の安い地域へ国境を越えて移動していきました。それにともない、先進国では産業の空洞化が起こり失業率が上昇傾向を示しますが、グローバルな価格競争を勝ち抜くためには、先進国内では使い捨ての安い労働力として、外国人労働者や女性だけでなく、若者を中心に男性の間でも失業率・非正規雇用率が高まってきました。そして、時間の経過とともに、その世代は、扶養される若者世代から親となり子どもを育てる世代になるはずですが、ならないままに高い失業率や非正規雇用率のまま年齢を重ねていくことで、社会は不可逆的な変容を示すようになります。

国家間の南北問題に加え、先進国内での貧富の格差として、人種・エスニシティ・宗教・ジェンダー・世代などを境界線とした「越えられない壁」が拡大していきます。日本でも労働者のうち、若者を中心に非正規雇用が四割を超えるようになりました。若者世代の「貧困化」が進むと、婚姻率・出生率とも下がり、家族や生活様式といった文化の構造が徐々に変容し始めます。これまでとは異なる人生観、世界観、家族観が、その変化にともなって台頭しており、従来のような希望や将来予測が困難となり、その中で疎外感を増大させた人々の一部からは、反社会的な行動も生じてくるでしょう。

グローバル資本主義によって、国家間の敷居は低くなり、国家と国家は地域共同体や経済連携対立するより連携を選択するようになっただけでなく、ビック・データの共有などを通じて、そうした「反社会的行動」を未然に防ごうと連携して、それぞれに自国民の監視・管理を行うようになっています。(7) 国家にとって「テロとの戦い」とは、グローバル資本主義の中で疎外された「自国民」による、グローバル国家連携への抵抗を封殺することとなりつつあります。

自分が「負け組」のマイノリティになりたくなければ、「勝ち組」となってマイノリティを排除する立場にたどり着くため、必死に競争を勝ち抜くよう仕向けられます。かつてマジョリティであった中産階級は、貧富の格差拡大と競争の激化の中で二極分解していき、階級としての中間派ではなく下流に近くなりつつあります。しかし、「中間層」に位置する国民たちは、保身を図ろうとして支配層によるナショナリズムに巻き込まれていき、グローバル資本主義のメカニズムを温存助長する結果、自ら墓穴を掘ることになるかもしれません。むしろ、「蟻地獄」のような貧富の格差拡大社会をなくすことでしか、「テロ」を根絶できないのではないでしょうか。排外主義を選択して、人々が次々と分断されていく結果に手をこまねくのではなく、差別・不平等・帝国主義をともになくそうとすることです。ただし、目指す社会は、かつての共産主義や社会主義による国家ではありません。

一〇、多様性の受容と、表現の自由は、なぜ対立する価値とされてしまったのか?
――表現をめぐる許容と拒絶の政治

二〇一五年一月、なぜ Charlie Hebdo《シャルリ・エブド》 襲撃事件は起きたのでしょうか。

実行犯が暴力によって否定しようとした表現は、「表現の自由」として擁護されてしかるべきものだったのでしょうか。

“Je suis Charlie” と多数の人々が掲げて史上空前のデモを行ったことは、Charlie Hebdo の表現によって傷つけられたイスラム教徒にとって二次被害とならなかったのでしょうか。

イスラム教徒が、同じイスラム教徒だと呼ぶことを躊躇するようなＩＳＩＳを生み出したものはいったい何だったのでしょうか。

もし、多様性を受容することによって「表現の自由」を尊重しつつも、ある表現によって深く傷つけられる人がいることを社会が認識していたら、その人々の痛みを放置せずにいたら、ＩＳＩＳは生まれずに済んだのでしょうか。誰の痛みに対して社会が配慮を示し、誰の痛みに対して社会は放置してはばからずにきたと言えるでしょうか。表現をめぐる許容・拒絶の政治は、どのようなパワーバランスの上にあるのでしょうか。たとえば、傷つけられたのが少数派であったとしたら、人間の尊厳を傷つける表現は「表現の自由」のうちと見なされうるのでしょうか。

それは、共生と人権尊重を目的とするMulticulturalismにおいても、でしょうか。

少数派を傷つける表現や行為に対し社会としていかに対応すべきか、日本にとっても「対岸の火事」ではないでしょう。

おわりに――広島が、東アジアの交差点となる可能性

広島の歴史を振り返った時、日本の中で最も多くの移民を海外に送り出した県であったことの意味は無視できません。

安芸門徒は出生率が高く人口過剰となりがちでしたが、耕地僅少だった安芸地方は海の民が多かったこともあり、海を渡って「出稼ぎ」に出ることにも抵抗がなく、すでに幕末期から多くの人々が海外に出ていました。余剰人口の棄民や、日本が海外に進出する先駆けを送り出すため、明治期に日本－ハワイ間の官約移民に関する条約が結ばれ、募集が始まると、広島・山口だけで七割余りを占めるにいたったそうです。

移民として出ていかざるをえないのは「ここにとどまっていても平穏に食べていけない」からであり、それだけ人口当たりの生産性が低かったことを意味していました。それが日清戦争をきっかけとして、軍事産業を誘致し、

広島が日本一の軍事県となっていった理由でもあります。そして、軍都廣島であったからこそ、原爆の最初の投下先候補に選ばれたのです。

広島が、突出した移民排出県であること、軍都であったこと、原爆が初めて投下された街であることは、全て関連しています。

「日本は唯一の被爆国」と言いますが、正確に言えば、被爆者は日本国籍者のみではありません。当時、植民地支配により、少なからず広島にいた朝鮮人・中国人の被爆者、その他にも多くの被爆者が存在していたことを忘れてはなりません。つまり、植民地支配を行った宗主国の軍都として、広島に越境して来ていた相当数に上る「外国人」（当時は植民地出身者も大日本帝国臣民だが）被爆者がいる一方、海外で暮らす広島出身の「（他国の市民権を保有する）日系人」と家族関係にある被爆者も多いのです。こうした被爆者たちのネットワークは、国境やナショナリズムを超えて痛みを分かち合い、人類共通の課題としてともに心身の傷を癒す過程を、平和を創造する可能性と責務を有しています。

原爆投下とは、ナショナリズムを超えて、人類全体への犯罪であったはずです。しかし、被爆者たちの頭越しに行われた「和解」によって、米日韓軍事同盟が成立し、強化され、被爆者の声と記憶はかき消されてきました。原爆投下という人類への犯罪は裁かれることもなく、公式陳謝がされることもなく、七〇年間も断罪されずに放置されてきました。

そして、一九四五年以降、政治的にも経済的にも複雑に分断され、対立を余儀なくされて今にいたった東アジアの人々がいます。被爆者が自分たち自身の原点に立つことで、グローバルな国家間連携による人々への管理・支配システムに対して、暴力に頼らない方法で、ともに抵抗していくことができるのではないでしょうか。被爆・被曝・性暴力被害という、反戦平和の要となる問題を解決するために、率直な意見を出し合い、和気あいあいのうちに行われる議論の拠点として、広島だからこそ、ネットワーキングとリソース（情報・社会的資源）を提供できるのではないでしょうか。

　現代における「戦争」が何をめぐる対立なのかを考えたとき、世界の平和を創造するには、連携する国家群から切り捨てられ追い込まれていく人々が、蛸壺化する問題群を束ねて交差させ、別々の道からでも共通の山頂を目指して集い連帯できる〝交差点〟が必要です。広島にはその交差点となりうる可能性があり、それを目指すことが広島の役割ではないでしょうか。

追記

　本稿執筆時には予想していなかったオバマ大統領の広島訪問が、二〇一六年五月二七日、現実となりました。米国の現職大統領として初めて、安倍首相とともに、一〇分ほど原爆資料館を見学した後、原爆死没者慰霊碑に献花し、約一七分の演説を行いました。当初、所感を述べる程度と言われていたのに、今や「歴史的演説」とまで言われるものとなりました。

　「一〇万人を超える日本の男性、女性、子どもたち、多くの朝鮮半島出身者、そして捕虜となっていた十数人の米国人を含む犠牲者を悼むため、広島を訪れた」との説明には、東アジアの国際関係、米国内の退役軍人などへの配慮をにじませた政治的な匂いがしました。「いつの日か被爆者の声は消えていくが、一九四五年八月六日朝の記憶は風化させてはならない」と力を込め、「歴史を直視する責任」を共有していること、「戦争・紛争を阻止し、核兵器なき世界を追求する勇気」を持たねばならないと言及しました。核兵器を世界で初めて実戦で使用し、市民を犠牲にした責任には触れられませんでした。そして、戦争を阻止する努力として、「昨日の敵が今日の友となった」日米軍事同盟が平和の証であるかのように評価しました。

　本当に平和を望むのであれば、核兵器はもちろん、それ以外の兵器も、そして、敵として相手をみなす視点、命を奪ってもいい存在として相手の人間としての尊厳を踏みにじる差別にも反対していくはずです。ですから、一方で、平和を奪われ続けている沖縄にも、本来ならば思いを馳せるはずです。現職大統領の広島訪問が、沖縄で繰り返されてきた差別と犠牲を後景に追いやり「忘却」させるものとなった途端、それは、単なる政治ショーであり茶番となり下がるのです。

招かれた被爆者代表に歩み寄り、手を握り、耳を傾け、肩を抱擁はしましたが、謝罪はなく、亡くなった方々へ頭を下げることはありませんでした。責任の所在が問われないことで、「加害者」は「慈悲深い救世主」と化し、「非核化を進める最前線」として突然「未来を託される希望」となったのです。

これまで、人体実験さながらに実戦で初めて核兵器を使用し、核武装拡大の最前線を推し進めてきた軍事大国が、です。何という皮肉でしょうか。

被爆者代表は「長年の活動がこんな形で報われるとは」と、それを歓迎しました。米国内でも、日米間でも、政治的に非常に微妙なテーマであるにもかかわらず、困難を越えてまで「訪問してくれたことにまず感謝」し、「核兵器は人類が造った不幸だから、アメリカを恨んではいない」との被爆者代表の発言まで引き出すことで「お墨付き」を得て、この広島訪問は歴史を塗り替えてしまったのです。

ただ、そのことで被爆者を責めるのはあまりにも過酷です。なぜなら、それは加害国大統領の訪問を「歓迎」せざるを得ないほど、これまで七一年あまりの長きにわたり、被爆者の方々が深く苦しんできた証でもあるからです。ただ、私たちの想像力は、こんなにも残虐な方法で、筆舌に尽くしがたい苦しみの中、なぜ自分が殺されていくのか理解できないまま、無念にも亡くなっていかれた被爆者の方々の「言葉」を聞き取る力となるはずです。

この先、米国大統領の広島訪問に対して、広島市民が「歓迎」ムード一色になることはおそらくないでしょう。自分に正直に語ることがタブーとならない限りは。そして、本当に平和に向かうには、何よりも広島と沖縄の人々が分断されるようなことがあってはならないのです。

大統領が「謝罪」を避けたかったのは、退役軍人会など米国内の意向を気にしただけではありませんでした。原爆投下への謝罪があれば、パールハーバーへの謝罪をせざるを得なくなると考えた日本側も、「日米双方とも謝罪と受け取られる行動はとるべきではない」との立場をとりました。日本は中国、韓国との間に歴史認識の問題を抱えており、それが再燃しかねないことを懸念していました。被爆当事国政府として、被爆への謝罪を加害国にしてほしくないとあえて表明する政治的理由がこれでは、あまりにも姑息であり、ほかならぬ自国民、特に被爆者の方々への裏切りではないでしょうか。日本政府は、パールハーバーはもちろん、アジアへの侵略も反省してはいないのです。それが、一番の問題なのです。

なぜ戦争を始めてしまったのでしょうか。なぜ戦争を止められなかったのでしょうか。二〇〇〇万を超えるアジアの民を巻き添えにして命を奪い、自国民も使い捨てにしてきた根本的原因はまだ消えてなくなってはいないのです。人種差別・民族差別・ジェンダー差別も、自国民を使い捨て非正規労働力として安く使おうとするのも、人間の尊厳を踏みにじっても「自分さえよければいい」という一部権力者と、それに反対せずに保身を図る者たちによって連綿と残されてきたものが、です。もし、仮に、核兵器という「道具」をなくすことができたとしても、この人間の傲慢さこそを私たち自身がなくしていかない限り、平和に向かうことはできないでしょう。

註

（1）過去の侵略に対して反省し責任も取らないまま、大嘗祭で再び「天皇陛下万歳」を唱えることに抗議し、平和公園の外に立たされていた韓国人原爆犠牲者慰霊碑の下で、一九八九年一一月に私はハンガーストライキを行う等、一九八八年四月〜九九年三月まで暮らした広島にはいろいろな意味で鍛えられました。一九九二年から初めての子育てをしたときに支えてもらった広島は、第二の故郷でもあります。広島を批判するためではなく、「これからの七〇年」をともに考えていくための提言としたいと思います。

（2）藤目ゆき『女性史からみた岩国米軍基地：広島湾の軍事化と性暴力』ひろしま女性学研究所、二〇一〇年。

（3）実際には「慰安婦」女性には一人として会ったことがなく、買春もレイプもしたことがなくとも、「慰安婦」制度について、天皇には責任があります。「天皇陛下に戦争責任がないなどと言ったら、それこそ天皇陛下に対して失礼になる」と明言して亡くなった大日本愛国党初代総裁・赤尾敏の言葉通り、天皇が単なる操り人形やお飾りでないなら、国家元首として、軍の最高責任者として責任がないはずはありません。天皇の責任を認めたがらないのは、自らの権力に天皇からお墨付きを与えてもらうことで自己正当化したい権力者たち、つまり、天皇の権威を利用したい者たちでしょう。そして、「天皇に戦争責任がある」ということは、「天皇だけに戦争責任がある」ことを意味していません。天皇だけに責任を押し付けて、戦争に加担してきた天皇以外の全ての人々の責任が忘却されてはなりません。もちろん、それぞれの責任には差異がありますが。

（4）「一度嫁いだら婚家の人間となりきる。実家には戻れない」、実家より婚家に忠誠を誓えという儒教の婦徳。

（5）「生涯たった一人の男性としか契りを交わしてはならない。一所懸命ならぬ一夫懸命。たった一人の男性のために生まれてきたのであり、貞節を守ってその男性の子どもを産み育て、男性に献身して生きるのが女の人生だ」という儒教の婦徳。「夫亡き後の女性はもはや生きている価値はない存在」とされ、それでも生きている女は「未亡人」（＝未だ死んでいない人）と呼ばれ、当然、死別後の再婚も許されませんでした。

（6）事大主義から、中国の傍らにあって、その影響を受けることなく、朝鮮の王朝は自国内において単独で絶対的な権力を掌握することができなかったし、絶対的権力が不在のため、家門どうしの勢力争いが絶えませんでした。朝鮮の近世において、家門の格の高さは、どれほど儒教の徳を積んでいるかで競われたため、婦徳を守れない女が一門から出そうになると、家族の手によって殺されることもあったと言います。

（7）たとえば、米日韓軍事同盟下における、Big data による管理・監視体制は、以下のように進んできました。二〇〇六年「第一次安倍内閣」成立。二〇〇七年「在日特権を許さない市民の会」が発足しヘイト・スピーチ拡大、「US-VISIT」日本導入（韓国での導入は二〇一〇年）。二〇〇九年「新しい在留管理制度」（二〇一二年施行）。二〇一三年「マイナンバー制」Big Data で一元管理。二〇一四年「特定秘密保護法」。二〇一五年「安保関連法」。

アジアとの関係を中心に置くこと

アンドレア・ゲルマー

ビジネスが現実に対する彼らの主要な防衛手段となってきたことがわかってくる。しかし、これは現実ではない――現実とはこの廃墟であり、現実とは過去の恐ろしい行為であり、現実とはあなたが忘れている死者のことだ、と叫びたい。だが、彼らは生ける幽霊なのであり、言葉や議論、人間的な眼差しや人間らしい心からの哀悼の念は、もはや彼らには届かないのである。

（アーレント 二〇〇二：五五）

はじめに

右記の引用は、第二次世界大戦終結から五年後のドイツ国民に対するハンナ・アーレントの洞察です。ユダヤ系知識人であったアーレントは、ナチス支配下のドイツを逃れアメリカで地位を確立していましたが、世界大戦終結から数年後、再び祖国の地に足を踏み入れました。アーレントはほとんどのドイツ国民が、自国のみならず他国の犠牲者達への追悼を示すことができなくなった点を嘆いており、さらには、このような堕落した状況を第二次世界大戦の恐怖が彼らにもたらしたものとして説明付けています。

この世界大戦から七〇年が経過した今日、世界中の国々はその終結を独自の基準による国策、形式、記憶の政治学によって追悼しています。七〇年の間に、ドイツをはじめとする世界中の国々で、あらゆる点において物事は大きく変化してきました。しかしながら、人々のビジネスへの傾倒、過去の出来事に対する盲目、また追悼することの不能を指摘した先述のアーレントの洞察は、ある意味で近年の日本社会において主流を為す思考態度を反映しているように思えます。もちろん、それはすべてがそうというわけではありません。広島と長崎への原爆投下という出来事を通して自国の「被害者性」を公言する一方で、日本人の目はただアジア諸国に関わる日本の過去に対してのみ閉ざされているのであり、「追悼することの不能」は日本の侵略を受けたアジアの犠牲者たちに対してのみ反映されているのです。

まさにこの点が、二〇一五年一一月に国連総会に提出された核兵器廃絶決議案にまつわる議論においても映し出されました。議案の中で、日本は初めて明確な形でヒロシマ・ナガサキに触れ、核兵器廃絶に向けた姿勢を示しました。安倍晋三首相は二〇一五年八月には、本決議案を国連に提出することを公表していました。本決議案はヒロシマとナガサキに関する言及をしているものの、大日本帝国陸軍によるアジア侵略の際の何千万もの犠牲者たちへの言及はなく、そのことによって中国側から「見え透いた偽善」ないし「意図的な記憶喪失」であるとの批判を浴びることとなりました。この「意図的な記憶喪失」という点に関しては、毛沢東率いる共産主義政権時代の大勢の被害者やチベット侵略という歴史的事件などを考えると、中国もまた「意図的な記憶喪失」を行っているとは言えますが、今回の日本の決議案には確かに、旧日本軍による侵略と犯罪の犠牲者のみならず、多くのアジア系被爆者・原爆被害者たちについての言及が抜け落ちていることは確かです。

この点において、日本の決議案はエスニシティーとして単一な「ヒロシマ・ナガサキ」の被爆者像を描きだしており、そしてそれは明らかに、「単一民族の日本」という国のイメージと直結しています。同時に、第二次世界大戦の第一の被害者である日本/日本人という独創的なイメージが再び強調されています。

このような国家によって利用されている被害者像、加納実紀代さんが言うところのいわゆる「被爆者ナショナリズム」は、佐藤栄作元首相が初めて広島の慰霊碑に参拝した一九七一年においてすでに、被爆者である詩人・栗原貞子によって皮肉であふれる詩「ニッポン・ピロシマ」によって厳しく批判されています[1]。本フォーラムでは、高雄きくえさんは栗原の人生と作品を取り上げ、それを多様な側面を持つ「ヒロシマ」の政治的、歴史的コンテクストの中において、栗原という詩人の先見性に満ちた業績を再評価しています。栗原のもう一つの詩作である「ヒロシマというとき」は、西欧諸国において彼女の最も有名な作品ですが（Minear 1999）、加納さんの部分的な紹介を除いては、日本で十分に評価されているとは言えません。一九七二年に発表されたこの詩は、先に言及した中国側の批判、つまり「アジアにおける広島の記憶」と「アジア太平洋戦争の遺産」を、極めて厳格に、かつ鮮烈に提示しています。

『ヒロシマというとき』

〈ヒロシマ〉というとき
〈ああ　ヒロシマ〉と
やさしくこたえてくれるだろうか
〈ヒロシマ〉といえば〈パール・ハーバー〉
〈ヒロシマ〉といえば〈南京虐殺〉
〈ヒロシマ〉といえば　女や子供を
壕のなかにとじこめ
ガソリンをかけて焼いたマニラの火刑
〈ヒロシマ〉といえば
血と炎のこだまが　返って来るのだ
［…］

（『ヒロシマというとき』一九七六年三月[2]）

ここに挙げた本作冒頭部分を引用し、加納さんは「ヒロシマの遺産」が持つ特性について言及し、「被害者でありながら加害者であるという二重性を背負わされているのがヒロシマなのだ」と指摘しました（加納 二〇一三：五七－五八）。

原爆投下から七〇年を経た現在、東南アジアで続くいわゆる歴史闘争の中、栗原が詩において指摘したアジアにおける女性・子供の虐殺という悲劇に加え、別のジェンダー化された被害者性が国際的論争の主題として浮上しています。婉曲的には「慰安婦」と呼ばれる、帝国陸軍の性奴隷制における性的虐待と搾取の生存者達が国際的な応援を受けている一方で、日本政府は近年、生存者の証言と多様な歴史的資料の証拠が出てきたにも関わらず、当問題が浮上した一九九〇年代よりも国家の責任を充分に認めようとしません。こうした状況下、広島は如何に記憶され得るのでしょうか。さらには、被害者のヒエラルキーづくりやアジアの被爆者・原爆被害者の不可視化、そして国家に被害者性が利用されることを避けるために、ジェンダー視点を通して如何なる可能な方法を見出せるのでしょうか。

この点を考察するために、本論では日本のフェミニスト思想家の系譜である、高群逸枝（一八九四～六四年）、所美都子（一九三九～六八年）、そして飯島愛子（一九三二～二〇〇五年）の思想を手掛かりとします。彼女達は、男女平等という単純な枠組み、言い換えればジェンダーを孤立したカテゴリーとして把握するものを、その多様性と交差性をつめていく中で、段階的にはその限界を超え、「日本中心」の見方も超えるような方法論へと発展させてきたといえます。本論では、これらフェミニスト思想家・運動家の限界、提案、同時代性、歴史や社会的状況をどれほど見抜くことができたのかを考察しながら、現在のヒロシマを記憶する可能性を探っていきます。

一、あるフェミニスト思想家の系譜

高群逸枝の場合――「女性の立場」と「追悼することの不能」の間

まずはじめに、先駆的歴史家であり、最も議論された高群逸枝について検証します。高群の最たる業績は、「女性の立場から」歴史を再検討する方法論であり、これは従来の歴史的枠組みを変えたものでもありました[3]。彼女の歴史的問題提起は、性役割分担に対する批判的なアプローチとなったという点が重要です（高群 一九六六：一五一）。文化的・政治的レベルにおいて、高群は女性の歴史をより社会的・国家的な文脈の中で見ることを試みたことに加え、その重要性と意義を様々なレベルで追求し、理論的な根拠を付けて論じてきました。

しかしながらこの試みは二面性を持つものであり、太平洋戦争では、高群が「日本人女性」の観点から歴史的・理論的立場を取って、日本国皇軍のアジア侵略を聖戦とするプロパガンダに加担したという点は注目に値します[4]。高群はその点において、ジェンダーをあくまで「日本の一女性」として、男性による支配を露呈させ、歴史化するものとして「考えて」いたのだということがわかります。さらには、中国の父権社会及び西洋の文化的へゲモニーに関しては、彼女は「世界の中の一アジア人女性」として人種を認識していました。しかしながら、彼女は決してジェンダー・人種・国家における同時的で複雑な重複を課題化することもなく、理論化することもありませんでした。むしろ、日本国家の植民地政策拡大を正当化し、日本女性からもこの政策への支持を引き起こすプロパガンダに加担しました。彼女自身はアジアに対して一日本人女性として、このジェンダー・人種・国家が交差する被害と加害の問題性を代表するような人物になったと言えます。

日本女性を中心に置くことによって、高群及び市川房枝などをはじめとする同時代のほとんどのフェミニスト達が当時政権に協力した理由と目的は、女性の抑圧された状況からの解放、社会的地位向上を目指すことでした。しかし国家と連動していたことは、アジア諸国民に対し苦しみを与え、武力を行使した国家的プロジェクトとの結託をも意味していました。

敗戦を迎えると、第二次世界大戦中の著作に関し、高群はファシズム政権とのイデオロギー的結託について、その他多くのフェミニストたちと同様に言及しておらず、アジアの戦争被害者を大きく取り扱ってもいません。戦時国策と他国の被害者を直視できないのか、見ようとしないのか、そうした態度は、一九六〇年代にドイツ社会心理学者のミッチャーリヒ夫妻（ミッチャーリヒ　一九七二）が呼ぶところの「追悼することの不能」、または翻訳者が述べる「喪われた悲哀」であると言えるでしょう。本論冒頭で言及したように、ハンナ・アーレントは一九五〇年前後のドイツ人との出会いの体験を批判的に観察しました。アーレント（二〇〇二：四八）はまた、「本当に起こったことを直視しそれと折り合いをつけることに対して根深く、頑固で、往々にして悪意のある拒絶」[5]するドイツ人の、特にホロコーストへの態度は、死者を追悼する真情を欠いていると指摘しています。また、自らがユダヤ人であることを相手に知らせる場合、ホロコーストの認識ではなく、ドイツ人全体がいかにこの戦争に犠牲を払ったかというような反応が生じるという（アーレント　二〇〇二：四八）。このテーマに関連して、社会心理学者ミッチャーリヒ夫妻は一九六〇年代後期のドイツ国民の心情について「追悼することの不能」として問題提起し、社会の共同体がヒトラーという精神的リーダーを失ったことへの追悼がまだ十分に行われておらず、過去を否定するばかりで非現実主義に追い込まれているという点を主張しました（ミッチャーリヒ　一九七二）。

第二次世界大戦から五年後のドイツに関するアーレントの洞察を概観した際、この洞察が大戦から七〇年後の日本における記憶のポリティクスにも当たるところがあるという点は興味深いです。高橋秀寿は、アーレントとミッチャーリヒの洞察に関連し、他者の死を嘆くことの不能というこの二国間の一致は精神分裂症的な国民精神の現れなどではなく、一つの国家戦略的な要素を形成するものであり、国民の土台を形作るものだと鋭く指摘しています。

　国民として死者を追悼するかぎり、やはりそれも国民形成の過程にほかならない。「人格分裂」や「ねじれ」が問題なのではない。植民地主義に基づいて形成された国民のあり方が、そして追悼の対象を選り分けてそれによって主体を形成しようとする国民のあり方が、いま問われなければならない。（高橋　二〇〇七：三四九）

「追悼することの不能」という、個人と関連した精神医学的概念がここではある国民全体にまで拡張されており、これは明らかに、戦後ドイツが内包する過去を直面しない問題を包括的に表現しました。しかしながら、この「拡張」はたしかに非歴史的なコンセプトとして疑うべき考え方です。トビアス・フライミュラーの指摘によると、このコンセプトは歴史と無関係である故に、ナチスのシステムや軌跡、責任を歴史的に解明するプロセスには不適切です（Freimüller 2011）。ナチス・システムの歴史的解明は、ドイツでは一九七〇年代後半になり初めて関心を集めたのであって、背後にはアメリカの連続ドラマ『ホロコースト』の存在がありました。加えて、高橋（二〇〇七：三四八）が述べるように、この問題の根底には大戦直後のドイツと同様、現在の日本においても植民地主義者のアジア諸国に対する覇権主義、蔑視によって形成された思考態度が存在しており、こうした思考態度は今日の日本においては十分に変わってはいません。むしろ、他の研究者も指摘したように、日本のメディアなどにおいて、こうした思考態度は日本の独自性を主張する日本人論イデオロギーによって文化的に生産される中で、一般的な流れとなっていると言えます（Kirsch 2015）。

アーレントがドイツ戦後社会に対し行った一九五〇年代の批判的洞察以来、ドイツの学術界・社会において少なくとも過去四〇年に渡り繰り広げられた批評的歴史研究は、大々的に出回ることになりました。自国の被害者以外の被害者に対し追悼できないという姿勢、及び戦争責任を「頑固に」回避している当時のドイツ国民の有り様は、現在の日本社会・政治状況に似たところがあるという点は明らかですが、このドイツの事例からもわかるように、日本社会が戦時下の過去と折り合いをつけることは不可能ではないと言うことができるでしょう。これまで広く認識されてきたことではありますが、政治的状況の変化次第で歴史意識や認識の変革の可能性は常にあるという点は、ドイツの事例が語っています。(6)

他国の被害者を追悼することができなかった日本の戦後フェミニストたちを代表する高群逸枝と彼女の理論をどう受け止めるべきでしょうか。彼女らの不能は個人の精神的な欠陥だけではなく、むしろその当時の社会空間イデオロギーの限界をも指しています。その限界を乗り越える、つまり思考的に発展する必要がフェミニスト理論では系譜の形を取りました。

所美都子の場合――「女性の論理」と「生産性の論理」批判

一九六〇年代の日本では、あらゆる点において「運命の共同体」という戦時下の思考態度を克服していない戦後社会でした。それに冷戦下の昔のエリートの再出現などに多様なレベルで反対している学生運動が起こり、その中から、所美都子という女子学生が、高群の思想を取り上げ、社会形態におけるジェンダー構造への徹底的批判を行いました。この批判は、使用価値に応じて人間の価値を決定付けるところの生産・科学の論理に対する批判でした。所は、女性が私的領域に、男性が公共領域に分けられ、前者が後者に対し服従傾向にあることを指摘した高群の批評を取り上げています。重要な論文「予感される組織に寄せて」（所 一九六九）において、高群の一九五〇年代に出版した女性の通史『女性の歴史』を広範な視野で、また細部に渡って引用し、次のように書いています。

> 彼女はいう「男女の分業の過程で、母権氏族が崩壊して弱者の地位に落ちていった女性が、一方で発生した女奴隷のあり方に、ぜんじ同化し、つひにはまったく奴隷化し、そして商品化してしまった。労働力の商品化と性の商品化は文明時代における二つの大きな人間の商品化現象である」と。（中略）自らの存在が、絶えずその生産性により位置づけられていることに疲れたわれわれをその論理は強くひきつけるものである。
>
> （所 一九六九：一五八－一五九）

所はこの批評を、女性の再生産領域の犠牲と酷使の上に成り立つ男性の生産領域に高い価値を置いた戦後日本社会にまで広げました。日本国家に対する批評は、高群の歴史的図式を応用した所の論の核になったと言えます。

所は、男性＝生産の論理は科学の論理と結びついているとし、組織のジェンダー的側面をも提示しました。ジェンダー概念は当時としてはまだ認識・作用されていませんでしたが、組織や構造を男女差で考え、男女差を作るものとして説明するところにおいて、所のジェンダーコンセプトが生かされたと言えます。その上、ジェンダー化された構造が国家と結びついているという点も強調したという点において、高群の歴史的な性役割分担批判を超越したという意義があります。

科学の論理が国家を抜きにして語られない地点に、立つことになる。（中略）「国家的利益」の為に、自らの生命を供する人間が生れでた。その背後には高度に分業した生産構造がありこの構造は分業の統轄機構を必要としている。この統轄機構こそが、いわゆる官僚機構であり、そこでは国家に付属する人間が必要とされる。（所　一九六九：一四七）

所は若くして世を去り、この批評はさらに発展させられることはありませんでしたが、企業社会におけるジェンダー化された基準・国家構造・社会構造に向けられた批評的な洞察は、重要な点であったと言えます。

飯島愛子の場合――「女性」の論理を止揚する人間と自然の課題へ

官僚国家・企業社会の批評をさらに引き継いだのが、高群と所の思考に依拠した飯島愛子です。[7] しかしながら、飯島は一九六〇年代の新左翼運動を経て一九七〇年代のウーマン・リブを、同時代の理論家や運動家として、洞察をより高いレベルに引き上げて行きました。「婦人論の不毛性」を副題とした「女にとって差別とは何か」という一九七〇年に出した理論的論文は、次の言葉によって始まっています。

「女の世界」・「女の論理」とは何か。私の感じるところによれば、世界そのもの、理論そのものが「男」のものである。（飯島 二〇〇六：二〇一）

飯島は、「侵略＝差別と闘うアジア婦人会議」の共同創設者として、一九七〇年代に反差別運動、反環境汚染運動などあらゆる運動と連帯し、新たな女性解放運動の道を切り開こうとしました。彼女は「戦後女性解放とは何だったのか、男女平等は結局は差別の拡大再生産だったのではなかったか」（飯島 二〇〇六：一六四）と繰り返し問い質しました。ここで飯島は、ジェンダー関係を差別構造として把握し、他のあらゆる社会的差別を受けているグループと連携して考え、国民国家への批判は避けて通れなかったという結論に至っています。国民国家は再生産過程を生産過程に従属させ、自然を再生産領域に置き、産業社会と自然との搾取・被搾取関係が人間と人間、男と女の関係を規定しているためです。

飯島は、「根源的な差別構造」を「性による差別」として理解していますが、これは「男は女の性を卑しめ、商品化してきた」長い歴史の産物であるとした高群逸枝の歴史理論と所美都子の「女の論理」を受け継いでいると同時に、それを止揚（アウフヘーベン）しています（飯島 二〇〇六：二一二）。つまり彼女は、性による分業や女性の服従が、ジェンダーの領域に留まらず、より広範な領域において不平等を引き起こすものであるとして、加納さんが言う「反差別の地平」を切り拓きました（加納 二〇〇六）。不平等と搾取は、こうした構造の中で生み出され、自然世界の全てを搾取する産業社会にまで拡大したのです。重要なことに、飯島は、女性も男性もこの搾取を共有しているという点を指摘し、「差別の拡大再生産」に努め、それ故に女性も男性と共犯関係にあるという点を認めることで、論を発展させました。

高群（一九六六：一〇三四）は、「原子戦争反対への世界のめざめは、なんといっても一九四五年の廣島・長崎の被爆と、そのあまりにも深刻だった被害（中略）が起点となっていることはいうまでもない」と、世界母親大会の反核戦争への立場を支持しました。冷戦期の一九五〇年代においては、アメリカの人工衛星ミサイル打ち上げとアイゼンハワーの発言に対する批判を行った一方、ソビエトの人工衛星打ち上げに対しては、「人類史上画期的」な出来事であるとの見解を示したことに加え、中国の毛沢東を大衆のリーダーとしたことで高い評価を浴びました（高群　一九六六：一〇五五－一〇五六）。世界母親大会会長E・コットンの核兵器非難を考慮に入れながら（高群　一九六六：一〇五五）、コットンや母親大会が推進する原子力の平和利用（加納　二〇一三：一八六、Cotton 1955 : 14-15, Mackie 2016）については触れていないものの、「原始力」エネルギーと「計算知能」の利用を、エネルギー問題と男女分業の問題を解決する手掛かりとして評価しています（高群　一九六六：一〇五九）。原子爆弾使用を正当化する際にトルーマンが用いた有名な語句、「宇宙」と「太陽の力」という言葉を転用することで（柴田　二〇一五：一二三）、高群もまた、同じエネルギーについて言及しています（高群　一九六六：一〇五八）。

高群によれば、「水素を燃やして光っている母なる太陽」は「水爆原理とおなじ核融合反応」であるが、これは「のんびりした反応」であることに加え、「能率のよい出方」をし、さらには将来の無限のエネルギーを提供するのだと言います（高群　一九六六：一〇五八）。「母なる太陽エネルギーの大規模利用も、原始力エネルギーのそれとともに」その各種のエネルギー利用によって様々な社会的問題、ひいては「婦人を含む万人開放」（高群　一九六六：一〇五九）をなすと推定しています。高群は「原始力」という言葉をある種のエネルギーを意味するものとして使っています。これは「原子力」という言葉と同音であり、漢字は多少異なっていますが、その重なった意味も提示していたのではないかという疑問が残ります。

『女性の歴史』最終章において、「原始力」という定義は、「日本」とその古代の歴史を示すイメージと結びついています。さらに、あらゆる社会的問題や男女不平等問題を最終的に解決できる「限りないエネルギー」として想像され、原子力エネルギーという意味合いも含められているように見えます。これがまた、女性の地位を向上させるだけの限定的な手段と孤立した戦略をも示していますし、ウラン採掘で起こる被曝を含む搾取の入り組んだ国家システムとその歴史的問題性、このシステムにおける「女性」が持つ種々の意味合いを見過ごす立場にもなっています。(8)

所は高群に習った構造的家父長批判を「女性の論理」／「男性の論理」という明確な区別に言い換え、男性の論理を、「生産の論理」と呼ぶところの思考に批判の目を向け、日本における社会経済的構造に対する批判へと展開させました。しかしながら、所は「女性達は天下国家と無縁だった」（所 一九六九：一七七）という主張にとどまっており、この点においては女性がジェンダーシステムの中で持っていたエージェンシーと加害的側面を十分に把握できていない点を露呈していると言えます。この限界を超越したのが、飯島愛子です。飯島は、太平洋戦争期において日本国籍を持つ女性たちもまた、アジア諸国の人々に対する搾取に関与していたことを認め、さらにはそれが戦時下だけではなく、植民地独立後の経済における侵略行為と結びついているという点も提示しました。「アジア婦人会議」は、一国の女性たちは国家による搾取構造と共犯関係を結んでおり、この事態を克服するためには、日本を取り巻く近隣諸国の人々との積極的な連携が必要であるとの見方に基づいています。

飯島は所による理論を、アジア諸国の人々との連携の内に問い続けました。生産の論理を批判しながら、飯島は一九七〇年代から二〇〇五年にこの世を去るまで、エコロジー及び反核・脱原発を支持し続けたのです。

飯島が残した業績、論文、自叙伝などを出版し、その理論にも影響を受けた、現代日本におけるこのフェミニストの系譜にも位置付けられる加納さんは、飯島愛子（もちろん所美都子も同様に）は高群の主張を土台として論を展開していった際、高群の戦時政権とのイデオロギー的結託という点に気づいていなかったと指摘します。(9) こうした状況にも関わらず、飯島はおのずからの理論的立場や視野を常に広げていく間、途中で主張した立場や理解を否定しませんでした。飯島愛子と筆者で一九九七～二〇〇五年の間にしばしば行われた会話では（Germaer 2014：290-293）、彼女が性差別を根本的に批判し、それを歴史の中で女性が構造的に虐げられてきたことに着目した高群の視点に立脚していました。さらに、黒人解放運動や在日朝鮮人解放思想にも影響を受けて、人種差別とリンクさせました。つまり、差別の根底にある物質的要素に着目することにより労働問題を常に訴え続けたのです。さらに、女性と自然が搾取構造の中で類似的な位置を占めているとし、エコロジー運動と反原発、また高木仁三郎のような活動家たちを支えることとなりました。飯島は随分年下の男性と恋愛関係にあった際、同志であるフェミニストの間でさえも年齢差別の雰囲気があったことを痛感し、年齢差別とジェンダー差別が絡み合っていることを認識しました。そして、差別問題の一環としてセクシャル・マイノリティーに対する社会的状況に理解を示すようになりました。飯島は、女性運動の同志である女性たちでさえも、社会的に刷り込まれた偏見に疑問を呈することのない姿勢を目の当たりにし、自身が所属する運動の内部にも、多様で複雑な差別意識が存在することに気付いたのです。

二、フェミニスト思想発展はヒロシマにとって如何なる意味を持ち得るのか

問題の類似性――孤立した問題領域としての「ジェンダー」／「日本国籍被爆者」

被爆七〇年のヒロシマにとって、先述のフェミニストたちによる思考の発展と問題点はどういう意味を持ち得るでしょうか。ヒロシマにとっての意味合いを考察するためには、まずジェンダー、エスニシティー、国籍は類似性を持つものとして提示し、さらにはこれらを別個のものではなく、相互に交差し構成している問題領域として検討

していきたいと思います。

ジェンダーという問題領域は、女性の被害者性と服従の問題を指摘し得るものの、ジェンダーを男女関係の「孤立したもの」として捉えるとすれば、別のレベルにおいての搾取構造を固定化してしまう可能性があります。これは高群・所・飯島が提示した主張の流れから発展した、一つの主要な洞察です。そのため、ある思想家を他の思想家との比較の内に否定したり、ある問題領域のために別の問題領域を拒絶したりするのではなく、個々の思想家が互いの主張に立脚しながら論を発展させました。このアプローチは、「ヒロシマ」という問題領域を、複雑で重複するものとして、我々の理解の幅を広げることに貢献していけるという点が重要だと考えます。

ヒロシマは原爆の最初の攻撃地として、戦時下のコンテクストにおいては被害者性という意味を持ちます。しかし、それは物語の始まりでもなくその終わりでもありません。日本国籍を持つ被爆者のみに焦点を当てることで、ヒロシマ以前・以後における、その他の、つまりアジア系の人々の被害者性を曖昧なものにすると同時に、広島で当時暮らしていた朝鮮人や他のアジアの被爆者たちを不可視化することになるのです。そのため「ヒロシマ」は、日本国家の「被害者イメージ」を限定化し、固定化させてしまっていると言えます。

このジレンマを直視することは、ヒロシマにとって大いなる挑戦と責任をともなうことです。自らの被害者性を否定することは解決とはなり得ません。同様に、男女平等の社会的状況下では、不平等を基本的な形態として訴え続けなければなりません。ただ、この類似性を認めた上で、もう一つの段階、つまりその関係性に着目すれば問題はより明確になるでしょう。この点を考慮すべく、以下では、「ヒロシマ」という問題領域をジェンダー、エスニシティー、国籍問題が交差して、お互いを構成している歴史的課題として検討していきます。

多様性と交差性を内部に認めること

ヒロシマに求められているのは、自らが協議すべき議題の中に、より多様な犠牲者たちの存在を積極的に認めることであり、自己表象の前列にアジアの被爆者たちの姿を配置することです。朝鮮人被爆被害者の人数は、全被爆者の一〇パーセント程度であると言われています[10]。日本では朝鮮人被爆被害者の問題を取り上げる研究は少ないですが[11]、最近ではNHKが『置き去りにされた被爆者：韓国の被爆者の現状』（NHK、二〇一五年）というタイトルのドキュメンタリー特集も行っています。これらのことからもわかるように、ヒロシマは内部におけるこうした多様性をより積極的な形で認めていく可能性を持っています。

米山リサさんはこうした問題点を一九九〇年代に指摘し、一九九五年には、朝鮮人被爆被害者の慰霊碑を巡る論争の要点を述べました。その中で米山さんは、川の「対岸」にあるという慰霊碑の立地条件、及び韓国と関連した碑文が、日本の朝鮮人・韓国人コミュニティーにおける現代の多様な歴史的論議や、未だに分断された国と彼らの多様な関係を示してきたと指摘しています。さらに、このコミュニティー内部における差異を強調し、それによりヒロシマを歴史的かつ同時代的にアジアの政治状況と接続させることで、均一化されたナラティブに対する深い考察の必要性を提唱しています（米山さんの報告を参照）。

こうしたことは、アジアにおけるヒロシマの存在を広げることの一助となり、さらには、アジアとの関係を中心に置くことで、ヒロシマの物語は語られ得ることになるでしょう。加害者であること、戦争の中核であったこと、そして原爆攻撃の犠牲となったというこの都市を形成する立場が、ヒロシマの物語そのものを構成しています。「ヒロシマ」を考える際、アジアとの関係を中心に置くことこそが、アジア・太平洋圏の犠牲者たちの声を無きものとしてきた日本国家の行為に対抗する重要な道であると言えます[12]。

三、アジアとの関係を中心に置くこと――実践的かつ理想的な提案

『ヒロシマとフクシマのあいだ』（二〇一三年）において加納さんは、「ジェンダー」というカテゴリーは第二次世界大戦期における「加害者としての日本」と「被害者としての日本」をつなぐ架け橋になりうると指摘しています[13]。加納さんのこの指摘に立脚し、筆者は本稿最終節において四年間を過ごした広島での個人的体験について触れたいと思います。この町の良さについて、生活面においては高く評価できることは言うまでもありませんが、個人的経験から「ヒロシマ」について若干の補足的考えを述べたいと思います。

筆者の息子は、広島にある有名な幟町小学校の一年生として入学しましたが、同校は一二歳で放射線病によって死去し、「原爆の子の像」のモデルともなった佐々木禎子がかつて通っていた小学校です（加納さんの報告を参照）。幟町小学校の生徒への平和学習という恒例の行事として、広島原爆の語り部である高齢の女性が自身の被爆体験を語るべく学校に呼ばれることになっていますが、彼女たちは若い世代に被爆体験を語り聞かせることができる最後の原爆生存者です。この行事は大変意義深く、原爆の被害者への記憶と追悼であると同時に、若い世代への良い教育になっています。息子も心を揺さぶられ、共感できたとのことでした。

しかしながら、このやり方だけではヒロシマの物語は半分も語られていないということになるのではないでしょうか。本論の主張に立脚した上で、「ヒロシマ」という物語をより包括的にするためには、少なくともあと二つの物語が同時に語られる必要があるように思われます。つまり、平和学習の場には、自らの体験を語るあと二人の人物が呼ばれるべきだということです。一人目は、日本国籍を持つ被爆者同様に、（在日）韓国・朝鮮人被爆被害者を定期的に平和学習に呼ぶことです。このことが物語をより包括的なものとするし、広島の学校にとってのスタートではないかと考えます。さらには別の犠牲者たちの声も同様に伝えられる必要があると思います。他国籍の被爆者の「おばあさん」のそばで体験を語るのに最適な別の「おばあさん」がいるとするならば、それは、日本軍の性奴

隷制度、いわゆる「慰安婦」制度の生存者をおいて他にはなく、彼女たちは自らの苦境や戦争の恐怖を語ることになります。彼女たちもこの大戦争の生存者、戦時期性暴力のサバイバーなのです。このようなことが実現すれば、広島の全ての学校にとって、日本にとって、そして世界中にとても強力な平和のメッセージを発信することになるでしょう。

このことは被爆者の「被害者性」に対する国家主義的利用を克服するために、またヒロシマを「脱中心化」するアジアの歴史的文脈に根強く置くために必要な方法にもなるでしょう。さらには、ヒロシマも含め、加担していた服従や植民地化という歴史のジェンダー的側面を明らかにするための一助ともなります。

韓国・朝鮮人原爆被害者や日本軍による「慰安婦」制度の、アジア諸国（オランダ出身の被害者も含む）の生存者を呼び、日本の学校で体験談を語るという試みは、現代日本の政治状況からすると困難なことであり、遠い夢のように思えます。しかし、こうした試みは学校でなくとも、市民グループが働きかけ対談を開催すれば可能であり、市民が行う宥和政策の画期的なものとなるでしょう。

時間がたって生存者がいない時期になると、別の方法で同じ試みを生かせると思います。十分に証言の資料を利用して被爆・性奴隷制度の被害者を対比しない形で、ジェンダー・暴力・戦争制度の関係性を浮き彫りにすることができます。「ヒロシマ」を原爆により甚大な被害を被った唯一の被災地と捉えるのではなく、様々な形で戦争の犠牲になったアジア諸国の都市のひとつという大きな枠組みでとらえることにより、一方的な追悼することの不能を乗り越える手段になることに加え、この方法は生存者がまだ生きている間、ひいては歴史資料だけが残った段階になってからでも、真の平和教育の実践になると考えています。

最後に、このような見方をすでに一九七〇年代に表した栗原貞子の「ヒロシマというとき」の後半部で、この論文を終わらせたいと思います。栗原がいうところの「アジアの国々の死者」を追悼することは、「わたしたちの汚れた手をきよめ」る手段にもなり、「武器を捨て」た平和、つまりアジアの恒久的平和につながる条件と前提であることを提案をしています。
この詩が訴える関連性の理解は、ヒロシマを平和都市にする有意義な鍵になると確信しています。

〈ヒロシマ〉といえば
〈ああ　ヒロシマ〉とやさしくは
返ってこない
アジアの国々の死者たちや無告の民が
いっせいに犯されたものの怒りを
噴き出すのだ
〈ヒロシマ〉といえば
〈ああヒロシマ〉と
やさしくかえってくるためには
捨てた筈の武器を　ほんとうに
捨てねばならない
異国の基地を撤去せねばならない
その日までヒロシマは
残酷と不信のにがい都市だ
私たちは潜在する放射能に
灼かれるパリアだ

〈ヒロシマ〉といえば
〈ああヒロシマ〉と
やさしいこたえが
かえって来るためには
わたしたちは
わたしたちの汚れた手を
きよめねばならない

註

（1）ピロシマの市長は
夏には靴型の慰霊碑の前で
鐘を鳴らさせ　鳩を放して
祭文をよむ
「あやまちは繰り返しません」
「ピース」「ピース」
秋にはその下の人骨の層を
踏みしだき
四次防に向かってばく進する
重戦車と火砲隊列を閲兵する
その時　ピロシマの市長は
軍部広島の市長になって
まなじりを上げるのだ。

（2）http://home.hiroshima-u.ac.jp/bngkkn/database/KURIHARA/hiroshimatoiutoki.html（二〇一五年一一月一日最終閲覧）。

（3）高群の著作に対する研究は膨大な数に上る為、本論では一部割愛しています。その内、最も優れた研究としては、鹿野政直及び堀場清子（一九八五）、西川祐子（一九九〇）、山下悦子（一九八八）らの業績、さらには栗原弘（一九九四）による高群への反論などが挙げられます。ヨーロッパ言語圏における研究としては、高群の歴史的・政治的業績に着目したGermer（2003）、政治的理論に言及したTsurumi（1985）、Ryang（1998）の論があります。

（4）『日本婦人』への寄稿を含む第二次世界大戦期の高群の作品に対する批評としては、高群逸枝論集編集委員会（一九七九）、加納実紀代（一九七九、一九九五）、西川裕子（一九七六、一九九〇）、Katzoff（2000）、Germer（2003）を参照のこと。『日本婦人』に関しては、小山静子（二〇一一）、Germer（2013）の研究が詳しいです。

（5）原典は以下の通り、"a deep-rooted, stubborn, and at times vicious refusal to face and come to terms with what really happened"（Arendt 1950 : 342）。

（6）第二次世界大戦以後におけるドイツの記憶ポリティクスの変容に関しては、多くの要素が指摘されています。その発端としては、一九六〇年代におけるドイツ学生運動、社会民主党の党首であったヴィリー・ブラントが主導した和解的「東方外交」及び戦争犯罪に関する謝罪が挙げられます。さらには、大衆メディアを通し犠牲者側のナラティブを広く普及させたアメリカのテレビドラマ『ホロコースト』も少なからず影響を及ぼしました。歴史叙述に関するドイツと日本の比較については、Conrad（2010）を参照のこと。

（7）論文に引用する以外でも、飯島は「高群との出会い」を事情伝に書いています（飯島 二〇〇六：一〇八－一一七）。

（8）「世界母親大会」はその発足式においても、核エネルギーの平和的利用を提言しています。（加納 二〇一三：一六七－一六八）。

（9）高群と市川房枝による戦時下の著作と国家的結託に関する加納さんの分析を読み、飯島はそこで議論されていることの真偽を加納さんに確かめました（加納 二〇〇六：三三二）。

（10）多様な数字を挙げている文献としては、『韓国被爆者の現況』（一九八五）、辛亨根及び川野徳幸（二〇一二）、Yoneyama (1996)、ＮＨＫ（二〇一五）などを参照のこと。

（11）より詳細な議論としては、安錦珠さんと梁東淑さんの研究報告を参照のこと。

（12）その他の関連するアプローチとしては、広島市の経験を核兵器・核実験・原子力事故・核廃棄物・ウラン採掘などの国際的歴史との関連の内に位置づけるものがあります。前田哲夫氏を巡る「グローバルヒバクシャ研究会」は 核被災の問題を研究するネットワークを築いてきたことに加え、ビキニ水爆被災をそのグローバルヒバクシャとの歴史系統に位置付けた例があります（グローバルヒバクシャ研究会編 二〇〇六）。

（13）加納（二〇一三）。アジアの女性たちとつなぐ連帯や情報交換に努めた松井やより（一九九六）と山崎明子（一九九七）の活動と出版物も参照。

参考文献

飯島愛子『〈侵略＝差別〉の彼方へ：あるフェミニストの半生』インパクト出版会、二〇〇六年。

ＮＨＫ『置き去りにされた被爆者：韓国の被爆者の現状』http://www.nhk.or.jp/kokusaihoudou/archive/2015/07/0709.html（二〇一五年一二月一日最終閲覧）。

Katzoff, Beth: *For the Sake of the Nation, for the Sake of Women: The Pragmatism of Japanese Feminisms in the Asia-*

Pacific War (*1931-1945*). Ann Arbor: UMI (2000)

加納実紀代「高群逸枝の皇国史観」河野信子編『高群逸枝論集』ＪＣＡ出版、一九七九年、一八一－一九一頁。

加納実紀代「母性ファシズムの風景」加納実紀代編『母性ファシズム：母なる自然の誘惑』学陽書房、一九九五年、三〇－五二頁。

加納実紀代「『反差別』の地平がひらくもの」飯島愛子『〈侵略＝差別〉の彼方へ』前掲書、二〇〇六年、三三一－三六一頁。

加納実紀代『ヒロシマとフクシマのあいだ：ジェンダーの視点から』インパクト出版会、二〇一三年。

鹿野政直・堀場清子『高群逸枝』朝日新聞社、一九八五年。

Kirsch, Griseldis: Contemporary Sino-Japanese Relations on Screen, A History, 1989-2005. London: Bloomsbury, 2015.

栗原弘『高群逸枝の婚姻女性史像の研究』高科書店、一九九四年。

グローバルヒバクシャ研究会編『隠されたヒバクシャ』凱風社、二〇〇五年。

Germer, Andrea: *Historische Frauenforschung in Japan: Die Rekonstruktion der Geschichte in Takamure Itsues Geschichte der Frau* (*1954-1958*). München: iudicium (2003).

Germer, Andrea: Japanese Feminists after Versailles: Between the State and the Ethnic Nation. In: *The Journal of Women's History*, 25, 3 (fall) (2013), pp. 92-115.

Germer, Andrea : Visible Cultures, Invisible Politics: Propaganda in the Magazine Nippon Fujin, 1942-1945. In: *Japan Forum*, 25, 4, (2013), pp. 505-539.

Germer, Andrea : An Introduction to Iijima Aiko's 'My view of Feminism'. In:Germer, Andrea, vera Mackie and Ulrike Woehr (eds.):Gender Nation and State in Modern Japan (2014), pp. 300-306, pp. 290-293.

Cotton, Eugenie: Madame Cotton speaks - For a World Congress of Mothers. In: Women's International Democratic Federation: *The World Congress of Mothers*. Berlin: Women's International Democratic Federation (1955).

Conrad, Sebastian: *The Quest for the Lost Nation : Writing History in Germany and Japan in the American Century*. University of California Press (2010).

小山静子「『日本婦人』について」『復刻版「日本婦人」解説・総目次・索引』不二出版、二〇一一年、五－一八頁。

柴田優子『〝ヒロシマ・ナガサキ〟被爆神話を解体する：隠蔽されてきた日米共犯関係の原点』作品社、二〇一五年。

辛亨根・川野徳幸「韓国人原爆被害者研究の過程とその課題」『広島平和科学』第三四号、二〇一二年、一六一－一八七頁。

高橋秀寿「『植民地忘却』と『ホロコースト忘却』」『立命館言語文化研究』第一九巻第一号、二〇〇七年、二四三－二五〇頁。

高群逸枝『高群逸枝全集　第四巻（女性の歴史一）』、理論社、一九六六年。

高群逸枝『高群逸枝全集　第五巻（女性の歴史二）』、理論社、一九六六年。

高群逸枝論集編集委員会編『高群逸枝論集』高群逸枝論集編集委員会、一九七九年。

The Japan Times：Japan-led nuclear weapons motion falls short. *The Japan Times*, Wednesday, Nov.4,（2015）, p. 2.

Tsurumi, Patricia: Feminism and Anarchism in Japan: Takamure Itsue, 1894-1964. In: *Bulletin of Concerned Asian Scholars*, 17, 2（April-June）,（1985）, pp. 2-19.

所美都子『わが愛わが叛逆』前衛社、一九六九年。

西川裕子「反近代思想の検討」『高群逸枝雑誌』第三一号、一九七六年、八－一一頁。

西川裕子「戦争への傾斜と翼賛の婦人」女性史総合研究会編『日本女性史　第五巻（現代）』、東京大学出版会、一九九〇年、二二七－二六四頁。

ハンナ・アーレント「ナチ支配の余波：ドイツからの報告」『アーレント政治思想集成二：理解と政治』齋藤純一・山田正行・矢野久美子訳、みすず書房、二〇〇二年、四七－七四頁〔Arendt, Hannah: The Aftermath of Nazi Rule: Report from Germany. In: *Commentary*, Vol.10,（1950）, pp. 342-352〕。

Freimüller, Tobias: Der versäumte Abschied von der Volksgemeinschaft. Psychoanalyse und "Vergangenheitsbewältigung", Version 1.0, In: *Dokupedia-Zeitgeschichte*, 30.5.2011, URL: http://docupedia.dezg/（accessed 20 February 2016）.

Mackie, Vera: From Hiroshima to Lausanne: The World Congress of Mothers and the Hahaoya Taikai in the 1950s. In: *Women's History* Review, February（2016）.
（http://dx.doi.org/10.1080/09612025.2015.1114317, accessed 20 March 2016）.

松井やより『女たちがつくるアジア』岩波新書、一九九六年。

A.&M.ミッチャーリッヒ『喪われた悲哀：ファシズムの精神構造』河林峻一郎・馬場謙一訳、河出書房新社、一九七二年。

Mitscherlich, Alexander und Margret: *Die Unfähigkeit zu trauern*：*Grundlagen kollektiven Verhaltens*. Piper（1967）.

Minear, Richard H.: Translator's Introduction. In: Kurihara Sadako: *When we Say Hiroshima: Selected Poems*. Ann Arbor, MI: Center for Japanese Studies,（1999）, pp.vii-xv.

山崎明子『アジアの女性指導者たち』筑摩書房、一九九七年。
山下悦子『高群逸枝論：「母」のアルケオロジー』河出書房新社、一九八八年。
Yoneyama, Lisa: Memory Matters. Hiroshima's Korean Atom Bomb Memorial and the Politics of Ethnicity. In: *Public Culture* 7 (1995), pp. 499-527.
Ryang, Sonia: Love and colonialism in Takamure Itsue's feminism. In: *Feminist Review* 60 (1998), pp. 1-32.

〈質疑応答〉

Ｙさん：広島での性暴力被害の問題に関する最近の動きについて少し情報を提供させていただいて、それについての私の若干の呼びかけと、鄭さんからコメントをいただけたらと思います。広島市の中心部で二〇〇七年に起きた米軍兵士によるレイプ事件に関しては、すさまじい被害者側へのバッシングなどもあって、反戦運動サイドでも、女性の権利を擁護する運動の方でも、十分な対応ができずに残念な結果になったということがありますが、もちろん繰り返さないようにやっていくべきではないかと私も思っています。私は、ピースリンク広島・呉・岩国のメンバーですが、第一のライフワークとしては、ＤＶや子ども虐待や性暴力の問題について、防止や被害者支援にかかわることがあります。最近、広島県では、県が主導で性暴力被害者の相談を受けてその様々なニーズを満たすための病院拠点型センターを設立しようという動きがあります。ただし拠点となる病院の選定が非常に難航しておりまして、数日前の中国新聞の報道によりますと、拠点病院なしで、いくつかの候補の病院で必要なことをするとして、来年度に相談センターを設けてスタートするということになったようです。そのときの運営団体が広島県犯罪被害者支援センターです。一般にはですね、警察の事実上の影響力が非常に強いと言われているところです。広島で性暴力被害の相談を受けるとなると、岩国基地の米兵が加害者の事件とか、今年も陸上自衛隊海田駐屯地の兵士が加害者となる集団レイプ事件がありましたし、あと呉にもたくさんの兵士がいますね。そういう兵士が加害者になる事件がたくさん出てくるはずで、警察がセンターになって、兵士が加害者の事件の対応をまともにできるかという問題があります。病院拠点型で、あくまで被害者本位で、しかも兵士が加害者となっている事件についてもひるまずにきちんと被害者本位で対応できるようなセンターを、是非広島に作りたいと考えています。その関係で鄭さんにコメントをいただきたいと思います。

鄭さん：貴重な情報をありがとうございます。そういう意味では事態が着々とよい方向に向かっていると考えてもよろしいわけですね。

Yさん：私としては、かなり疑問に感じております。ちなみに、広島で性暴力被害者にそったセンターを作ろうとしたとき、兵士が加害者になる事件を想定している人はほとんどいないように思います。

鄭さん：それは、おそれずひるまず、覚悟を決めてですね、腹を据えて、やっていただきたいと思います。というのは、性暴力と軍事主義というのは、それぞれ別々の問題ではないんですね。沖縄では言うまでもありませんが、すべてリンクしているわけです。性暴力の問題と軍事主義によって引き起こされる問題をしっかり構造的に見て、あの蛸壺化した問題をきちんと関連させてみることが必要であるというふうに申し上げましたが、まさにそこを拓いていくというか、壁を越えていくことこそが平和をつくると思うんですね。だから、日米安保条約があるから、その米兵の性暴力に対して、この先どうなるんだろうかなという弱腰ではだめなわけです。韓国においても、性暴力被害者支援システムはかなり早くから進めてきましたけれども、やっぱりそこが弱いと思うんです。どうしたらいいかとやはり韓国でも頭を抱えていると思いますので、アジアの、米軍基地のある地域と連携をとりながら打開していかなければなりません。男性だけが平和になっても仕方がないですよね。やはり女性も含めてみんなが平和な社会をつくっていくためには、基地と性暴力の問題というのはどうしても外せない課題だと思います。

Dさん：ab-useされている、間違った使い方をされている身体という意味では、兵士側も間違った使い方をされている身体だと思うんですけども、そちらのほうに関して何かコメントがあればと思いまして。

鄭さん：それも確かにご指摘の通りだと思います。慰安婦制度のときでも、慰安所に通うように仕向けられたことによって、男性の新兵訓練で「突撃一番」というコンドームの名前に象徴されるように、男性の身体やセクシュアリティも「突撃」するように仕向けられていたわけですよね。ですので、男性自身の人権も、そこではやはり侵害されていっていると思います。

上野さん：ゲルマーさんに質問です。リブの先駆者とも言うべきと所美都子さんと飯島愛子さんに再び注目してくださったのは大変ありがたいですが、この二人ともが高群逸枝の影響を強く受けているということについてです。高群の全集が一九六〇年代末に出ましたが、当時、それに代わる日本のフェミニズムの古典というべきテクストが、日本の女性にとってほとんど入手可能でなかったということが、このときの高群の非常に大きな影響力と関係しているのではないかという仮説を私は持っています。ご存知の通り、この全集の中からは、高群が戦争中非常に熱狂的なファシストであったという事実が、完全に抜け落ちているわけですね。だとしたら、この所美都子・飯島愛子の二人は、高群のそういうファシスト的な側面を知っていて、それに影響を受けたのか、それともこのいわば改ざんされた全集をもとに高群の影響を受けたのか、どちらだったのだろうか。もし高群の戦争協力について知っていたら、彼女たちの反応はどうだっただろうか、この点についてどういうふうにお考えか、お聞かせ願いたいと思います。

ゲルマーさん：ありがとうございます。所さんの場合は、分かりません。たぶん、知らなかったと思います。高群逸枝の一九二〇年代に書かれたフェミニスト・アナーキズム、アナーキスト・フェミニズムの論文を読んだかどうかわかりませんが、三〇年代に書いたものと、四〇年代に『日本婦人』に掲載されている論文は読んでないのではないかと思います。でも、飯島愛子さんは九〇年代、私と会って話した頃には両方を確かに知っていたということですね。彼女が七〇年代に高群を取り上げていたころは、どれほど知っていたかちょっとわからないですが、後に、知っていたということを認めています。高群逸枝の業績は、ジェンダーカテゴリーに注目して、ある意味でそれを開発していたという業績であると同時に、それがどういうふうに戦争中に利用されて、彼女もそれをどのように展開していたかということです。それはジェンダーを

「男女平等」といった孤立したカテゴリーとして強調しようとするのなら、その危険性を指摘してくれるのではないかと思います。けれども、系譜としては、高群の業績を認めないといけないところが多いと思います。現在、男女平等とか女性の社会進出とか言われる中で、『日本婦人』という大日本婦人会の機関誌を読んでいるところですが、そこには「輝く大日本婦人」とか書いてあって、今の「輝く女性」と同じ言葉ですよ。そして、東条英機が女性の歴史がまだ十分に書かれていないということを『日本婦人』の中でアピールしていて、女性をもっと参画させようとしているということも指摘しておきたいと思います。というのは、現在の男女平等国家的フェミニズムを常に批判的に見守っていかないといけないからです。

Eさん：東京から来ました。戦後の性的慰安施設で働いた日本女性がいまだに徹底的に不可視化されているということについて、どのようにお考えでしょうか。

鄭さん：はい、いいご指摘をありがとうございます。その存在も本当に同じようにつながっている問題です。私はやっぱり「慰安婦」制度と公娼制度、からゆきさんからＲＡＡ、今に至る性暴力、ＤＶの問題まで通底した問題があると思うんですね。そのことを一緒に考えていかなければならないと思います。「慰安婦」問題だけがある意味突出して、政治の問題として取り上げられてしまっているという、ちょっとゆがんだ構造があると思うんですけれども。その一方で、日本人の従軍「慰安婦」の女性たちがいたということ、それから一九四五年以降の、私は戦後という言い方はしませんので、一九四五年以降の慰安所、日本の方がむしろ進駐軍に日本女性を差し出したという問題ですよね。やっぱりこれは、日本の、とくに権力者・指導者たちが、女性をどのようにみなしていたのか、日本社会がもっている女性観の問題も大きいと思いす。今、ゲルマーさんが「輝く」という形容詞がつく話をしていましたが、そうやって持ち上げておきながら、結局女性を資源として使ってきたという歴史について、もっと日本の社会は自覚すべきだと思います。これは、女性だけでなく男性も含めて。そういう問題をきちっと取り上げてこそ、従軍「慰安婦」の問題が初めて解決できるのではないですか。

ゲルマーさん：その日本人「慰安婦」について木下直子さんの博士論文があって、「慰安婦」制度は日本の公娼制度から発展したのではないかということを指摘しているのですが、その関係性に注目することがとても大事だと思います。

コメント——

ヒロシマ、交差点、別の物語を語り続ける

阿部小涼

一、なぜ「談話」なのか

どうもよく判らないことのひとつに「談話」ということがあります。

日本の内閣総理大臣による戦後七〇年を画する談話が発表された。ジェンダー、マイノリティ、植民地主義という二〇世紀が鍛錬した批評的視角をごっそりと欠くその内容は、これから先の「戦後」の時間を予告的に描いているのだろうか。そもそも「談話」＝ステイトメントという形式とは、いったい何なのか。原案を準備した知識人たちの知と政治の編成は、新たな危機を現前させているのだろうか。必要なのはそれへの対抗だろうか。尽きない問いを抱え込みながら、別の物語を共に編むことを考えたい。

「被爆七〇年ジェンダー・フォーラムin広島」のパンフレットに、私はこのような文章を寄せました。二〇一五年という年は、とにかく「戦後七〇年」という影に追われながら過ぎていったように思います。なかでも「首相談話」は、政党政治の焦点のように取り沙汰され、議論が横溢していました。しかし、なぜ「談話」なのか。「戦後七〇年」が現在の沖縄の状況と無理矢理に切り結ばされて、自明のことのように「沖縄」の名が要請されるのを疎ましく思いながらも、「談話」という形式のことについては、ぼんやりながらも考え続けていました。

アメリカ研究に関わる者であればおそらく、「談話」と聞けばすぐにF・D・ローズヴェルトの始めた「炉辺談話」(Fireside chats) のことが浮かぶと思います。非公式な空間＝親密な雰囲気で国民に直接語りかける大統領というスタイルは、恐慌から第二次世界大戦に向かう米国で、総動員体制を支えるプロパガンダ的手法として効果を発揮したと言われています。ですが実際には、家族の居場所である暖炉の側で収録されたのではなかったし、つまるところ、ラジオを通した政見放送というのが実情でした。この炉辺談話にまつわる資料として、NBCのマイクを前に執務デスクに坐るローズヴェルトの写真が添えられているのを目にしたことがある人は多いでしょう。ところが意外にも、炉辺でラジオに耳を傾ける「国民」の姿の記録は殆ど目にすることがありません。にもかかわらず、国父的なジェンダー規範によって支えられた発話形式のひとつとして解釈されているのは奇妙なように思えます。[1]

「首相談話」は、そのような類いのものではありません。外務省は公式に“statement”との訳語を与えており、これは明らかに「公式声明」のひとつです。閣議決定を経ていることからもなおさら、そのように言うべきものなのです。にも拘わらず、日本では敗戦の日に発表する総理大臣の公的な発話を「談話」と書き続けてきました。そのことの父権的性格は問いとして持っておきたいと思います。

その「談話」の「謝罪」の有無や正当性、無反省な植民地主義的性格については、すでに多くの批判が行われているところですから、ここで屋上屋を架すことはしません。ただ、戦後の七〇年間をかけてフェミニズム、ジェンダーの理論を杖として、戦争体験者と戦後体験者らが語ってきたこと、聴き取ってきたことの棄却・抹殺であったことは、このフォーラムで改めて強調しておきたいところです。また、敗戦国首相の談話が語ることを拒否し目を逸らしているもののひとつは、あの戦争の時代を生きた人々の、国に対する怒りや憎しみのこと、そしてサヴァイヴァーズ・ギルト、生き残ってしまった人々が避けられなかった罪責の感覚だろうということ、これも重要な点です。

このような公式声明の引き起こす隠蔽や黙殺こそが、「復興」(東琢磨さんのコメント)、あるいは「和解」(直野章子さんの報告)のさなかで発動する権力のなすことがらだろうと思うのです。なぜ、そのようなことが起こるのか、という問いを、このフォーラムの報告者たちは丁寧に取り出して議論の俎上に載せました。

報告者たちが共通して提示した枠組みは、①日米関係の批判的再検討と、これを踏まえたアジアへの向き合い方、②被害者・加害者の双方に対して、国家の承認による簒奪・歪曲・線引きがあり、不可視化があるという視点、③

その分断する線は階級・人種・性が輻輳する場であり、被害者の多様性（アンドレア・ゲルマーさんの報告）を見抜くことによってこそ、ほどかれる必要がある、ということでした。フォーラムの会場やパンフレットのデザインに描かれた「聴く！見る！話す！」の三つの語は、柔らかく表現されていますが、まさにこれらの枠組みに必要な方法論なのです。

ここでは、報告者たちの言葉に触発されて、「加害」と「被害」という二つの軸を立ててコメントしてみたいと思います。

二、加害と責任——空爆と人種・性

私はかつて、構造的とは「自らをそこから外部化して棄却できない」ということ、「自らの内部に巣くう権力との対決をも迫られる」ということだ、と定義してみたことがあります。これは二〇一二年に起きた米兵の性暴力事件の被害者、そしてまだ見ぬ多くの被害者たちに向けて届けたいと願って書いた新聞のコラムでのことです。ここにも引用してみますが、「軍隊という構造的暴力からの解放は、犠牲者を生む構造的暴力を自らの内に見出し、もはや国家や集団の犠牲となるまいと拒否を突き付けながら傷付いた私の身体を肯定する、そのような抗議の声を解放することから始まるだろう[2]」と書いています。構造のなかに留まる限り、被害者は「被害者」の位置に固定化されてしまう、抗議はそのような構造から解放されて行われる必要があると思ったからです。

アイリス・マリオン・ヤングは、米国社会の貧困を不正義と捉えて、その責任＝加害者をたどれないのが構造的暴力の特徴であると定義しました[3]。この「構造的不正義」の定義から、彼女は「責任の社会的つながりモデル」を導き出します。この考え方を従軍「慰安婦」問題に惹き付けたのは、ヤングの翻訳者であり日本語圏への紹介者で

もある岡野八代でした。(4)

竹村和子は、アブグレイブ収容所虐待を、佐世保の小学生による同級生殺害に引き寄せながら、彼／女たちを批判する「普通の」人々が、惨事を語る統治者の言説によりかかりつつ、暴力行為者を「自分とは無縁の怪異な存在」にする効果をもたらすことを指摘しています。「暴力をめぐる消費文化がテクノロジーを巻き込みながら世界中を駆け回っているときに、はたして兵士たちは、どんな法に照らして、深い悔悟と謝罪の念をもって犠牲者たちに責任を取る（リスポンド）ことができるのか」と問うているのです。(5) 構造のなかに組み込まれた人々への処罰では奏功しない、原因は別のところにあるはずだが、処罰は個人化されてしまい、にもかかわらず権力は免責されてしまうことへの深い疑問が、浮かび上がります。

近代がつくりあげた主体は、責任を取ることが出来るという条件付けを帯びています。そして、それは白人男性市民として形象されてきたわけですが、そのことが、未だに超えられていない。このような批判は、さまざまな課題に惹き付けながらフェミニズムが問題提起してきたことだと思います。

例えば、ということで、報告者たちが採り上げなかった事例を用いながら、この広島という空間で被爆七〇年を語るために欠かせないと思えるような問いを立ててみることにしましょう。それは、空爆という戦争の技術に関わっています。広島は長崎とともに、核爆弾による破壊を経験し、その記憶を携えて核兵器廃絶を発信し続けてきた都市です。けれども、空爆についての批判はどうでしょうか。空爆という戦争のテクノロジーを人種と性という枠組みから批判的に検討することは、やはりジェンダー研究が果たすべき役割のように思えるのです。

ポストコロニアル研究で著名な比較文学者のレイ・チョウは、彼女なりの広島論において、原子爆弾という意味を、「あらゆるものが視覚的表現や仮想現実となった」認識論的出来事として探求したいと考えました。彼女は、その着眼点を、ハイデガーの「世界像の時代」に負っています。ハイデガーは、航空機が距離を無化し、ラジオが世界の事情に手を届かせる、日常に埋没化したテクノロジーによって、世界や存在は、像として認識されたものとしてのみ見出される時代になったと論じました。その先にあるのは、チョウに言わせれば「世界が標的となる時代」なのです（本書のタイトル The Age of the World Target は、だからハイデガーからの翻案なのでしょう）。戦争のテクノロジーと視覚・映像との間の強い同調性を論じ「武器の機能とは目の機能に他ならない」とするポール・ヴィリリオをひもときながら、チョウはさらに踏み込んで、戦争と表象、戦争と平和のテクノロジーについて論を進めています。視覚こそが先制攻撃の最良の手段、敵より先に見ることが破壊の手段となったというのです。

暴力を用いて戦争を求めること、さらには知の育成とともに平和を追求することが、同じコインの表裏であると理解することであって、私はそのコインを「世界が標的となる時代」とよんでいるのだ。戦争と平和は妥協不可能な反対物ではなく、むしろ共存し、視覚によって仮想化された世界の連続性のなかで協働しながら機能する。さらに重大なことは、現代の世界では特権的な国家だけに、同時に戦争を起こし平和を唱道することが可能だということだ。(6)

目の機能を備える国家暴力の時代にあっては、戦争と平和は権力の機能として矛盾しないと説明することに成功しているチョウの慧眼は、重要です。そして原子爆弾と地域研究はいずれも、他者に向き合う能力を欠いた排外主義の知的生産様式だと論じるチョウに、私も深く首肯するものです。ただ、その手前のところ、空爆のテクノロジーを成立させ、正当化させる文脈について考えておきたいと思います。空爆とは、爆撃の対象を破壊する行為でありながら、爆弾を投下する者は、惨禍を見ず一目散にそこから逃げ去ることを前提とした戦略・戦術です。騎士道にせよ武士道にせよ、古典的な価値からすれば、卑怯に感じられます。しかし直接的な加害者は、爆弾を投下したパイロットか、標的を定めるべく連携した通信兵か、航空機を整備し爆弾を搭載した整備兵か、人々の頭上に投下されると知りつつ製造に関わった労働者か。命令下にある兵士も労働者も、航空機と通信、爆撃技術のテクノロジーに埋没しており、機構化されたなかでしか実行出来ないことであるために、当事者責任を判らなくしています。空爆は、そのようにして実行されるのです。

そして、公式発表される標的にはたいてい命中しないために、空爆では、絨毯爆撃や核エネルギーを用いて空間的に殲滅することが必要な形式となります。それはまさに一般住民（兵士ではない人びと）をターゲットとしていることに他なりません。だが、ここで注意しなければならないのは、標的は、空爆技術の当初から、このような市井の人々であったということです。惨い大殺戮によって「敵の志気を挫く」ことが、戦略として採用されてきたということなのです。こうして現代の戦争は、戦場で起こる兵力の衝突ではなくなり、敵国の兵力ではない人々は、言うことを聞かせるための可処分な部分となりました。その多くが老人、女性、子供たちでした。つまり兵士ではない人々、近代が責任主体から排除してきた非男性です。合わせ鏡にある自国の住民も、ある程度はやむを得ない犠牲として計算される「像」に堕すでしょう。米国統治者の「半分を少し超える人びとはいまだに生きている」という見方（高橋博子さんの報告）は、まさにそのような「像」を破壊する目の機能と化しているのです。

移民史、多文化主義の論客として知られるロナルド・タカキは、かつて、米国の原爆投下決定の背景としてトルーマン大統領の「男らしさ」への執着を付け加えました。(7) だが、なぜ、爆弾を投下することは男らしさに繋がるのでしょう。西部開拓のフロンティア精神の時代に憧れ、太平洋戦争をインディアンの虐殺に重ね合わせて語る人種主義的な態度は、なぜ男らしいことなのでしょうか。こうしたことについては、充分に語り尽くされていないのではないか。人種別編成された日系人部隊が、ヨーロッパ戦線で重大な犠牲を払いながら軍功をうち立てていたことはすでに知られていたはずです。多くの日系移民の故郷でもあった広島への核攻撃は、極めて深刻な矛盾のなかにあったはずなのです。つまり「日本人」（だけ）が犠牲になったということは、犠牲者を、米国にとっても都合のよいかたちで人種化する作用でした。タカキはW・E・B・デュボイスが「科学と破壊が結びついた」と嘆き、ゾラ・ニール・ハーストンがトルーマンを「アジア人を大量虐殺した男」と評すなど、アフリカ系アメリカ人による原爆投下批判(8)のコメントを明らかにしています。しかし、それだけでは説明は充分ではないでしょう。ここで人種主義のみで説明しようとすることは、可処分部分と見なした事実を、むしろ覆い隠す効果をもつかも知れません。

トルーマン（だけ）が特別に男根主義に執着したことだったのか。ローズヴェルトの炉辺談話には、そのような男根的な欲望は表出していないのか。原爆投下とラジオによる政見放送は、「男らしさ」をめぐって、破壊する目の機能として、どれほど異なるものなのでしょうか。そして日本の首相が継続的に発表してきた「談話」とは、空爆の機構と様式を、すでに準備していないでしょうか。

三、被害と巡礼――「ヒロシマ」スピン・オフ版

核抑止論こそが脅威であることを性暴力との相似性において説明した高橋さんの報告が、そのような抑止論の対照項として掲げたのは「伝える平和」でした。この「伝える平和」の具体化は、鄭暎恵さんの報告が提示する「東アジアの交差点」としての広島提言に込められていると思います。いずれも、出会うこと、コミュニケーションの交換に関わる事柄です。しかし、直野さんの報告が指摘するように、それが政策化するところではもっぱら「和解」が形式的に先行し、和解こそが要請されます。その極めつけのように「談話」に至っては、あろうことか、日本の総理大臣がアジアに向けて西洋を模範として持ちあげつつ和解の度量、寛容をよこせとすら言い募る状況があるのです。寛容すなわち許すことは、責任を取ることができる主体のみが行いうる力であって、そのような責任主体による許しを通じてのみ、和解は達成できるとの前提が透けて見えます。西洋に比してアジア諸国は寛容さを備えていないと見なす、日本の為政者に染み着いた植民地主義が、露呈しているのです。

誰が被爆者の名において語りうるのか。そのとき、怒りは、どうなるのか。直野さんの報告の提起した問いは重

く、倍音のように私の鼓膜を捕らえて放しません。

ここでは、行為実践を通して語る主体性が獲得されていく、あり得た可能性のことについて考えるためのエピソードを紹介することでコメントに代えたいと思います。それは言わば「公式」の「和解物語」の背後にかくれたスピン・オフ・ヴァージョンです。スピン・オフ、すなわち「ばっくれる」というのは、目の機能による標的化を逃れる表象の空間生成に関わる、ピープルの作法と言えます。それは捏造によって支えられた天皇の行幸という正史（北原恵さんの報告）の対極にあるものです。それは「ヒロシマ」という表象の空間を交差点とし、そこから人々が自らの物語を語り出すような、出会いと伝達の物語です。

ニューヨークを拠点に活躍したアクティヴィストとして知られるユリ・コチヤマ（一九二一～二〇一四年）は、第二次大戦時の強制収容キャンプを経験した日系アメリカ人でした。ちなみに夫のビル・コチヤマは、日系人兵士によって編成され、ヨーロッパ戦線に派兵され激烈な戦闘を強いられた第四四二連隊の数少ない生存者のひとりです[9]。ビルのそのような体験がありながらも、二人は戦後の早い段階から、「ノー・ノー・ボーイ」と呼ばれた人々、強制収容所からの徴兵拒否を貫いた日系人をも、不正義に抵抗し闘った人々として支持していたようです。ユリのアクティヴィズムは、しかし日系人に留まらないものでした。ニューヨークを拠点にアジア系、アフリカ系、プエルトリカンなどマイノリティの権利、政治犯の釈放を求める運動にも積極的に関わっています。子育てとレストランのウェイトレス労働の傍ら、自宅は「オープン・ハウス・パーティー」の会場としてしばしば開放され、数多くの人々が訪問しました。家族新聞を発行するなどミニコミ活動もこなし、焦点を創り出し、人々をつなぐ活動家であったと言えます。

そのようなニューヨークのコチヤマ家が「ヒロシマ」の交差点となったふたつのエピソードがあります。ひとつは一九五五年、「原爆乙女」の歓待でした。原爆被害者となった若い女性を米国に招いて形成外科手術を行うという「救済」（これも「和解」のひとつの形式と言えそうです）については、さまざまな批判があるでしょう[10]。けれども、コチヤマの自伝の該当箇所は極めて簡素に出来事についての概略が述べられているのみです。

二世家族なら、広島の乙女を泊めていいとわかったので、一家が進んで申し出た次第である。その結果、中林智子さんがある週末にうちに泊まってくれた。痛恨の極みだったのは、中林さんが数ヶ月後にごく希な麻酔事故のため手術台で絶命したことである。(11)

中澤まゆみによるユリ・コチヤマへの聞き書きを元にした伝記的著書（以下、『ユリ』と略記）には、もう少し詳細な叙述に紙幅が割かれています。

〝ヒロシマ・ガールズ〟がニューヨークにやってきたことは、新聞にも大きく取り上げられた。それを知ったニューヨークの日系人は、彼女たちのアメリカ滞在に何か協力できることはないだろうかと、先方の世話人に申し出た。そして、週末の一日が日系人との交流日となり、その日は日系人が自由に病院へも訪ねられることになったので、私たちはこぞってお見舞いに行くようになった。

日系人兵士として従軍したビルは、アメリカが日本に原爆を落としたことに、私以上に衝撃を受けていた。彼は四四二部隊で闘ったことは誇りに思っていたが、戦争それ自体に対しては、次第に反対の姿勢を示すようになっていた。

日本領事館が彼女たちに対して冷淡だったこともあって、ビルと四四二戦友会のメンバーは、ある週末、歓迎のダンス・パーティを開くことを計画した。最初その話を聴いたときは、招待しても彼女たちは来ないだろうと誰もが思ったものだ。しかし、四四二部隊のことを話した人がいたのだろう。それまでダンス・パーティの招待など受けたことのなかった彼女たちが、喜んで招待を受けたいと言ってきた。(12)

このような出会いを契機とする偶然のいきさつから、彼女たちは週末を日系人の家庭で外泊することになります。『ユリ』によれば「それまで彼女たちが滞在していたのは裕福な白人の家庭だったので、アメリカに住む普通の日系人の生活を知ってほしいと願っていた人々は、世話役になった四四二戦友会に次々と申し込み」をしたということでした。『ユリ』から読み取ることが出来るのは、中林智子の麻酔事故死の後も、米国人医師への信頼を示そうと手術を申し出た女性たちを、コチヤマが率直に賞賛したこと。受け入れを行った病院というのが、マイノリティ、すなわちニューヨークのユダヤ系コミュニティのマウント・サイナイ病院であったこと。また、原爆被害の女性を見舞い、自宅に泊めたことによって、自らと家族、特に自分の子供たちが多くのことを学んだということです。コチヤマ夫妻が、ニューヨークで公民権運動の時代の足音を聞くようになるのは、それから少し後のことでした。

自由、平等、正義——。アメリカの憲法が謳う精神は、まぎれもなく素晴らしい。けれども、そうした言葉を並べながら、この国はいったい何をやっているのだろう。当時、ビルと私はよくそんな話をした。間違いを正すには、沈黙してはいけない。ひとりひとりが声を大にして「それは間違っている」と言わなければいけないと考えた私たちが、抗議行動に参加するようになったのはハーレムに移ってからだが、こうした思いは、私たちのなかで徐々に発酵していたのだ。

もしかしたら、ビルと私は、戦時中アメリカ政府が日系人を収容所に送り込んだことを、無意識のうちにそこに重ねていたのかもしれない。しかし、そのことを私たちがはっきりと自覚するのは、もう少しのちになってからである。(13)

和解物語の「乙女」性を帯びた女性たちと、日系人の市民性を証明する物語を背負ったコチヤマ夫妻は、ニューヨークに偶然に出現した「ヒロシマ」の表象空間を交差点として、確かに出会っていたと言えないでしょうか。そして、このヒロシマという交差点が九年後に次の物語を生み出すことになるのです。

一九六四年、すでにコチヤマ家はハーレムの公営団地に居を構えていました。父母会を組織し、公民権運動の刺激を受けて始まったフリーダム・スクールに参加し、デュボイス、リチャード・ライト、ジェイムズ・ボールドウィン、ラルフ・エリソンらの文章に親しむ日々を送っていました。その彼女の自宅に、「広島長崎世界平和巡礼団」を招いて歓待したのです。一行は黒人学校や黒人教会を訪ね、「過保護な白人ホストたちと一緒にではなく、自分達だけで」、ハーレムを歩き、一一四丁目の「ワールド・フェア」に対抗する、ハーレムの貧困の現実を目撃し、フラッシングメドウズの国際会議場で開催中だった「ワールド・フェア」、すなわち、「ワールド・ワースト・フェア」、ハーレムの父母会の暖かい歓迎を受けました。そして、このパーティを大いに盛り上げたのがマルコムXの来訪でした。

「あなたたちは原爆で傷を負っています。私たちもまた傷を受けていることを目にされたばかりです。私たちを襲った爆弾は、人種差別です。」

「しかし、今や、日本には米軍基地があります」と彼は言った。(14)

このようにしてニューヨークのコチヤマ家に再び、「ヒロシマ」交差点が出現します。ただし、このときは公民権の時代精神を経て覚醒した人々として、一方的な被害者と加害者の関係ではない、輻輳する分断線を眼差す者としての出会いであったと言えるでしょう。コチヤマの回顧録というテクストを通して、私たちは「マルコムXが訪問した！」物語として思い描くことに慣れています。けれども、誰が、誰に出会ったのでしょう。マルコムXの側からすれば、彼もまた、確かにユリ・コチヤマに出会ったのであり、ハーレムで「ヒロシマ」に出会ったはずです。

ヒロシマの巡礼団たちは、「ハーレム」でマルコムXに出会ったのであり、そしてユリ・コチヤマに出会ったはずなのです。コチヤマの回顧録には、一九六四年六月六日に撮影された写真が掲載されています。キャプションの情報は、翻訳版のほうが原文では判らない漢字表記や所属の情報を追記するかたちで「被曝者文芸評論家の浜井隆治、マルコムX、通訳ノブヤ・ツチダ、『中国新聞』社会部次長満井晟《あきら》」とあります。

中澤の本によれば、「一九六四年六月六日のその日、ハーレムにやってきたのは被爆者で劇作家・文芸評論家のリュージ・ハマイ、新聞記者のアキラ・ミツイ、ケンミツ・イワナガと数人の通訳、それと彼らを支援する白人の公民権活動家たちだった」。「これは広島に住むアメリカ人の平和運動家バーバラ・J・レイノルズ夫人を中心とするグループが企画した使節団」で、コチヤマは、「使節団の中には二人の作家がいて、ハーレムでマルコムXとジェームズ・ボールドウィンに会いたがっているので、なんとか取り計らってもらえないだろうかという依頼」を手紙で受けていたのだといいます[15]。

平和巡礼団の帰国後、『中国新聞』は、満井晟記者の旅行記を一九六四年七月一〇日から八月一七日にかけて掲載しました。米国の後、カナダ、イギリス、フランス、ベルギー、東西ドイツ、ソ連を訪問した七五日間の旅の記録は三九回にわたる連載記事となりました[16]。このうち、ニューヨークについて満井は二回を割いています。

しかし、ニューヨークは人種差別反対運動の本拠地でもある。ニューヨークに住む七〇万の黒人のうち、半数以上が集団的に住んでいるハーレムには「世界博は最悪の博覧会」の横断幕を掲げ、同博反対のデモを準備していた。黒人差別反対運動の若い指導者のひとりマルカム・エックス氏はこういった。「差別反対運動はアメリカ国内だけの問題ではない。人種、民族への偏見や差別が戦争を生むのだ。人種や民族の差別撤廃こそ、平和の基礎ではなかろうか。黒人はどれいから解放されて一〇〇年以上もがまんしてきた。しかしどれだけ改善されたか。ある人は平和的に解決すべきだというが、白人が考えを変えない限りだめだ[17]」

紙幅に限りがあるとはいえ、「ワールド・ワースト・フェア」とマルコムXのコメントを取り上げただけで、ハーレムを歩いて出会った人々やコチヤマ家のオープンハウスの歓待の詳細も触れられていないのは、どうしたことでしょうか。実はこの巡礼団は、出発段階で広島・長崎の被爆者代表とレイノルズら世話人、通訳を含めて総勢四〇名に膨れあがり、米国では三班に分かれて行動していました。その上ニューヨークで資金難に陥り、半数が渡欧組に遅れて残留するという目に遭っています。ニューヨーク訪問として満井が伝えたのはカーネギーホールの集会や国連ウ・タント事務総長との会見の成功でした。[18] すなわちユリ・コチヤマ、マルコムX、被爆者作家らが空間を共にした稀有の「ヒロシマ」の交差は、公式の巡礼ルートからのスピン・オフであったと想像するのは難くないのです。

それにしても、六四年当時の日本からマルコムXとジェームズ・ボールドウィンに会いたいと願い、ハーレムを自らの足で歩いた被爆者の作家とは、どのような人物だったのでしょうか。『回顧録』の写真にキャプションとして記録されたRyuji Hamai（浜井隆治）という名がひとつの手がかりを与えてくれます。

四、「原子爆弾は語り続ける」――炭鉱とヒロシマ

その人は、筆名を織井青吾《おりいせいご》という記録文学者でした。彼の名を知らしめた最初の著書は、一九一四年福岡県田川で起きた三菱方城《ほうじょう》炭鉱事故（一九一四年一二月一五日）、いわゆる「方城大非常」のルポルタージュでした。[19] 公式発表で六七一人の死者を出した炭鉱のガス爆発事故の記録を深く掘り下げ、事故の原因を究明しながら、公認されない死者数はもっと膨大であろうとの結論を導く衝撃的なものでした。一九七九年の出版当時、織井は『中国新聞』の

次のようなコラムで、執筆の動機に触れています。

いまから六五年まえ、大正三年一二月一五日におこった筑豊炭田の三菱方城《ほうじょう》炭坑（福岡県田川郡）の「大非常」と、広島出身の出稼《かせ》ぎ坑夫については、すでに中国新聞に二回ほど掲載する機会があった。非常とは、筑豊でいう炭坑事故のことであり、文字通り非常ではなく「通常」なできごとであった。

ながく尾をひくサイレンの音を耳に、わたしは広島から一七〇キロ以上も離れた方城町で八・六を痛いほど感じていた。わが国が一五年戦争に突入、広島・長崎への原爆投下の大量殺人による敗戦にいたるまで、いくたの戦場で、工場で、そして炭坑でいかに多くの同郷人が殺されていったことであろうか。ヒロシマの八・六を憤り、平和を訴えるそのまえに、寒村から食うに食えない小作農民たちがスネヌキで炭坑に連れ去られ、どのようにして殺されていったか――そのことを知り、考えてみる必要があるのではないか。[20]

織井青吾は被爆者の作家ですが、九州の炭鉱を記録することに執着した作家でした。彼が描いた筑豊の物語は、広島からの出稼ぎや、女性を含む各地の炭鉱を流転・逃亡する坑夫、強制連行された朝鮮の人々、被差別部落の人々、石炭運搬を担った遠賀川の川船船頭たちの物語で彩られています。[21]

織井が広島について、自らの被爆について単著『原子爆弾は語り続ける』をまとめるのは、かなり後になってからのことです。[22] まして一九六四年の巡礼団のことについてはまとまった文章を書き残していないようなのです。殆ど断片的に著書のなかで触れられている箇所を見てみましょう。

その時であった。おんなの子が、丁度車が通りすぎる瞬間、わたしにむかって小さな会釈《えしゃく》をした。車のなかから、わたしも慌てて頭を下げた。

> ことは、ただこれだけのことにすぎない。が、わたしは、その夜ついに一睡もできなかった。見も知らぬわたしに、どうして頭を下げる必要があるというのか。そこが被差別部落ということをわたしは知っていた。美しい目をしたその少女の顔を、わたしは今も忘れない。……［中略］……
>
> それまで、私は先輩格である水谷積男《もりお》というカメラマンから、筑豊の被差別部落のことを幾度となく聞かされていたし、また十年ばかり前のこと、広島の被曝者であるわたしはワールド・ピース・スタディ・ミッションという長たらしい名称の行脚で、アメリカをはじめヨーロッパ各地を廻る前の調査取材の際、広島の被差別部落にしげく通った経験を聊《いささ》かもっているにはいたが、正直いってこの稲築での出会いは、それまで主として閉山後の筑豊のみにのめりこんでいたわたしにとり決定的であった。
>
> が、あえて云う。わたしは被差別部落の人達に単なる同情をよせたわけではなかった。わたし自身のなかに巣食っていた何ものかに気付き心が疼いたのだ。救われなければならなかったのは、むしろこの私自身ではなかったのか。[23]

被差別部落の人たちの存在が、被爆者である自身に捻れるように差し込んでくるような文章です。巣食っていたものから、救われなければならない。そのような苛まれる感覚に触れたとき、彼のヒロシマが起ち上がるのが判ります。そうした緊張をときほどこうとする効果を求めたのか、皮肉なニュアンスを込めて「ワールド・ピース・スタディ・ミッションという長たらしい名称の行脚」と書きますが、自分自身の広島についての想起には率直さが失われてしまうのでしょうか。六四年の「巡礼団」に触れるときはどこかいつも、こんな調子なのです。次の著作は、一九八〇年になってからのものですが、やはり同じ表現が出て来ます。

> ショウチュウ――この発音のもつひびきは、筑豊入り以来わたしがいまもって座右においているからとい

うだけではない。茂さんの亡くなった年のひと月おくれに、私はワールド・ピース・スタディ・ミッションという長たらしい名称のグループにくわわって世界旅行にでかけたことがある。いまにして思えば、平和運動の真似事みたいなことであったが、その二年ばかり以前からわたしは広島における底辺被爆者の実態調査とでもいったことを、ホンダのオートバイを駆って細々とひとりでやっていた。どうしてなのかというと、そのころ広島の被爆者は一般市民のトータルでいうと五人に一人であったが、失対労務者のそれは五人に二人強の割合であり、その彼等の話を聞いたり、アンケートに答えてもらうとなると、どうしても昼の休憩時間かもしくは、中途から小雨が降りだし、飯場というか小舎みたいなところに彼等が集っているときでないと都合がわるい。そこで、オートバイにカッパとヘルメットといったあんばいで出かけてゆく。そんなことで彼等の生活といったものをみてゆかないと、どうしても本当のことが判らない。いくら仕事の都合で病院にゆけない、貧乏してるから薬も買うことができない、と一応わかってはいても、少し暖かくなってくると、休憩時間にお互いでもってお灸をしあっている姿などを目にしなければ、ピンとこないであろう。

そんなことをやっていたことが機縁で、わたしは平和運動の巡礼団にくわえられたらしいのだが、ミスター・ポバティとグループから結構なニックネームをいただいたわたしも、アメリカやらヨーロッパへ行って、失対労働者たちの唯一のたのしみである焼酎をどうほん訳して資料に書いたらいいかで、はたと困った。

そうして往生したあげくに発見したのが「チープ・ワイン」というわけだ。これだけは、どんなわたしの外国語よりもよく通じた。やがて、そのチープ・ワインにお世話になることになる身となるが、ちなみに三池労組の年来の友人である池畑さんの奥さんは、これをヤマト・ウイスキイと名づけた。なるほど、ネーミングひとつにもうわ手がいるものである。

話がそれた。(24)

十数年の後になっても巡礼団とは決して綴らず「ワールド・ピース・スタディ・ミッションという長たらしい名称」と書き「平和運動の真似事」として想起されています。ここでも、底辺被爆者の存在への真摯さを言うための対比として貶めているようにすら読めるのです。巡礼団メンバーから「ミスター・ポバティ」と称されるほどの、どのような態度で、彼は一九六四年の旅を歩んだのでしょうか。あるいは、どのように彼自身の被爆後を歩んだのでしょうか。

断っておくが、私が手もとに集め、いま方城町の図書館にある三点の遺品は、遺跡などでは決してない。地底からの声そのものなのだ。

その声から、わたしたちはなにを学んでゆかなければならないのか。そこらをじっくり考えてゆかないと、いかなる活動も筑豊の再生にはつながってこないだろう。そのためにも加害者側が責任を明確にとろうとしないかぎり、方城大非常も三井三池の大災害も決して赦すことがあってはならない。

かつて、わたしがアメリカの各地で口にして歩いたように、原爆投下は絶対に赦すことはできないし、同様にアメリカ人もパール・ハーバーを絶対に赦してほしくないのだ。赦すとか、赦さないとか、そういったことばのもつ語感はともかくとしてこういったことばからくるほど堅苦しいことをいってるわけではないが、

「まあ、まあ」

とか、

「いまさら済んだことではないか」などという曖昧なことばに、わたし達はどれだけ貴重な教訓を歴史の網目から見逃し、見落としてきたことか。国際親善など、ニュー・ジャーナリズムとやらにまかしておけばよいのである。軽々しく口にすべきことばではあるまい。(25)

「地底からの声そのもの」を、聴き取ってしまった者の怒りが、噴出している。「赦さない」という意思を繰り返し確認する作業となって噴出している。そう読める文章でしょう。

「彼女たちの横で被害を語るのに最適なもうひとりのおばあさん」「隣の証言者」（ゲルマーさんの報告）とは、織井にとっては、筑豊の炭鉱の人々でした。近代化に邁進する日本の炭鉱史を、そこに生き死んだ人々の地底に埋もれた声として聴き取り、そこから書き残すこと、それが織井の巡礼であり証言であったのではないでしょうか。かれの「原子爆弾」はそのようにして怒りを語り続けていたのだと思うのです。

そのようにして迎えた被爆六〇年目に、ようやく自身の被爆体記となる『原子爆弾は語り続ける』は刊行されました。出版に当たっての思いの一端が、あとがきに綴られています。

広島に生まれ、ピカで火傷まで負わされながら、どうしてお前は〝腰を入れ〟て原爆を書かないのか——友人達と顔をあわせる度にそんなことを言われてきた。なるほど、そう言われてみれば、そうかもしれない。二十何年か前に、ポプラ社から『さよなら、先生——被爆少年の手記——』というのを出してもらっている。小学校高学年から中学生を対象としたものであったが、本書を書くのに、変な話だが、随分と参考になった。二十数年前に書いたものだけに、わたし自身も未だ若かったし、それだけ記憶も確かだった。

わたしはそうは思わないのだが、友人たちはこういうものは、しょせん本格的ではないと思っているのであろう。

この後、更に「出来るだけ女性の方にも読んで頂けたら、と思って本書を書いた」と続くのは、「力み返って転んだ」戦時中の日本に対して燻り続ける憤りの、別の宛先を彼が求めていたからだと言えなくもないでしょう。なるほど、織井は、この本を、新幹線で偶然隣席に坐った女性から聞いた話から書き始めています。八二年に出版した児童書を踏まえつつ、だが、「若かった」織井がその後に重ねた作家生活は、戦争の記憶を書きとどめる手記や記念誌の文体に、ジェンダー的な偏向を直観させるものだったのかも知れません。

その女性の姉は、ふとした胸騒ぎから広島行きの列車に乗らず原爆を免れたのだと言います。「申し訳なかった」「罰が当たる」としばしば口にし、「こらえてね（赦してね）」と言いつつ息を引き取ったという話を聴き取った織井は、この挿話から本書に「サバイバル・ギルト」という言葉を引き寄せています。児童書のときには書かれなかった、六〇年を経て追記された観点のひとつが、この生き残ってしまった者の罪責感であることは間違いありません。自身の体験として、自分の指示に従ったために崩落した建物から脱出できずにいた後輩を見捨てるように逃げたこと、その自分は中学の年長者として後輩を殴り指導する、軍国主義の構造の一部だったことが、切実なかたちで書き込まれているのです。

さらに注目すべき追記は、「サバイバル・ギルト」の小見出しを付した節に現れています。織井は、二人の旧友たちから聴き取ったという、相生橋に括り付けられて亡くなった米兵捕虜の遺体の目撃談を、この節に含めているのです。「止めんかい！何度そう言おう思うて、ここまで出かかったが出来んかった」「喩えどうなっても、わしは言うべきじゃったと思う……あの人（捕虜）には、申し訳ないことをした思う」。「あの捕虜のあわれさむごさが、いまだに眼ん玉ん底へこびりついて離れん」。旧友たちの言葉を聞き取りながら、自身も原爆投下の九日前に、捕虜となる米兵の姿を目撃して〈捕まったら殴り殺されりゃあせんか……〉と「可哀そうに」思った記憶を吐露しています。「死者への罪悪感」は、国家が定める国民や同胞にのみ、負っているのではないことを、織井は語ろうとしているように見えます。しかし、それだけでは充分ではない。あるいはむしろ、数々の噂として流布したこの相生橋での捕虜への暴行事件にまつわる話を、タブーとする側に対する憤りが露わになっています。「そういう人達の殆どは、核廃絶を唱え、平和を口にする。でありながら、己の都合の悪いことは語らない」との厳しい批判を行うために、避けて通ることが出来ない挿話であったと言えそうなのです。(27)

こうして浜井隆治、すなわち織井青吾は、マルコムXやユリ・コチヤマを直接書くことがなくとも、ハーレムに出現した「ヒロシマ」という交差点の可能性を示している作家であると、彼自身の「巡礼」がそうであったようにスピン・オフしながら読み込み過ぎてみること。これを、「談話」ではない別の文体、別の物語を発見しようとする報告者たちの呼びかけに対する、ひとつの応答とさせて頂き、この稿を閉じたいと思います。

註

(1) この意味で、好対照を成すのは、いわゆる「玉音放送」、日本敗戦の詔勅だろう。ラジオを囲んで平身低頭し拝聴する国民というイメージが、ふんだんに流布している。
(2) 阿部小涼「構造的暴力からの解放」(緊急連載・軍隊と性暴力・女たちの告発⑥)『沖縄タイムス』二〇一二年一一月六日一七面。
(3) アイリス・マリオン・ヤング『正義への責任』岡野八代・池田直子訳、岩波書店、二〇一四年[Iris Marion Young, Responsibility for Justice (Oxford University Press, 2011)]。
(4) 岡野八代『フェミニズムの政治学：ケアの倫理をグローバル社会へ』みすず書房、二〇一二年。責任のつながりモデルという考え方は、テッサ・モーリス＝スズキが日本の戦争責任について「連累」(implication)という答えを導いたことも想起させる。テッサ・モーリス＝スズキ『批判的想像力のために：グローバル化時代の日本』平凡社、二〇〇五年。
(5) 竹村和子「生と死のポリティクス」『境界を攪乱する：性・生・暴力』岩波書店、二〇一三年、三五二－三五三頁。
(6) レイ・チョウ『標的とされた世界：戦争、理論、文化をめぐる考察』本橋哲也訳、法政大学出版局、二〇一四年、六二一－六二三頁。
(7) ロナルド・タカキ『アメリカはなぜ日本に原爆を投下したのか』山岡洋一訳、草思社、一九九五年。
(8) 古川博巳・古川哲史『日本人とアフリカ系アメリカ人：日米関係史におけるその諸相』明石書店、二〇〇四年にも詳しい。

(9) Kochiyamaは夫ビルの、山口県出身である父の姓「河内山」に由来するが、回顧録の日本語訳にあたり、ユリは明確に「コチヤマ」と発音したという。ビルは退役後は国際基督教大学のアメリカ現地法人で広報担当の職を得ていたことなどが知られている。Yuri Kochiyama, *Passing It On: A Memoir* (Los Angeles: UCLA Asian American Studies Center Press, 2004)［ユリ・コチヤマ『ユリ・コチヤマ回顧録：日系アメリカ人女性人種・差別・連帯を語り継ぐ』篠田左多江・増田直子・森田幸夫訳、彩流社、二〇一〇年］。このほか、ユリ・コチヤマについては、以下を参照。中澤まゆみ『ユリ：日系二世NYハーレムに生きる』文藝春秋、一九九八年。

(10) コチヤマを含む日系人との接点が「原爆乙女」にもたらした影響について論じたものとしては次の論文がある。Caroline Chun Simpson, “‘A Mutual Brokenness’: The Hiroshima Maidens Project, Japanese Americans, and American Motherhood,” *in An Absent Presence: Japanese Americans in Postwar American Culture, 1945-1960* (Durham: Duke University Press, 2001).

(11) コチヤマ『回顧録』九四－九五頁。

(12) 中澤『ユリ』一二〇－一二一頁。著者の中澤は取材に基いて本書を執筆するにあたってユリの一人称で書くという選択をしている。

(13) 中澤『ユリ』一二五－一二六頁。

(14) コチヤマ『回顧録』一一七頁。

(15) 中澤『ユリ』一四四頁。通訳者の氏名が異なることのほか、コチヤマ『回顧録』では「三人の被爆作家」（一一三頁）と書かれており、正確な参加者の全体像は不明である。ユリの没後に再放送されたエイミー・グッドマンによるインタビュー “Yuri Kochiyama Remembers Malcolm X's Assassination & Living at WWII Japanese-American Detention Camp,” in Democracy NOW! (February 21, 2006 on air) でこのときのことを語っている箇所があるが、マルコムXの側で訪問団の人数を限定したと受けとめられる内容になっていて、回想録とのズレがある。アンジェラ・ディヴィスとの対話で構成されたドキュメンタリ映画 Mountains That Take Wing: Angela Davis and Yuri Kochiyama-A Conversation on Life, Struggles and Liveration (C.A. Griffith, H.L.T. Quan/ U.S.A./ 2009) では、この時の写真が紹介されている。居合わせたエド・ドラック(Ed Druck)というプロの写真家が撮影したものだという。

(16) 中国新聞社の道面雅量氏よりご教示頂いた。記して感謝したい。この連載は後に改訂を施されて単行本にまとめられている。中國新聞社編『炎の日から二〇年：広島の記録2』未来社、一九八一年［一九六六年］。
(17)満井晟「世界の中のヒロシマ：平和巡礼団に同行して（一二）／ニューヨーク」『中国新聞』一九六四年七月三一日。
(18)満井晟「世界の中のヒロシマ（一三）／ニューヨーク」『中国新聞』一九六四年八月一日。
(19)織井青吾『方城大非常』朝日新聞社、一九七九年。
(20)「筑豊からヒロシマを考える／織井青吾／原爆前の広島史を／忘れられた貧農の足跡」『中国新聞』一九七九年一一月三〇日。
(21)このほか、沖縄戦を報道した朝日新聞社那覇支局長、宗貞利登《むねさだとしと》の伝記も出版している。この本のなかで織井は、宗貞が一九四五年五月一三日朝日新聞の第一報で「敵最前線に黒人部隊」との見出しを報じたのは、沖縄住民に対する日本兵の差別的態度を暗示するものとして書いたのだと推測している。事実の検証とは別に、マイノリティの視座に立つという姿勢が強く打ち出された推論として興味深い。織井青吾『最後の特派員：沖縄に散った新聞記者』筑摩書房、一九九一年。
(22)織井青吾『原子爆弾は語り続ける：ヒロシマ六〇年』社会評論社、二〇〇五年。ただし、後で触れるように、織井は八〇年代に児童書として体験記を出版している。織井青吾『さよなら、先生：被爆少年の手記』ポプラ・ブックス、一九八二年。
(23)織井青吾「黒い河の唄」『地図のない山：遠賀たんこんもん節』光風社書店、一九七七年、一四四頁。
(24)織井青吾『流民の果て：三菱方城炭鉱』大月書店、一九八〇年、一六二頁。
(25)同上、一八九－一九〇頁。
(26)織井『原子爆弾は語り続ける』二七八－二七九頁。
(27)同上、二〇六－二二〇頁。

第四章

フェミニズムと民族・国家・戦争——ヒロシマという視座の可能性

立つ瀬がない

被害／加害の二重性を超える

加納実紀代

はじめに

みなさん、こんにちは。加納実紀代と申します。私の話は「立つ瀬がない」という変なタイトルで、どんな話なのかと思われるかもしれません。私は七〇年前、広島で被爆したいわゆる「被爆者」です。いま七五歳を過ぎて、広島でこういう場を与えていただいた機会に自分の人生を振りかえってみたら、「なんか立つ瀬がない人生だったな」と。この「立つ瀬がない」というのは、日本語でふつう使われているのとちょっと違います。沖合いから必死に泳いで、ようやく岸にたどり着いたと思って足をおろしたら、足元の砂がズルズルっと崩れて立てない、文字通りに立つ瀬がないということです。

それは、サブタイトルの「被害/加害の二重性」に関わっています。私自身は被爆者として被害者といえますが、しかしそれだけで自分の立場を固定できない。韓国やマレーシアに行ったとき、原爆のおかげで植民地支配や過酷な日本の占領から解放されたという声を聞きました。被爆者としてはそれは容認できませんが、近代における日本の加害性を思うと、無理もないと思ってしまいます。

私のそういうアンビバレンスというか、立つ瀬がない状況をひらく上で、ジェンダーはある意味をもつのではないか。以前からそう思ってきたので、このジェンダー・フォーラムは大変ありがたいことです。二年もの準備を重ねて開催にこぎつけてくださった主催者の方々に心から感謝しております。最近私は、七〇年たっても「被害/加害の二重性」を解消できない要因のひとつに、ジェンダー化された原爆表象の無意識への働きかけがあるのではないかと考えるようになりました。今日の報告はスライドで画像を見ながらお聞きいただければ、と思います。

一、積極的平和主義と力による抑止

いま私が一番怒っているのは、安倍首相の「積極的平和主義」です。これについては午前中の報告でも出ました。私がこの言葉を知ったのは二〇一五年九月の安保関連法成立以後ですが、安倍首相はすでにその二年前の一三年一〇月、アメリカのハドソン研究所での演説で、日本を「Proactive Contributor to Peace」たらしめるとぶち上げていたようです。直訳すれば「先取り的な平和への貢献者」ということでしょうか。そして以来Proactive Contribution to Peaceの日本語訳として「積極的平和主義」を掲げ、国家安全保障会議の創設（一三年一二月）、武器輸出三原則見直し（一四年四月）、集団的自衛権行使容認（一四年七月）、安保関連法成立（一五年九月）、防衛装備庁発足（一五年一〇月）と、着々と戦争のできる国家づくりを進めてきたわけです。

安倍首相の言う「積極的平和主義」とは、結局は力による抑止ということです。これは、午前中の高橋博子さんのお話にもありました。力による抑止と言った場合、私がすぐ思い浮かべるのは最大の力による抑止としての核兵器です。この切手をみてください（図1）。これは発行されなかったので、実際には流通していませんが、アメリカが、一九九五年に発売しようとした戦後五〇年の記念切手です。広島原爆のきのこ雲の写真の下に、「Atomic bombs hasten the end of war」、「原子爆弾は戦争終結を早めた」という、アメリカのいわゆる原爆神話が掲げられています。この切手を発売しようとした九五年には、アメリカでは、ご存知のようにスミソニアン博物館の原爆被害の展示に猛然と反対が起こり、結局中止に追い込まれたということがありました。この切手に関しては、当時の平岡敬市長（当時）などが抗議して、発売中止になったと聞いて

Atomic bombs hasten war's end, August 1945

図1　1995年、米、発売中止の戦後50年記念切手

おります。ともかく安倍首相のいう「積極的平和主義」は、先制攻撃も辞さない力による抑止・平定であり、この切手の発想につながるものだと私は思います。

にもかかわらず、いま内閣官房のホームページには「積極的平和主義」としてこういうポスターが載っております（図2）。これについては、昨日平井和子さんが紹介されました。この写真は、にっこり笑顔の女性自衛官が、派遣先で現地の少女に折り鶴の折り方を教えているところです。少女の顔はどう見てもアングロサクソンとかではなく、シリアとかイラクとか、イスラム圏の少女ではないでしょうか。少女が着ているのはディズニーのバンビのTシャツです。これで「日米共同」を表象しているのでしょう。安倍首相の言う「一億総活躍」とか「女性が輝く」にも当てはまる表象ではないかと思います。

図2　内閣官房のホームページに載っているポスターの一部

図3　政府刊行物『写真週報』（1942年7月22日号）表紙

二、「大東亜共栄圏」表象が隠蔽したもの

それだけではありません。私がこのポスターにショックを受けたのは、この表紙との類似性です。こちらは七〇年以上前、まさにアジア太平洋戦争最中の政府刊行物『写真週報』（一九四二年七月二二日号）の表紙です（図3）。『写真週報』というのは内閣情報局が出していた週刊のグラフ雑誌で、一般国民の戦争動員に力を発揮しました。当時の日本はアジア太平洋戦争をアジア解放のための「聖なる戦争」とし、「大東亜共栄圏」をアピールしていま

した。『写真週報』の表紙はそれを表象するものです。

当時は日本軍の中に女性はいないので、軍属としての従軍看護師さんとマレー人少女です。表紙説明によると、現地の子供に日本のお話を聞かせて欲しいとせがまれているところだそうです。このの写真のコンセプトは、現在の内閣官房による「積極的平和主義」の表象と全く同じと言っていいでしょう。

この女性と子供の和気藹々たる表象は、じつは戦争の実態を隠蔽するものでした。アジア太平洋戦争開戦は一九四一年一二月八日、日本によるハワイの真珠湾奇襲攻撃とされていますが、高嶋伸欣（地理学者・歴史研究家）によれば、実は真珠湾攻撃の一時間一五分前に日本軍はマレー半島のタイ国境、コタバルに上陸しています。そしてマレー半島を破竹の勢いで南下して、四二年二月一五日に南端のシンガポールを占領する。シンガポールは大英帝国のアジア支配の拠点ですから、そこを占領したということで、国を挙げて大喜びしました。その五ヶ月後に出たこの『写真週報』は、マレー半島が日本軍に平定されて、現地住民と和気藹々、平和そのものであることを表わしています。

しかし実情は、マレー半島南下とシンガポール占領後、日本軍は凄まじい住民虐殺を行っています。その中心になったのが、広島第五師団第十一連隊でした。マレー半島というのは、今もそうですけども多民族地域で、中国系の住民も非常に多かった。日本は一九三一年から中国東北部を侵略し、三七年からは中国と全面戦争をやっておりますから、中国系住民のなかには抗日的な人も当然いたでしょう。日本軍は中国系住民は抗日勢力だというので虐殺したわけです。私は十年以上前に、クアラルンプールからシンガポールまでバスで南下しましたが、いたるところに虐殺された住民の骨が埋まっていました。

シンガポールでは、リュウカンという中国系漫画家による『チョプスィシンガポールの日本兵たち』という本が出ていて、中原道子（東南アジア史）によって翻訳されています[1]。日本軍の残虐性がわかりやすく描かれており、その中には赤ん坊をボールのように投げ上げて、落ちてくるところを銃剣で刺している絵もあります。こうした赤ん坊刺殺の表象は中国でも流布されていて、日本軍の残虐性を示す一種のステレオタイプですが、シンガポールでは今も絵本として流通しているわけです。

シンガポールのセントーサ島には戦争博物館があります。そこには、日本による三年半の占領下、人々がどんなに大変な思いをしたか、ジオラマというのか、等身大の人形を使って展示されていて、日本人として気持ちのいいものではありません。そして展示の最後が広島の原爆です。最後に大きな壁一面を使って、きのこ雲と廃墟になった広島の写真が掲げられています。そのコンセプトは、苦痛に満ちた日本占領は原爆投下によって終わった、解放されたということです。こうした認識はシンガポールに限りません。中国にしても韓国にしても、原爆のおかげで植民地支配から解放された、占領から解放されたという声は当然あるわけで、戦後七〇年たっても解消できないままです。

『写真週報』のマレー人少女との和気藹々たる表紙は、そうした虐殺とそれに対する現地の人々の怨嗟を隠蔽するものに他なりません。そして現在の「積極的平和主義」のポスターがそれと瓜二つといっていいほど似ているのは、まさにその本質を示していると言えるでしょう。それにしても七〇年以上たって、男女平等やフェミニズムの進展は著しいはずなのに、同じような表象が使われる。それはデザイナーの感覚が古いのか、それとも殺戮をこととする戦争の隠蔽には、女子供による再生産表象が有効ということでしょうか。

三、ヒロシマは「身から出た錆」か？——原爆被害の特殊性

私は大岡昇平の『俘虜記』（一九四八年）が、数ある戦争記録のなかでも一番だと思っているのですが、そのなかに原爆投下について書かれています。大岡は三五歳で一兵卒として戦場に送られ、フィリピンで俘虜になるわけで

すが、インテリで英語もできるので、俘虜収容所の米軍士官と親しくなって情報をもらったりしています。そういうなかで、八月七日には広島に原爆が落ちたことを知ります。米軍向けの新聞『Stars and Stripes』にATOMICという文字を見て、新しい人類の文明が拓けたと一瞬うれしくなった、でもすぐに、それを浴びた広島の人たちがどうなったかと思ってぞっとしたとあります。そのあとに、しかしよく考えてみれば、として次のように書かれています。

「戦争の悲惨は、人間が不本意ながら死なねばならぬという一事に尽き、その死に方は問題ではない。／しかも、その人間は多く戦時、或は国家が戦争準備中、喜んで恩恵を受けていたものであり、正しく言えば、すべて身から出た錆なのである。／広島市民とても私と同じ身から出た錆で死ぬのである。兵士となって以来、私はすべて自分と同じ原因によって死ぬ人間に同情を失っている。」

「広島市民とても私と同じ身から出た錆で死ぬのである」とは、広島市民にとっては非常に過酷な言葉ですね。でもこれも真理だと思います。その死に方殺され方が、例えばこん棒で殴られようが包丁で刺されようが、はたまた原爆で死のうが、死は死である。死んだ人にとっては同じだというのはその通りだと思います。

しかし一方で、私は原爆被害の特殊性を考えます。原爆の威力には、午前中のお話にあったように熱線・爆風・放射能の三種類がある。それによる殺戮・破壊力は、瞬間性・無差別性・根絶性・全面性・持続拡大性をもつといわれています。「パット剝ギトッテシマッタ　アトノセカイ」、これは作家・原民喜の『夏の花』（一九四七年）にある詩の一節です。この前に「アカクヤケタダレタ　ニンゲンノ死体ノキミョウナリズム　スベテアッタコトカ　アリエタコトナノカ」とあって、「パット剝ギトッテシマッタ　アトノセカイ」とつづきます。これはどうしてもカタカナでないといけない。まさに原爆被害の瞬間性・無差別性・根絶性・全面性を表す言葉だと思います。

それから『木の葉のように焼かれて』（一九六四年）というのは名越操の手記のタイトルですが、これはその後、新日本婦人の会の被爆体験集のタイトルとして何冊も出されました。また、「紙切れみたいに燃えたわたし」という詩の一節もあります。元はトルコの詩人ナジム・ヒクメットが広島で死んだ女の子を想って一九五〇年代に書いた「死んだ女の子」という詩の一節です。当時も歌になって労音などの文化運動のなかで歌われましたが、今年になって、奄美出身の歌手・元ちとせがリメイクしてCDを出しました。そのなかに「紙切れみたいに燃えたわたし」という言葉があります。

人間という生き物は、武器をもったり悪知恵を働かせたりして他の動物を殺しまくっていますが、徒手空拳だったら無力でひ弱な存在です。原爆という究極の暴力に比べれば、人間存在は「紙切れ」や「木の葉」ぐらいの意味しかない。「木の葉のように焼かれて」、「紙切れみたいに燃えた」という言葉は、核というもののもつ実存的意味を表していると私には思えます。

最近、作家の半藤一利が東京大空襲の体験を語っていました。[2] その中で彼は、子供を連れた母親が炎に追われ、「炭俵のように」燃え上がったと言っています。東京大空襲と原爆による被害はどう違うのか？　違わないではないかという意見があります。わたしも共感するところがあるのですが、やはり人間存在を「紙切れ」とするか「炭俵」とするかの違いは大きいのではないか。たまたま見つけた例で大げさな、と思われるかもしれませんが、極限状況の中で浮かび上がるこうした表現の違いは無視するべきではない。核と人類は共存できないということは、こうした表象レベルからも言えるのではないでしょうか。

四、「原爆の子の像」と「広島復興大博覧会」

しかしいま述べたことは、原爆の投下直後の主として爆風・熱線による被害です。しかし原爆の特殊性には、いうまでもなく放射能という恐ろしい問題があります。「積極的平和主義」の政府ポスターをもう一度見てください。さっきは戦中の『写真週報』との類似性についていいましたが、わたしが衝撃を受けた理由はもう一つあります。折り鶴が使われているということです。

折り鶴というのは、まさにヒロシマが生み出した平和の象徴です。「鶴は千年」と言われるように長寿だというので、病気回復を願って千羽鶴を折る風習は江戸時代からあったそうです。しかし「平和」に結び付けられるようになったのはヒロシマからです。昨日のお話にもありましたが、その元は一九五五年に一二歳で亡くなった佐々木禎子です。彼女は二歳で被爆し、一〇年後に白血病を発症、回復への悲願をこめて千羽鶴を折ったがついに叶わなかった。その死をクラスメイトが悼んで、「原爆の子の像」を建てようと募金活動をし、一九五八年五月五日、こどもの日に平和公園のなかに折り鶴を掲げた「原爆の子の像」が建ったわけです。ご覧になった方もたくさんいらっしゃるでしょう。

図4　エマニュエル・リヴァ（フランス人女優）によって写された「原爆の子の像」
（エマニュエル・リヴァ『HIROSHIMA1958』2008より）

これは像ができた直後の写真（図4）です。私はとってもいい写真だと思います。昨日、木村朗子さんが『ヒロシマ・モナムール』[3]について話されましたが、この写真はその主演女優エマニュエル・リヴァが撮ったものです。女優さんというのは写真を撮られる存在ですが、リヴァは女優として撮られるだけでなく、カメラをもって広島の街に出て、子供たちや河の風景を撮っています。その写真集が『HIROSHIM 一九五八』と題して最近出版されました[4]。これはそのなかの一枚です。私は八月六日に広島に来ることが多いので、いつも「原爆の子の像」の周りは人がいっぱい、山のような千羽鶴に囲まれています。でもこの写真では閑散としていて、子どもを抱いた近所の女性が散歩に来ているという感じですね。こういう日常的な「原爆の子の像」をみるのは珍しい。

図５　広島復興大博覧会ポスター

しかしじつは私は、「原爆の子の像」に疑問を持っています。午前中のセッションで「復興」ということが問題になっていました。この像が建てられた一九五八年の四月から五月にかけて、広島では「広島復興大博覧会」が開かれています。そのポスターがこれです（図５）。なんともジェンダー化されたポスターですね。博覧会には目玉が二つありました。ポスターに描かれていますが、一つは広島城の再建です。広島城は原爆で崩壊したわけですが、この年再建され、復興をアピールします。広島城というのは単なる歴史的建造物ではなく、近代においては陸軍の第五師団が置かれ、日清戦争時には大本営が置かれました。軍事的拠点だったわけです。

もう一つの目玉は、原爆資料館を会場とする「原子力の平和利用」展です。原爆資料館は被爆一〇周年を期して一九五五年に作られ、原爆被害の実相を示す等身大の人形とか、焼けた瓦だとかが展示されていました。その原爆資料館で「原子力の平和利用」、つまり原発推進の展示会が開かれたわけです。「原子力の平和利用」展は、二年前の一九五六年にもアメリカの資金で全国二〇ヵ所で開かれていて、広島でも開催されました。そのときも原爆資料館を会場として、原爆の悲惨な資料を全部撤去して、代わりに「平和利用」をするとこんなに輝かしい未来が拓けるという展示をやっています。

それから二年経って、今度は広島市の主催で復興大博覧会のなかで大々的にやったわけです。このときは原爆資料を一部残して、それとの対比で「平和利用」の輝かしい未来を見せました。四月一日から五月二〇日まで、一ヵ月半ちょっとの間に、九二万の市民が入場したそうです。昨日のお話で、大和ミュージアムの入場者が一年間に九〇万、一〇年で一〇〇〇万ということでした。それからいうと、一ヵ月半ちょっとで九二万というのは圧倒的にすごい人気だったことになります。

ついでに申し上げれば、昨日、ウルリケ・ヴェールさんは、私が「原子力の平和利用」を女性が積極的に受け入れたとしていると言われました。それはちょっと違います。女性たちは、たしかに電化生活の宣伝に乗せられました。当時の家事労働は洗濯ひとつとっても大変な重労働ですから、アメリカのように電化すればどんなに楽になるか、電気洗濯機があればどれほどいいだろうと女性たちは思います。結果的に見れば、その思いは原発推進を支えるものになりましたが、女性たちのあいだには、広島・長崎の体験から原子力に対する恐怖もありました。

さらに、日本の原発導入は一九五四年三月に始まりますが、それと同時にビキニ事件[5]を契機にした原水爆禁止運動が盛り上がります。原発導入と原水禁運動は同時進行したわけです。原水禁運動の担い手は女性たちでした。それに対して「原子力の平和利用」、原発推進は経済政策であり、担い手は政治家や産業界の男性です。ここには平和運動は女性、経済発展は男性というジェンダー分業がみられます。

当時、高度経済成長のなかで、男は外で生産労働、女性はうちで再生産労働という性別分業家族、いわゆる近代家族が普遍化します。経済発展と平和運動のジェンダー分業は、そうした家庭における分業の社会版といえるでしょう。その相互補完性は「平和国家日本」の経済大国化を支えたのではないでしょうか。

それはともかく、「原爆の子の像」の除幕は一九五八年五月五日、まさに復興大博覧会の最中です。しかも平和公園の原爆資料館のすぐ向こうに建ったわけですから、復興大博覧会の一部として包摂されかねない。この博覧会は広島にとって大きな節目となったのではないでしょうか。広島城の再建は戦前との連続性を示すものであり、原爆資料館の「原子力平和利用」展は、未来の経済発展への志向を示しています。そして「原爆の子の像」は、空に向かって鶴を掲げた少女の像を頂上に建てることによって、戦争被害を昇華したのではないでしょうか。

今回のフォーラム開催の中心であるひろしま女性学研究所の創立者・故中村隆子は当時、新進気鋭の詩人でした。中村が五五年に出した詩集『夏に昏れる』には、日本には珍しくみじんも湿っぽさのない、磨き抜かれた言葉が集積されています。その中村は、「つるに寄す」と題して「原爆の子の像」の詩を書いています[6]。二行目の「永遠にゆくてをさがしている」には、たんなる「平和バンザイ」ではない、ある疑念もこめられているように感じます。

つるに寄す

中村　隆子

はるかの空を　見あげながら
永遠にゆくてをさがしている
小さなとり――
祈りと　かなしみの
はこびてよ
やさしい　つばさを
陽に　かざして
空の青さに　かたむいたヨット
はてしない出発の　よそおいに
ふさわしく
今日も　夏雲の流れは
静かだ

微風《びふう》にさわぐ植樹林
かげりやすい夏の花々
めぐる　季節に
とりのこされて
かなしみを　映す
水の　いくすじ――
だが
このまちの　空に　きこえる
熄《や》むことのない
あのはばたきに
今日も人々は　思い出す
空に　たくした
ねがいの　かずかず
逝った人への
約束などを

五、原爆表象の女性化——原爆乙女からサダコへ

原爆表象の女性化については、すでに米山リサさん、高雄きくえさん、今日みえなかったマヤ・トデスキーニさんが指摘しておられます。私はそうしたお仕事に学びつつ、原爆表象の女性化にはサダコを契機にして二段階あると思っています。

原爆報道がドッと出てくるのは、五二年の日本独立以後ですが、生きている原爆表象としてまずメディアに登場したのは、「原爆一号」としてケロイドの背中をさらして被害を訴えた吉川清です。しかしすぐ「原爆乙女」に取って代わられる。昨日の森田裕美さんのお話では、中国新聞にはすでに四七年から「原爆乙女」という言葉がでているということですが、全国的になるのは、一九五二年五月、広島を訪れた作家の真杉静枝が若い女性の顔のケロイドに衝撃を受け、東京に招待して整形手術を施す運動を起こして以後でしょう。この読売新聞の記事にあるように（図6）、最初は「原爆娘」という言葉も使われましたが、やがて「原爆乙女」に統一されていく。この「乙女」には「処女」という含意もあるでしょう。

図6　治療のため上京した「原爆乙女」を報道する読売新聞（1952年6月）

つまり未婚の女の顔に傷があっては結婚できない、かわいそう。だから整形手術というわけです。そこには女の幸福は結婚という強固なジェンダーがあります。五五年には二五人の「原爆乙女」が渡米して治療を受けることになり、以後「原爆乙女」といえば、渡米治療した女性を指すようになります。先ほど阿部小涼さんは、それについて一元的に見られない交錯があったと言われ、そうかと考え込んでいるところです。

「原爆乙女」には当時から「なぜ未婚の女性だけなのか」、「女性を

晒し者にするな」といった批判がありました。ビキニ事件による反米感情もあったでしょう。彼女たちの渡米は五五年五月、佐々木禎子の死はその年の一〇月です。そして「原爆乙女」にかわって原爆被害の表象になっていきました。それは「無辜なる被爆者」の形成と言えるでしょう。「原爆乙女」の多くは被爆時女学校低学年で、建物疎開に動員されていた。それに対して禎子はたった二歳だったわけですから、全く戦争に対しては無垢なるもの、罪なきものです。また「原爆乙女」はケロイドという、あえていえば「穢れ」が目に見えるかたちですが、白血病というのは、言葉からして真っ白で透き通るようなイメージを持っています。

しかもそれに「千羽鶴」の物語がくっつく。これにもいろんなバージョンがあって、六四四羽折ったところで力尽きたという話もあれば、すでに一、三〇〇を超えていたという話もあります。この物語の喚起力によって、全国から千羽鶴が寄せられるようになりますが、それには「原爆の子の像」建造運動を取り上げた映画『千羽鶴』(7)や雑誌『少女』での呼びかけ(8)など、メディアの力があったようです。そのなかで折り鶴は、病気回復への願いを離れて、平和のシンボル、戦争犠牲者への哀悼のシンボルになっていきます。

そしてサダコの「千羽鶴」は、ナショナリズムを喚起したのではないでしょうか。「千羽鶴」は日本の伝統文化であり、それをみんなで折ることで日本国民のあいだに共同性の物語がつむぎ出されます。被害者ナショナリズムというか、被爆ナショナリズム、ナショナル・アイデンティティとしての「唯一の被爆国」が無意識に刷り込まれることになったのではないでしょうか。

六、大衆文化の中の〈無辜なる被爆者〉

そしてサダコのあと、ポピュラーカルチャーのなかに原爆症による死が登場するようになります。まず一九五七年の東映東京作品『純愛物語』(9)では、被爆した少女が不良生活から足を洗い、愛に目覚めたところで白血病を発症して死んでゆきます。死のシーンで、白蝋のような少女の顔にタラタラと赤い鼻血が糸を引く。これは以後原爆表象の一つのパターンとなります。

それは白土三平の漫画『消え行く少女』(10)にも踏襲されています。白土三平というと『忍者武芸帳』が有名ですが、初期には原爆物も書いているのですね。主人公の雪子は広島で被爆した原爆孤児で、苦難の放浪の末に白血病で死んでゆきます。主人公の雪子という名前や『消え行く少女』というタイトルは、いかにも無垢なる少女の被害者性を表しています。

一九六〇年代に入ると、『その夜は忘れない』(11)、『愛と死の記録』(12)といった映像の中で、美女たちが死んでいきます。ただ、『その夜は忘れない』の若尾文子は原爆症ですが、『愛と死の記録』では、白血病で死ぬのは吉永小百合ではなくて渡哲也です。大衆文化の中では原爆症で死ぬのは圧倒的に女ですが、実際には男性の方がたくさん死んでいます。佐々木禎子が死んだ一九五五年には、中国新聞によると広島で一八人が原爆症で亡くなっていて、禎子の死は一四番目。男のほうが多いのですが、禎子だけが突出して象徴化されていきました。

この『愛と死の記録』は、渡哲也といういかにも健康そうな俳優演じる青年が白血病で死ぬ。じゃあなんで映画になったかというと、吉永小百合演じる恋人が後追い自殺をする。それによって物語が成立しています。青年は四歳で被爆し、長じて白血病になったが回復、レコード店に務める女性と出会って愛し合い、婚約しました。しかし再発して死亡する。そして女性が後追い自殺をするわけです。これは大江健三郎の『ヒロシマ・ノート』に書かれている実話に基づいています。

昨日、新城郁夫さんは『ヒロシマ・ノート』(一九六五年)、村上陽子さんは蜂谷道彦の『ヒロシマ日記』(一九五五年)の沖縄の記述について報告してくださいました。お二人のお話をうかがって、私の目はなんと節穴だったのだろうと痛感しました。というのは『ヒロシマ・ノート』は出てすぐに読んでいますが、沖縄の記述については全く覚えがない。覚えているのは、映画『愛と死の記録』の元になる後追い自殺をした女性のことだけです。大江は女性の自殺について、「被爆した青年の運命に参加し、…青年に対してとりうる全責任を果たした」、「国家の欺瞞への…致命的な反撃」と評価しています。それは違うという感じで、わたしはずっと『ヒロシマ・ノート』に批判的でした。

ついでに言いますと、昨日、村上陽子さんのお話にあった蜂谷道彦の『ヒロシマ日記』。これも私は沖縄については全く記憶にありません。私が蜂谷の日記で覚えているのは御真影についての記述です。彼が院長をしている逓信病院には、当然御真影、天皇の写真が奉置されているわけですが、日記によると、被爆後御真影を燃やしてはいけないというので、崩壊した病院から必死になって川まで運んで行った。その道筋にはひん死の被爆者が倒れているのですが、「御真影が通ります！」と言ったらみんなよろよろと起き上がり、正座して拝んだという。そこまで天皇崇拝かと怒りをもったので覚えています。昨日北原恵さんが話された昭和天皇の戦後巡行は、そうした下地の上になされたのでしょう。

さて、白血病で死ぬ女は七〇年代の映像には見当たらないようですが、八〇年代に入って、『夢千代日記』[13]がテレビで放映されます。これはＮＨＫの連続ドラマとして一九八一～八四年の四年間、断続的に毎週放映されました。吉永小百合演ずる芸者夢千代は胎内被曝で三〇歳過ぎて白血病を発症、愛する男と命の火を掻き立てるような一夜を過ごして死ぬ、という設定です。

八九年には井伏鱒二原作の『黒い雨』（一九六六年）が映画化されました。ここでは黒い雨を浴びた姪の矢須子がなかなか結婚できないまま原爆症を発症します。いずれもサダコ以来の無辜なる被爆者の死といえるでしょう。

それは二〇〇〇年に入って、こうの史代のマンガ『夕凪の街、桜の国』にもつらぬかれています。声高にではなく透明な悲しみを訴えたものとして評価され、アニメや実写映画にもなりました。透明な悲しみという点では、石内都の写真集『ひろしま』もそうです。これについて昨日木村朗子さんは、「被爆者って特別な人じゃなくて、自分と同じように美しいものを愛していた人たちだったんだ」ということで受け入れられるといったことをおっしゃいました。そうだと思います。

しかしここで私は、また「立つ瀬がない」というかアンビバレンスに陥ります。というのは、私自身もこうの史代や石内の作品に胸をつかれ、とても好きなのですが、一方で受け入れやすくしないでよ!! という思いもあります。一〇分前まで一緒に遊んでいたかっちゃんは、原爆で焼けただれて死にました。私を可愛がってくれた女学生のミチコちゃんは、もうパンパンに膨れ上がって私の眼の前で息を引き取っていきました。そういうドロドロと、無残な…、そういう現実を直視しないでどうするんだ、と。

数年前、平井和子さんがご著書[14]のなかで、子どもが拒絶反応を起こすような原爆表象を批判なさった。それに対してわたしは、一瞬身内が震えるような怒りを覚えました。もちろん平井さんが言われることはわかります。悲惨なものをこれでもか、と見せつけるような原爆表象には私も批判があります。その一方で、いきなり原爆がふってきて、拒絶反応どころか、わけもわからず焼けただれて死んでしまった人たちがいる。その無残な姿から目を背けず、せめて見てください、見たからといってあなたたちは死ぬわけではないでしょう。そんな思いがあります。

被爆体験継承の困難がいわれるなかで、どんどん原爆表象が口当たりのいいものになっていく、それにはちょっと待ってと言いたい。じゃあどうすればいいのか？　ここでもわたしは立つ瀬がない状況です。

七、世界に羽ばたく千羽鶴

さきほど、サダコの千羽鶴は日本国民の被爆ナショナリズムを喚起したといいました。しかし千羽鶴は、国境を越えて世界に羽ばたいています。それにはK・ブルックナー[15]、エレノア・コア[16]によるサダコ物語の出版が大きい。

その結果、カナダのシアトルには折り鶴を掲げたサダコ像が建てられ、アメリカの原爆を開発したロスアラモスでは、子どもたちによる原爆の子の姉妹像建設運動が起こりました。それぞれに非常に感動的な物語がともなっています。その結果、広島の原爆の子の像には、海外からも千羽鶴が多数寄せられています。毎年国内外から寄せられる千羽鶴は一〇トンと言います。

しかしアジアからはどうでしょうか。NHK広島が出した『サダコ』[17]には、一九八九〜九八年の一〇年間に海外から寄せられた折り鶴の件数が表になっています（表1）。これを見ると、圧倒的にアメリカ、オーストラリア、カナダ、ニュージーランドという欧米圏であって、アジアからはタイ、マレーシアが一件ずつと非常に少ない。それはサダコストーリーや千羽鶴が「無辜なる被害者」を象徴するものだからでしょう。

	'89	'90	'91	'92	'93	'94	'95	'96	'97	'98
アメリカ	17	20	22	10	9	39	56	39	43	23
オーストラリア	3	5	2	4	5	3	13	8	13	17
カナダ	2	3	10	4	4	12	18	11	8	9
ニュージーランド	3		2	1	1	3	4	2	2	1
デンマーク				1			1			
ロシア			1			1			1	3
イギリス	3					2	2	1		1
スイス	1									
イタリア						1	6	10	10	8
オランダ							1			
スウェーデン							2	1	1	
ドイツ							1	2	1	1
マレーシア							1			
フランス							1			
ノルウェー							2			
ハンガリー							1	1		
タイ								1		
クロアチア								1		
アルゼンチン								1		
アイルランド									1	1
イスラエル									1	
ブラジル									2	3
フィンランド									1	
香港								1		
合計	29	28	37	20	19	61	109	79	84	67

表1　海外から原爆資料館に送られた折り鶴の件数

二一世紀に入って、サダコの千羽鶴はこれまでとは違う広がり方をしているように思います。三年前、私はニューヨークのトリビュートセンター、つまり九・一一のメモリアルセンターに行きました。まだその時は仮設でしたが、驚いたことにサダコと千羽鶴がしっかり入っていました。あとで知ったのですが、二〇〇七年に佐々木禎子の兄がサダコレガシーというNPOを設立して、サダコが折った折り鶴を五大陸に贈呈する運動を展開しています。トリビュートセンターの折り鶴はその一環でした。テロという「新しい戦争」の犠牲者への哀悼というわけでしょう。

九・一一の犠牲者は一般市民ということで、まだしもサダコとのつながりは言えますが、気が付いてみれば、いまや千羽鶴は靖国神社や、あろうことかA級戦犯を祀った熱海の興亜観音にも捧げられています。彼らも戦争の殉難者というわけです。こうなるともう千羽鶴は、戦争責任問題も非戦の願いもぐちゃぐちゃに溶かし込むものとなってしまっています。そのあげくが、最初に見ていただいた「積極的平和主義」の女性自衛官が折る折り鶴というわけでしょうか。

八、「積極的平和」をめざして

私が「積極的平和主義」にこだわったのは、ヨハン・ガルトゥングが提唱する「積極的平和　Positive　Peace」と非常に紛らわしい名称で、しかもその意味するところはかけ離れているどころか真逆だからでもあります。私は三〇年前にガルトゥングの「構造的暴力」という概念を知って、「平和国家」とされる日本の戦後に埋め込まれている加害性をあぶりだす上で有効な概念だと思ってきました。構造的暴力とは、差別・貧困・売買春など社会構造による人間性の冒涜・陵辱を言いますが、ガルトゥングは戦争などの直接的暴力だけでなく、そうした構造的暴力もない状態を「積極的平和」としています。そして武力による抑止に反対しています。

二〇一五年八月、ガルトゥングは日本に来て各地で講演しましたが、私の印象に残っているのは、「日本人は憲法九条を安眠枕にしている」という言葉です。集団的自衛権まで容認され、九条がどんどん骨抜きになっているなかで、それでも条文として守る意味はあると思いますが、いまの空洞化状況は、憲法九条に平和をあずけて安眠をむさぼっていたせいではないのか、という思いがあります。

やはりしんどくても、「平和国家日本」に埋め込まれた構造的暴力、たとえば沖縄の基地問題や「慰安婦」問題、女性差別や民族差別、格差社会等に向き合っていくことから、アメリカの核の傘の下の平和、沖縄に基地負担をおしつけての平和を問い直していくことが必要ではないでしょうか。なかでも原発問題は「構造的暴力」の最たるものだと思います。それは地方と都市、それから被爆労働の下請け化といった、差別構造の上にしか建てられないものだからです。

おわりに

『広島第二県女』を書かれた関千枝子さんが、今年(二〇一五年)『ヒロシマの少年少女たち』[18]という本を出されました。広島では被爆時、建物疎開の整理などに勤労動員をされた結果、一三、一四歳の少年少女の死亡が非常に多い。関さんが学校ごとに動員数と死亡者数を調べてみると、かなりギャップがある。そのギャップはつまり生存者がいることを示していると読めるわけですが、被災場所等を考えるとそんなに生存者がいるはずはない。関さんが一生懸命調べて発見したのは、結局朝鮮籍の子どもたちが数えられていないということです。原爆犠牲者から排除されているわけです。

それは、やはり今年出された堀川惠子さんの『原爆供養塔』[19]も同じ問題を提起しています。原爆供養塔のなかには誰も引き取り手がいない遺骨が多数収められていますが、遺骨についている小さなメモを丁寧に調べたら、朝鮮名前の人たちがかなりいることが判明しました。その人たちは犠牲者の中に入れられていない。毎年八月六日に慰霊碑の中の原爆の死者名簿が改められ、式典で二四万、二五万とか言われますが、そのなかには朝鮮の方たちは入っていないんです。堀川さんは、せめて二五万なりと言ったときに「(朝鮮の人は除く)」という一行を入れるべきだと提言しています。

昨日の話で、生きていらっしゃる在日被爆者の問題が報告されましたが、死者に対しても七〇年間、差別をそのままにしてきた、そしてそのことに気づきもしなかった「私」は、いったい何なんだとあらためて思ったことでした。

註

（1）めこん、一九九〇年。
（2）「歴史のリアリズム」『世界』二〇一五年一〇月号
（3）邦題「二四時間の情事」。監督：アラン・レネ、主演：エマニュエル・リヴァ／岡田英次、一九五九年。
（4）インスクリプト、二〇〇八年。
（5）一九五四年三月一日、ビキニ環礁におけるアメリカの水爆実験で日本の漁船が被曝した事件。
（6）『中国新聞』一九五八年八月五日。
（7）監督：木村荘十二、共同映画社、一九五八年。
（8）『中国新聞』一九五七年一二月一九日「めい福祈る折ヅル二〇万羽　全国のお友達から　原爆死の禎子ちゃんへ」
（9）監督：今井正、主演：江原真二郎／中原ひとみ、東映東京、一九五七年。
（10）一九五九年。
（11）監督：吉村公三郎、主演：若尾文子／田宮二郎、日本漫画社、一九六二年。
（12）監督：蔵原惟繕、主演：吉永小百合／渡哲也、一九六六年。
（13）脚本：早坂暁一、監督：浦山桐郎、東映配給、一九八五年。
（14）『「ヒロシマ以後」の広島に生まれて』ひろしま女性学研究所、二〇〇七年。
（15）一九六一年、オーストリア。
（16）一九七七年、カナダ。
（17）ＮＨＫ広島放送局「核・平和」プロジェクト『サダコ』日本放送出版協会、二〇〇〇年。

(18) 関千枝子『ヒロシマの少年少女たち：原爆、靖国、朝鮮半島出身者』彩流社、二〇一五年。
(19) 堀川惠子『原爆供養塔：忘れられた遺骨の七〇年』文藝春秋、二〇一五年。

広島で「暴力、その後」を問う意味について

「記憶の女性化」のリトレースから

米山リサ

はじめに

「被爆七〇年ジェンダー・フォーラム in 広島：『廣島・ヒロシマ・広島』をジェンダー視点で検証し、討論し、展望する」と題する集いに参加する機会をいただけたことに、まず心から感謝を申し上げます。

フォーラムでは、「記憶の女性化」について、暴力の表象と記憶のさまざまな問題をめぐってさまざまな視座や状況のなかから報告がありました。この「記憶の女性化」というコンセプトは、一九九九年に発表した拙著 *Hiroshima Traces: Time, Space and the Dialectics of Memory*（日本語抄訳『広島　記憶のポリティクス』岩波書店、二〇〇五年）の最終章で提起したものでした。当初、「記憶の女性化」というコンセプトで言い表そうとしたのは、広島の核被害をめぐる記憶や表象が「女性化される」ことにより、いったいどのような問題が生じているのか、という疑問でした。記憶や表象が「女性化」されていると考えることで、どのような問題がみえてくるのか。この問いがジェンダー・フォーラムでとりあげられたことに感謝するとともに、どのような新しい取り組みとつながってゆくのかをしっかりと考えたいと思います。この報告では、その問題意識がどのような広島との出会いから生まれ、またフェミニズムの思考の潮流や対話のなかから生まれたのかについて詳しく述べます。そのうえで、いま、あらためて「記憶の女性化」を問うことの意味について問いかけてみたいと思います。

一、広島はひとつではない

Hiroshima Traces を制作するもともとの動機は、日本のナショナリズムと「被爆国日本」の歴史記憶との関係について考えようというものでした。日本国内にとどまらず、核被害の記憶についてトランスナショナルな脈絡で

考えたいとも思っていました。栗原貞子の詩「ヒロシマというとき」に深く共感していたからです。それなら広島に行かなくても答えはみつかる、資料はどこにでも手に入る、というのが多くの諸先輩方の意見でした。しかし実際に滞在し日常を過ごしてみて、外からではうかがい知ることのできないことがあまりに多い事実に驚かされました。当時はたしかにインターネットのない頃でしたが、ここで言おうとしているのは、外にいては情報が伝わらないという意味ではありません。広島という土地に暮らして――日々、原爆ドームを身近に感じながら過ごすことで、と言ってもいいかもしれません――はじめて見えてくる問題や生まれてくる問いがあることを知った、そういう意味での「知る」ということです。

「記憶の女性化」について考えていた当時は、昭和天皇の死去前後でもあり、アジア・太平洋戦争の記憶や歴史の語りをめぐる抗争がはげしくなりつつある時期でもありました。アジア大会の開催をひかえていた当時の広島でも、日本の植民地支配や軍事侵略に向き合おうとする熱意がたかまり、平和公園の敷地の外にあった韓国人原爆犠牲者慰霊碑の移転問題などがメディアに大きくとりあげられていました。八・六という祈りの日に、「アジア太平洋戦争の犠牲者に思いを馳せ、記憶に刻む会」という集まりが広島市民の手で開催されたりもしました。そこで私がまず学んだのは、広島はひとつではない、という簡単だけど忘れられがちな事態でした。

広島は、核攻撃によって壊滅した都市として知られています。同時に、第一次日中戦争の際に、明治天皇の行幸地ともなった近代日本の「軍都」でもあり、帝国日本の「学都」でもありました。三菱をはじめとする企業が、日本人の殖民によって土地や職を失った朝鮮半島の人びとを動員し、多くは賃金を支払うことなく重労働を課していたという歴史をもつ場所でした。日本の敗戦・植民地帝国の崩壊後には「国際平和都市」として復興し、また原子力の平和利用を推進する都市として、早い時期からアメリカの核の傘の下にある冷戦レジームに組み込まれた町でもありました。反核ナショナリズムの高まりのなかで、「ナガサキ」とビキニ環礁沖の第五福竜丸の被ばくをつなぐとともに、冷戦期を通じ、長く反核平和の祈りと巡礼の「聖地」としての「ヒロシマ」でもありつづけてきました。いわゆるダーク・ツーリズムという言葉は、当時はまだ使われていませんでしたが、被爆都市であることを観光資源に利用しようという動きもいっそう目立ちはじめ、その是非をめぐって多くの議論が交わされていました。また「ピース・リンク広島・呉・岩国」（一九八九年結成）という反核・反基地の団体が訴えてきたように、平和都市ヒロシマは呉や岩国と隣り合わせにあるにもかかわらず、その近さや共犯性に気づかない思考の仕組みができあがっている空間でもあります。広島はこのようにひとつではない、さまざまなナショナルおよびトランスナショナルな力が交差する「場」である。にもかかわらず、それを単一のアイデンティティにおさめてしまうことで、多くの歴史や問題が覆い隠されてしまっているのではないか。そうだとすると、その問題状況を生み出している仕組みは何なのか。そのようなことを*Hiroshima Traces*では問いかけました。

同じようなことは、被爆の証言についても言えました。当時目立った動きとなっていたのは、一面的な被爆者表象にたいする当事者からの反発でした。被爆の証言という大切な役割を果たすいっぽう、被爆者としてのアイデンティティだけに閉じ込められたかたちで原爆被害について語るだけではなく、被爆する以前の市民の生活や、被爆の瞬間だけでなくその前と後の多元的な「生き様」を知ってもらいたい。自分は被爆者である以外にも、娘であり、教師であり、日本人であり、在日韓国人であり、豊かな広島の川で遊んだ少年でもあり、被爆者の母に育てられた息子でもある。そのような多面的な歴史や、輻輳する自己を語りたい。そういった原爆被害者からの要望にメディアが応えるようになっていった時期でもありました。

私は多くの証言者の方々から、多くのことを学びました。ほんの数名だけお名前をあげるなら、沼田鈴子さん、郭福順さん、佐伯敏子さん、久保浦寛人さん、豊永恵三郎さん、といった被爆の証言者の方々です。佐伯さんは、豊かに復興した広島を歩く私たちの足元のすぐ下に無数の死者、無数の人骨が横たわっていることをつねに強調され、いま・ここに隠された「別の広島」があったことに気づいて欲しい、と厳しく訴えておられました。沼田さんは、明るく大きく聞き手である私たちを包み込むことのできる方で、メディアにも多く登場され、「加害の歴史を語ることのできる勇気ある被爆者」といったかたちでとらえられることもあったようです。しかし実際のところ、沼田さんは、広島の原爆被害者であると同時に、障害者、非婚女性、植民地帝国臣民、被爆敗戦国日本の女性、教師、といったさまざまな立場をふまえて証言をおこなっておられました。

とりわけ印象深かったのは、沼田さんが証言者として原爆被害者となる以前の体験もまた丁寧にたどり語っておられたことです。そのなかに「南京陥落」のちょうちん行列や、「シンガポール陥落」の祝賀のお話が登場し、背後にどんな悲惨な事実があるのかに気づかぬまま心を躍らせていた娘時代の自分についての回想が、ごく自然な流れとして証言に含まれていたのです。沼田さんのこの証言を聞くことで、軍国主義や植民地主義的態度によってもたらされる「別の場所」や「別の立場」の人びとへの思考停止が、どういう事態なのかを伺い知ることができました。

これらの〈証言の空間〉に共通していたのは、見えているはずのものの背後にある見えないもの、いま・ここではない別の時と空間、自分とは別の生かされかた・殺されかた、あるいは明らかな、いわば「大きな」暴力に隠された、日々の差別やいじめなどの「小さな」暴力への感受性や想像力をうながす、短いけれど濃密な時間だった、そのように記憶しています。

人類史上初の核攻撃を受けた都市、という決定的な歴史を深く刻まれた広島ですが、このように、そこにはさまざまに交錯する歴史があり、被爆の証言とひとくくりにされるなかにも、さまざまな生き方、記憶、語りのあり方がせめぎあっていたことがわかります。同時に私が深い違和感を抱いたのは、そのような多様で輻輳的な現実や認識があるにもかかわらず、反核・平和の表象が「女性性」（女であれば当然持っているとされる資質・女らしさ・女性と認められる身体・女イメージなど）をつうじて生み出されるとき、そこには平板で一元的なヒロシマが立ち上げられてしまっているのではないか、という点でした。

とりわけ、〈戦闘的な男性の暴力の被害者としての女性〉、〈命や子供を守り、平和を愛する普遍的な母性をそなえた女性〉、あるいは〈国家の軍事主義や、侵略の歴史の犠牲者として純粋無垢な（だからこそ「戦後平和国家」の象徴となりえた）女性〉、といったイメージを通じてヒロシマの反核・平和が表象されるとき、現実の女性・男性、広島という都市、ひいては日本という国の、多元的で、複雑に入り組んだ歴史や力関係や、多様なアイデンティティが覆い隠されてしまうのではないか。さらに、このような女性のイメージや女性らしさを通じて表現される広島の歴史や核をめぐる表象は、女性もまた日本帝国の一員として帝国主義を担っていたことを消し去り、そのことによって日本の過去の被害の面のみを強調し、軍事侵略や植民地支配の加害の歴史を忘却することに加担してきたのではないか。このような深刻な問題をもたらす女性性の表象と歴史認識との関係を、「記憶の女性化」として問題化したわけです。このフォーラムの主旨としても掲げられた、「女性は『平和を願う存在』だけではなく『戦争のチアガール』でもあったこと」（加納実紀代さん）、「敗戦後の女性の参政権獲得は、在日朝鮮人の権利剥奪と表裏一体であったこと」（米山）といった輻輳する歴史への視座は、「記憶の女性化」を問題視することにつながっていました。少なくとも私にとって、「記憶の女性化」というコンセプトは、帝国の歴史を忘却する記憶の仕組みを明らかにしてくれるものでした。

さいごに「記憶」について、一点だけ述べておきたいと思います。「記憶」を分析枠として掲げる研究は八〇年代に立ち上がり、今も盛んですが、よく誤解されがちな点があります。分析概念としての「記憶」にとって大切なのは、「抑圧」や「排除」や「否認」をともなうコンセプトだ、ということです。思い出すことは、忘れることと表裏一体なのです。単に思い出された過去について考えるということではないのです。「歴史」や「語り」や「証言」や「体験」ではなく、あえて「記憶」というコンセプトを用いる意味はここにあります。過去に起こった出来事として述べられたり、感じたりされていることや、表象されていることの背後に、何が、誰の声が、どのような理由で隠されているのか。また、抑圧され、排除された存在がどのようなかたちで出没し、わたしたちが今みえているると思っている世界にとり憑いているのか。「記憶」というコンセプトとは、それらの仕組みを考える手がかりでなくてはならない、そのことをあらためて強調しておきたいと思います。

二、インターセクショナリティと有色のフェミニズム

さて、この交差し、輻輳する広島という視点、また「記憶の女性化」という問題意識は、いま述べたような広島での出会いがなければたどりつけないものでした。それと同時に、このような考え方は、ある特別なフェミニズムの思想と深くつながるものでもありました。つぎにこの点について述べたいと思います。

性（ジェンダーとセクシュアリティー）についての英語圏での批評や研究は、一九八〇年代半ばに大きく転換しました。当時の女性研究もしくはフェミニズム研究の暗黙の了解としてあった、批評や考察の主体、対象、問い、それらの輪郭が大きく揺らいだのです。一言でいってしまうなら、この転換は「リベラル」あるいは「ネオ・リベラル」な立場のフェミニズム思考にたいする反論だったといえます。

日本では「リベラル」という言葉は進歩的であるかのように用いられていますが、そうではなく、リベラリズムは近代資本主義にみあった「個人」や「私有財産」や社会管理を推進するという意味で、革新とは区別されるものです。「自由民主主義」と「社会変革主義」の違いと言い換えてもよいかもしれません。フェミニズムの文脈では、女性の個人としての経済的自立、男女同権、家父長制からの自由といったものを最優先する（ネオ）リベラル・フェミニズムと、これに対抗して、植民地主義やレイシズムやグローバル資本主義の格差をジェンダー批評の同時代的課題とする、他の批判的フェミニズムとの違いであるといえます。

いっぽう、この転換は突如として現れたものではありません。第二次世界大戦後、反植民地闘争やナショナリズムの大きな流れのなかで、ローカルな取り組みやアクティヴィズムが培ってきた「性」をめぐるさまざまな考え方

が、はっきりとそれと理解できる言葉となり、また学術的な研究のなかで明確にそれと同定される位置として、立ち現れてきたのでした。

この転換点で大きな介入的な役割を果たしたのは、女性に対する差別や暴力について考えるさいの輻輳性（インターセクショナリティ、intersectionality）という視点です。インターセクショナル・アプローチというコンセプト自体は、もとをたどればキンバリー・クレンショー（Kimberlé Crenshaw）という、法研究の一翼である批判人種理論の研究者が名づけたものです。クレンショーは、差別による賃金格差やハラスメントをめぐる法廷闘争のなかで、人種差別と女性差別とが同時に語れないものとして扱われていることを問題視しました。人種の軸と、ジェンダーの軸という、それぞれ個別に分かれたものとしてレイシズムとセクシズムに言及する思考——これをクレンショーは「単一軸フレーム」と名づけました——では、さまざまな力関係からなる輻輳的な被差別状況を捉えられないことを鋭く解き明かしました。

たとえば職場での黒人女性や移民女性に対する差別は、レイシズムとセクシズム、移民差別とレイシズム、ナショナリズムとセクシズムなど、複数の非対称性が分かち難く重なっていることが多いことがわかっています。言い換えるなら、輻輳し交差する力関係をとらえようとするインターセクショナルな視座とは、暴力・反差別を考えるための新しい理論として本来生まれたのだということができます。逆に、「記憶の女性化」をもたらすジェンダー思考は、「女性」がまさにこのように輻輳し、交差する多様な力関係から立ち上げられていることを消去してしまっているのです。

クレンショー以外にもアンジェラ・デイヴィス、オードリ・ロード、ノーマ・アラルコンなど、多くの著名な研究者／アクティヴィストの名前をあげることができますが、この時期これらの人びとが関わった動きは、「有色のフェミニズム」（ウィメン・オヴ・カラー・フェミニズムあるいはフェミニズム・オヴ・カラー）として英語圏では紹介されてきました。ホセ・ムニョスという研究者は、のちにクィア・オヴ・カラー批評として知られるようになった視点から、フェミニズム・オヴ・カラーについて、つぎのような思想上の位置づけをしています。「フェミニスト理論のなかの、ジェンダーだけが何よりも主要な差異だと考えるナイーヴな視座に、もはや後戻りできない挑戦をもたらすことで、ジェンダー研究の語られ方や理解にとって決定的といえる転換をもたらした」と。また、ファティマ・エルータイエブは、ドイツとオランダのクィア・オヴ・カラーの若者文化の歴史をふまえて、「輻輳する権力関係とアイデンティティをはじめて体系的に理論化した」のがフェミニズム・オヴ・カラーだった、と述べています。彼女たちはこのようなかたちで、ジェンダー以外の負荷のない主体を規範化してきた主流のリベラル・フェミニズムにたいして異議申し立てをし、その影響はじつに様々な領域にわたっていました。

さらに付け加えるなら、インターセクショナリティーという視座は、いわゆるアナロジー思考の限界を指摘するものでもありました。たとえば、世論挑発のために黒人に対する別称を用いたことで問題となった、ジョン・レノンとヨーコ・オノのスローガンを覚えておられるでしょうか。「女性は世界の〈ニガー〉だ」（"Woman is the Nigger of the World."）というものです。このスローガンは、女性と男性との非対象な関係を黒人と白人との差別の関係に並列して描きました。観念的にはたしかに両者のあいだにはアナロジーは成り立つかもしれませんし、この挑発的な発言によって、女性であるために自由や自律性を奪われていることもあると気づいた人もいるかもしれません。しかし、この考え方では、じつはレイシズムとセクシズムが相互に支えあっていることがとらえられません。また、人種化された女性にたいする差別や暴力を見えなくしてしまうのです。

さらにいえば、女性がフェミニストであると同時にレイシストでありえる、という事実も隠してしまうといえるでしょう。人種については違う立場でも女性というところでは連帯できる、というような安易なジェンダー単一軸にもとづく同一主義的な連帯はありえないこと。フェミニストといえど別の力関係においては与えられた権力や特権によって優位に立ち、差別する立場にあるという事実をつねに省察しなくてはならないこと。このように、インターセクショナルな思考とは、ラディカルに異なる位置を各々が理解し、そのうえで互いに連帯を模索するための動きでもありました。

人はさまざまなかたちでフェミニズムに出会います。フェミニズムという立場を自覚的かつ肯定的に自分のものとして抱きとめることがきたのは、私の場合にはこのような北米のフェミニズム・オヴ・カラーとの出会いがきっかけでした。いっぽう、それでは日本にこのようなフェミニズムの流れはなかったのだろうか、という疑問が生まれます。

ふり返って考えると、日本人の両親のもとに帰国子女として育った私にとって、日本の批判的フェミニズムとの出会いは内海愛子らによる「アジアの女たちの会」（一九七七～九四年）、そして加納実紀代さんたちの『銃後史ノート』（一九六八～七五年）のなかにありました。詳しくは述べませんが、女性であることによる生きづらさと、国籍や階級による特権や歴史の加害者としての役割とは矛盾しないこと、それらを同時に問題視できることが求められていること、そういった考え方がそこにあったように思います。女性として直面する困難を、男性との関係や、個人の自己実現の問題としてとらえるだけでなく、軍事的被害や占領を強いられたアジア人女性であり、男尊女卑の日本社会に怒りつつ、帝国の女性として、戦後は経済大国の女性として、他のアジア諸国に対して加害者の立場にあることを同時に考えていたという意味で、クレンショーのいう単一軸批判につながる考え方だったといえます。

またこの二〇年来、鄭暎恵さん、宋連玉さん、金富子さんに代表されるような在日韓国朝鮮人女性のフェミニズムが、植民地主義・人種・階級の問題をもっとも鮮明にジェンダー批判と切り離せないものとして理論的に展開されてきました。「記憶の女性化」とはこのように、別の言語、別の時と場所で育まれたフェミニズム批評をつなげるコンセプトでもあるのです。

三、冷戦レジームに抗うために

以上、「記憶の女性化」というコンセプトの系譜とその可能性について、私自身の経験にも触れながら述べました。ここであらためて、今、広島で「記憶の女性化」について考えることにいったいどのような意味があるのか、その点に立ち返ってお話したいと思います。

広島の核による破壊をインターセクショナリティという視点から考えるなら、ヒロシマとつながる、別の場所の暴力と被害とのつながりや折重なり合いに思いを馳せることになるでしょう。それはつぎのような問いをあらたに可能にしてくれると思います。日本植民地帝国の「戦後」は、ほんとうに戦争の終わりだったのか。旧日本植民地帝国の「戦後平和」は、ほんとうに「平和」だったのか。

ここでもやはり、なぜ、差別や暴力の輻輳性・交差性を考える必要があるのか、この点をおさえておくことが大切だと思われます。なぜ、単一軸フレームではなくてインターセクショナリティの視点が必要なのか。この点について、クレンショーは単一軸フレーム思考では「差別と暴力の問題を『シングル・イシュー』（他の数多くの関連する問題と切り離された一面的な問題）として扱えてしまう政治を生む」からだ、と明確に述べています（Crenshaw 1989）。広島で被爆による差別や、核の暴力を「シングル・イシュー」ではなく、アナロジーでもなく、他の場所、他のときの暴力との「連結」や「交差」をつうじて考えることで、何があらたにみえてくるでしょう。

ここ数年来、私は戦争や植民地主義の記憶とリドレス（修復すること、償うこと）との関係について考えてきました。一九九〇年代以降、これまで十分に償われてこなかった、あるいは長いあいだ闇に葬り去られてきた二〇世紀初頭の日本による軍事的・植民地的な暴力にたいして、あらたな補償や謝罪を求める動きが目立ってきました。金学順さんの証言以降、大きな注目を浴びてきたいわゆる従軍「慰安婦」問題は、その一例といえます。

日本の戦争犯罪は、極東軍事裁判をはじめとする軍事法廷で処罰の対象となったものもあり、サンフランシスコ講和条約およびその後の二国間条約では、国家間の賠償や謝罪がすすめられてきました。しかし、多くの歴史研究者たちがすでに明らかにしてきたように、アメリカ合衆国の冷戦政策のもと、アジア太平洋の人びとに対する日本の戦争犯罪は、十分に問われることのないままとなっていました。また、内海愛子や倉沢愛子をはじめとする多くの研究者によって、日本の戦後賠償はアメリカを中心とする自由経済ブロックの強化のため、その多くが日本以外のアジア諸国の工業化や経済発展を目的とする企業投資に向けられ、アジア太平洋地域で生き残った個々の被害者への補償は軽視されてきたことが明らかにされています。とりわけ日本帝国の崩壊後、アメリカ主導で生まれた冷戦東アジアでは、正式に独立を遂げた新興国家が、ネオ・コロニアルとよばれる新しい経済的・政治的従属状態におかれてきました。

別の言い方をするなら、この九〇年代以降のあたらしいリドレスの動きは、長く封印されてきた日本の戦争犯罪を明るみにさらすものであると同時に、冷戦レジーム下の戦後補償の不備によって温存されてきた、いわば植民地主義的な考え方や戦前の状況の継続を問いただすものだといえるのです。もっというなら、暴力の影にあってそれまでそれと認知されることのなかった隠れた暴力を明るみにさらすと同時に、連合軍捕虜のような戦後補償の対象となった「弔われる」「償われる」にふさわしいと認められた生や死と、日本軍「慰安婦」とされた女性のような「弔う」「償う」に足らないとみなされた生や死とのあいだの線引きそのもの――すなわち、西洋中心主義的で植民地主義的な近代のレイシズムのあり方そのもの――を問うものだという点で、他のリドレスとは異なっているのです。

一九九〇年以降、日本軍慰安所制度を生き延びた女性たちが呼び覚ましてくれた歴史の傷とその記憶は、日本による侵害だけでなく、女性たちの過去を数十年にわたり長く封印しつづけてきた冷戦レジームそのものを根本から見直すことを私たちに迫っています。このように考えると、なぜ多くの人びとがアジア女性基金（正式名称、女性のためのアジア平和国民基金）のような曖昧な解決の仕方に異議を唱え続けるのかも理解できるでしょう。アジア女性基金は、和解を前提とした国・国民どうしの解決であり、日本国側の謝罪のおしつけであったと同時に、冷戦レジームをゆるがさない解決でしかなかったからです（昨年末、フォーラムの直後に発表され、アメリカのお墨付きをもらった「日韓合意」にいたっては言うまでもありません）。

いま、安倍政権下で起きている動きは、大戦終結直後にアメリカ主導で編み出された冷戦レジームの完結をめざすものだといえます。米欧尊重・アジア軽視の戦後処理でもあったサンフランシスコ講和条約と日米安保体制を見直すことなく、岸内閣以来の総決算として公式に戦争のできる国づくりがすすめられています。その一方で、アジア太平洋地域における日本の植民地支配や侵略戦争の記憶を掘り起こし継承する作業や、戦後補償・戦後責任の追及、あるいは九条の明記する戦争放棄の理念にもとづく各地の反戦・反基地活動は、長いあいだ冷戦レジームへの抵抗軸となってきました。より最近では、従軍「慰安婦」問題を解決済みとみなさないこと、沖縄の反基地の精神のあらたなたかまりに応えることもまた、冷戦レジームの完結に抗いつづける力となっています。

広島で長く育まれて来た反核・非核の文化は、このこととどのようにつながってゆくでしょう。たとえば、核爆弾を使用したことにたいして、日本政府がアメリカ政府に公式に謝罪を求めないことと、従軍慰安所制度にたいして当事者不在の一方的な謝罪しかしてこなかったことと、はたしてどのようにつながっているのか。あるいは、沖縄の基地問題が近年いっそう先鋭化していることと、安倍政権が憲法を改変しつつあることと、広島にアメリカの大統領を招くこととの間には、何がどのように重なり、何が隠され、その結果どのような仕組みを可能にしているのか。広島の経験した暴力の加害と被害の歴史を、これらの別の暴力の今とその後へと連結させて考えることで、冷戦レジームのもうひとつの中心軸であるアメリカの核の傘を揺るがすことはできないのか。完結させられつつある冷戦レジームに抗うためには、今後もこのようなヒロシマをめぐる関係性を、思考のうえでも実践のうえでも築いてゆくことが大切だとはいえないでしょうか。

最後に、この「つなげる」という視点から、「記憶の女性化」についてもうひと言述べて、私の報告を終わりたいと思います。

おわりに――「つなげる」ために

「記憶の女性化」は、平和を愛する無垢の犠牲者として一元的に女性を表象するだけでなく、別の場所の暴力を正当化する役割も果たしてきました。たとえば二〇〇一年同時多発テロ事件の後、アメリカはアフガニスタン爆撃を行うさい、タリバン政権によるジェンダー暴力からアフガニスタンの女性を救済することを喧伝し、戦闘行為に正当性を与えようとしました。そのときアメリカの世論の支持を得るために呼び起こされたのが、マッカーサーの指示により日本女性が参政権を獲得したという、日本占領の記憶でした。

第二次世界大戦終結後、アメリカは占領下において日本の非軍事化・民主化がすすんでいる成果のひとつとして、日本人女性に選挙権を与えたことを広く国際的に伝えました。このアメリカによる日本占領の記憶とその物語を、私はかつて戦後アメリカの「救済とリハビリ」の帝国神話と呼んだことがあります。なぜなら、アフガニスタン侵攻の例にみられるように、この物語は今もアメリカが行っている軍事侵略に正当性をあたえ、神話的ともいえるほど強力な効力を発揮しているからです。あらためて強調するまでもなく、日本女性がアメリカ合衆国の民主的な指導のもとで権利を与えられ、封建的家父長制から解放されたというこの物語は、それ以前の日本人女性の地位を男性支配の被害者としてのみ描くことでしか――つまり「記憶の女性化」なしには――成り立たなかったのです。

（詳しくは、拙稿「批判的フェミニズムの系譜からみる日本占領：日本人女性のメディア表象と『解放とリハビリ』の米国神話」『思想』第九五五号、二〇〇三年、六〇－八四頁）。

日本国憲法に婚姻の自由を明記することで、占領下の「贈り物」を日本女性に与えたというベアテ・シロタ・ゴードンという方がおられます。たいへん魅力的な女性で、八〇歳を過ぎても精力的に活躍しておられました。二〇〇一年以降、彼女はいくつかのインタヴューのなかで、次のような内容の発言をしたと繰り返し伝えられています。アメリカの占領下で解放された日本の女性たちがいま、ビジネスや政治の世界で大いに活躍していることをイラクやアフガニスタンの女性にも示すことは、アメリカに有色の女性を植民地化する政治的意図がないことの証明となる、だから日本女性はもっと多く声をあげるべきだ、という主旨の発言です。

このように、すべての日本女性を無垢で無力な被害者としてのみ表象する「記憶の女性化」は、今日のアメリカの救済の神話にも説得力を与えつづけ、「別の場所」、「別のとき」の新たな暴力を生み出すことに一役かっているという、そのこともまた、忘れてはなりません。

複雑なことを、複雑なままに

証言、伝聞、そして継承

上野千鶴子

はじめに

このフォーラムでは多岐にわたってヒロシマへの多様なアプローチが試みられました。それは単純化を避けて、「複雑なことを、複雑なままに」理解し、伝えようとする各論者の努力のたまものでしょう。ここではわたしも、「複雑なことを、複雑なままに」語るための話法について、お話したいと思います。もとよりフォーラムで提起されたすべての論点に触れることはできませんが、そのなかでも中心的な主題となり、これからのヒロシマを論じるために欠くことのできない視点を示したいと思います。

一、被害者・加害者、そして共犯者としての女

広島は長い間、「被害者」として語られてきました。八〇年代以降、反省的女性史が登場し、なぜ広島に原爆が落とされたのかという問いをめぐって、軍都広島、侵略者としての日本という「加害者」としての広島が登場しました。それにともなって、広島平和資料館にも、アジアに対する加害者性を示す展示が付け加えられたりしました。米山リサさんの報告にあった「被害－加害」の単一軸フレームワークに第三項を付け加えると、輻輳した状態を輻輳したまま、より複雑に理解が深まるようになります。加害者か被害者という二項対立は互いに排他的なものですが、ここにもう一つ、共犯者というカテゴリーを入れてみたらどうでしょう。加害者でもあり被害者でもある両義的な状況を概念化するには、「共犯者」という第三項が有効なように思われます。さらに植民地的状況では、これに「強いられた共犯者」という概念を付け加えてもよいでしょう。

そういうふうに思うようになったのは、何といっても二〇一一年、「第二の敗戦」とも言われる「フクシマ」を

経験したからです。一九四五年は「第一の敗戦」でした。「敗戦」を「終戦」と言い換えたこと自体が欺瞞でしたが。日本は、ヒロシマ・ナガサキをもって第一の敗戦を迎えましたが、二〇一一年フクシマをもって、「第二の敗戦」を迎えました。根拠のない「神国」神話や「絶対安全」神話のもとに、予想され警告されたあの破局に、なぜ日本人は突き進んでいったのか。このフォーラムを通じて「なぜヒロシマはフクシマを止められなかったのか」「なぜフェミニズムはフクシマを止められなかったのか」という問いが、通奏低音のように流れていたことに気がつかないわけにはいきません。福島の原発事故被災を「フクシマ」とカタカナ表記をして、ヒロシマ・ナガサキと列挙する話法によって、フクシマはヒロシマに匹敵するシンボル性を獲得するに至っています。

「フクシマ」を「第二の敗戦」と呼んだのは澤地久枝です（上野千鶴子編『ニッポンが変わる、女が変える』中央公論新社、二〇一三年）。「第一の敗戦」には、女に責任がありませんでした。というのは、女性にはその当時、参政権がなかったからです。参政権とは、権利のなかの権利、自分の運命を自分で決めることのできる、他の誰にも譲り渡すことのできない至高の権利です。しかし戦前の女性には自分の運命を自分で決める権利がありませんでしたから、男たちが引きおこした戦争のおかげで、引きずり廻されて散々な目にあった、と言うこともできたでしょう。ですが、若桑みどり（『戦争がつくる女性像』筑摩書房、一九九五年）は、女性は戦争には参加しなかったかもしれないけれど、「チアガール」の役割を果たした、と指摘しておられます。

ちなみに、男女平等の獲得を、当時占領軍ヘッドクォーターに勤務していた弱冠二三歳のベアテ・シロタ・ゴードンという若い女性の提案によるものとする「ベアテの贈り物」神話について、言及しておきたいと思います。「神話」とは「根拠のない信念集合」を言います。なぜ「ベアテの贈り物」神話に根拠がないかといえば、次の理由からです。第一に女性参政権は男女平等の基本ですが、それは憲法制定前にすでに成立していました。女性に参政権を与える「婦人公民権法」は、戦前一九三一年にすでに衆議院を通過し、貴族院で否決されました。成立まであと一歩、というところまで来ていたのは、婦人参政権同盟を率いて婦選運動に尽力してきた市川房枝たちのおかげでした。市川は一九二五年男子普選法が成立したときに、日記に「この日を女性から選挙権が奪われた日として記憶しておこう」と痛切な思いで記しておられます。敗戦後も、敗戦処理内閣だった幣原喜重郎内閣は、一九四五年一〇月一〇日に婦人参政権を閣議決定しています。占領軍からベアテたちが立案した新憲法草案を日本政府に示されたのはその翌日、一〇月一一日のことでした。同年一二月に衆議院議員選挙法が改正され、二〇歳以上のすべての女性が選挙権を獲得しました。翌四六年四月の第一回総選挙で女性代議士三九人が大量当選するという結果が起きましたが、それは四六年一一月に新憲法が公布される前のことでした。

付け加えておけば、戦前の社会主義者・山川菊栄は、婦選運動に冷淡でした。婦人参政権を評して「子どもがひとのおもちゃをほしがる」ようなものと酷評し、婦人参政権は「急激な変化をきたすものでなく、むしろ保守勢力に有利なことも多い」（山川菊栄「私の運動史」外崎光広・岡部雅子編『山川菊栄の航跡：「私の運動史」と著作目録』ドメス出版、一九七九年、七三頁）と喝破しています。山川のこの冷徹な予想は、その後正しいことが証明されました。

しかし「フクシマ」に関してはそうではありません。「第一の敗戦」を止められなかった私たちは、「第二の敗戦」を全く自己責任のもとで引き起こしてしまいました。原爆を落としたのはアメリカですが、原発事故を起こしたのは私たち自身です。私たちの手で国土を放射能で汚してしまったのです。自分以外の誰をも責められません。国策としての原子力政策を推し進めてきた過去数十年のあいだ、その政策を推進した政権を支えてきたのは女性有権者でもあるからです。しかも澤地さんは、「このままでは第二のフクシマ、第三のフクシマが起きるでしょう」と、不吉な予言をなさいました。三・一一の後に読みあさった書物のなかでもっとも勉強になったのは、野中郁次郎ら経営学者が共著で書いた『失敗の本質：日本軍の組織論的研究』（中公文庫、一九九一年）でしたが、その本におそろしいことが書いてありました。「日本軍の組織論的体質は、戦後多くの大企業に引き継がれた」と。まったくその通りです。原子力ムラも東電も、三・一一の前とまったく変わっていない現実を見れば、澤地さんの不吉な予言が現実になる予感に、背筋が凍る思いです。

戦後七〇年、女性参政権はいったい政治を変えたのでしょうか。政治学者たちの共通の答えはノーです。女性参政権は日本の戦後政治を変えなかった、しかも長きにわたる保守一党支配を支えてきたことがわかっています。そういう意味では「第二の敗戦」については、女性有権者もまた共犯者であったというほかありません。少なくとも「第二の敗戦」についいては、女性は、被害者面をしていることはできません。女性参政権獲得のために生涯を捧げた市川房枝さんが、死の前に痛恨の思いを込めて残された言葉が「権利の上に眠るな」というものでした。「第一の敗戦」にも「第二の敗戦」にも、「知らなかった」「騙された」という人々がいます。が、無知もまた責任を問われます。「沈黙も同意」であり、「不作為の罪」もあるのです。

二、日本、アジア、そしてアメリカのなかの被爆者

共犯者としての女性という視点に加えて、日本もまたヒロシマの共犯者ではなかったのかという議論も登場しました。誰の共犯者だったかというと加害者であるアメリカの共犯者です。このフォーラムでは、日本対アジア、日本対アメリカという二項対立を軸に議論が行われていますが、それぞれに第三項を加えて、日本・アジア・アメリカという三者の関係を議論に持ち込むと、「複雑なことが複雑なままに」見えてくるでしょう。アメリカ対日本の関係では加害者／被害者となる関係が、日本対アジアでは加害者／被害者となります。戦後日米関係のもとで、アジアに対して日本とアメリカは共犯関係にありました。日本がドイツのような戦後補償を被害諸国にやってこなかったことにも、戦後アメリカと日本の共犯関係が影響しています。

日本においてもアメリカにおいても、原爆投下については、それぞれの国がそれぞれのナショナルヒストリーのもとでマスターナラティブを持っています。さらに加納実紀代さんが指摘されたように、アジアにとっては、「原

爆はアジアの解放のシンボル」でした。戦後、日本は広島を平和の聖地としました。そうすることで、ヒロシマの被害と加害を大変曖昧にしてきました。原爆の碑に「過ちは繰り返しませんから」という、主語が明らかでない文言を記すことで、誰の過ちだったかを曖昧にしたわけです。アメリカで学位を取った柴田優呼の著書『〝ヒロシマ・ナガサキ〟被爆神話を解体する』（作品社、二〇一五年）の副題は、ずばり「隠蔽されてきた日米共犯関係の原点」となっています。戦後の原爆言説の原型になったのが投下直後に語られたトルーマン大統領の語りであり、後にハーシーの語りが、長らく日米両国における原爆のマスターナラティブの前提を形作ってきたと指摘しています。

柴田さんは、目から鱗のような鋭い指摘をしています。日本においても「原爆投下」という言い方が定着していますが、「投下」とは明らかにキノコ雲を上からみた者の視線です。これを仮に「空襲」や「空爆」と同じように、「原爆襲撃」と呼んだらどうなるでしょうか。襲撃には、襲撃した者と襲撃された者とがいます。敵味方がはっきりしているわけです。襲撃をした者はいったい誰なのか、加害者と被害者の構図がはっきりしますが、こういう言い方をそもそも採用しないということ自体が、日米共犯関係のマスターナラティブを作ってしまったと柴田さんは言います。

午前中の報告で直野章子さんが発言したように、アメリカで勉強してきた日本の学者にとっては、アメリカ国内における原爆をめぐるマスターナラティブを聴いているだけで、怒りがふつふつ湧いてきて許せないという気分になることでしょう。日米のあいだでは相互に接点のないまま、スミソニアン論争で浮上したようなマスターナラティブの食い違いが、今日まで延々と続いています。

そういう中でも、被害・加害の対立構図に加えて、多様性、輻輳性をもとに「共犯性」という側面を考えれば、ここでも福島の被災者が参考になります。三・一一の後、東日本大震災の被災地支援に入った人たちの声を聞いて分かったのは、災害弱者としてのマイノリティの問題です。もともと社会的弱者であった人々が、災害という非常時においてさらに徹底的な弱者になっていく、そういう構図です。この災害弱者のなかには民族的少数者もいれば性的少数者も、障害者もいます。震災直後から被災地に入った辛淑玉さんから直接お聞きした話ですが、在日韓国朝鮮人の方たちが避難所の中で実名使用を避けた、ということでした。避難所で韓国名を使ったらどんな目に遭うかわからない、という怖れや不安がその人たちにはあったことになります。実際にそうしてみたら、差別やいやがらせが起きたかどうかは詳らかではありませんが、少なくともそういう恐怖心が彼らにはあり、そう思う根拠が日常生活の中にあったということでしょう。性的少数者の人たちも、プライバシーのない空間でどういう思いをしたことでしょうか。障害者に至っては居場所がないということで、半壊した家に連れて帰ったという話も聞きました。このようにもともと社会的少数者であった人々が、非常時にはさらに弱者になるということを知りました。

昨日のフォーラムを聞いてつくづく思ったのは、高齢化にともなう民族少数者の問題です。日本は植民地清算の戦後の対応について、他の帝国主義諸国家に比べて決定的な誤りを犯しました。昨日の報告のなかでは安錦珠さんから、過去の日本の罪業の歴史という大変厳しい言葉が出て胸に堪えましたが、日本はサンフランシスコ条約締結の際に、朝鮮人から国籍を剥奪しました。それ以前、一九四五年敗戦時から占領を脱するまでのあいだは、旧植民地人は日本人でもなく外国人でもない「第三国人」というあいまいな法的地位にありました。日本は旧植民地人に対して、いったんは国籍を強制したのちに今度は強制的に国籍を剥奪するということをやったのです。欧米圏のかつての帝国主義諸国家は、贖罪の意味も含めて、旧植民地人に二重国籍を与えています。国籍は一方では抑圧でもありますが、他方では特権でもあります。フランスやイギリスにアジア系やアフリカ系の住民が多いのは、旧植民地出身者たちが旧宗主国に入国できる特権を持っているからです。日本はそれすらやりませんでした。

旧植民地人たちの老後についての問題は、私がこのフォーラムで安さんから学んだことの一つです。私は現在、高齢化と介護の研究をしておりますが、そこからも零れ落ちていたのが旧植民地人でした。旧植民地人は日本国籍を剥奪されることによって、国民年金と国民健康保険から排除されました。なぜなら国民全員加入のこの二つの保険には、国籍条項があったからです。沖縄の人たちは一九七二年になって外国でなくなってから、国民になりました。八六年になってこの両保険から、国籍条項が廃止されます。それまでは在日外国人はこの国民保険から制度的に排除され、医療保障もなければ年金保障もなかったのです。さらに、国民年金は支給額が低いことが問題になっていますが、国民年金に上乗せされるのが厚生年金です。厚生年金の受給要件は雇用者であることです。在日韓国朝鮮人はその雇用からも排除されてきた結果、老後になって無年金・低年金の人たちが生まれるということが起きています。介護保険は成立当初から国籍条項を持たなかった非常に稀有な保険です。ですから国民介護保険とは呼ばれていません。介護保険は過去の二つの国民皆保険制度に比べてその点ではましになりました。定住外国人も希望すれば加入できますが、それには平均月額五千円以上、年額六万円を超す介護保険料を負担する能力のある人に限られます。

国内外の災害弱者に対して強いられる共犯関係が、沈黙と「記憶の植民地化」です。共犯関係の下では弱者の記憶は強者の記憶に合わせて、上書きされます。昨日のフォーラムでは、新城郁夫さんと村上陽子さんから沈黙を強いられた沖縄の被爆者、すなわち沖縄戦の被害のマスターナラティブにフィットしなかったばかりに、そこから排除される沖縄の被爆者について教えていただきました。今日でも、福島の避難者たちは、その避難先で福島の避難者であることを隠して生きるという沈黙があります。

記憶の上書きについては、沖縄戦の記憶の改竄という悲劇的な状況があります。一九五二年に戦傷病者戦没者遺族援護法が成立しました。日本国内では空襲の被害者を含めて民間人の戦争被害に対する一切の補償がないにもかかわらず、沖縄県民に対してのみ民間人に対する補償を可能にしたのが、この特例で成り立った援護法でした。地上戦によって沖縄住民の一〇人に一人の戦死者を出したという激戦地で、沖縄戦の海軍司令官であった太田実中将が大本営に送った最後の電文が知られています。「沖縄県民かく戦へり、後世特別のご高配あらんことを」とあります。この援護法は沖縄県民に対する「特別の御高配」ではありましたが、そのためには、民間人が軍に協力したことを証明しなければなりませんでした。たとえば軍の命令で集団自決したとか、あるいは日本兵に自発的に壕を提供したとか、軍の関与を証明することをもって援護法の対象者となるという「記憶の書き換え」の強制がなされたのです。そのことにより日本軍によって強制的に壕から追い出されたはずが自発的な協力となり、日本軍による殺害が戦傷病死となって、日本軍の被害者であるものが、日本軍が加害者であることを否認し、あまつさえ協力者であることを証明しなければならなくなるという状況が生まれました。

そのもっとも典型的な例が、渡嘉敷島の「集団自決」をめぐる証言と記憶の書き換えです。その経緯は、沖縄の女性史家・宮城晴美の著書『母の遺したもの：沖縄・座間味島「集団自決」の新しい証言』（高文研、二〇〇〇年）に痛ましく描かれています。そもそも「集団自決」という表現自体に、自発性が含まれています。「軍民一体」の戦争のなかで、沖縄県民は集団的な相互殺害行為に追いつめられていきました。援護法の適用を受けるには、その集団自決に軍の指示や命令があったかどうかが争点となりました。当時渡嘉敷島の守備隊長だった赤松嘉次元大尉が、住民に集団自決の命令を出したと、当時、町の職員だった宮城の母が証言します。「集団自決」は住民の自発的な行為であり、直接軍が手を下したものではありませんでしたが、援護法当時は日本軍への協力であった「集団自決」は、やがて沖縄の自立意識が高まるにつれ、日本軍の強制へと、しかも沖縄県民への侮蔑にもとづく抑圧であったと書き換えられるようになります。各地の集団自決の事例を集め、それを日本軍の命令と告発した沖縄タイムス社編『鉄の暴風』（沖縄タイムス社、一九五〇年）は、やがて沖縄人による沖縄戦の公式記録となっていきます。その沖縄の記憶のマスターナラティブにもとづいて、ノーベル賞作家の大江健三郎は『沖縄ノート』（岩波新書、一九七〇年）を書きました。そのなかに、渡嘉敷島住民に集団自決を命令した者として、赤松元大尉も登場します。それに対して、現地のひとびとの証言に齟齬のあることから、曽野綾子が著したのが『ある神話の背景：沖縄・渡嘉敷島の集団自決』（文藝春秋、一九七三年）です。

折から歴史修正主義の波に乗って、二〇〇五年、赤松元大尉の遺族と渡嘉敷島に隣接する座間味島守備隊長であった梅澤裕元少佐が、大江と出版社である岩波書店を相手どって名誉毀損の訴訟を起こします。赤松元大尉は戦後何度も渡嘉敷島へ渡り、住民から敬愛されていたと言います。高齢の梅澤氏と赤松氏の遺族は、真実をもとに名誉回復を求めたのです。裁判は最高裁まで持ち越され、二〇一一年、大江と岩波書店への損害賠償請求は棄却されました。その過程であきらかになった事実は、赤松元大尉の「自決命令」はなかったが、大江が『沖縄ノート』を書く時点では「(命令の存在を) 真実だと信じる相当の理由があった」と認めるものでした。

宮城の『母の遺したもの』は、そこにおどろくべき証言を付け加えます。宮城の母親は、集団自決を命じたのが梅澤元少佐ではなく、村の助役であったことを知っていました。そしてガンに冒されて亡くなる直前に、かつて自分が行った証言をくつがえします。彼女がかつての証言を求められ、それをウソと知りながら長きにわたって否認することができなかった背景には、援護法の適用対象となるための村一丸となった沈黙の強制と本土政府との共犯関係がありました。ウソを抱え続けた宮城の母の重荷と苦しみはどれほどのものだったでしょう。そして自分が発しなかった命令の責任を引き受け、住民の憎悪と怒りの対象になることを引き受けた赤松の心中は…。たとえ直接の命令者が助役であっても、当時の状況のもとでは「集団自決」に自発性はありませんでした。村の行政官僚は、軍の意を体して命令を出したにちがいありません。その意味で「軍の関与」が否定できないことを判決も認めています。

戦後、日本政府が沖縄県民に与えた援護法という名の「特別の御高配」とは、被害者たちに加害者に対する共犯者であることを強制するものだったのです。援護法は内地の記憶のマスターナラティブに、犠牲者である沖縄のマスターナラティブが統合されることを要求しました。その「記憶の戦争」は、現在でも小林よしのりが『新ゴーマニズム宣言』(『沖縄戦神話の真実』『新ゴーマニズム宣言 SPECIAL 戦争論』幻冬社、二〇〇五年) で、沖縄の「集団自決」を、すすんで国に殉じた誇り高い行為と呼べ、日本軍に強制されたとプライドのないことを言うな、と「恫喝」するように続いています。犠牲者は、記憶の植民地化によって、二度殺されるのです。

三、反戦・反核・反原発とフェミニズム

共犯者という概念を戦時下のジェンダー関係にも適用してみましょう。女性は戦場において性暴力の被害者であるのみならず、自ら兵士として、男性兵士の同志として参加することもあります。自衛隊の男女共同参画を推進しようという状況のもと、女性兵士の問題は今後ますますリアルになっていくことでしょう。女性兵士は戦争の加害者でしょうか、被害者でしょうか、それとも共犯者でしょうか。

国民軍のなかの戦闘員にいちはやく女性を組み入れたのは、ソ連の赤軍女性兵士でした。二〇一五年ノーベル文学賞を受賞したスヴェトラーナ・アレクシエーヴィッチは『戦争は女の顔をしていない』（群像社、二〇〇八年）において、沈黙を強いられ、封印された赤軍女性兵士の聞き書きという、まったく画期的な仕事をしています。戦争に行って帰ってきた男たちは英雄になったが、女は沈黙を強いられました。男に伍して戦争に行った女はあばずれ、不身持ちと烙印を捺されて、コミュニティが相手にしないからです。かつて同志だった男にとってさえ、同志にはいいが結婚の相手には向かない、と思われてきました。だから「決して言ってはいけないよ、男と並んで闘ったなんて」とかつての女性兵士はささやきます。あなたが来るまでこの記憶は誰にも語ったことがなかった、と彼女たちはアレクシエーヴィチに言うのです。ここでは同じ救国の英雄的な行為にもジェンダー規範が作用して、彼女たちの記憶を封印しています。記憶にもこのようなジェンダー非対称性が、戦後何十年も継続されているのです。

日本では戦後、平和運動、反核・反原発運動のなかで女はどのような役割を果たしたでしょうか。三・一一以後、核の軍事利用と平和利用は背中合わせで不可分であることがはっきりわかりました。「デュアル・ユース」という科学技術用語がありますが、軍事技術と民生技術は密接不可分であるという意味です。コンピュータだってもとは軍事技術として開発されたものを民生に利用しているだけですし、GPSなんて軍事技術そのものです。核開発については、実に巧妙に軍事利用と平和利用を切り離して、「平和」というシンボルに母性が動員されたといえます。

加納実紀代さんは、「核の平和利用」キャンペーンに被爆者すら動員されたことを、痛恨の思いを込めて語っています。

反核・反原発運動にも母性は大動員されました。世界的に大きな影響のあった一九八六年のチェルノブイリ事故の際、日本ではちょうどそのとき伊方原発の稼働の時期に一致しておりました。そのときの集会に私も行きましたが、女性に呼びかける言葉が「お母さん」でした。甘蔗多恵子の『まだ、まにあうのなら：私の書いたいちばん長い手紙』(地湧社、二〇〇六年)が、口コミだけで四〇万部を超す大ベストセラーになりましたが、それも「母として」という動機からでした。

わたしは個人的に、三・一一のときに痛恨の思いがあります。私は八〇年代に当時の反原発運動と袂を分かちました。ウルリケ・ヴェールさんの報告で、「デルタ・女の会」とフェミニズムのあいだに距離があったと指摘がありましたが、デルタ・女の会の方からフェミニズムに距離を取ったという可能性もあります。この時期にあったさまざまな女の運動、環境保護やエコロジー運動は女の運動ではありましたが、必ずしもフェミニズムと相性がよくありませんでした。例えば食の安全・安心を強調する生協運動もフェミニズムからは距離を取っていましたし、逆にフェミニズムの方でも、生協に対して、家父長制にあぐらをかいた専業主婦の運動であるとして批判的な距離をとっていました。このような平和・反核・環境・安全を掲げる女の運動は、フェミニズムとねじれた関係にあったことも思い出されます。当時、生協が政治の場へ議員を送り出した代理人運動のなかで、代理人たちの勉強会にわたしが呼ばれたとき、「このなかにご自分をフェミニストだと思う方は？」というわたしの問いに対して、一六人のうち二人しか手を挙げなかったことも覚えています。

二〇一一年三月、福島第一原発事故を迎えて、ヴェールさんが「胸を抉られる思いだった。自分自身は知っていたのにそこから距離を置いてきた」とおっしゃったのは、わたし自身の気持ちでした。わたしの周囲には反核・反原発の活動家がいました。彼らの主張も彼らの警告もわたしは十二分に知っており、原発安全神話がウソであることはわかっていました。わかっているのに運動から距離を置いた自分自身が許せないという痛恨の思いが、三・一一以降のわたしを動かしています。ですが、その当時わたしが反原発運動に反発したのは、「お母さん」という女性のカテゴリー化と母性の動員だったことは証言しておきたいと思います。それだけでなく、いつもいつも「子どものために」という名分を言い訳にしなければ動けない女たちに対する反感もありました。どうして女は自分自身のためには動けないのか、と。

母性が錦の御旗になる背後に、わたしのような子をなさなかった女に対して、同じフェミニストのあいだから「娘のフェミニズム」というような差別的なレッテルが貼られたことも忘れていません。結婚しているかどうか、子どもを産んだかどうかで、女を分断していく動きが女の運動の中にもありました。

ここで皆さん方に思い起こしていただきたいのは、フェミニズムの先駆者ともいえる森崎和江さんが一九五九年から出しておられた『無名通信』という個人誌です。その創刊の辞にある見事なマニフェストをわたしは忘れることはできません。

「私たちは女にかぶされている呼び名を返上します。無名に還りたいのです。なぜなら私たちはさまざまな名で呼ばれています。母、妻、主婦、婦人、娘、処女、と」。全部男が与えた指定席です。

フェミニズムは、これらすべての男が与えた指定席を返上して、女というカテゴリーのもとに一つのコレクティブ・アイデンティティを創りだしたのです。私どもがやっておりますWAN（Woman's Action Network）にはミニコミ電子図書館があります。この『無名通信』も森崎さんから無償で提供していただきました。記念すべき創刊号もそのまま読めるように、PDFでアップされておりますので是非読んでいただきたいと思います。デルタ・女の会を含めて、失われたあるいは隠れた女のミニコミが地方にはたくさんあると思いますので、皆さまからそういうデータのご提供をいただけることを願っています。

女というコレクティブ・アイデンティティは自明のものではありません。それどころか、女という集合的アイデンティティの成立は苦闘に満ちたものでした。それ以前には、女は階級、人種、国籍等で分断されてきたからです。女は女であるだけでフェミニストではありません。女という集合的なアイデンティティに同一化・主体化する者だけをフェミニストと呼ぶとすれば、そのなかに多様なインターセクショナリティがあることは当然です。そのうえで、私たちを同じカテゴリーにつなぎとめるものは何でしょうか。昨日から「サバイバー」という概念がキーワードになっていますが、誰かが冗談交じりに「We are servivers」と言いました。私はほんとにそう思います。わたしたち女性はセクハラ文化のサバイバーであり、ミソジニーのサバイバーです。二〇〇〇年代のバックラッシュのサバイバーでもあります。わたしたち女は何より、家父長制の抑圧のサバイバーです。

そう思っていたら、若い女性たちも全く異なることがないという経験を、今年の夏にいたしました。SEALDsの若い女性のもとに、毎日のようにツイッターやフェイスブックでさまざまなバッシングが送りつけられてくる、中には彼女たちを性的に罵倒するようなセクハラ的なメッセージが送られてくるのだそうです。SEALDsの若者たちは男女ともに脅迫を受けたりバッシングを受けたりしていますが、とりわけ女性がその中で性的なバッシングの対象になっています。それを見ているだけで、これは彼女たちの感慨ですが、毎日毎時間セクハラを受けているようなものだというのです。このようなセクハラの只中に私たちは生きているのです。その継続するセクハラ文化を裏書きしているのが安倍首相であり、セクハラ文化の背後には、核抑止論、すなわち有無を言わさぬ暴力で相手を恫喝し黙らせようという政策があります。

おわりに――証言、伝聞、そして継承

最後に、このフォーラムではあまり詰めることのできなかった問題を提起したいと思います。それは、証言、伝聞、そして継承の問題です。

木村朗子さんの報告では、死者にのみ証言が可能であって、生き延びた者には証言は不可能だという指摘もありました。それだけでなく、生存者すなわちサバイバーもまた高齢化を迎えて、次々とあの世に旅立たれています。その中で証言の風化と定型化も指摘されています。昨年、ひめゆり記念館の語り部の最後の女性が引退なさいました。修学旅行で記念館を訪れた中学生が、ひめゆり部隊の少女たちの写真を見て「ブスばかり」と落書きするとか、広島の生き残りの方の話を聞いている修学旅行の中学生が居眠りするとか、そんなエピソードが伝わってきます。

もっと決定的なのは、今この場に集った者たちは、おそらく生存者の証言を直接聞くことのできる最後の世代だろうということです。この次の世代に来る者たちは、私たちが聞き取ったものを伝聞形でしか聴かない人たちです。広島の平和教育はいま転換期に入っていると思います。ヒロシマの生存者の方を講演に呼んでもらいたい、在日の生存者の方も呼んでもらいたいとゲルマーさんがおっしゃいますが、もうそのような可能性すらなくなってきています。そういう証言から伝聞へと変わる大きな転換期を、私たちはどうやって乗り切っていくのかが問われています。

最近の文学理論のなかでは、テキストは読者の能動的な受容によってその場で再生産されるものだという読者論が有力になっています。その読者にも、テキストがあらかじめ宛先として想定した正統な読者 legitimate audience と、直接の宛先ではないが漏れ聞いてしまった非正統的な読者 illegitimate audience とがいます。後者を立ち聞きとも言いますが、漏れ聞いてしまった者の責任をわたしたちは背負わされます。それを次の世代にどうつないでいくのか。問題になるのは、誰が、誰に、何を、どのように伝えるのかという問いです。

歴史とは選択的な記憶と忘却の集合です。歴史教育とは、はっきり言って洗脳教育の一種です。博物館も洗脳装置です。日本は検定教科書を使っていますし、韓国は来年から国定教科書を制定すると言っています。このような歴史のマスターナラティブによる洗脳教育をやろうとする国家に対して、経験の多様性と歴史の多面性を対置するのが、わたしたちの役目だと思います。こういうことを言うとすぐ修正主義者と呼ぶ短絡的な単一軸フレームワークはやめていただきたいと思います。直接証言を聞いた者たちの世代から次の世代へ、何をどのように伝達していくのか。その際にも「複雑なことを複雑なままに」伝えることが重要です。

戦後七〇年、敗戦のときに二〇歳だった人が九〇歳を迎える、このような時期に、ヒロシマの記憶をいかに継承するかは、広島のみならずわたしたちが考えなければならない非常に重要な問題なのです。

Ｅさん：さっき上野さんから継承という話が出ていて、加納さんが、そんなに簡単にわかってほしくない、受け取ってほしくないということを言われました。自分が見た経験、自分が受け取ったインパクトみたいなものを簡単に伝えることができない、断絶のようなものを感じているということだと受けとめました。断絶があったとしても、そのときその光景を見なかった人が、そこから何を受け取って何を語ることができるのか。その語り続けるという、連続性と断絶みたいなものをどう考えたらいいのかなと思いました。

加納さん：さっき私の話の中で出した石内都さんの『ひろしま』とか、こうの史代さんの『夕凪の街　桜の国』は、原爆の悲惨さを生でどろどろとした形ではなくて、そこからエッセンスを吸い上げた形で一つの作品にしていて、そうじゃなければ、継承もできないということは当然あると思っています。被害の追体験のためには当事者への一定の感情移入が必要ですが、黒こげの焼けただれた遺体はおぞましいだけ、感情移入のしようもないという。しかし、そういうふうにしてしか伝わらないということに対して、まさに目の前で亡くなっていくのを見た当事者にとってみれば、そうじゃないものがある、そうじゃないものがある、という思いがあるわけですね。それは断絶ということでしょうか。私は当事者を代表しているわけではありませんが、私自身は初めから拒絶反応をするのではなくて、せめてちゃんと見るぐらい見てよ、あんた死ぬわけじゃないんでしょう、これで死んだんだよっていうことも受け取ってほしいということですね。ちっとも答えになっていませんね。すみません。

Ｆさん：広島で弁護士をしている者ですが、今日のジェンダーの話、とても勉強になりました。そしていろいろな問題点や接点みたいなものを提示していただいたんですが、日本においては、それらがグローバル経済競争と少子高齢化というのっぴきならない状況に全部押し流されてしまっている状況ではないかと個人的には思っています。そういうところについて何か意見を聞かせていただければと思います。

上野さん：ちょっと質問の趣旨が理解できないんですが、今ここで二日間にわたって挙げられた様々な論点が、グローバル経済競争と少子化で全部何もかも問題にならなくなってしまっているというご指摘ですか。

Ｆさん：問題にならなくなっているというか、問題の出会い方というところなんですけども。

上野さん：問題の次元が違うと思います。グローバル経済競争というのは、冷戦レジームの崩壊の後に起きた状況で、今日の話は、ポスト冷戦レジームの中で起きている様々な記憶の再構築ということが問題になっているのです。まさにそのグローバリゼーションの中で起きてきた問題は、在日の問題にせよ、東アジアの問題にせよ、すべてポスト冷戦と密接に関係しています。それから少子化も、このようなセクハラ文化が蔓延している社会の当然の帰結ですので、これまで話してきた状況と密接に関係しております。押し流されているどころか、まさに私たちはその二つの問題を語ってきたというべきではないでしょうか。

Ｆさん：ありがとうございます。よくわかりました。

上野さん：ご理解くださりありがとうございます。わかりが早くていいですねえ。（会場の笑）

Ｇさん：京都から来ました。上野さんに質問なんですが、被害者・加害者の二重性ということはずっと出ていたんですが、共犯者としても加えるという視点を出されました。すごくわかる部分もあるんですが、現場に生きて、現場にいると、やはり被害者の問題ということに引きつけて考えてしまうんです。そのときになんていうか、優先順位というわけではないんですが、すべての女性にこの三つが輻輳していると言われたわけではないんですよね。

上野さん：誰が加害者で、誰が被害者で、誰が共犯者かは、固定しているわけではありません。被害者もいつの間にか強制された共犯者になっていることもありますし、共犯者になることを通じて、加害者にもなっているという、そういう状況がありますから、共犯者というカテゴリーを一つ加えてみると、もう少しいろんな複雑なことが説明可能になるのではなかろうかと思います。その点で言うと、私は戦後七〇年、日本の今日のていたらくをもたらした現状に対して、日本の女性の共犯性は免れないと思っております。

Gさん：それは、すごく理解できるんですね、日本の女性として。私自身は、長い間インドの最下層の女性たちの研究と支援の運動にもかかわっているんですが、まさに加納さんも言われたように、非常に残酷な状況が人間の顔としてすぐに浮かんでしまうんです。そのとき、すべての女性は共犯者だという視点よりも、やはり被害者性を考えてしまう。米山さんが言われていたことも少し関係するんですが、例えば、カースト差別というのは、本当にセクシズム、性差別と一つのものであって、セクシズムがあるから人種差別など差別的なことが起こるということはすごく理解ができるんですが、そこの中に今言われているようなグローバル経済が入ってきて、じゃあ、この問題をこの日々の中でどのように解決していけばいいのか、現場からの声に応答して一緒に考えるということになったときに、共犯性というよりも、ここで何とかしないといけないということを考えてしまうんですね。現場からの思考の中では、この三つを一つにするとなんかわかりやすい、理解できるような気がするんだけれども、それで一つ一つのことが解決していくのかなあ思います。そのケース、ケースと言っても単なる個人のケースではないんでしょうけど、違うような気がします。全体的なこととして言われたのか、やっぱり状況によって違う場合があるというふうに言われたのか。

上野さん：大変いい質問をありがとうございます。私が言葉足りなかったところを適切に補うチャンスをいただいてありがとうございます。一つはカースト制にせよ、家父長制にせよ、女が家父長制の代理人としてふるまうという点で、明らかな共犯性を持っているということが第一。二つめは、共犯性の認識というのは、力の認識、つまり変更可能である現実に対する当事者性の認識があるということです。例えば、戦後の日本の政治に関して言うと、私が「権利の上に眠るな」という市川房枝さんの言葉をご紹介したのは、実は変えようと思えば変えられた、その力を女は行使しなかったではないかという告発を含んでいます。ですから、共犯性というのは、共犯性を選ぶことも選ばないこともできる、それはごくわずかのエージェンシーかもしれませんが、その選択肢の中で、あなたは一体何を選ぶのかという、当事者性を問うことと不可分です。単に被害者というと、受動的な被害者としかなりませんが、共犯性の中身は、主体の力（エイジェンシー）の認識、自分が何かを変えられるという、その力の認識があるからだと言いたいと思います。

Hさん：米山さんに質問です。三〇年前と比べると状況が悪化したというお話があったと思うんですが、具体的に今のどんな状況を見て、どう悪化していると思われたのか聞きたいです。それから加納さんに。家電の話は日本のアメリカ化と関係していると思いますが。

米山さん：どういうふうに悪化しているか。悪化していないと思われる方はおられますか。三〇年前と比べて何か良くなったと思う方はおられますか。私は、冷戦構造は終わっていないと思っています。三〇年前、冷戦は東西ドイツ統一とソ連の崩壊で、西半球では終わったことになっているんですが、東アジアでは終わっていませんね。だけど西半球で冷戦が終わりかけたころは、今まで封印されてきた記憶とか、もっと史料的なレベルで言えば、冷戦が終わりに近づくことで解除されはじめた機密情報や文書なんかが出てきたりした時期ですね。一九九一年に金学順さんが公的な場で元日本軍「慰安婦」だったと名乗りを挙げられたということも、やはり冷戦が終るかもしれないという期待と予感の中で、長い民主化の運動の後に起きたことでもあります。

　冷戦レジーム下にある、東アジア、旧日本植民地帝国崩壊後の地域で、いろんな形で抵抗があり弾圧がある中、ある時期、少しだが外れた時期があった。それが九〇年代だったんじゃないでしょうか。

それに対して、封じ込めが起きたというのがこの一〇年だと思っています。そこには冷戦後の一方的な覇権を主張するアメリカの存在もあり、冷戦レジームを完結させようとしてもできなかったことを、今まさに安倍政権がやろうとしているという意味でもよくなったと思えません。抽象的な言い方で申し訳ないんですけど、ほんのちょっとあった希望が、むしろ本当に乱暴な形で封じ込まれた。おそらくここにおられる皆さんご自身が、具体的に日常の中で感じとっておられることと思います。私は経済的な問題だけを言っているのではありません。日本植民地帝国崩壊後に現れ出てきた、古いものに接ぎ木した形の新しい権力構造。日本国内だけではなく、太平洋を越えるかたちでも、南北東アジアに大戦後長くあったその状況が変わりつつあるという感覚が九〇年代にあった。それは国家間の関係とか、条約とかいったことだけではなくて、認識論の問題でもあって、そのように振り返ると、三〇年を経ていっそう悪くなったなあという感じがします。逆にいえば、問題が突出した形で先鋭化していて、辺野古への基地移設問題はきわめて大事な局面だと思います。

加納さん：私の家電の話については、占領下が中心です。原発を導入することに抵抗がなかった、その根っこのところに、アメリカ化があったのではないかと言われましたが、まさにその通りなんですけれども、アメリカのブロンディだの、いろんな漫画やなんかを通して、こんなに素晴らしい便利な生活をしているというようなものが刷り込まれる中で、電化生活へのあこがれを喚起させられた。そこに原発が入ってきたということです。三〇年前ということで言わせていただきたいんですけれど、もうすぐ平成二八年になるわけですよね。平成でいうと二八年。ということは、三〇年前は昭和の終わりだったわけで、その頃は天皇制批判の言説がいろんなかたちで語られていたと思います。しかし、今や明仁天皇サマだけが民主的で平和的みたいな感じ。安倍は悪いけど天皇はいい、みたいな。そこにリベラルもすがる感じになってしまっていて、これはとんでもないことではないでしょうか。たしかに明仁さんは人間的にはいい人だと思いますが、そういうこととシステムの問題は別でしょう。そのシステムの問題を誰もちゃんと言わなくなってしまっている状況というのは、大変なことだと思っています。

平井さん：アメリカによる日本占領期の研究をしております。米山さんが報告の中で『歴史と責任』（二〇〇八年）の本を出されましたよね。その『歴史と責任』のなかの米山さんの論文を大変興味深く読みました。それで、米山さんが『思想』九五五号の中で、日本占領に際してアメリカの日本女性の表象は、戦前は竹槍を持って軍国主義化していた女性が、戦後になると日本男性によるかわいそうな救済されるべき女性に表象が急転したとおっしゃっています。それと同じことが、日本軍「慰安婦」問題に関するアメリカでの語られ方の中で二重写しになります。それは、解放とリハビリの正義を今世界中で展開していくアメリカで、日本軍国主義の「慰安婦」たち、かわいそうな「慰安婦」おばあさんたちという脈絡のなかで、アメリカでは旧日本軍「慰安婦」問題が浮上しているのではないかという指摘をされていると思うんですが、アメリカでの日本軍「慰安婦」の問題のされ方ということを少し説明していただければと思います。

米山さん：ご指摘のように『歴史と責任』と『暴力・戦争・リドレス：多文化主義のポリティクス』（二〇〇三年）の中で、世界正義のアメリカ化、アジアン・アメリカンのアメリカ化ということを書いていて、それは「救済とリハビリ」のアメリカ帝国神話について述べた『思想』の論文を引いた形で書いているんですが、私は、平井さんが今されたように二つのコンテクストを並べてしまうのは、とても乱暴なアナロジーだと思います。占領下の日本というのは、たしかに植民地状態であって、日本の女性を利用する形でアメリカの占領や冷戦支配を正当化する、確かにそれも起きているんですが、その占領下日本のコンテクストに脈絡の歴史性を考えないで別のコンテクスト（二〇〇一年以後のアフガニスタンやイラク）を持ってきたときの危さについても書いている。それをまず一つ言っておきたいと思います。

もう一つ、アメリカでの従軍「慰安婦」問題の語られ方に関して、アジア系アメリカの言説が日本の戦争犯罪をアメリカ化していくことを『暴力・戦争・リドレス』で書いていますが、私はアメリカの占領下の日本女性の使い方と、アジア系アメリカ人にとっての日本軍「慰安婦」問題は全く別の歴史性をもったものとして書いています。むしろアジアン・アメリカン言説は両義的な面を持っている、というのが私の議論の焦点です。確かにアメリカの世界正義という言説の中にあらたな救済の対象を設定することで、そこに動員されていくアジア系アメリカがいる。と同時に、その歴史性を考えてみると、アジア系アメリカというのはアメリカの帝国主義なしには存在しないんですね。あるフィリピン系の哲学者によれば、「アジアン・アメリカン」の誕生は、アメリカの海兵隊がアジアの岸辺に足を踏み入れたときに始まっている、つまりアジアン・アメリカンの形成は、移民としてアジア人がアメリカにたどり着いたときではなくて、アメリカがアジアに現れたときに始まると考えられています。

ですから、アジアン・アメリカンが、例えば、ある救済の対象を立ち上げ、アメリカの発話主体となっていくなかで、一つには確かにアメリカのナショナリズムに取り込まれていくということはあるけれど、アジアン・アメリカンの歴史性を考えると、いやが応でもそこにまとわりつくアメリカの帝国主義の暴力も明らかにならざるを得ない、そういう両義的な問題として書きました。だから逆にあえてアナロジーをたてるなら、日本の女性が、帝国の、銃後の、侵略の加害者であったという記憶やその歴史性が、もし占領下の日本を語るコンテクストに含められれば、アメリカの帝国主義に対する批判にもなる、という並べ方になるでしょうか。

特別寄稿

「原爆乙女」と「ヒロシマの母」

大衆文化における被爆者女性像[1]

マヤ・モリオカ・トデスキーニ

はじめに――表象の政治学

自身の研究テーマである「被爆者とジェンダー」の中で、「被爆者女性は映画・メディア・記念碑上でどのように表象されているか」という課題に長い間注目してきました。これらのイメージはいわゆる「大衆文化」の一部であり、原爆にまつわる記憶の広範囲にわたる政治とともに、主たる被爆者女性像に関する貴重な見解を提供しています。これらの表象は決して無垢なものではなく、被爆者女性がどのように行動すべきかを決定づけるある種の慣習や規範をもたらし、また原爆体験者を讃える一定の方法をいくつか提案しています。言い換えれば、ここで私が論じたいことはフェミニズムの視点から見た「表象の政治学」です。

被爆者女性の主たるイメージを分析するにあたり、二つのまったく異なる特徴的な女性像をここで提示したいと思います。一つは、原爆による放射線障害、特に白血病に苦しむ若い未婚女性であり、しばしば「原爆乙女」と呼ばれています。そしてもう一つは、原爆によって子どもを失った、あるいは子どもを育てるために苦しむ母親、いわゆる「ヒロシマの母」です。以前書いた論文で(2)「原爆乙女」に関する広範な分析は既に論じてきましたが、本稿の最初でも簡単にまとめておきたいと思います。その後で「ヒロシマの母」像に焦点をあてて話をすすめていきます。ここで重要なのは、「原爆乙女」と「ヒロシマの母」のイメージを同時に考察するということです。なぜなら、これらは被爆者女性のイメージづくりの根幹を担っているとともに、互いに補完的な役割をも果たしているからです。

もう一つ付け加えておきたいことは、本論で分析している映画や記念碑などは、海外を含め一般大衆にとって周知のものであり、副次的なものではないということです。このことが示しているのは、被爆者の慣習的なイメージやヒロシマに対する一般的な記憶づくりに、これらのシンボルが重要な役割を果たしているということです。

一、「原爆乙女」——死と乙女

「原爆乙女」に関する分析は、二人の女性被爆者が主役となっているテレビドラマと映画に基づいています。一つは一九八六年にNHKで放送され人気を博した『夢千代日記』[3]であり、もう一つは井伏鱒二の名著（一九六九年）を基に今村昌平が監督・制作した『黒い雨』（一九八八年）です。これらは形式・質ともに全く異なった作品となっています。前者はテレビのメロドラマ以外の何ものでもなく（私はこれを「原爆メロドラマ」と呼んでいます）、後者の『黒い雨』はいくつも国際映画賞を受賞している著名な映画監督によって、真摯に制作され賞賛されたフィクションです。

それにもかかわらず、これら二つの作品には多くの共通点があります。一つは、これらの主人公が若く美しい被爆者女性であり、被爆後数ヵ月もしくは数年たった後に白血病となってしまうこと、もう一つは、彼女たちが「間接的な」原爆犠牲者であるということです。夢千代は、母親の胎内にいる時に被爆しており、『黒い雨』の主人公である矢須子は、原爆投下後しばらくして広島に救援のため入市した際、放射線降下物を含んだ黒い雨を浴びてしまいます。恋愛を含め日常生活の中で世間の好奇の目や偏見に苦しみますが、物語が進むにつれて主人公の体調は悪化の一途をたどっていきます。夢千代は最期、凄まじい苦しみの中で死んでいき、矢須子はストーリーの最後、夢も希望もない状態となってしまいます。これら二つの作品は共に、女性の病を美的に描写することで、若さと美、そして差し迫る死との関係をほのめかしています。そうすることで、矢須子と夢千代の苦悶をロマンチックにまた理想的

「夢千代日記」の広告ポスター
（主人公の夢千代は、女優吉永小百合。）

に描き出し、両主人公を「不当な運命を潔く受け止め苦しむ悲劇のヒロイン」に仕立て上げています。

この「死にゆく乙女」というイメージは、フランツ・シューベルトの弦楽四重協奏曲第一四番「死と乙女」という曲から発想したものです。この曲は、少女と死を関連づけることで悲劇と悲惨さを聴き手に印象づけることに成功しており、『夢千代日記』『黒い雨』と同じような効果をもたらしています。この「美化する」傾向は、二人の際立って美しい女優が主人公を演じているという事実によっても強化されています。

「黒い雨」のポスター（主人公の矢須子は、人気女優である田中好子。本映画で数々の賞を受賞。カンヌ国際映画祭受賞作品。）

二人の女性の性格描写にもまた問題が隠されています。彼女たちは、自分たちの悲劇的な運命に決して文句を言ったり反抗したりすることなく、ただ辛抱強く冷静にこの苦難に耐えています。この二人は怒りを微塵も見せることなく結婚と恋愛をあきらめ、他人に決して助けを求めません。それどころか、家族を支えまた社会的弱者（矢須子の場合は村の厄介者）の面倒さえも見続けます。端的に言えば、病に冒されているにもかかわらず、この二人の主人公は「良い女性と娘」という規範的役割を果たし、不平不満を言わず長期にわたって苦しむ女性の伝統的ジェンダー役割にあてはまっているのです。すでに説明しましたが、この二人は日本の戦争や原爆のいずれにも直接関係しておらず、間接的な犠牲者として描かれています。こうすることによって、歴史的・政治的状況を考慮することなく原爆とその犠牲者を偲ぶことができるようにしているわけです。

二、『ヒロシマ・母たちの祈り』――広島市によって制作された原爆記録映画

次に、被爆者の母に注目していきたいと思います。原爆記録映画である『ヒロシマ・母たちの祈り』（一九九〇年）は、「ヒロシマの母」のイメージがどのようなものかをはっきりと示しています。この映画は、広島平和行政のための公益財団法人（当時は財団法人）であり、原爆の公共記録を管理している広島平和文化センターによって制作されました。従ってこのドキュメンタリー映画は、広島市が提供する原爆の公式な語り・記録といえます。現在この映画は、広島の観光客、特に毎年訪れる何千もの修学旅行生に広く鑑賞されているだけでなく、平和教育の一環として学校機関でも教育的な目的で使用されています。[4] 広島でフィールドワークを行っている際に気づいたことですが、この映画は国際学会、セミナー、その他の公式イベントで常に使用されており、日本人そして外国人に対して「ヒロシマの心」を反映するものとなっています。この作品は日英コメント付きのＤＶＤとして、平和記念資料館の売店で簡単に購入することもできます。この手軽さと人気によって、この映画は特に若い世代に原爆経験を継承するための重要な役割を担っています。

本作品の原爆記録性の質は非常に高く、八月六日の悲劇を詳細に描き出しています。写真、生存者の絵画やインタビューが効果的に編集され、過去から現在までのヒロシマの破壊と再生の物語、そして個人の生存者の悲劇的な運命が語られています。また非常に衝撃的にこの惨事と犠牲者の被害をまざまざと描写することに成功しています。いくつかの場面は多少メロドラマ調で、泣いている母親と子どもを強調しすぎるところがありますが、音楽・イメージ・ナレーションを通し

『ヒロシマ・母たちの祈り』DVD表紙

て、作品は悲しみに溢れ、宿命的な終焉を迎える雰囲気をかもしだしています。しかしここで重要なのは、この映画が単に死と苦しみだけに焦点づけているのではなく、同様にヒロシマの「再生」、平和都市としての復興にも着目しているという点です。この点で本作品は、より宿命的で悲劇的な終わりを遂げる「原爆乙女」に関する二つの映画と完全に一線を画しています。

三、映画における母親像の分析

この三〇分間のドキュメンタリー作品は、原爆投下から一九九〇年までのヒロシマの全四五年間の物語を「母の目から語る」ことを目的に制作されています。母たちは主人公であると同時に、映画の語り部の役割を果たしています（本作品は母親的な女性の声によってナレーションが施されています）。ここでは母親こそが、ヒロシマの壊滅、犠牲者の苦しみ、そして平和都市としての再生を例証する重要な役割を果たしているのです。

この作品は、一人の年配の女性が平和記念公園で、原爆で亡くなった息子の霊を弔う祈りを捧げている場面から始まります。ナレーション「それは、あの日を決して忘れないすべての母たちの祈りでもあるのです」は、彼女の個人的な祈りが「すべての母たちの祈り」を代表していることを示しています。次に映画は、ヒロシマの物語へと進んでいきます。はじめに目にするのは、原爆投下以前の写真、主に子どもたちが笑いながら遊んでいる光景です。次にすぐさま目に飛び込んでくるのは、原爆投下後の焼け野原の惨状。都市の壊滅がどれほどであったかを明らかにした後、以前の学校を間に合わせの救急病院とした場所に運ばれた被害者の痛ましい姿が登場します。ほとんどの犠牲者が子どもと女性です。例えば、放射線で髪の毛を失った兄妹、やけどを足や指に負った少女たち、飛んできたガラスの破片で片目を失った女性、そしてケロイドを負った女性などです。ナレーションは「もし我が子が収容されていないかと母たちがたずねまわりました」とあり、母親が必死になって自分の子どもたちを探していることがわかります。また、多くの場合、自分自身もけがをしている母親たちが、痛手を負った子どもたちを看病しながら死んでいくことも、「付き添いの母親は先に亡くなることもありました」という語りによって説明されています。この場面は、小さな少女が「お母さん、お母さん」と母親に泣きついているシーンで終わります。

この作品は、終戦と同時に人々の苦しみが癒やされたわけではなかったという事実も説明しています。実際本映画は、母親の胎内で放射能汚染された小頭症の娘とその母の、原爆投下後から二〇年間の生活について多くの時間を割き、明らかに貧しい環境下でこの母親が愛情をもって娘を育て続けるという苦しみを描き出しています。例えば、朝仕事に行く前に丹念に娘のお弁当を準備している姿。ここには「罪の無い母と子が背負った原爆の重み」という語りが挿入されています。先ほど登場した髪を失った兄妹は、「母親の献身的な看病にもかかわらず」白血病で命を失ってしまいます。

佐々木禎子さんの像がモデルになっている《原爆の子の像》

この作品では、原爆投下の一〇年後に一二歳という若さで白血病のために亡くなった佐々木禎子さんの悲劇的人生もまた紹介されています。彼女は、千羽鶴を完成させる前に病院でその命を終えるに至りました。彼女の死後、同級生たちは募金をつのって、一九五八年平和記念公園の中央に記念碑を建てました。この記念碑は観光客に人気となり、禎子さんは世界的に有名な原爆乙女のイメージとして、多くの書籍、演劇、映画などに影響を与えることになりました[5]。この少女の物語は、先ほど分析した架空の人物像で描かれている「原爆乙女」に類似した点がいくつかあります。それは、最後まで果敢に白血病と闘い、苦しみ抜いて悲劇的に死んでいく無垢で年若なヒロインというイメージです。このイメージは、彼女を偲んで建てられた記念碑にもまたはっきりと反映されており、見る人にその純真さと悲しみを強く訴えています。

原爆によってもたらされた壊滅と苦悶の描写は、もう一つの語りであるヒロシマの平和都市としての再生とは対照的なものとなっています。広島市は、一九四六年の原爆記念日以降「平和都市」と呼ばれるようになりました。このことは「軍都広島が滅びました。しかし多くの母たちは我が子を奪った戦争と原爆を忘れることはできませんでした」という語りによって説明されています。慰霊碑に向かってすすり泣き、犠牲者のために祈る女性や少女の姿が映し出され、「悲しみが深まり、やはりそれはおのずから平和の祈りへと高まっていくのです」という語りによってしめくくられます。

この映画では、女性たちもまた一九五四年の「第五福竜丸事件」以降に起こった原水爆反対運動の重要な役割を果たしていることが示されています。この事件は、日本のマグロ漁船がアメリカの水素爆弾実験による放射性降下物によって汚染されたというもので、この放射能汚染により亡くなった乗組員である久保山愛吉さんの妻は、反核運動の代表的シンボルとなりました。作品の中でも、残された妻と子どもたちが何度も映し出され、「このことはすべての母たちの胸を打ち、原水爆反対の声は大きな波のように全国に広がりました」というナレーションが入ります。一九五四年に開催された原水爆禁止世界大会に、久保山さんの妻が参加したことは多くの注目を集めました。ここでも、女性（母親）の悲しみと反核または平和運動の自然な連続性が強調されています。

物語が一九七〇～八〇年代へと進むにつれ、ヒロシマが特に学生や海外の高官を含む世界中の訪問客にとって「平和のメッカ」や「巡礼地」（これは英語版でのコメントに含まれている表現です）としての役割を強く担うようになったことが強調されています。例えば、八〇年代に突入すると、語りが多少楽観的なものに変わっています。ここでは、一九八二年にローマ教皇ヨハネ・パウロ二世が原爆死没者慰霊碑の前にひざまずくシーンや、一九八七年に締結した核拡散防止条約など、「平和への明らかな進歩があった」と伝えており、平和運動におけるヒロシマの役割が強調されています。

映画は高校生の少女たちが慰霊碑に集まり、「広島は決して昔話ではありません」という語り、それに続いて高校生による原爆犠牲者を弔うための感傷的な合唱とともにクライマックスを迎えます。

最後のシーンでは、映画の冒頭に登場した年配の女性が息子のために祈る場面と、次のような語りで締めくくられます。

「こうして次の世代の心に受け継がれることによって、広島の死者たちは蘇ります。この年老いた母の心の中に、いつまでも生き続ける面影のように。あの日起こったこと、あの日死んだ人々、あの日から生き続けた人々、今広島はそのすべてを大きな懐に抱いて、核の無い世界を求め続けます。それこそが、平和の母なる広島の永遠の祈りなのです。」

ブロンズ像《嵐の中の母子像》平和記念資料館前

タイトルバックが流れる中、最後のイメージは《嵐の中の母子像》というブロンズ像です。広島平和記念公園の平和記念資料館の前に設置されています。右手に強く乳飲み子を抱え、左腕にもうひとりの幼児を背負おうとしながら、彼らを守るように前かがみになっている母の姿を表しています。

四、母親というシンボル

ここでは、この原爆記録映画の中の母親像を詳しく分析していきたいと思います。これまで見てきたように、この作品ではヒロシマの歴史すべてが「母の祈り」として位置づけられています。この歴史は命を破壊する原子爆弾と、命を生み出し育てる母性との象徴的な対照を基にしています。東京裁判や占領といった歴史的事実の短い紹介、そして軍事都市であった頃の広島の役割が簡単に説明されてはいますが、この映画の中心は明らかに罪のない犠牲者である母とその子どもたちとなっています（つまり、戦争に直接関わりを持つことがなかったと一般的に考えられている人々ということです）。米山リサさんが指摘しているように、ここでは原爆の記憶と戦後の歴史は、「母性、罪のない一般市民、被害者意識」という関係性の中で明らかに「女性化」されています。[6] さまざまな研究者やフェミニストが指摘し、また多くの被爆者女性が証言しているように、歴史的事実としては、女性もまた活発に戦争に参加し、多くの少女や生徒も動員され、戦争のさまざまな活動に関わってきたのです。[7] ところが、日本社会におけるヒロシマの記憶ではこういった事実を脇に置き、女性・母親・子どもたちの苦しみを強調することによって被害者意識が広く行き渡る構図となっているのです。

このドキュメンタリー映画の中で、母親は犠牲者として描かれているだけではなく、並外れた力を発揮する存在ともなっています。それは、子どもたちを守るために自分の命や健康を犠牲にすることができる力であり、また戦後生きるのが困難な時代の中で、確固として絶え間なく家族にすべてを捧げる力です。作品の始めと終わりに登場する女性のように、家族を失った母たちは、亡くなった子どもたちの記憶とともに生きているような印象をさえ受けます。実際、彼女たちは愛するものたちに対する「生ける記念碑」なのです。自己犠牲へと到達する母の愛と献身という画一的なイメージを作り上げる中で、この作品は日本でも不動の人気を誇る物語形式である「母物（はもの）」、子どものためにすべてを犠牲にして長期にわたる苦闘に自らを捧げるという物語形式を思い起こさせます。[8] 核兵器反対は、女性が命を守るために闘うイメージを単に拡張した形でのみ描写されています。この作品が説明しているように、母子の絆は女性をおのずから和解者へと変貌させるのです。ところがこの苦闘は、ただ「祈り」という形だけで示され、どんな政治的申し立てにも関係していません。久保山さんの妻の例を除き、核兵器使用に対して強く反対する立場を唱え、活発に反核運動に参加する女性を見いだすことはできません。「ヒロシマの母」はほとんど口をきかず、その活動は祈りと哀悼に制限されているのです。

また、すべての観客が認識しているように、「母の祈り」は、主たる権力によって実施されている核政策に変化をもたらすいかなる力も所有していません。ここで、母の無力さはヒロシマの無力さをも象徴しています。それは、世界中の国家権力が継続して核兵器を所有・合法化し、日本政府もまた核政策をあいまいなままにしている中、核兵器排除をむなしく訴え続ける都市の無力さなのです。しかしここでは、母の祈りとヒロシマの無力さに関する議論はこれくらいにしておき、主題である「母親像」に話を戻しましょう。

実際この作品は、三種の異なる母親像を極めて洗練された形で活用しています。第一のイメージは母性という抽象概念であり、核兵器に対する「命を生み出し育てる象徴的存在」です。第二に、原爆を経験し自分の子どもたちを守るために闘う「個人としての母たち」です。そして最後に、広島市の象徴としての母「母なるヒロシマ」です。このように、「母」は原爆経験さらには平和都市としてのヒロシマのアイデンティティを象徴する比喩的役割を果たしています。これら三つの母性がともにこの映画を作り上げることに成功しています。この母親像こそが、ヒロシマが原爆経験を壊滅と再生の贖罪的物語の中に刻印し、さらに母の道徳的優越性によってその地位を確固たるものにしているのです。

今日のヒロシマの母を最も強く表現している象徴的イメージは疑いもなく、この映画の最後にも登場する《嵐の中の母子像》でしょう。この像は多くの観光客に愛されています。広島観光局のウェブサイトによると、このブロンズ像は「襲いかかる業苦に耐え、悲しみを乗り越えていく母親の強い愛情を示す像に市民の平和への願いを託しています」と説明されています。[9] この像は、一九六〇年に広島市婦人会連合会の募金活動によって建てられました。つまり女性たち自身が献身的母親として自分自身をイメージ化する働きを担ったということです。またこの記念碑は意図的に平和記念資料館の前に設置されることで、原子力の破壊力を客観的な事実によって説明する資料館に対して、訪れる観光客の感情をかき立てる補足的な役割を果たすことに成功しています。[10] その一方で、ここでの母像は明らかに、どの時代にも存在する時代を超えたイメージであり、核を含むどんな嵐にも耐えることができる存在となっています。母が闘っている外的障害の違いはほとんど問題ありません。ここで重要なのは、母とその子どもたちの不滅の絆なのです。母は永遠なり——それは歴史、政治、そして社会からさえもかけ離れた存在なのです。

五、被爆者女性の実際

ここで、被爆者女性自身の経験と語りに進んでいきたいと思います。「ヒロシマの母」というイメージは、被爆者女性たちにどのようなメッセージを送っているのでしょうか。まず、このように人為的に起こされた極限的状況に、理想化された母性という概念を応用するのは問題があるように思います。確かに母たちは子どもを守り育てるためにひたむきに闘ってきました。しかし、そうすることができなかった女性は「母性がない」と非難されるのは残酷です。このことはまた、原爆生存者が「予告なく原爆が投下される」という緊急の状況にさらされていたという事実を見誤ってしまうことにもなります。男性、女性、子どもに関わらず、すべての犠牲者は自分の命を守るのに精一杯であり、また恐怖におののいていました。そのために、他の人を助けようという余裕などあるはずがありません。現に、インタビューを受けてくださった女性の一人は、「生き残るため、動物のようだった」と話しています。何十年間も被爆者に関して研究を続けている著名な日本人学者たちも、同様のことを指摘しています。例えば、地域で活発に活動していた広島大学教授の中野清一（一九〇五～九三年）は、原爆投下後、多くの母親が泣き叫ぶ子どもたちを捨てざるをえなかったとしており、[11]また反核主義で社会学者の石田忠は、原爆が母と子の基本的な関係さえも破壊してしまったとその著書に記しています。[12]それにもかかわらず、勇敢な母親神話は日本人の記憶の中にいまもなお残っているのです。

「ヒロシマの母」のイメージは、被爆者の母たちが実際に子どもを育てるためにどれほどの苦しみを担ったかという事実を不明瞭なものにし、本来犠牲者を助けまた彼らに対して責任を果たすべき政府を放免してしまっています。ここには「母は次々と降りかかってくるさまざまな負担を、自分で背負えるだけの力がある」という考えが暗に含まれているのです。こういった女性像は実体がなく自己犠牲的イメージを象徴しており、彼女自身には生活も主体性も存在していません。それはまるで子どものために生きる以外に存在意義がないかのようです。ここで明記しておきたいのですが、この記録映画に登場する母親はすべて未亡人もしくは苦労して子どもを育てているシングルマザーで、男性の配偶者が全く存在しません。彼女たちはたったひとりで苦難に直面しています。

これに関係してもう一つ大切な問題がここにひそんでいます。それは、女性と子どもとは対照的に、男性の原爆犠牲者がこの映画にほとんど登場しないということです。母性神話がここでも父親経験をはるかに凌駕していることがわかります。父親がひとりとしてこの作品に登場することはなく、無欲さや愛情を持って育てる行為は単に女性的（母親的）性質であるかのような印象を与えます。この映画を見ている時「どこに男性がいるのだろう?」と疑問に思ったものです。実際、男性は医者、科学者、軍事関係者や政治家として登場している一方で、犠牲者や平和活動家としての姿はほとんどありません。たとえば、この映画のパンフレットに登場する唯一の男性は、ローマ教皇ヨハネ・パウロ二世だけです。

男性被爆者を排除することで、この記録映画は原爆記憶に広く普及した考え方、つまり政治・科学・軍事・男性・戦争をひとまとめとした概念と、市民社会・日常生活・女性・平和という概念とのジェンダー的・空間的な区別を明白に示しています。この区別はまた、行動や振る舞いにもあらわれています。例えば、この作品では女性や少女は泣いたり嘆いたりすることではっきりと感情を表現している反面、男性は会議を開催し科学的説明を提供するといった、感情がむきだしになるような行動を一切行っていません。他の見方をすれば、歴史・政治・科学が男性に投影されることによって、母の声がはじめて届くということでしょう。

「原爆乙女」と「ヒロシマの母」の象徴的イメージをみることによって、これら二つの違いがはっきりしたと思います。母は永遠で強く、乙女ははかないという対照は、日本語でよくいう「女は弱し、されど母は強し」ということばを思い起こさせます。「乙女」が末期の病に倒れたヒロインという形で、喪失や命のはかなさの悲哀を象徴する一方、「母」は力強く忍耐ある姿として讃えられ、どんな災難にも立ち向かい、母性愛の力を通してコミュニティさえも癒し得るものとして描かれているのです。「乙女」は原爆による死（さらに言えば、美化された死）を代表する一方で、「母」は歴史的事象にかかわらず生きのびる連続性と超越性を象徴しています。同時に「原爆乙女」と「ヒロシマの母」は、禁欲的で自己犠牲的な女性を代表しているのです。

「原爆乙女」と「ヒロシマの母」の理想化されたイメージは、現実とはかけ離れたものであり、多くの被爆者が実際に日本社会で受けた苦しみを不透明なものとしてしまっています。以前分析した被爆者女性の語りとライフ・ヒストリー研究で、女性は原爆による病だけではなく、結婚や職場での差別、また女性が受動的に自分の困難を受け入れ苦しまなければならないという性差別的な偏見にも苦しんでいることがわかりました[13]。女性被爆者を英雄化するのは、彼女たちの実際の経験の複雑さを理解するためにはむしろ逆効果です。それはまた、より大きな組織的・社会政治的背景のなかで、原爆について考える際に必要な歴史理解の妨げともなっています。

少し理論的な考察がここで役立つかもしれません。例えばここには、フレデリック・ジェイムソンの「象徴行為としての物語」という概念が関連しています。彼の名高い著作である『政治的無意識』の中で、物語とは、純粋で美的な形にすることによって、社会の中に存在する未解決の矛盾や緊張状態と和解するための象徴的な試みであるとしています[14]。ここで挙げた映画はどれも、原子爆弾、戦争の意味、そして日本社会での被爆者の位置づけに関する日本人の一般的な記憶を存続させるさまざまな政治的・社会的・道徳的緊張状態とあいまいさとの象徴的和解であるといえるでしょう。

　すでに説明してきたように、ここで挙げた映画は、メロドラマ調の雰囲気や純真な犠牲者を強調することで悲劇と苦しみを全面に押し出し、観客の同情心をかき立てるような記憶を呼びさますことに成功しています。フランス人社会学者であるリュック・ボルタンスキーは、苦難を表徴するメディアの影響を分析する際に、「あわれみの政治学」（*"une politique de la pitié"* は、ハンナ・アーレントの研究論文からの引用）という表現を用いています。[15] 彼は特に、受け身的な観客と「不運な」（*"les malheureux"*）受難者との経験的違いに注目しています。つまりここでは観客は、安全な場所から「苦難という見せ物」（*"la mise en scène de la souffrance"*）を観察することができるというわけです。[16] 高潔な「乙女」や「母」は、集合的記憶の中でこの機能を完璧に果たしており、悲劇を安全に消費することを促進するような「苦難の見せ物」を提供しているのです。理想化とあわれみは心理的プロセスとして相関関係にあり、ある人をあわれみの対象として理想化したり、その逆に理想化された人物像を同情の対象としたりします。いずれの場合も、観客は経験的に犠牲者からかけ離れたところにとどまっており、それはまたここで挙げた映画、とくに『ヒロシマ・母たち祈り』を見た後の観客の反応でもわかります。多くの人々は涙を流しますが、映画が終わって照明がついた瞬間に受難者のことは忘れてしまうのです。それを証拠に、彼らの多くは「今戦争がなくて良かった」という感想を述べるのです。

　近年、母親神話とヒロシマにまつわる記憶の女性化は、女性自身そして多くのフェミニズム研究者や活動家たちによって論争の的となってきています。彼らの活動は今後の研究に多くの可能性を提示しています。というのは、母親神話や高潔な乙女への批判が、結局のところ女性自身から生じているからです。福島での原爆事故発生以降、母性というテーマもまた、近年新しい意義づけが行われています。[17] この点で、ヒロシマと福島を平行して調査することによる母親像の考察は、非常に実りある研究となるでしょう。もっと一般的に言えば、女性の主体化とセクシュアリティという視点から母性や女性の本質を研究することは、フェミニズム研究にとって肝要であり、「原爆乙女」

や「ヒロシマの母」という実体のない浅薄な姿からはかけ離れた、女性の具現化された主体の概念へと到達することが可能となるのではないでしょうか。

（本稿は、急病によりフォーラム当日に発表できなかった原稿を新たに執筆しなおしたものです。）

註

（1）本稿を準備するにあたり、広島市立大学のウルリケ・ヴェール先生、ひろしま女性学研究所の高雄きくえさん、ジュネーブ大学の柴田亜矢子さんにご助力いただきましたことを、心より感謝いたします。

（2）Todeschini, Maya Morioka, "Death and the Maiden: Female Hibakusha as Cultural Heroines and the Politics of A-bomb Memory", in Mick Broderick (ed.), *Hibakusha Cinema: Hiroshima, Nagasaki and the Nuclear Image*, New York and London, Kegan Paul International, 1996, pp.222-252. 日本語訳は、マヤ・モリオカ・トデスキーニ「映画に描かれた女性被爆者像：フェミニズムの視点から考える」中名生登美子訳、江刺昭子・加納美紀代・関千枝子・掘場清子編『女がヒロシマを語る』インパクト出版会、一九九六年、八四－一一〇頁。

（3）このＴＶドラマは、早坂暁脚本、浦山桐郎監督によるものです。

（4）本作品は、日本視聴覚教育協会優秀作品賞も受賞しており、特に文科省選定作品となっています。

（5）木村荘十二監督による著名な映画『千羽鶴』（一九五八年）では、主人公の禎子が社交的でスポーツ万能、音楽の才にも長け、同級生に人気の少女として描かれています。この作品では、禎子の病との勇敢な闘いと同級生による募金活動が語られています。

（6）Yoneyama, Lisa, "Chapter 6. Postwar Peace and the Feminization of Memory", in *Hiroshima Traces : Time, Space, and the Dialectics of Memory*, Berkeley, University of California Press, 1999, pp.187-210.

（7）子どもたちは空襲に備え防火線を作り、本土決戦に備えて竹槍で戦う実習を行いました。また多くの青年たちは軍需工場で働きました。こういった活動は、被爆者による多くの語りの中に登場しています。一例としては、大久野島の軍需工場で化学兵器を製造していたと語る岡田黎子の証言があります（岡田黎子「もう一つの広島」『女がヒロシマを語る』前掲書、一一二－一三五頁を参照）。女性の戦争参加に関しては、加納実紀代『女たちの〈銃後〉』（筑摩書房、一九八七年）、『ひろしま女性平和論試論・核とフェミニズム』（家族社、二〇〇二年）、上野千鶴子「フェミニズムから見たヒロシマ：戦争犯罪と戦争という犯罪のあいだ」『二〇〇〇年「女・核・平和」シンポジウム記録』（家族社、二〇〇二年）、Sabine Frühstück, "The Spirit to take up a g': Militarising gender in the Imperial Army," in Andrea Germer, Vera Mackie and Ulrike Wöhr (eds.), *Gender, Nation and State in Modern Japan*, London and New York, Routledge, 2014, pp.163-179 を参照。

（8）Ian Buruma は日本の大衆文化に関する書籍で母物に関する興味深い分析を行っています。*Behind the Mask: On Sexual Demons, Sacred Mothers, Transvestites, Gangsters, Drifters and other Japanese Cultural Heroes*, New York, Pantheon Books, 1984, pp.24-29.

（9）http://www.hiroshima-navi.or.jp/sightseeing/hibaku_ireihi/ireihi/4351.php 参照。なお、英語版では以下のように説明されています。"...the statue "epicts a mother's strong love while enduring suffering and overcoming grief. The feelings of Hiroshima citizens in wishing for peace are expressed in this statue". Hiroshima City Tourism site. http://www.hiroshima-navi.or.jp/en/sightseeing/hibaku_ireihi/ireihi/21525.php（二〇一六年三月一〇日最終閲覧）。

（10）本記念碑に関する米山リサさんの分析も参照。前掲、Yoneyama, 1999, pp.194-195.

（11）中野清一『仲間とともに・中野清一教授広島大学御退官記念論集』中野清一教授記念事業会、一九六五年、四五頁。

（12）石田忠『原爆と人間・被爆者援護法とは何か』機関紙連合通信社、一九八三年、四一－四五頁。

（13）Todeschini, Maya Morioka,《The Bomb's Womb: Women and the A-bomb》in V. Daas, A. Kleinman, M. Lock et al. (eds.), *Remaking a World: Violence, Social Suffering, and Recovery*, Berkeley, University of California Press, 2001, pp. 103-156.

（14）Fredric Jameson, *The Political Unconscious: Narrative as a Socially Symbolic Act*, Ithaca, Cornell University Press, 1982. 日本語訳は、フレデリック・ジェイムソン『政治的無意識：社会的象徴行為としての物語』大橋洋一・木村茂雄・太田耕人訳、平凡社、一九八九年。

（15）Luc Boltanski, *La souffrance à distance: Morale humanitaire, médias et politique*, Paris, Métaillé, 1993.

（16）前掲、Boltanski, 1993, p.15.

(17) ウルリケ・ヴェールさんは、“life-protecting mother（命を守る母）”という中心的なイメージとともに“motherhood has been affirmed as a primary locus of anti-nuclear thought（母性は反核思想の根本的土台として確固たるものである）”と指摘している。《Gender and citizenship in the antinuclear movement》, in *Gender, Nation and State in Modern Japan*, 2014, p.247. 前掲書。

第五章

全体討論

司　会：全体討論では特にこちらから問題を整理するということはいたしませんので、まずはご自由に発言をお願いします。
（有　元）

木村さん：加納さんのご発言にあった石内都の写真を出したのは私なのですが、あそこで強調したかったことは、広島の悲劇のイメージが加納さんがお話してくださったような死者のイメージ、火傷のイメージ、そういうイメージが実はすべてであったということなのです。私たちが学んだ戦争教育の中でも、そういう爆撃イメージをずっと持ってきました。むしろその後ずっと生き続けていた内部被曝をし続けていた人たちのことは何一つ習ってこなかったわけです。ですから、広島がなぜ福島を防げなかったのかという問題を考えるときに、福島の場合は原爆ではなかったのだから、広島とはつながっていない、あんなに悲惨ではない、だから大丈夫なんだと思ってしまう。そこで福島の悲惨さを強調しようとすると、私たちが持っているイメージは、腫れ上がった火傷の身体のイメージしかないのです。原爆事故を描く小説の中でも火傷をした人のイメージを出してくるのです。でも、そこじゃない部分でつながれるところが、もうすでに『ヒロシマ・モナムール』の中にも描かれていて、そうしていかないかぎり、次々と出てくるヒバクシャは、ヒロシマ・ナガサキほどの体験ではないというふうになってしまうのではないか、ということを心配しております。

加納さん：どうもありがとうございます。おっしゃることはよくわかります。確かに「生々しい、焼け爛れた」という表現で原爆を表象するということ自体の問題はあります。原爆被害には熱線・爆風・放射能と三つあって、生き延びた人たちにとっての問題は放射能による後障害ですね。それを元にして大衆文化の中の被爆、原爆が描かれているのが、先ほど紹介した女性被爆者の白血病死という純愛物語です。そういう系列があるわけです。そこで描かれたものと、いま福島の人たちが抱える問題には共通性があると思っています。あの大衆文化の中で描かれているのは、結局、生殖の問題、母になれない女たちなんです。

純愛物語として死ぬか、恋をしてセックスをするところまでは出てきますが、それが生命の最後の燃焼という形であって、命を孕む、次世代を孕むことはない形で物語がつくられています。それが大衆的に受け止められてきているんですね。その問題が今の福島に対する差別とつながってきている。三・一一のあと、福島の少女の「ふつうの子供を産めますか」という手紙をめぐってシンポジウムがありましたが、もうちょっとそれ自体をきちんと検討すべきだと思っています。で、その石内さんについて、受け入れられやすいというふうにおっしゃったような気がしたんですね。自分たちと同じような美しいものを愛する人だったんだ、違う存在ではないんだというふうに描かれたと。受け入れられやすいという形にしなければ継承はできないのか、という問題として私は引っかかっているということです。

司　会：今、表象の読みなおしの問題と、記憶の継承の問題とが絡んでいるように思うのですが、今の点につきましてもう少しご意見がある方。

木村さん：すみません、もう一回。受け入れられやすいという意味は、我が事のように感じることができるという意味で使いました。つまり、他人事ではなくて自分の身に起きたかもしれない出来事として、それを経験することができるという意味で使ったつもりです。ですから、『ヒロシマ・モナムール』の話も、フランス人は広島の原爆についても戦争を終わらせたものとしてのイメージしか持っていなかったわけですが、広島に行き、ある男と知り合うことによって、我が事としての記憶にしていくというプロセスだったわけです。継承するということは、我が事のように受け入れるというプロセスが必要なのではないかと考えております。

Ｊさん：私は一九四九年生まれ。例えば、そろばん塾みたいなところでも、ちゃんと広島で何が起こったかという映像を日常的に先生が流してくれる時代でした。その映像を見る私自身は、東京大空襲の非常にひどかった下町の焼け跡、バラックで育ちました。親が結核の保菌者だったり、傷痍軍人が日常的に街の中にいらしたり。そういう状況でしたので、継承しないと生きていけない、食べてもいけないという思いがあって、記憶の中にとどめていこうと思っていまして、子どもたちに話をするとか、いろんな形でやってきました。教育なんですね。社会的な関係、あるいは地域との関係の中で、実はもうがんじがらめに縛られているわけですが、その中でいかに伝えていくか、記憶を呼び覚ましていくかということは、ある程度工夫をしないといけないと思いながら、まだ教壇に立っております。若い人はかなり拒否反応を示します。抱えている問題が我々よりも厳しい状況なわけですが、実際に厳しいので見たくないということもあるかと思います。そんな中でもいろんな形で先生方が工夫してやってくださっているんですが、最近はむしろ隠す方向に行っている、組織的に隠されているんじゃないかと思えます。記憶の風化ではなく書き換えが権力によってなされているのではないかと思います。

Tさん：私は修学旅行生たちに被爆証言をしている者です。一九二九年生まれ、世界大恐慌の年に生まれました。二歳のときに満州事変です。それから満州国ができ、五・一五事件、二・二六事件がありました。二・二六事件は、私が小学校にあがる年の冬でしたからよく覚えています。父が東京で大変なことが起きたと言うので、何が起きたの、何が起きたのと根掘り葉掘り聞きました。すると父が「大蔵大臣が殺されたんだよ」と言いました。それ以上のことは教えてくれませんでしたが、後になって、ああ、あれが二・二六事件だったんだと知りました。小学校二年のときに日中戦争です。六年生のときに太平洋戦争です。高等女学校の四年生で原爆です。辛うじて一命をとりとめました。髪の毛が抜けました。血便が出ました。身体に斑点が出ました。ああ、もう死ぬんだなと覚悟しましたが、ひと月半くらい寝込みましたが助かりました、奇跡的に。原民喜の言葉ではないですが、何か大きなものの力で生かされたんだなあと思って、私はあのときの悲惨さを伝えようと被爆証言を続けております。でももう八六歳ですから、いつまで生きておられるかどうかは分かりません。継承だけはきちんとしていただきたいなあと思います。

だけど、隠され、ごまかされ、書き換えられていくという危険を私もとても感じております。これまで東京から生徒さんがたくさん来ていたんですが、石原都政になって公立学校からはパタッと止みました。私が証言させてもらっている学校は私立だけです。横浜はまだ頑張っていて、何校か公立中学校が来ていますが、中学校の管轄をしている横浜市教育委員会は、今年から育鵬社の、右寄りの社会科教科書を採択しました。私は今年来られた先生に、「教科書が変わるし、広島に来れなくなるんじゃないですか」と言いましたら、「それは多分にある」と。「だけど僕らもがんばってますから、また来年も来ますよ」とそうおっしゃってとても嬉しかったんですけど、来年のことはわかりませんね。次々にそういうふうになってきています。東北からも来ていたんですが、三・一一以降パタッと来なくなりました。

それから広島市内ですが、広島市は国際平和文化都市と標榜しておりますから、公立小中高校は必ず八月六日前後には平和教育をしろということで、細々と被爆者の話を聞くとか、平和公園へ行くとかが続けられています。しかし、市外の県立高校なんかでは、とってもそれは難しくなってまいりました。県立商業高校だとか、県立第一中学校の系譜、県立第一高女なんかは戦争で大勢の生徒を失っておりますから、否が応でも八月がくれば慰霊祭をしなければならない。そのときに原爆のことも話に出るということがあるんですが、戦後にできた学校では一切行われておりません。私はそれがとても気になるんです。平和教育をやろうだとか原爆の話を聞こうだとか言うと管理職からにらまれるから、やりたいんだけどできないんですよとおっしゃる先生が結構いらっしゃいます。毎年恒例で来て下さる学校でも、「政治のことや反原発のことには触れないでください。原爆の当日の前後のことだけを話してください」そうおっしゃるんですね。私はもうお断りしようかなとも思ったんですが、お断りしたら話をするチャンスが失われるわけですから、とにかく原爆の悲惨さだけでもいいから話そうと思って話すんです。そしたら、あまり悲惨なことは言わないでくださいって。じゃあ何を話せばいいんだと、本当に泣きたくなるときがあります。それでも一生懸命に話します。そしたら子どもたちから手紙が来るんですね。「戦争はあかんと思うから、おばあちゃんが言っとったことよう分かるから、戦争反対のために僕は頑張ります」なんていう手紙が来るんです。私はそれが支えで頑張っていますが、漏れ聞いたのでもいい、立ち聞きしたのでもいいですから、それを次の世代の子どもたちに是非伝えてください。戦争なんか二度とやっちゃいけないんだよってことをね、肝に銘じさせてほしいんです。でも、なんだかね、今の日本は本当に戦前の空気にそっくりで、大変危惧しております。

司　会：どうもありがとうございました。本当に貴重な、石原都政以降東京からの修学旅行生が減っているとか、あるいは当日前後のことしか言ってくれるなという、先ほど加納さんがおっしゃった原爆の特殊性のうちの、要するに放射能の部分にはもう目をつぶれという、そういうことですよね。いろいろと驚きの話をいただくことができました。先ほどから記憶の継承ということで、教育の話が続いております。ちょっと今私が思い浮かんだことで言うと、鄭さんがいろんな問題がつながっていると、特定秘密法案とか安保とかいろんなものがつながっているんだと言われた中で、最近大学に人文社会系の廃止転換問題も出てまして、今の証言、実証的な資料の発掘などをある意味では大学がやっているわけですが、そういうものももうするなというか、できなくなってくるカナリアのような存在なのではないか。人文社会系なんかは必要ないという空気とたぶんひとつながりなっているのかなというふうなことも感じながら伺いました。教育、あるいは証言の問題、いかがでしょうか。

Kさん：教育からちょっと離れるかもしれませんが、大阪から来ました。ずっと継承の話になっていますが、まさに自分自身が自分のことを語ろうとしたときに投げつけられてきた言葉だなと思うことが多かったです。まず感情的になるなと言われます。で、昨日河口さんの発表ですごく印象に残ったのが、恨みつらみは聞きたくないというAさんの話。ああ、私も同じことを言われてきたなと思います。継承とか伝承とか言う前に、本当に言いたいことが言えてきたのかということを私は昨日から考えていました。昨日もいろいろ発掘すべきだという話がありましたが、日本は戦争が終わったとき、自分たちは本当に情けない負け方をして申し訳ありませんでしたと天皇陛下に謝りましょうという雰囲気が、一億総懺悔という形で世の中を覆っていたんじゃないかと思いますが、だからこそ声をあげるかあげないかというところがまさに問われていて、そのことが本当は当事者なのか当事者ではないのかというところの線なのかなとも思ったんです。先ほどの話に戻りますが自分がセクシャルマイノリティとして社会からはじかれているのに、自分がコントロールできると思っているところにだけは話ができると思いこんでいるところが、私はすごく気になっています。結局、当事者か当事者ではないかというよりは、慎ましいことがよいことなんだという雰囲気の中で、どんどん空気を読ませられていって、ああもうちょっと後で言おうとか、この場で発言するのはちょっと時間も取るし、迷惑そうな顔をされているからやめとこうとか、なんかそういうふうに空気を読まされながら、言いたいことが言えない状態で、何が継承なんだという気もしました、という感想です。

Mさん：今の発言で私も勇気を出して言ってみようと思いました。広島出身で福島市のほうから四年半前に自主避難でこちらに来ております。「今、伝える」ということですが、現在進行形である私たち、「私たち」と言いましても、原発避難者とか原発被害者とか言いましてもみんな違います、本当に。昨日発言された藤井さんと私も、生活スタイルも考え方も全く違います。同じ「避難者」というひとくくりの中で、私自身が感じていることなんですが、渦中にあってそれを言葉にして伝えることはとっても難しいことだなと日々感じています。当初から、三・一一という言葉も私には違和感がある言葉です。なぜならあの日からずっと進行形で続いていることだからです。それが点のようにされてしまう、八月六日のように。それが私にはとても違和感です。寝ても覚めてもずっと続いているんですが、当事者はそのことを言葉にするということがなかなかできないままこの五年近くを送ってきていますが、さらに伝わらなくなっているなと思っています。

被害者ということに甘んじていて、自分が加害者や共犯者であるという意識が欠けていた五年間。その反省を今回フォーラムに参加して痛感しました。少し前からそのことは感じてはいたんですけど。報道もされなくなりましたが、今までの報道のされ方を見ると、母子避難で来ていたときには「子を守るお母さん」ということで、子を連れた写真とか、その夫はお金を稼ぐために残って頑張って働き、月に一回来る、という、そういう決められたイメージの中で、私たちは演じるしかなかったんです。それでも知っていただきたいという思いで取材を受けましたが、何か違うなというのがずっとありました。最近はほとんど取材がありません。それは、やっぱり私たちの伝え方が、被害者としてのみに甘んじていたというのがとても大きいのではないかなと思います。「避難」ということで、それ以上言葉が出ないようです。そういう場面もたくさんありました。それから広島の原爆の悲惨さに比べると、福島の出来事をドラマチックに表現ができないんですが、でも私が失っているものは確実にたくさんあるんです。そのことを伝えることで、次に生かせることがとてもたくさんあるんですが、それが表現できていない。それがとてももどかしい。そこの部分をやはり皆と一緒に共有して、現在進行形の中で、それを確実に表現していきたい。これは自分のためなんです。それをすごく今回感じました。子のためでもないし、原発避難者の代表として私ががんばるわけでもないし、私自身のためにそのことをこれからしていきたいなと思いました。どうもありがとうございました。

司　会：ありがとうございます。森田さんの発表の中でもありましたけど、なんか定型化されてしまうようなメディアの報道に対して、自分の言葉で物語化しないで伝えたいっていう、そういうお気持ちがすごく伝わってまいりました。

Ｈさん：今と関連してですが、私も広島に「デルタ・女の会」があったことは若いころ知っていました。で、福島の事故があった後、テレビで男の方が「これは広島と同じだ」と叫ばれました。私は「そうなんですよ」とテレビに向かって大きな声で言ったんですが、原発があるということはそういうことなんです。核があるということは、劣化ウラン弾、戦争で使われる爆弾ができる。そういうことをきちんと知った上で、私たちは原発が何であるか、国が何をしているかということを見据えなければならないし、近くにある原発を止めたい、再稼働も絶対ダメという思いでおります。

Ｎさん：東京から来ました。在日朝鮮人三世です。植民地朝鮮というと、韓国だけじゃなくて当然朝鮮民主主義人民共和国も入ってくるんですが、なかなか言及されない。私が何をしたいかというと、それはもう南北統一なんですね。別に民族団体の回し者でありませんが、どこ行っても言及されません。韓日条約だって、それは共和国との関係性を語らなくてはなりません。それで一番誰が悲しんでいるかと言えば、一応朝鮮籍、関係なくても朝鮮籍を持っている同世代、それからいま朝鮮学校に行っている子どもたち、そして自分たちはどう考えようとも南北分断の中に生まれた忸怩たる同世代、ないしは下の世代がすごく困っています。皆さんは安倍政権をちゃんと切り離して考えているのに、なんで北朝鮮のことは、あそこはおかしい国だというふうにするのか、ということについてはもうちょっと思考を巡らせてほしいなと思っています。それからもう爆弾で言いますが、拉致被害者の横田めぐみさんという少女をああやって使うことに関して、もっと日本の知識人たちがジェンダー視点で批判していくべきじゃないかと思っています。最近、ラディカルと呼ばれている、いやラディカルではないですが、一橋大学にも横田めぐみさんの写真と「拉致被害者を返せ」とていうポスターが貼ってありました。私は、それをはがしていく勇気が一応あるので、言いました、事務所に。そしたら「政府が、文科省が貼れと言っている」と。国立大学だし、あくまで文科省の犬なので仕方がないんですが、やはりそこは常に言っていかなければいけないと思うんです。南北分断というのは、まだ戦争状態ということなんですね。休戦状態ということです。もちろん韓国と日本は国交があるから行きやすいし、行ったことがある人は当然そうなんだけど、やはり東アジアの安定、東アジアの平和を考える上で、私たちは忘れてはいけないと思います。ここにまさか南北の片っぽしか見ていない人がいるとは思いませんが、南北統一は、私たちの悲しみでもあるし、私たちの勇気でもあるんです。今日の問題を、もちろん在日朝鮮人という自分の位置関係だけではなくて、東アジアに生きているものとして考えないといけないなと思っています。高里鈴代さんとか秋林こづえさんらがこの前DMZ（非武装地帯）で韓国の女性たちと交流するという機会がありました。そのときに、沖縄の人たちが東アジアの安定と平和を考えていることに敬意をもちました。広島も全く関係ないところではないのですから一緒に考えていきたいなと思います。実は昨日同胞に会ったとき、ジェンダー・フォーラムがあるよと言うと、男性たちは好奇な目で見ながらも「是非報告してほしい」とも言いました。皆さんも根気強く南北の問題、もちろん在日の問題も皆さんと一緒に考えていけたらなと思っています。今日は本当にありがとうございました。

Iさん：福岡から来ました大学三年生です。先ほどの被爆者の方の話を聞いて、亡くなった祖父のことを思い出しました。祖父が、中国にいたとき、いつも隣で寝ていた友人がいつの間にかいなくなって、いないものとされているという現実を、すごい泣きながら、お酒飲みながら話してくれました。祖父はそのまま満州鉄道に就職したんですが、そこでも実生活での差別とかいろいろあったという話も聞いてます。そういう生々しい、きつい記憶でも、やっぱり身近な人から聞いて次に伝えていかないとと思いました。僕は大学生ですが、フォーラムに来るのはすごい敷居が高いし、少数です。でもこういうことをやっぱり知っていかないと、今の安倍政権みたいな、極右の考え方が生まれてしまって、とくにヘイトスピーチとか、在日朝鮮人の方にすごい根拠のないことを言うようなことがまかり通ってしまう。やっぱり根気強い気持ちが必要だなと思いました。あと、もう一つ考えないといけないのが、大学生による自治が全くなくなっているということです。例えば、学長を決めるときに学生の声が反映されないとか、大学にいて勉強できないということがあります。在校時間を規制されているんです。自由ってなんだ、ですよね。ともかくもっと若い人たちがこういうところに参加して、話せる場を自分でも作っていきたいなと思いました。

司　会：ありがとうございます。是非一緒にやりましょうというエールを送ります。まだまだたくさん話し足りない問題を最後に提起していただきました。名残惜しいんですけども、ここで全体討論を閉じたいと思います。どうもありがとうございました。

実委代表（高　雄）：これで二日間のジェンダー・フォーラムを終わります。本当に皆さま、長い間お疲れさまでした。私たちが意図したわけではありませんが、最後「継承」という討論の中で言えば、被爆者、福島の避難者、在日三世、大学生の方々が発言してくださったこと、ここに一つの「継承」の姿があったのではないかと思います。それから、広島がアジアの中でどのような位置づけになるのかという意味で言えば、ここに一つの「交差点」が現出したのではないかと思います。広島が、世代の、アジアの交差点になりうる可能性を深めていけるように、二日間の議論を反芻していきたいと思います。そのよすがにもなるこの二日間の「全記録」を刊行いたします。どうぞお楽しみに！

第六章

実行委員からのメッセージ

すべてはつながっている

有元　伸子

二〇〇〇年春、「ひろしま女性学講座」が開催されるという小さな紹介記事を新聞で見た。講師の加納実紀代さんが、広島と核をジェンダーの視点から読み解いていく——加害と被害の二重性、戦争と性暴力、地域女性史の意義や方法……。期待以上の刺激的な講座で、仕事と育児で煮詰まっていた日々に風穴が開けられた。この講座の主催が家族社（ひろしま女性学研究所の前身）と高雄きくえさんとの出会いだった。その後、第二弾の女性学講座、加納さん、上野千鶴子さんがゲストの平和学シンポ、ドキュメンタリー映画『ナヌムの家』のビョン・ヨンジュ監督がゲストの映画シンポなどがたてつづけに開催され、ミニコミ紙「月刊家族」での原爆映画や女性学に関する座談会にも参加した。

ブランクもありつつ、それから一五年。高雄さんとヴェールさんが代表を務めるジェンダー・フォーラムの実行委員のメンバーに、私もいつのまにやら加わっていた。メンバーは、昔からのお馴染みさんも、初めましての方も。本当にさまざまな能力や場所にいる女たちが、フォーラム開催の二年前から月一回の勉強会を開いて準備を積み重ねてきた（私は出席率のよくない不良会員だった）。でも、フォーラムの本当の源泉は、一五年前の女性学講座、さらにはもっと前の「月刊家族」創刊の一九八六年頃にまでさかのぼるのだろう。すべてがつながっている——フォーラムで、一日目午後の「つながるために　そのⅠ」（在日朝鮮人と・福島と・沖縄と）と二日目最後の全体討論の司会を担当しながら、家族社を創設した中村隆子さんを祈念する素敵な映像を見ながら、そう感じた。

フォーラムの二日間、頭ももちろんフル稼働だったけれど、どんな学会のシンポジウムとも異なっていたのは、観念だけではなく、人間の五感すべてが動員されていたことだ。オープニングの打楽器演奏、歓迎イベントでの身体や音を駆使したパフォーマンス、そしてスタッフ手作りの数々の美味しい料理が並んだ懇親会。発表や討議のあいだ調理の匂いが漂って鼻をくすぐり、懇親会では参加者も調理場を楽しそうに覗いていた。みんな身体をもった人間たちの集いなのだ。

本体のフォーラムは、被爆七〇年、広島、ジェンダーを軸に、日米関係・アジア・沖縄・福島、セクシュアリティ、メディアや教育、表象分析（文学・映画・展示・美術・ポピュラーカルチャー）などなど、あらゆる分野に及んだ。個別の発表や討議についてはそれぞれの方の原稿に譲るとして、すべての発表や質疑を聞いて改めて感じたのは、ジェンダーの切り口の有効性だった。と同時に、知的な営みは、資（史）料の提示と解釈とに支えられているのだな、という当然といえば当然のことであった。

新資料の提示、忘れられていた資料の再発掘、すでにある資料の新視点による再提示。そして、表象や現象を、どのような視点からいかに読み解くのか、読み直すのか。発表者による資料提示と解読を、コメンテーターが整理し再解釈する。セッションごとの積み重ねに、さらに会場の参加者が新しい視点を提示する。福島の被災者、語り部、若い大学生……。一元化を拒むように異質な考えが投げ込まれて、知的かつ感覚的・身体的なエネルギーのうねりのようなもので空間が満たされていったように思う。

こうして見えてきたのは、被爆七〇年の歴史と現在とがつながっているということだ。会場で話題になったのは、集団的自衛権の容認をともなう安保法（戦争法）であり、特定秘密保護法であり、「積極的平和主義」の確信犯的誤用であり、原発再稼働であり、すなわち安倍政権による強圧的な権力統制であったが、もうひとつ危惧される問題として、大学の文系学部（人文社会系）の廃止・転換問題をあげておきたい。

実行委員の中でも、学生が新鮮で存在感ある役割を果たしていた。全体討論では会場の若い男子大学生が、自分の周囲でもこういったテーマが話せる場をもちたいと語り、私の教え子の女子留学生たちもグループで参加して目を輝かせていた。だが現政権は、国立大学の文系学部を廃止して、理工系や医学系といった、わかりやすく「社会の役に立つ」分野に転換させようとしている。大学の現況に対する厳しい目があるのは承知しているが、文系学部こそが、資料の発掘と解読といった思考力を涵養する分野である。すでに大学は厳しい状況におかれ研究者は形式的な書類作成に追われて疲弊しつつあるが、大学が問題の本質を見抜く力を養う場ではなくなり、決められたスキルを身につけるだけの若者があふれたとき、社会は決定的に変わってしまうだろう。今後もジェンダー視点を手放すことなく、世代を超えてつながり継承していくために何をすべきなのか、考え行動していきたい。

「社会彫刻」を創造したという手ごたえ

いさじ章子

本フォーラムは、私たち主催者の予想を超えた参加を得て、会場は終始あたたかな熱気を帯びていました。登壇者からも一般参加者からも「雰囲気がいい」とか、「スタッフ自身が楽しんでやっているところがいい」など、好意的な感想を多くいただきました。このイベントにたいする私の思いは、いわゆる研究者が集まって発表するという従来の固いイメージのシンポジウムではなく、ビジュアル的にも愉しめる多面的な空間を創りたいということがありました。それを一言でいうなら「自分のなかの多様性を全肯定する空間を創りたい」ということで、そのような私の感性を了解し共有してくれるアーティストの友人たちが、それぞれの作品や創作をもって参加してくれました。

「廣島・ヒロシマ・広島」をジェンダー視点で見つめ直すという興味が湧いてきたのは、美術を私なりにジェンダー視点で批評してみる作業をした拙著『ジェンダーのアート散歩』（ひろしま女性学研究所、二〇〇五年）をものして以降のこと。今まで被爆都市「ヒロシマ」を表象するイメージは、美術作品でも「サダコ像」にみられるような純粋無垢な少女のイメージか、「母子像」のように母性を賛美したもの、「折り鶴」のセンチメンタルな匂いに包まれたものなどで、私はずっと違和感を持っていました。

そこで、二〇〇九年と一〇年に「ゲンバク乙女」をテーマにしたパフォーマンスを広島市内で行いました。そのときの冊子には「ヒロシマをジェンダー視点で考える。労災で顔の損傷にたいする賠償額は男より女が圧倒的に高いという最近のニュースにもあったように、『おんなの顔』は値が高いのはなぜか？　『わたしはなーんも悪いことしとらんのに、ゲンバクでやられたわたしの顔を見る町の人々の視線は冷たかった。ウチは一生お嫁にもいけない。少しでも元の顔に戻れるなら何処へでも行く！　原爆を落とした国、傷ついた顔の治療をしてくれた国アメリカの何がわたしを変えたのか、うまく説明できない』（元ゲンバク乙女の声）。国家、暴力、ジェンダーという大きなテーマを、フェミニズムの言葉である The Personal is Political（個人的なことは政治的である）をふまえながら分け入り探って考えていきたい」と書きました。「ヒロシマ」をジェンダー視点でアート表現したものは、これが最初ではないかと自負しています。

さて、ジェンダー・フォーラムは、学習会を重ね約二年がかり。そのあいだに私はガンを患い、闘病しながらの準備となりました。これが最後にかかわる私の少し大きなシゴトかも知れないと感じさせられもして、常日頃考えてきたことを現出させる「時・空間」を創りたい、そう願いました。担当したポスターデザインは、メキシコの革命美術家ダヴィット・シケイロスを少し意識したインパクトの強いものに。「見る！聴く！話す！」というフレーズが最初に浮かびました。そう、「見ざる、聞かざる、言わざる」とは反対の積極的なイベントにしよう！

フォーラムを準備するにあたって、三点のことを提案しました。「プロセスを大事にする」「ヒエラルキーを作らない」「個人の自発的な参加」。これらのことは、パンフレットの構成にも反映されて、パンフレットを見て参加したいと思ったという声も寄せられました。長らくいわゆる「男文化」が作ってきたトップ・ダウンのピラミッド型ではなく、一人一人が「美しい惑星」を創るような円環の形をいつも頭のなかに描いていました。これは私の好きなドイツの現代美術家、ヨセフ・ヴォイスの「すべての人はアーティストである」というコトバや、彫刻家であった彼の思考を社会活動に広げていった「社会彫刻」という概念にも通じます。フォーラムでは、一般参加者も登壇者もアーティストも調理場も受付も託児室も渾然となって、限りなく等価値になっていく、そんな方向性を参加者が感じ取ることがあったのではないでしょうか。開幕は女性たちの韓国・朝鮮太鼓「サムルノリ」が賑やかに参加者を歓待。二日間にわたって参加者全員で「社会彫刻」を創造したという手ごたえを私は感じていました。そんな片鱗が垣間見えたフォーラムでありました。

ヒロシマからフクシマへ、そしてヒロシマへ

木村　尚子

実行委員の一人として参加した二日間のフォーラムで最も印象深かったのは、福島から避難して来られたお二人の発言だった。避難者として語ることが「母として」という条件付きで要請される、あるいは、「母として」でなければ発言することができないという彼女らの訴えは、三・一一後の日本社会で、一層ジェンダー秩序が強められていることをあらわしている。ヒロシマに縁のある一人であるわたしは、彼女らに返す言葉がなかった。ヒロシマはなぜフクシマを止められなかったのか、フォーラムを経て、この課題はさらに大きくなっている。なかでも近年、私の気がかりとなっているのはヒロシマのいわゆる平和教育である。ヒロシマの平和教育こそが、原子力発電を中心とした核の「平和利用」への無関心やあきらめを生んできたのではないだろうか。

たとえばヒロシマの平和教育を代表する著述集とされる長田新編の『原爆の子』には、九歳の時に原爆で父親を失った中学生の手記があり、彼女は次のように書いている。「『東洋平和のためならば何で命がおしかろう……』と歌った私たちだった。多くの人間をころしながら、平和のため平和のために戦争をすると言いながら、どこが平和になったのだろう」（長田編 一九五一：一三四）。ところが編者である長田はその大部の序文で、「原子力の平和利用」を「偉大な善をもたらす」道であるとし、原爆投下を目の当たりにした子どもたちこそが「原子力の平和利用に力強い期待をかけている」と述べる（同：三九）。また彼は、「敗戦後原爆による廃墟を後にして不毛の広島から離れ

ていった人たちのことは知らない」と広島の地を離れていった人々を切り捨て、「民族としての誇り」や「われわれ同胞」を強調する（長田 一九五三：五四－五五）。

一九五一年当時、広島大学学長であった森戸辰男も同様に、「われわれは、敗戦国として、わけても戦争責任を担う国家としての謙虚な態度においてではあるが、しかも臆するところなく平和に対するわれわれの偽らぬ願望を表明する勇気を持たねばならない」とし、このような平和推進の基底をなすものは「愛国心」であると言う（森戸 一九五一a：一一－七）。さらに森戸は、アメリカとの講和条約締結を前に「講話後の教育は、敗戦後の教育と同じく、国を愛し民族を愛する心を養うことに基調をおくべき」とし、条約締結による「政治上の独立を軍事力によって擁護し、経済的自立によって裏ずけ《ママ》、安定した思想的基礎をもって確保していくためには、全国民の異常な決意と努力が必要とされる」と主張している（同 一九五一b：七）。民族意識に支えられた「政治上の独立」と「経済的自立」という彼のテーマは、こののち新聞紙上での発言にも見られるように、原子力発電を含む核の「平和利用」推進へとつながっていく（「原子力研究・遅れを取戻せ（座談会）」一九五五：三）。

彼らを主流とするヒロシマの平和教育については再考が求められるが、かつての「廣島」やオキナワを切り離し、愛国心や郷土愛を基調とした、そして日米軍事同盟を肯定するヒロシマの平和教育は、お題目のように「平和」を唱える「優等生」と、そのような「平和」の欺瞞性にうんざりした子どもや若者たちを生んできた。その「うんざりした子ども」の一人であったわたしは、今、ヒロシマからフクシマへつながるために、まずヒロシマの「平和」を内部から批判的に検証する必要があると感じている。本フォーラムをその出発点としたい。

参考文献

木村尚子「長田新『原爆の子』と「原子力平和利用」：未来への期待と幻の安定」、『日本ウーマンズヘルス学会誌』第一一巻第一号、東京：日本ウーマンズヘルス学会、二〇一二年、一一一－一二五頁。

Kimura Naoko. 2013. Osada Arata's Children of the Atomic Bomb (1951): Reconsidered in View of the 3/11 Fukushima Disaster, in Hiroshima City University, Faculty of International Studies Book Series: Volume 5, "Japan's 3/11 Disaster as Seen from Hiroshima: A Multidisciplinary Approach." .Soeisha/Sanseido Shoten, pp. 53-71.

長田新編『原爆の子：広島の少年少女のうったえ』岩波書店、一九五一年。

長田新「原爆をつくる人、こわす人」『改造』第三四巻第一四号（臨時増刊一〇号）、東京：改造社、一九五三年、四二－五五頁。

森戸辰男　a「平和教育と愛国心」、学校教育研究会編『学校教育』第四百号、広島：学校教育研究会、一九五一年、一－八頁。

森戸辰男　b「日本教育の基本方針」、学校教育研究会編『学校教育』第四百八号、広島：学校教育研究会、一九五一年、五－一二頁。

「原子力研究・遅れを取戻せ（座談会）」『読売新聞』昭和三〇年（一九五五年）五月一日朝刊、三頁。

浦島　恭子

事前の学習会にあまり参加出来なかった事もあり、パンフを見たとき、こんなに多様な内容では却って表層的になりはせぬか密かに心配した。が、実に鮮やかな展開となった。それぞれの内容が前後の発言と絡み、常に緊張感のある討論、意見を引き出す様子に感動した。私は差別の重層性への想像力をしっかり持っているつもりだったが、例えば沖縄において本土から戻った被爆者の状況がどうであるか考えたこともなかった。ごく普通の、または一見より良心的に見える表現の中に入り込む排他性、権威主義に微妙に侵食されていく。日々の営みの中で疲弊、鈍麻していく事への自覚も案外希薄だった。そうした中では、各々の立場で掘り進むことによって繋がるための発言を行う研究者たちの存在は、多分有用だ。それを受けとめて、自己の立ち位置、本来の敵をあらためて見定めよう。出来るだけ排除せず排除されず生ききるには、日々の処し方をどうするのか、高齢女お一人さんの課題となる。

大津　洋子

わたしはオープニングのチャンゴ演奏と懇親会の進行が担当。どちらも楽しませていただきました。チャンゴの練習も幸せな時間でした。入りを心配した二日間のフォーラムは満席で、「ジェンダー視点なしでは世界を語れない」フォーラムが満席になっている！という、今ある日常からみれば奇跡とも思える事実に胸が躍りました。分刻みで、強い意志の伝わる報告が続き、ずっと考え続けました。深い共感を覚えたり、違った視点からの問題提起に「ああ」と気づかされたり。フォーラム後製作された写真集をめくっては、こんな時間が本当にあったのだと何度も振り返っています。これからも問題を共有し合う新たな人間関係を築いていきたいと思います。参加してくださった方々に感謝です。

小笠原　由子

「ヒロシマ」をジェンダーの俎上で解体・再構築す

る試みは、必然的に最後までスリリングな展開をみせた。その極意に震えが止まらないほど、私の頭は冴えわたった。私のことは私が一番知っているようで知らない。同様に広島に生を受けた私は、「廣島・ヒロシマ・広島・ひろしま」を語る言葉を持てなかった。これら幾重にも絡み合う輻輳的関係を自・他者理解で丁寧にほぐしていく。「加害・被害・共犯」性はグレーだけどとてつもなくクリアー。その過程は、私が丸裸にされる痛みでもあった。どこかフェミニズムの性暴力アプローチにも通底しているなとも。それは、非対称的力関係で長年苦しんでいた私の背中を、同時進行的に押してくれもした。嵐が去り気づくと、そこにケミストリー発見！「ヒロシマ」が「そのままの私でいいんだよ」だと⁇　これは一体なんなんだ！　好奇心は尽きない。

桑原　真知子

美術担当のいさじ章子さんに誘われ、八月末から横断幕、ロビー展示の作品を作り始めました。「荒野の唇からは、どんな呪文が聴こえてくるのかな⁉　ステキな作品は触発力があるね」「おはよう、昨晩はあの後爆睡。こんな感じでやりきるね。いつも励ましありがとう」そんなメールの対話の中で、作品「水の瞳・風の耳・荒野の唇」は生まれました。いさじさんの「四月に」の詩が良くて、言葉のオブジェにしようと試行錯誤の末、透明なビニール傘にカッティングシートの文字を貼り付けました。今その傘はいさじ家の天井で、花のように咲いていています。ロビー展示は、会場の規制の中、出品者が少しずつ譲歩し工夫し合って、いいコラボが出来ました。フォーラムでは「今だ混乱の中にいる」という福島から広島に避難された方の言葉や、原爆の語り部の方の言葉が心に響きました。手作りで友情あふれる温かい会場でした。

鈴木　まゆ

「表現」は自由だ。学問の世界とは違って、データや論拠、裏付けは必要ない。使ってはいけない言葉もなければ、誰に憚ることもない。トンデモな世界観であろうが、預言に予言託宣、恨み辛みに世迷言流言暴言戯言、言祝ぎ、なんでもありだ。生まれてこのかた一個の身体に溜め込んだ記憶やイメージを掘り出し、感情を乗せこの時代に投げつける。それらは私の言葉であって私の言葉ではない。空間を占拠する演劇的行為は、元々からが暴力的であり、その暴力的行為を行う時には、その内容もまた暴力的であるべきだ、と思い定めて早や四半世紀。八年ぶりに立つ人前で、そのように立てたかどうかは心もとないが、しばらく遠ざかっていた混沌や迷妄の言葉渦巻く世界への入り口を開く機会を授けてくださった実委の皆さん、そして、実のある言葉を授けてくださった提言者の皆さん、あの空間をともに過ごしてくださった皆さんに心から感謝しています。今、この時代に立って投げつけるべきであろう言葉を、ぐっと呑み込んでしまうことなく、後ろめたさに溺れることなく、まっすぐな心で聴き取り、実直な手で掘り出そう。囲われた「自由」に埋もれてしまわぬよう。

たけだ まるみ

二〇一五年は春から大波乱の歳だった。七〜八年前家族やめる！　でも何かがあったら再結成、まずは解散！　と一方的に言い渡して東京から広島に来たが、その「何か」が起きてしまった。元オット、がん宣告。ジェンダー・フォーラムも着々と準備がすすみ、年始めには、大まかな担当、つまり食担当の声がかかっていたので、大いに迷った。一二月に身動きができない状況になったら私はどうすればいいんだろう？　結局、開催一週間前、広島にもどってきた。いわばアタマが非常事態の余波ヒタヒタだったのでうまく思いだせない。

限られた予算と時間と人員で、メニュー選びに難航。それに対象人数が、最初は五〇〜六〇人分の予定が次第に増え、最終的には一〇〇人以上になって、うれしい大混乱。結局、おでん・チリコンカン・サラダ三種・漬け物三種・おむすび・まぜごはん・サヨリの一夜干し……、あとは、なんだっけ、もっともっと作ったなぁ。統一感も豪華感もないけれど、とにかく、おいしいものをと、調理員一同タマネギ一〇〇個なみだぼろぼろ…、中華鍋を持つ手がぷるぷる…とともかく、やりきった。時間と気力があったら、ぱりぱり明太子薄焼きパンやフルーツピザも作りたかったが、時間切れでかなわず。得がたい体験でありました。でも、扉の向こうの会場の熱気も気になり気になり、分身の術がつかえたらぁぁぁと、つくづく感じたことでした。

田村 由美

広島をジェンダー視点で見ることで、視えてくるものは何か？ 被害が女性化されることで隠蔽される加害者性、在日朝鮮人・韓国人被爆女性の問題、性的マイノリティの現在、フクシマからの避難者とどのように繋がっていけるのかなど。多彩な登壇者と参加者の活発な質疑応答で、画一的になりがちな被爆都市広島が、個人個人の多様な体験として立ち現れる契機の一つを与えることに、フォーラムが少しは寄与できたのではないか。発表だけでなく、いさじさんのポスター・Tシャツ、会場の飾りつけ、故中村隆子さんの映像、桑原さん、加藤さん、藤岡さんの展示、チャンゴの演奏、鈴木さんのパフォーマンス、そして料理も素晴らしかった。フォーラムが終わっても、勉強会は続くので、出席して多様な意見に触れ、参加者と意見を交わすことで思考停止に陥ることがないようにしたい。

永冨 彌古

準備中から当日まで、楽しかったなー。学びと、出会いと、面白さと、繋がりと、課題と、元気をいただいた。例会を通して準備中はスタッフとしては末端（無責任の意）に属していたので、主なるメンバーたちの大変さはいかなるものだったか、想像するだけ。

当日はぶっつけ本番、参加者からただただ（内容以外の面でも）「参加してよかったー」の感想が欲しいばかりに、かなり焦り気味の受付対応。よって、他のスタッフの動きはほとんど目に入っていなかった。藤岡さんが終了後製作した写真集を見て、皆の動きを知ったしだい。皆いい顔をしてるなー。

「ヒロシマの表象から見えるジェンダーの課題」——

これまで自分の中にあった疑問を言語化すると、こう表現するのかと気付かされた。つまり、あれこれの視点はあるが、ジェンダーという視点で考えると全体や細部、歴史がよりよく正確にみえる。長い間ＹＷＣＡに属して来た者として、あらためて考えさせられ、拡げられた世界だった。

鍋島　唯衣

私が初めてひろしま女性学研究所を訪れたのは、二〇一四年秋頃のことです。それから一年間、フォーラムの準備や勉強会に参加してきました。フォーラム当日は、これまで文献上でしか出会えなかった研究者の方々が一堂に会している様子に興奮し、多様な参加者からの発言にも多くの刺激を受けました。そのなかで、「廣島・ヒロシマ・広島」をめぐる問題を自分の問題として考える契機を得られました。私は、広島出身でも沖縄出身でも福島出身でもないし、在日朝鮮人でも被爆者でも性的マイノリティーでもありません。それでも「私」は、抑圧されてきた人々の声に耳を傾け、そうした人々と共に傷つき、悲しみ、怒りたい。フォーラムを終えた今も、強くそう思います。最後に、実行委員の集まりに誘ってくださったヴェール先生と、未熟な私に色々なことに挑戦する機会を与えてくださった高雄さんに、深く感謝申し上げます。ここでの出会い一つひとつを大切に、これからも広島を思考し続けたいと思います。

服部　じゅんこ

「思考する広島へ」。戦中から現在までの「廣島・ヒロシマ・広島」をジェンダーの視点で問い直し、検証する「被爆七〇年ジェンダー・フォーラムin広島」は、今までそこにありながら不可視化されてきた存在や生きた歴史に自ら目を開き、聞かれることのなかった声に耳を澄まし、語られてこなかった対話を始めることで、新たな思考の回路と対話の次元を確実に開いた。ジェンダー視点は、ヒロシマから交差するアジア、欧米などの地域・人種・民族のカテゴリーや括りを超え、女性・男性・もう一つの性・セクシュアリティー、カルチャーなど生活すべてを深い次元で包含し、疎外され搾取された死者・生者も包摂する多様で輻輳的な検証を掘り起こし、失われた系譜を可視化した。フォーラムでスタッフと参加者が真摯に向き合う時と場を共有していた。この豊饒な学びと気づきに深く感謝する。これからも学びを続け、思考と対話の回路をつなぎ、深めて行きたい。

藤岡 亜弥

正直に言うと、私はジェンダーとかフェミニズムに関してまったく興味がなかった。もっと言えば、独身で写真家である私がジェンダーなどと声にすると気の強さをアピールしているようで、よくないのではないかとも心配していたのである。なんにせよ、何もわからない私がジェンダー・フォーラムに参加することに強い不安を持っていた。そのことを高雄さんに言うと、「私だってわからないからやるのよ。わかっていたらこんなことやらない」と笑いながら言うので、私はその笑顔に背中を押されるままに、『ある詩人のたましい 中村隆子』の映像を作ることになった。このフォーラムに参加していちばん感じるのは、自分がこれまでどれだけ既成概念に縛られて生きてきたのかということ。私は思い込みや習慣、社会の刷り込みによって、自分で考えることをさぼっていたのかもしれない。私はひとりではジェンダーについて考えられなかったと思うし、本を読むだけではジェンダーに興味を持つことはなかったと思う。ここに対話をする仲間がいて、生々しい声が飛び交う中で、それを自分のこととして考えることができたのだ。ジェンダーを考えることは、他人と論争することではなく、自分の中の既成概念を壊していくことから始まるのだと知ったのだった。私に気づきを与えてくれた、仲間たちとの出会いに感謝する。

平城 智恵子

「コトバの共有への意志がないと心が通わない」(中村隆子詩集『あいだの作法』より)。二〇一五年一二月一九〜二〇日、二日間にわたるフォーラムの終了後、しとしとと降り始めた雨をここちよいシャワーのように感じ、私は火照った頭を冷ましながら家路につきました。「ほんとに熱い、熱い二日間だった。この雨は中村さんからの力水のプレゼントかな」と思いを馳せながら。高雄さんから、フォーラム開催の呼びかけがあったのは、二年前。「被爆七〇年ジェンダー・フォーラム in 広島実行委員会」は一三人からスタートしました。そして、生意気にも私が「運動は事務の堆積である」という市川房枝の言葉を引いて、事務局を引き受けることになりました。以後、学習会を重ねましたが、大学のゼミとの決定的な違いは、「手づくりの料理」が毎回登場したこと。「フェミニストは口八丁、手八丁」とばかりにワールドワイドな食材がテーブルの上にいつの間にか並んでいて、ほおばりながらの激論。その様子は一見すると「梁山泊」のような雰囲気でした。こうして実行委員たちの間に「コトバの共有」を前提とした「意志」が形成されてゆき、「心の通い合った」フォーラム開催に導かれていきました。「ジェンダーの視点で廣島・ヒロシマ・広島を検証する」ことは始まったばかりです。ただ昨今の現実を見渡せば「遅かりし…」という感も否めませんが、きっと中村隆子さんは「ぼちぼちゃりんさい」と見守ってくれているでしょう。事務局としては、ぼちぼち、楽しくやらせていただきました。実力不足面については、どうぞご容赦いただければ幸いです。また、お会いしましょう。

増田　千代子

被爆七〇年の文字と二〇一五年一月のプレ企画『何を怖れる：フェミニズムを生きた女たち』の映画を見て、個人の力が付くような予感（願い）と被爆七〇年に何かしたく、途中からだったが、ジェンダー・フォーラム実行委員会に参加した。月一回の実行委員会の集まりでの読書会、そこで知る斬新な視点、個人の発言等の面白さに、期待と多少の不安をもちながら当日を迎えた。ドキドキわくわくの二日間は、細やかな手作り会場の中で、講師・参加者・スタッフが対等に真摯に積極的に探究し、居心地良い空間だった。終了後に原稿を出す機会をいただいた事がきっかけで資料を再読し、ヒロシマは少女・女性表象が主であることに遅ればせながらに気づく。ジェンダー視点を含む多様な視点での再検証の必要を思う。関われた感謝と活かす責任を思う。

柳　つとむ

フォーラムに、長丁場の実行委員会から参加させてもらい、その過程でたくさんの人と知り合いになれたことが、まず、うれしかった。フォーラム当日には、実にたくさんの方が内外各地から集まってくださり、初めてお会いする方、何年振りかにお会いする方、広島でお会いするのは初めての知り合いなど、たくさんの方と広島で、このテーマの集いで、ご一緒できて本当によかった。二日間の会場の空間が、重い、タフなテーマを掲げたものではあるのに、人が共に生きる喜びに満ちたある種、祝祭的なものになっていたと感じた。こういう空間で、こういう空気の中で、ずっと生きて行きたいと思った。ありがとうございました。

極私的――あとがき

「記録」はひとつの「抵抗」であると考えるようになったのは、「ヒロシマ」を意識するようになったなかでわたしが直接経験した、二つの出来事にある。

一つは、わたしが生まれた広島市近郊「安芸郡船越町」（現広島市安芸区）の歴史を遅ればせながら調べ始めたとき、あったはずの在日朝鮮人の人々の集落と暮らしについて、そして広島県警察史には「まず安芸郡船越町・吉浦・厳島に各一か所、広町に二か所、計五か所」と記録されている占領軍「慰安所」についての記述を『船越町史』（一九七五年）に見つけることができなかったこと。

もう一つは、二〇〇七年に広島で開催された日本女性会議二週間前に岩国米軍基地海兵隊員四人による性暴力事件が起き、会議では当時の県知事、実行委員長らが遺憾の意を表し、参加者からも問題提起されたにもかかわらず、その後に刊行された報告集には一切記録されなかったことを知ったこと。

「書かれた歴史」は「書かれなかった歴史」の上に成り立っていることは、わたしもおぼろげながらわかってはいたが、どこかで迂闊にも「昔」のことだと思っていたところがある。しかし、目の前でまさに「あったことがなかったこと」にされることを実感したわたしは、ようやく「強いられた忘却」の集積が歴史であり「現在」であり、「生き物」であることを痛感した。

わたしは「被爆二世」だからではなく、マイノリティと暴力を可視化したジェンダー視点、フェミニズムに導かれて「ヒロシマ」に辿りついた。ミニコミ紙「月刊家族」（一九八六−二〇一五、一七六号）を一九年間発行する過程で、女、家族、ドメスティック・バイオレンス、セクシュアリティ、民族、暴力、戦争、国家…という社会構造の連続性を知ることになり、自分の足元「ヒロシマ」という鏡にようやく〈わたし〉を発見することになった。当事者であることと、当事者になることのあいだは、案外遠いということにも気づいた。

そんななかで、「軍事都市廣島・被爆都市ヒロシマ・国際平和文化都市広島」と変遷した広島に「書かれなかった歴史」「不可視化された歴史」があることは、容易に想像できた。だから、この『全記録』は、わたし自身の〈忘却への抵抗〉と〈記憶への挑戦〉である。なぜならそこからしか「はじまり」はないと思うから。この広島という地で生きられた／生きたジェンダー視点・フェミニズムを記録することは、この間ミニコミ紙や本を作ることを仕事としてきた〈わたしの仕事〉だと強く思うようになった。

もう一つ、わたしの小さな抵抗の「記録」。わたしには、わたし自身の家族をめぐる出来事とまさしく並走しながら「月刊家族」を発行し、わたし自身が「月刊家族」にたびたび救われたという経験がある。今、ページをひもといても、そのときの〝いまある家族〟へのささやかな抵抗を思い起こして胸が熱くなる。幸い全号をＷＡＮ（ウイメンズアクションネットワークhttps://wan.or.jp/）の「ミニコミ図書館」サイトに収録していただき、時代を生き延びることになっている。

「記録」は「はじまり」だと思う。わたしは幸運にも「家族」と「ヒロシマ」についての「記録」に携わる機会をもらった。それは「はじまり」をともにしてくださったみなさまとの出会いがあったからこそ。さらに、わたしが中村隆子という人に出会っていなければば、〈いま・ここ〉への着地はあり得なかったことを強調したい。

中村とは約三〇年、「言葉を紡ぐ」仕事をともにし、晩年は同居もし、死への旅立ち（二〇一二年八月五日、八二歳で逝去）に立ち会うという濃密な日々を過ごした、大切な人だ。頼りないわたしに「たったひとりの人にでも無心に届けたいと思える世界を発見せよ」とわたしに言い続け、資源を託してくれた中村。その中村にちゃんと応えることができたかどうか自信はないが、ジェンダー・フォーラムについてだけは「あんたにしてはよくやった！」と、酔っぱらったロボット声（下咽頭癌で声帯を失い電気喉頭使用）で褒めてくれそうな気がする。

白状すると、本書を編集することは、自分の無力さを知るとても苦しい時間でもあった。そのときは、登壇者、参加者、実行委員一人ひとりの顔を思い起こし自らを励ましたし、この大部な本書の校正を最後まで手伝ってくれた鍋島唯衣さんには、ことのほか励まされた。鍋島さんがいなければ、フォーラム後一年内の刊行にこぎつけなかったかもしれない。ありがとう。

私の感謝の気持ちが、本書からみなさまに伝わりますように――。

小さな庭につくった小さな池のメダカと空を仰ぐ秋

二〇一六年九月二〇日

高雄きくえ

Gender Forum in Hiroshima

Gender Forum in Hiroshima

●資料2●

被爆七〇年ジェンダー・フォーラムin広島
二年間＋αのドキュメント

二〇一三年一二月二二日（日）　第一回呼びかけ
二〇一四年　一月一八日（土）　フォーラム実行委員会結成（一三人で出発）
　三月一六日（日）　勉強会：安錦珠「在日一世女性の高齢者福祉問題：広島市西区福島地区通所介護施設事例より」
　四月二〇日（日）　勉強会：木村尚子「『廣島、ヒロシマ、広島』の連続と不連続：田中ヨシノと長田新」
　五月一八日（日）　岩手女性史の会と交流会
　　植田明美「岩手女性史との出会い、三・一一そして〝女性史のつどい〟」
　　柳原　恵「『くらい場所』から近代を問う：戦後岩手におけるフェミニズムの思想とその展開」
　六月二二日（日）　勉強会：中岡志保「『従軍慰安婦』と『芸娼妓』との違いに関する一考察」
　七月二七日（日）　勉強会：梁　東淑「南北韓の原爆被害者問題に関する研究と資料の現況」
　九月二一日（日）　勉強会：木村尚子「一九五〇年代の婦人運動の評価について：ドキュメンタリー映画『村の婦人学級』『町の政治』を観て」
　一〇月二六日（日）　勉強会：高雄きくえ「栗原貞子とミニコミとフェミニズム：『生ましめんかな』と『ヒロシマというとき』のあいだ」
　一一月二三日（日）　勉強会：ヴェール・ウルリケ「広島という場で語られた『女』『原爆』『運動』をジェンダー研究者がどのように語り直せるのか」
　一二月二一日（日）　一品持ち寄り望年会
二〇一五年　一月一八日（日）　『何を怖れる　フェミニズムを生きた女たち』上映会＆「ジェンダーとは何か」講座（講師・ヴェール・ウルリケ）
　二月一五日（日）　朴裕河『帝国の慰安婦』読書会―発題：安錦珠、ヴェール・ウルリケ、中岡志保
　三月一五日（日）　「戦争とジェンダー表象研究会」主催シンポジウム「原爆表象にみるジェンダー・エスニシティ」に参加
　四月一九日（日）　フォーラムプログラム案の検討

五月一七日（日）　米山リサ『広島　記憶のポリティックス』読書会―いさじ章子、鍋島唯衣
六月二一日（日）　フォーラムプログラム案の検討
七月一九日（日）　日本平和学会広島市民公開講座「核被害の視点から反核を考える」に参加
七月二〇日（祝）　事務局会議
八月二三日（日）　納涼おしゃべり会
九月二〇日（日）　企画会議（パンフレット作成、会場確定など）
一〇月一八日（日）　企画会議（講師、役割分担の確認）
　　　　　　　　　勉強会：浦島恭子「米山リサを通して『性・民族・人種・階級』を考える」
一一月一五日（日）　企画会議（申込状況の確認など）
　　　　　　　　　柴田優呼『〝ヒロシマ・ナガサキ〟被爆神話を解体する：隠蔽されてきた日米共犯関係の原点』
　　　　　　　　　　読書会
一二月一九日（土）～二〇日（日）　フォーラム当日（二日間で延べ約四五〇人参加）

二〇一六年
一月一一日（祝）　打ち上げ会
二月二〇日（土）　被爆者・切明千枝子さんのお話を聞く会
三月二〇日（日）　鍋島唯衣・広島市立大学院修士論文「原爆資料館の展示史」発表会
四月二三日（土）　福島からの避難者・渡辺美和さん、藤井良子さんのお話を聞く会
六月一九日（日）　呉英順さん（広島朝鮮総連女性同盟部長）のお話を聞く会
　　　　　　　　　元米兵沖縄女性殺害事件抗議県民大会に連帯して原爆ドーム前で一時間スタンディング
六月二六日（日）　ジェンダー史学会シンポジウム（お茶の水女子大学にて）にてフォーラム報告
七月一六日（土）　討論しましょう！　発題者：参加者
　　　　　　　　　いま、広島市立大学広島平和研究所で何が起こっているのか
　　　　　　　　　オバマ大統領広島訪問と置き土産「四羽の千羽鶴」をどう考えるか
八月二七日（土）　木下直子さん（大阪大学特別研究員）のお話を聞く会
　　　　　　　　　「慰安婦」問題を考える：「日本人「慰安婦」をめぐる表象と日本社会」
九月二五日（日）　余盼盼（中国）／デヴィ・アングラエニ（インドネシア）のお話を聞く会
　　　　　　　　　ジェンダー・フォーラムに参加して（広島大学留学生）

●資料3●

文化

一つではない「ヒロシマ」

被爆70年ジェンダー・フォーラムin広島

加害性や少数者の視点提起

「被爆70年ジェンダー・フォーラムin広島」が19、20の両日、広島市で開かれた。国内外から約220人が参加。原爆が投下されてから70年がたち、ステレオタイプに語られがちな「ヒロシマ」を、多様な切り口から再考する好機となった。

広島市立大教授のウルリケ・ヴェールさんと、ひろしま女性学研究所主宰の高雄きくえさんの2人が代表を務める市民有志の実行委員会が企画。「被爆の記憶は、無罪無垢の女性被害者像として描かれ、『女性化』『母性化』される傾向にないか」「そのために、戦争の加害の側面やマイノリティーの存在などが見えなくなっているのでは」―。そんな問題意識を出発点に、約2年かけて準備してきた。

多元的にヒロシマを見つめ、活発な議論が交わされたジェンダー・フォーラム

性差で分業 指摘

2日間で、研究者や市民ら23人が登壇。被爆の記憶が、メディアや芸術、地域の中でどう表現され、受容されてきたか▽在日韓国・朝鮮人被爆者、性的マイノリティー、沖縄や福島が抱える問題に、被爆地はどう向き合ってきたか▽原爆についての捉え方が異なる米国や東アジアとの関係の中で「ヒロシマ」をどう位置づけるか―など多角的な提起が続いた。

「フェミニズムと民族・国家・戦争―ヒロシマという視座の可能性」と題したセッションでは、女性史研究者で被爆者でもある加納実紀代さんが講演。ケロイドや白血病を負った若い女性を原爆被害者の象徴として取り上げてきた報道やポップカルチャーを分析した。また高度経済成長期には、男性は産業発展のために原子力を推進し、女性は「命を守る母」として原水禁運動を担うジェンダー分業が生じた点を指摘した。

著書「広島 記憶のポリティクス」で歴史の連続性や被害の女性化などを論じた、トロント大教授の米山リサさんは「広島自体が、戦前は軍都であり、戦後は米国が作ったレジーム(枠組み)の優等生でもあった」などと説明。単一軸ではなくジェンダー視点を含めた「輻輳《ふくそう》的」な物の見方を求めた。

女性の参政権獲得に尽くした市川房枝の言葉を引きながら、「変えようとすれば変えられた権利を(私たちは)行使しなかったのではないか」と問い掛けたのは、社会学者の上野千鶴子さん。それぞれの経験や歴史の多様性に目を向けながら、当事者意識を持つ重要性を訴えた。

物事の本質学ぶ

会場からの発言も熱を帯びた。福島から避難している30代女性は「避難者」としてひとくくりにされる違和感を吐露。「同じように避難していてもみんな生活スタイルも考え方も違う。子を守る母親のイメージを演じなくてはならなかったり、私たちにはまだまだ続いている問題なのに、『3・11』という点として片付けられたりする」。80代の被爆者女性は、修学旅行で広島を訪れる学校から、証言の際に政治的な話をしないよう求められることに触れ「権力によって過去の記憶が書き換えられていくおそれを感じる」と話した。20代の男子大学生は「ジェンダーを知ることは物事の本質を学ぶことだと分かった。若い世代が話せる場をつくりたい」と述べた。

フォーラムの合言葉「思考する広島へ」。それに向けた一歩となった。(森田裕美)

聴く！
見る！
話す！
〈思考する広島へ〉
1945年8月6日、アメリカによって原子爆弾が投下された広島は、今日では「緑と水の美しい街＝国際平和文化都市」となり、原爆による被害地として世界に向けて「平和希求メッセージ」を発信している。しかし、その「国際」「平和」「文化」の内実は問われることなく、ひたすら「ノー・モア・ヒロシマ」と叫ぶだけのスローガン都市になっているようにも見える。本フォーラムは「ジェンダー視点だけでは世界は語れないが、ジェンダー視点なしでも世界は語れない」ということを共通認識とし、「廣島・ヒロシマ・広島」をジェンダー視点で検証する。そして、これまでとは違った「平和」への回路を拓くために、「ヒロシマという視座の可能性」を探る試みである。
被爆70年
ジェンダー・フォーラム in 広島
2015年12月19日(土) 9:15-17:15 懇親会(18:00-19:30)
2015年12月20日(日) 10:00-18:00
申込み第一次締め切り:11月末
保育あり(要申込み)
主催:被爆70年・ジェンダー・フォーラム in 広島実行委員会
【連絡先】TEL:082-211-0266 / E-mail:kazokusha@enjoy.ne.jp
ジェンダー平等をめざす藤枝澪子基金・ヒロシマピースグラント2015・中村隆子基金 助成金取得
場　所:広島市留学生会館
広島市南区西荒神町1-1
参加費用:2日通し券 3,000円
(学生 2,000円)
1日のみ 1,800円
(学生 1,000円)
懇親会 1,000円

「廣島・ヒロシマ・広島」をジェンダー視点で検証し、討論し、展望する

【ジェンダー視点とは、社会的・文化的につくられた性差に敏感な視点のこと】

広島は、「記憶と忘却」という問題に満ちている。たとえば、被爆・原爆表象が無罪無垢の女性被害者として「女性化」「母性化」される傾向にあること、広島の被害が強調されることで加害の側面が不可視化されること、被害者を「日本人」だけに捉えがちなこと、呉・岩国という日・米基地を周辺に持つ広島で性暴力事件が起きていてもほとんど問題にされないことなど。こうした傾向は、ヒロシマの現在・未来の何を開き、閉ざしたのだろうか。そして広島は、現在「戦争をする国づくり」に邁進する日本政府にあらがう力となり得ているのだろうか。

これまでもジェンダー視点からの問題提起は少なからず行われてきたが、被爆から70年の節目を迎える今日において、さらにそれを推し進めたい。そして図らずもジェンダー視点が不十分であるがゆえに、誰と、何と出会い損ねていたのかを検証し、新たな連帯への道を拓く。そのための強力な<磁場>となるべく、これまでジェンダー視点やフェミニズムに関心を持つ市民、学生、研究者らが集い、<思考する広島>へと一歩をすすめる。

第1日目：12月19日（土）

9:15–9:30【オープニング（チャンゴ演奏）・開会挨拶】

(1) 「廣島・ヒロシマ・広島」についてのもうひとつの語り——司会：木村尚子(9:30〜)

広島では1950年代初めから、ヒロシマの表象として「記憶の女性化」、「平和の母性化」が際立ってきた。「原爆乙女」「嵐の中の母子像」「サダコ」「夢千代日記」などがその一例として挙げられるのではないか。一方、軍港都市・呉は、10年前に開館した大和ミュージアムに象徴されるように、「記憶の男性化」が進行しているように見える。はたしてこの広島と呉のあいだは無関係と言えるのか。こうしたジェンダー化された平和言説や原爆表象、都市表象が繰り返されることによって、何が不可視化され、どんな政治性が生まれてきたのかを考える。

●パネル①　発言（各20分）9:40〜

高雄きくえ——栗原貞子・ミニコミとフェミニズム

「生ましめんかな」「ヒロシマというとき」で知られる反核詩人・栗原貞子は、原爆投下そして敗戦という混乱のなか、1946年3月に雑誌『中国文化』を夫唯一らと創刊。「特ニ女性ノ教養ヲ高メソノ解放ニ拍車セントス」と謳い、「新しき恋愛と結婚への遠景」を寄稿。まさにその時、家父長制度、結婚制度に苦しみもがくその心情を吐露する詩も書いている。また栗原が編集人のミニコミ紙「ヒロシマ婦人新聞」「廣島生活新聞」では男女の非対称性や婦人運動を鋭く批判する記事を多く掲載している。なぜこれまで広島では栗原のフェミニズム性は注目されなかったのか。「記憶の女性化」との関連から考えてみたい。

河口和也——広島をクィアする：ローカルで生きる性的マイノリティー

近年、性的マイノリティをめぐる状況は著しく変化している。とりわけ「LGBT」という名称のもとで、職場や行政における制度整備も行われ、またそれに伴う意識変化も生じ、さらに各地域での社会・文化活動にも力が入れられるようになっている。そうした変化の一部（多くといっていいかもしれないが）は、ローカルな場における活動から生まれたものであると言えるのかもしれない。この報告では、広島というローカルな場で生きる性的マイノリティはどのような状況にあるのか、そして私たち／彼女ら彼らの視点から見た「生活の場」である地域としての「広島」とはどのようなものかを考えてみたいと思う。

森田裕美——ヒロシマとメディア

被爆の記憶を伝える仕事に関わりながら、多くの体験証言やそれをめぐる言説に触れてきた。だが、それら多様な「声」は、伝える過程で「ヒロシマ」「平和」「被爆者」といった短い言葉に集約されていく。伝える上で避けられない作業でありながら、原爆がもたらしたとてつもない「悲惨」に迫れば迫るほど、書き手としてのもどかしさを感じている。これまで、歴史的な記録として、「ヒロシマ・ナガサキはどう伝えられてきたか」という原爆報道の検証はさまざまになされてきたが、特にジェンダーの側面には注意が向けられていなかったように思う。新聞制作の現場は、70年前も今も、圧倒的に男性が多い。過去（現在も？）の紙面をひもとくと、報道する側の意識が図らずも反映されている。膨大な記事が存在する中、一部になってしまうが、70年に及ぶ原爆報道を、ジェンダー視点から考察してみたい。

質疑応答（15分）

休憩（10分）

●パネル② 発言(各20分)

北原恵——天皇の広島・被爆者慰問はいかに語られてきたか?：1947年全国巡業

1947年12月5日、全国巡幸中の昭和天皇は広島入りし、被爆者を見舞ったと言われている。当時の新聞報道では、「大竹国立病院でただ一人の原爆症患者」に声をかけたことが写真入りで報じられたが、このとき天皇は広島巡幸で何をしたのか、なぜ大竹で原爆症患者を見舞ったのか、誰を見舞ったのだろうか。一方、最近、次々と出版される天皇の巡幸本の中で、昭和天皇の広島巡幸は、その後の沖縄、東日本大震災の被災地の慰問へと世代を越えて単線的に繋がる行為として歴史化・言説化されている。天皇が被災者を見舞うという行為は何を意味するのか、天皇の広島被爆者慰問はどのように語られてきたのか。国立大竹病院の慰問を中心に考える。

中岡志保——大和ミュージアム周辺のまちなみと、呉の記憶

わたしは、大崎下島に位置する呉市豊町出身の母に育てられた。わたしの祖父は、島の船大工だった関係で、戦前に呉の海軍工廠へ招集された。ここで溶接を学んだという。祖父は後に徴兵され、白島小学校で被爆した。戦後も島で船大工を続けたが、病気で54歳のときに亡くなった。母は、飛んできたガラスの破片が祖父の体から時折ぷっくりと出てきたのを記憶しているという。祖父が生きていれば99歳になる。母の語りからは、日常の生活に埋め込まれた(少女の)戦争の記憶を読みとることができる。しかし、呉の大和ミュージアム周辺に広がるまちなみは、(男性の)戦争の記憶を日常生活から切り離し、讃えているように感じられる。そこで、日常に埋め込まれた記憶/日常から切り離された記憶を検証したい。

質疑応答(15分)

平井和子(午前のコメント・30分)12：00～

"国際平和文化都市・広島"の戦後史は、そのスタートから周囲の軍事施設の存在と切り離して語れない。敗戦直後、米軍は、広島市を避け、東隣の海田市町から進駐し、呉に入った。そのルート上には占領軍「慰安所」が設置された。同じく「慰安所」が置かれた県西部の大竹町には呉海軍病院の移転先として国立大竹病院が設置され、天皇の広島巡幸の第1歩の地となる。ここで、天皇は初めて被爆者を慰問した。現在、「戦争法案」に対して無力なヒロシマは、"平和都市"ヒロシマを三角形の頂点として、岩国の米軍基地、呉の海上自衛隊がこれを支えるという構造と無関係ではない。ここでは、被爆の記憶や表象をジェンダー、クイア視点で再考し、人びとの日常に即したもうひとつのヒロシマの語りを模索したい。

12:30−13:30 昼休憩

(2) つながるために そのI——司会:有元伸子(13:30～)

1950年代半ば「原子力の平和利用」推進の一翼を担い、1970年代になってようやく在韓被爆者支援運動が起きた広島。そして今も日米の深い傷を背負う沖縄と被爆地広島との関係はいかなるものだったのか。マイノリティと連帯してきたとは決して言えない歴史をもつ広島は、在日・在韓朝鮮人被爆者、東日本大震災による重大な原発事故に苦しむ福島の人々、辺野古への米軍新基地・高江へのヘリパッド基地建設阻止で闘い続ける沖縄の人々——こうした人々のアイデンティティ・闘い・表象もまたジェンダーの要素を帯びている——とどのような形でつながることができるのだろうか。その回路を探る。

●パネル③ 在日朝鮮人と——発言(各20分)13:40～

梁東淑《ヤントンスク》——在日朝鮮人女性被爆者と複合差別

広島において、朝鮮人被爆者への関心は1970年代まで待たねばならなかったが、ことに女性の被爆被害についてはほとんど公的な記録がないのが現状である。また広島の日本人女性運動は植民地支配の責任という視点が欠落していたため、朝鮮人女性被爆者に対する関心が低かったと言える。そこで、こうした歴史に注目し、在日朝鮮人女性の被害実態を明らかにするとともに、彼女らが直面してきた被爆者差別、女性差別、民族差別という複合的差別構造を明示する。さらに、被爆女性への支援活動などに取り組んだ広島の在日朝鮮人女性運動団体の活動が、国境を越えて国際的な平和運動とつながっていった経緯とその意義を考察する。

安錦珠《アンクンジュ》——在日高齢女性の高齢福祉問題をジェンダー視点で検証する

在日韓国・朝鮮人は、日本社会で年老いた。今や、一世に次いで二世の高齢化が進んでいる。これまでの「在日」に関する研究は男性中心的で、「在日」の男性は日本社会のなかで酷使・差別され、その鬱憤は酒や家庭内に向けられた。その陰に家族を守りながらしたたかに生きてきた女性がいた。にもかかわらず、女性の存在は多く語られなかった。高齢となり、皮肉にも男性より女性の寿命が長いことで、高齢福祉問題として「在日女性」の存在が可視化された。高齢となった彼女らの抱えている高齢福祉問題は、日本社会におけるマイノリティに対する高齢福祉問題のみならず、在日韓国・朝鮮人社会をより鮮明に知るカギとなる。在日問題にジェンダー視点での再照明の必要性に迫られる。

質疑応答(15分)

休憩(10分)

参加をご希望の方は2015年11月30日(月)までに右記振込先へ参加費をお振込ください。

●パネル④　福島と――発言（各20分）

ウルリケ・ヴェール――
1980年代の広島における反核と反原発：「デルタ女の会」の例

「なぜヒロシマはフクシマを止められなかったのか」と、被爆者でもあり、1980年代からヒロシマだけではなく、原発の問題もしばしば取り上げてきた加納実紀代さんは問う。また、加納さんは女性の脱原発運動における母性主義を批判し、「『母』殺し」の運動でもあった日本のウーマン・リブの思想を受け継いだフェミニズムと「母として」の脱原発との隔たりを指摘している。人類の滅亡を引き起こす核と繁栄・幸福をもたらす核を対立させる言説や、リブ系フェミニズムと「母」としての平和運動の系譜との矛盾に、ここ広島での運動はどのように関係したのか。1982年に「反戦・反核・反原発」を掲げて広島で結成された「デルタ女の会」は、前半が反核運動の盛り上がりで、後半が反原発運動の活発化に特徴付けられる 1980 年代にどのような議論を繰り広げ、どのような活動をしたのか。「ヒロシマ」と「フクシマ」、そして「フェミニズム」の問題を考え続けるための材料を提供したい。

木村朗子――ヒロシマとフクシマのあいだ

原爆の爆心地としてのヒロシマ（あるいはナガサキ）の問題系は、原発の爆心地としてのフクシマを考える上で、どのように接点を結び得るのか。本発表では、ヒロシマの表象を読み直すことをとおして、フクシマの問題を考える手がかりとする。主な作品として、マルグリット・デュラス脚本、アラン・レネ監督『ヒロシマ・モナムール』をとりあげ、トラウマと歴史をキーワードに生き延びることの被傷性の問題を議論する。

質疑応答（15分）

休憩（10分）

●パネル⑤　沖縄と――発言（各20分）

新城郁夫――「他者」の記憶に触れられること

私たちの間で「つながる」ことへの模索が始まるとき、つながりが断ち切られてきた歴史への恐れと、その恐れに突き動かされたつながりへの渇きとが、常に同時に、しかも不穏な兆しのようにして、おそらくは私たちの心身において予感されているのではないか。「つながるために」は、私たち自身の心身を含めたあらゆるものが、はじめに断絶という過酷な条件に曝されているということが意識化される必要があると言えるかもしれない。本発表で報告したいと考えているのは、繋がることの困難さを思考することと、その困難そのものが繋がりの基礎となっていることを、私たち自身を含む「他者」の記憶に触れられるという心身の働きのなかに感受していくための、ある種の技法についてである。その試みにできるだけ具体性を与えるために、大江健三郎『ヒロシマ・ノート』と『沖縄ノート』、笹岡啓子の写真、裕仁の広島と沖縄に関する言葉を、それぞれジェンダー／セクシュアリティという視点を介しつつ読みこんでいく予定である。

村上陽子――届かぬ発話の行方
：蜂谷道彦『ヒロシマ日記』を中心に

『ヒロシマ日記』は広島逓信病院長であった蜂谷道彦医師が、被爆当時のメモを元に1945年8月6日から9月30日までの体験をまとめたものである。この記録の中に、沖縄出身の長堂医師とその家族の姿を見出すことができる。着任後日が浅く、広島に身寄りのない長堂医師は被爆後間もなく死亡。標準語がうまく話せない妻は「わかりにくい日本語」を小声で口にするものの、やがて子ども一人を残して死を迎えることになる。彼女は何を話していたのか。記録や小説の書き手となる人々が聞き取ることのできなかった発話は、どこへいくのか。本報告では『ヒロシマ日記』をはじめ、記録や文学に点在する、届かぬ発話について考える。

質疑応答（15分）

東琢磨（午後のコメント・30分）16：45～

人文知、ヒューマニティ自体が女性化されている。今、「ジェンダー」意識が強烈に競り上がるとすれば、この一点に集約されるのではないか。かつてアードナー＋オートナーは共編著で「男が文化で、女は自然か？」という問いを立てたが、その問いはそのままにさらに「経済が男で、文化は女か？」と問いをパラフレーズ化しないといけないのかもしれない。男女共同参画（経済にも軍事・戦争にも！）以後の「ジェンダー」はどこにあるのか。戦争法案とその他のさまざまな社会的、医療・福祉、文化・教育、経済などのイシューはどのようにからみあい、それは日本「特殊」なのか。「人類」総体への難問をつきつけたはずの「ヒロシマ」は70年の歳月のあいだに、なにができ、なにができなかったのか。「70年」は単に時間の区切りであり、時間は続いていく。忘却もされ蘇り、蓄積され、併存する。とりあえずの「70年」の広島で「ジェンダー」概念の重要性を再認識すること。多くの報告者たちの豊穣な差異と、そのなかにあるはずの共通性・連続性、反響と共鳴のなかに、私も加わらせていただく光栄と不安のおののきをもって身を投じたい。

18:00－19:30　歓迎イベント（軽食・懇親会）

ご入金の確認をもちまして受付完了といたします。【振込先】郵便振替口座 01360-4-104253

第2日目：12月20日（日）

(3) つながるために　そのII――司会：安錦珠（10:00〜）

戦争を終わらせるための正当な手段だった、と原爆の使用を正当化するアメリカ。そのアメリカの核の傘の下にいながら、核兵器廃絶を訴え続ける日本。原爆投下を日本の植民地支配の帰結と捉え、それによって解放されたと考えるアジアの人々。こうした引き裂かれた状況と向き合い、対米従属に突き進むことなく、東アジアとのつながりのなかにヒロシマを位置づけることはできるのだろうか。ジェンダーとの絡み合いや国家・国境を横断するフェミニズムの試みについても考察しながら、その可能性を考える。

●パネル⑥　アメリカと――発言（各20分）10：10〜

高橋博子――核抑止論と性差別（仮）

集団的自衛権を持つことによって抑止が働くという論理と、核抑止論・核の傘論とは共通している。ヒロシマは、脅しの論理、戦争の論理から解放することに貢献するどころか、「日米和解の象徴」として集団的自衛権行使のために利用されているのでないだろうか。平和の意味を「アジアとの平和」「平和的手段による解決」ではなく「脅しの論理による力の均衡」や「日米間の平和」の意味にすり替えているのではないだろうか。核抑止論と性差別・ハラスメントとの共通性、「脅しの論理」からの解放について参加者のみなさんと議論できればと思う。

直野章子――「和解」に抗して：原爆被害者の怒りを拓く

フェミニズム（特に、ラディカル・フェミニズムや有色の女たちのフェミニズム）では、「怒り」が社会変革の重要な回路として位置づけられてきた。そのスピリットを胸に、原爆投下国であり、原爆投下を国家と社会の多数派が正当化している米国に対する原爆被害者の怒りに焦点を当てる。

質疑応答（15分）

休憩（10分）

●パネル⑦　東アジアと――発言（各20分）

鄭暎恵――広島はアジアの交差点になりうるのか

もしヒロシマが本当に平和を望んでいるなら、広島湾の軍事化と性暴力を看過できるはずはない。原爆を投下したアメリカは、1945年以降、同盟国に米軍を駐屯させてアジアを分断してきた。沖縄をはじめ基地がおかれた地域で、米兵たちは買春で女性の身体をab-useし、強姦・殺害事件を数多く繰り返してきた。もし、ヒロシマが本当に国際平和文化都市ならば、構造的暴力としての基地・軍隊と、今に至る「慰安婦」制度に反対するため、国を超えて連帯するだろう。軍都廣島の過去をふまえ、平和を希求するヒロシマだからこそできる、平和・人権・共生のネットワーク拠点――アジアの交差点としての広島をいかに創り上げるか、ともに考えたい。

アンドレア・ゲルマー――アジアとの関係を中心に置くこと

戦後70年の広島をアジアとの関係で考えるために、フェミニズム理論家である高群逸枝、所美津子、飯島愛子の思想を手がかりにする。フェミニズムが掲げてきたジェンダーは必要不可欠なカテゴリーであるものの、ジェンダーだけでは「広島」という複雑で多様な関係性を十分に把握できない。高群の例は、不平等な男女関係の解消を単一目的に国家と無批判的につながることの危険性を示す。所と飯島は、高群の思想を部分的に受け継ぎながら、国家への批判を組み込んだ理論を展開した。そのなかでも飯島は、多様な差別が交差している国家の差別構造に、しかも、その構造が他国・アジアへの侵略を生んだことに注目した。そうすることによって飯島は、「日本女性」が被害者であると同時に加害者であること、しかし「アジア」の視点で物を考えないとそれが理解できないことを明らかにした。戦後の広島も、「日本」の被害者意識に加担し、「広島」・「日本」を中心においてきたといえる。国家に利用されがたい、ジェンダー・労働・エスニシティー・セクシュアリティーを考慮した「ひろしま」を作り出すためには、「広島」を脱中心化し、アジアとの関係を中心におくアプローチが必要である。

質疑応答（15分）

阿部小涼（午前のコメント・30分）12：10〜

日本の内閣総理大臣による戦後70年を画する談話が発表された。ジェンダー、マイノリティ、植民地主義という20世紀が鍛錬した批評的視角をごっそりと欠くその内容は、これから先の「戦後」の時間を予告的に描いているのだろうか。そもそも「談話」＝ステイトメントという形式とは、いったい何なのか。原案を準備した知識人たちの知と政治の編成は、新たな危機を現前させているのだろうか。必要なのはそれへの対抗だろうか。尽きない問いを抱え込みながら、別の物語を共に編むことを考えたい。

12:40−13:40　昼休憩

【銀行からの振込口座】一三九店　当座 0104253　名義：被爆70年ジェンダーフォーラムin広島

(4) フェミニズムと民族・国家・戦争―ヒロシマという視座の可能性――司会:ウルリケ・ヴェール(13:40〜)

敗戦後の女性の参政権獲得は在日朝鮮人の権利剥奪と表裏一体であったこと、女性は「平和を願う存在」だけではなく「戦争のチアガール」でもあったこと、そして日米軍人のための「慰安婦」制度を受容してきたことなどを考えれば、「女」に位置づけられ、「女」(または「婦人」)という名前で運動してきた人々も国民・民族に依拠し、国家と共犯関係にあったことは否定できない。その矛盾にも目を向けながらフェミニズムや女性平和運動を語り直し、ヒロシマを語る新たな視点、つまり、ジェンダー・セクシュアリティ・民族・階級などを交差させながら、それらのカテゴリーに敏感な「ヒロシマの視座」を紡ぎだす。そしてこうした作業を通して、<わたし>たちはどのような回路を拓けば、ヒロシマを個の生存と深い関わりを持つ課題として捉えうるのか、さらに個々の<わたし>たちはどのようにつながりうるのかについて考える。「思考する広島」へ、一歩でも近づくために。

●講演(50分)13:50〜

米山リサ――Re-Tracing Hiroshima
:広島でふたたび暴力の加害と被害を考える

広島で「暴力」を考えるとき、どのような特別な意味を私たちはそこに見出すだろうか。世界を震撼させた、まぎれもない「大きな」暴力だったアメリカによる原爆投下と、必ずしも明るみにさらされることのない、暴力とさえみとめられない「正当な」暴力や、暴力を受けて当然とされる人びとへのかくされた日々の暴力との関わりとは、どのようなものだろうか。性(ジェンダーとセクシュアリティー)についての英語圏での批評や研究は、1980年代半ばに大きく転換した。当時の女性研究もしくはフェミニズム研究の暗黙の了解としてあった、批評や考察の主体、対象、問い、それらの輪郭が大きく揺らいだためだ。

この転換は突如として現れたものではない。第二次世界大戦後、反植民地闘争やナショナリズムの大きな流れのなかで、ローカルな取り組みやアクティヴィズムが培ってきた「性」をめぐるさまざまな考え方が、はっきりとそれと解る言葉となり、また学術的な研究のなかで明確にそれと同定される位置として、立ち現れてきたのである。なかでも女性に対する暴力についての輻輳性(intersectionality)は、大西洋をまたいだ奴隷制度と白人優越主義の遺構を考慮することでしか手に入れることのできないものだった。この、別の言語、別の時と場所で育まれた批評と考え方を広島の歴史と今の特有性につなぐなら、そこにわたしたちは何をみいだすだろうか。拙著Hiroshima Traces: Time, Space and the Dialectics of Memory (1999) は、そのような関心から広島の歴史表象の輻輳性について考えた。いま、あらためて同じ問いかけをするなら、どのような思考が可能となるだろうか。本発表では、広島でこそみえてくる暴力の加害と被害について、拙著をリトレースしつつ、4半世紀にわたるいわゆる歴史認識問題をめぐるせめぎあいをつうじて考えたいと思う。

マヤ・モリオカ・トデスキーニ――
女性と被爆体験:フェミニズムの視点から考える

原爆投下から70年間、被爆体験の証言とその継承、また原爆文学に関するさまざまな研究や討論が行われてきた一方で、ジェンダーの視点からの研究はまだあまり検証されていないように思う。フェミニズムとジェンダー研究があらゆる分野で行われているのとは対照的に、ヒロシマはほとんどその分析対象となっていない。その原因のひとつは、「被爆体験」が「史上空前の出来事」として絶対視され、歴史・社会・政治から切り放された問題として見られてきた傾向があるからだろう。「唯一の被爆国」としての特権意識をアピールしてきた日本政府のスタンスも、その傾向を強化してきたのではないだろうか。

しかし、フェミニズムの視点から被爆体験の意義を考え直し、「その日」の悲劇に集約せず、「被曝者として日本社会を生きる」という長期的な視野から被爆体験を分析することで、日本のジェンダー関係の社会的構造と文化的背景、マイノリティ問題、さらには戦争体験を巡る歴史的な認識(記憶)について多くの見識を得ることができる。「被曝者女性」は、マスメディアと映画の中では常に消極的で哀れな被害者、あるいは肉体を離れた母性のシンボルとして見なされている。ところが、実際に地元の被曝者運動と原爆文学史を検証してみると、女性の証言や活動の中に原爆に関する多くの批判的談話が含まれていることがわかる。原爆投下の問題だけでなく、被曝者に対する社会的または政治的な対応についても厳しく批判している。 本発表では、メディアが表象する被爆者女性像と実際の証言から浮き彫りにされる女性たちの声を比較することによって、原爆研究の新たな方向性を考察したい。

休憩 (10分)

●コメント(各30分)15:40〜

上野千鶴子

戦後生まれの日本人が5人に4人以上となった今日、戦争も広島も沖縄も「慰安婦」も、生存者がこの世から退場しつつある。直接の経験者の証言を聞く機会はしだいに失われ、それを聞いた者たちが、さらにその後にくる者たちに、伝聞形で伝えざるをえなくなっている。証言の価値は風化し、記憶をめぐる戦争すら起きている。証言を聞いた者の責任、それを伝えていく責任をどう担えばよいのか。歴史と記憶をめぐる問題系は新たな段階に入ったと思う。戦後70年の今日、それを考えてみたい。

加納実紀代

70年前の広島には「パット剝ギトッテシマッタアトノセカイ」(原民喜)が広がっていた。生き残ったものは「無欲顔貌」(大田洋子)で横たわるのみ。怒号一つない世界は<平和>だった。究極の暴力によって平定された<平和>である。「平和文化都市」広島はここから出発した。70年経って、いま安倍首相は「積極的平和主義」を言う。広島の<平和>に通ずる<力による抑止>である。それに対してヒロシマは何を提起しているか?この夏、「被爆70年」とあってメディアはさまざまな特集を組んだ。しかしこれまでくり返されてきたことから、とりたてて変化は感じられない。この決定的な<戦後>の曲がり角において、ヒロシマの延長上にフクシマを生み出してしまった痛苦を踏まえ、フォーラムの<ジェンダー視点>が何を切り開くか、期待でドキドキしている。

休憩 (10分)

(5) 2日間の全体討論 (17:00〜18:00) ――司会:有元伸子/高雄きくえ

●登壇者の紹介●

(1)　「廣島・ヒロシマ・広島」についてのもうひとつの語り

木村尚子（広島市立大学客員研究員）

高雄きくえ（ひろしま女性学研究所）

「原爆乙女とジェンダー」『年報女性学』20号、2010／「広島湾軍事三角地帯の頂点廣島・ヒロシマ・広島から」「アジア現代女性史」6号、2010

河口和也（広島修道大学人文学部教授）

『クィア・スタディーズ』岩波書店、2003／共著『同性愛と異性愛』岩波書店、2010

森田裕美（中国新聞記者）

報道部で主に、国内外での取材を通した原爆平和関連の報道に携わる。2011年から文化部美術担当。

北原恵（大阪大学大学院教授／文学研究科・日本学専攻）

編著『アジアの女性身体はいかに描かれたか―視覚表象と戦争の記憶』青弓社、2013／「アート・アクティヴィズム」連載中。

中岡志保（福祉施設職員）

「旧軍港市転換法」（1950年）成立後の呉をめぐる記憶：朝日遊廓の女性たちのその後」『言葉が生まれる、言葉を生む』ひろしま女性学研究所、2013／「婦人保護施設と売春・貧困・DV問題　女性支援の変遷と新たな展開」：支援におけるポジショナリティの再興に向けて」『女性学年報』35号、2014

平井和子（一橋大学特任講師）

『「ヒロシマ以後」の広島に生まれて』ひろしま女性学研究所、2007／『日本占領とジェンダー：米軍・売買春と日本女性たち』有志舎、2014

(2)　つながるために　その I

有元伸子（広島大学文学研究科教授）

『三島由紀夫　物語る力とジェンダー：『豊饒の海』の世界』翰林書房、2010／共編『21世紀の三島由紀夫』翰林書房、2015

梁東淑（大阪大学人間科学研究科外国人招聘研究員）

「朝鮮人原爆被害者関連の研究状況と李実根（『広島県朝鮮人被爆者協議会』）所蔵資料」『グローバル人間学紀要』7号別冊、2014

安錦珠（広島理論・動態研究所）

「在日一世女性の高齢者福祉問題：広島市西区福島地区の通所介護施設の事例より」『部落解放研究』Vol.16、2010／「『在日一世女性』の高齢者福祉問題を生活史から読み解く：広島市西区福島地区の通所施設利用者を事例として」『コリアンコミュニティ研究』Vol.2、2011

ウルリケ・ヴェール（広島市立大学国際学部教授）

「『脱原発』の多様性と政治性を可視化する：ジェンダー、セクシュアリティ、エスニシティの観点から」『「大震災」と私』ひろしま女性学研究所、2012／Gender and Citizenship in the Anti-nuclear Power Movement in 1970s Japan. In: *Gender, Nation and State in Modern Japan* (Routledge, 2014)

木村朗子（津田塾大学国際関係学科教授）

『震災後文学論：あたらしい日本文学のために』青土社、2013／『女たちの平安宮廷』講談社選書メチエ、2015

新城郁夫（琉球大学法文学部教授）

『沖縄を聞く』みすず書房、2010／『沖縄の傷という回路』岩波書店、2014

村上陽子（成蹊大学アジア太平洋研究センター特別研究員）

『出来事の残響：原爆文学と沖縄文学』インパクト出版会、2015

東琢磨（批評家）

『ヒロシマ独立論』青土社、2007／『ヒロシマ・ノワール』インパクト出版会、2014

(3)　つながるために　その II

高橋博子（明治学院大学国際平和研究所研究員）

『封印されたヒロシマ・ナガサキ：米核実験と民間防衛計画』凱風社、2012

直野章子（九州大学大学院准教授）

95年米国ワシントンDCで原爆展開催／『原爆体験と戦後日本：記憶の形成と継承』岩波書店、2015

鄭暎恵（大妻女子大学教授）

『〈民が代〉斉唱』岩波書店、2003／『日米韓軍事「同盟」と売春防止法』大妻女子大学人間生活文化研究所、2011／「ヘイトスピーチ被害の非対称性」『法学セミナー』、2015

アンドレア・ゲルマー（九州大学大学院准教授）

Visible Cultures, Invisible Politics: Propaganda in the Magazine Nippon Fujin, 1942-1945. In: *Japan Forum*, 25 (2013)/ An Introduction to Iijima Aiko's 'My View of Feminism' In: *Gender Nation and State in Modern Japan.* (Routledge, 2014)

5）阿部小涼（琉球大学法文学部教授）

「ヘイト・スピーチ、講義の言葉、沖縄における言説の闘争」『言葉が生まれる、言葉を生む』ひろしま女性学研究所、2013／訳書『追跡：沖縄の枯葉剤：埋もれた戦争犯罪を掘り起こす』ジョン・ミッチェル著、高文研、2014

(4)　フェミニズムと民族・国家・戦争―ヒロシマという視座の可能性

米山リサ（トロント大学教授）

『暴力・戦争・リドレス』岩波書店、2003／『広島　記憶のポリティクス』岩波書店、2005

マヤ・モリオカ・トデスキーニ（ジュネーブ大学上級講師）

共編著『核時代に生きる私たち：広島・長崎から50年』時事通信社、1995／「映画に描かれた女性被爆者像：フェミニズムの視点から考える」『女がヒロシマを語る』インパクト出版、1996

上野千鶴子（立命館大学特別招聘教授）

『ケアの社会学』太田出版、2011／『ナショナリズムとジェンダー新版』岩波現代文庫、2012／認定NPO法人WANウィメンズ・アクション・ネットワーク理事長

加納実紀代（女性史研究者）

『ひろしま女性平和学試論：核とフェミニズム』ひろしま女性学研究所、2002／『ヒロシマとフクシマのあいだ：ジェンダーの視点から』インパクト出版会、2013

●フォーラムをつくる人々(敬称略)●

阿部小涼　有元伸子　安錦珠　アンドレア・ゲルマー　いさじ章子　上野千鶴子

浦島恭子　ウルリケ・ヴェール　大津洋子　岡原美知子　小笠原由子　小川佳子

加納実紀代　河口和也　北原恵　木村朗子　木村尚子　桑原真知子

新城郁夫

たけだまるみ

高雄きくえ

高橋博子

谷元絢子　田村由美　鄭暎恵　直野章子　中岡志保　永冨彌古

鍋島唯衣　服部潤子　東琢磨　平井和子　藤岡亜弥　平城智恵子

マヤ・モリオカ・トデスキーニ　増田千代子　村上陽子　森田裕美　柳つとむ　梁東淑　米山リサ

そして参加者のあなた

同時開催イベント・展示会のお知らせ

○懇親会プログラム○
(19日18:00－19:30)

映　像:
「ある詩人のたましい:
中村隆子へのオマージュ」
藤岡亜弥

ライブ:「広島ブイブイ音頭」ほか
(一宮春水・内部加奈・いさじ章子・桑原真知子・小笠原由子、ほか)

パフォーマンス:鈴木まゆ ほか
参加者スピーチ及び交流

○同時開催展示○

＊1Fロビー(12月16日(水)－27日(日))
藤岡亜弥　写真展
加藤望　銅版展
桑原真知子　オブジェ

＊2F(12月19(土)・20日(日)のみ)
ホール:在朝被爆者　写真展
壁面:清永弥生　絵画展

≪連携(18日)≫
ヒロシマ平和映画祭(会場・作品未定)

申込要項

＊参加費用:
2日通し券　3,000円(学生 2,000円)
1日のみ　1,800円(学生 1,000円)

懇親会　1,000円(軽食・飲み物)
弁当代(昼)　1個　700円(お茶付き)
19・20両日準備します。
無農薬・無添加の食材を使った
「よもぎのアトリエ」の提供。

保育　19・20両日あり(無料・申込要)
子どもは6ヵ月～未就学児

上記申込項目を振替用紙通信欄にご記入のうえ、合計金額を添付の郵便振替用紙でお支払いください。
なお、参加申込振替領収書(控え書)が参加チケットになりますので、当日必ずお持ちください。

●注意事項
1)プログラム・講師・時間などはやむを得ず変更する場合があります。
2)会場マップはP7をご覧ください。

表紙絵:いさじ章子／版下製作:小川佳子

●執筆者紹介●

【第一章】

高雄きくえ（ひろしま女性学研究所）

ミニコミ紙「月刊家族」（一九八六〜二〇〇五）発行、編集者。「原爆乙女とジェンダー」『年報女性史学』二〇〇九／「広島湾軍事三角地帯の頂点：廣島・ヒロシマ・広島から」『アジア現代女性史』二〇一〇。

河口　和也（広島修道大学人文学部教授）

『クィア・スタディーズ』岩波書店、二〇〇三／共著『同性愛と異性愛』岩波書店、二〇一〇。

森田　裕美（中国新聞記者）

報道部で国内外での取材を通した原爆平和関連の報道に携わる。二〇一一年から文化部美術担当。

中岡　志保（福祉施設職員）

「旧軍港市転換法」（一九五〇）成立後の呉をめぐる記憶：朝日遊廓の女性たちのその後」『言葉が生まれる、言葉を生む』ひろしま女性学研究所、二〇一三／「婦人保護施設と売春・貧困・DV問題　女性支援の変遷と新たな展開：支援におけるポジショナリティの再興に向けて」『女性学年報』第三五号、二〇一四。

北原　恵（大阪大学大学院教授）

編著『アジアの女性身体はいかに描かれたか：視覚表象と戦争の記憶』青弓社、二〇一三。

平井　和子（一橋大学特任講師）

『「ヒロシマ以後」の広島に生まれて』ひろしま女性学研究所、二〇〇七／『日本占領とジェンダー：米軍・売買春と日本女性たち』有志舎、二〇一四。

【第二章】

梁　東淑（大阪大学外国人招聘研究員）

「朝鮮人原爆被害者関連の研究状況と李実根（広島県朝鮮人被爆者協議会）所蔵資料」『グローバル人間学紀要』二〇一四。

安　錦珠（社会理論・動態研究所）
「在日一世女性の高齢者福祉問題：広島市西区福島地区の通所介護施設の事例より」（『部落解放研究』第一六号、二〇一〇／『在日一世女性』の高齢者福祉問題を生活史から読み解く：広島市西区福島地区の通所施設利用者を事例として」『コリアンコミュニティ研究』第二号、二〇一一／「在日高齢女性と社会的孤立：在日集住地域の通所介護施設を事例として」『部落解放研究』第二三号、二〇一六。

ウルリケ・ヴェール（広島市立大学国際学部教授）
「『脱原発』の多様性と政治性を可視化する：ジェンダー、セクシュアリティ、エスニシティの観点から」『「大震災」とわたし』ひろしま女性学研究所、二〇一二／Gender and Citizenship in the Anti-nuclear Power Movement in 1970s Japan. In: *Gender, Nation and State in Modern Japan* (routledge, 2014)

木村　朗子（津田塾大学国際関係学科教授）
『震災後文学論：あたらし日本文学のために』青土社、二〇一三。

新城　郁夫（琉球大学法文学部教授）
編著：『撹乱する島：ジェンダー的視点』社会評論社、二〇〇八／『沖縄を聞く』みすず書房、二〇一〇／『沖縄の傷という回路』岩波書店、二〇一四。

村上　陽子（沖縄国際大学講師）
『出来事の残響：原爆文学と沖縄文学』インパクト出版会、二〇一五。

東　琢磨（批評家）
『ヒロシマ独立論』青土社、二〇〇七／『ヒロシマ・ノアール』インパクト出版会、二〇一四。

【第三章】

高橋　博子（明治学院大学国際平和研究所客員研究員）
『封印されたヒロシマ・ナガサキ：米核実験と民間防衛計画』凱風社、二〇一二／共編『核時代の神話と虚像：原子力の平和利用と軍事利用をめぐる戦後史』明石書店、二〇一五。

直野　章子（広島市立大学広島平和研究所教授）
『「原爆の絵」と出会う』岩波ブックレット、二〇〇四／『原ばくと補償』平凡社、二〇一一／『原爆体験と戦後日本：記憶の形成と継承』岩波書店、二〇一五／「『原爆体験記』の刊行と『原爆体験』の形成：『集合的記憶』の視点から」『広島平和記念資料館資料調査研究会研究報告』二〇一六年刊行予定。

鄭　暎恵（大妻女子大学教授）

『〈民が代〉斉唱』岩波書店、二〇〇三／『日米韓軍事「同盟」と売春防止法』大妻女子大学人間生活文化研究所、二〇一一／「ヘイトスピーチ被害の非対称性」『法学セミナー』日本評論社、二〇一五。

アンドレア・ゲルマー（九州大学大学院准教授）

An Introduction to Iijima Aiko's 'My View of Feminism'. In: Germer, Andrea, Vera Mackie and Ulrike Wöhr (eds.): Gender Nation and State in Modern Japan. London, New York: Routledge. (2014)／Visible Cultures, Invisible Politics: Propaganda in the Magazine Nippon Fujin, 1942-1945. In: Japan Forum, 25 (2013)

阿部　小涼（琉球大学法文学部教授）

訳書『追跡・沖縄の枯れ葉剤：埋もれた戦争犯罪を掘り起こす』高文研、二〇一四。

【第四章】

米山　リサ（トロント大学教授）

『暴力・戦争・リドレス：多文化主義のポリティクス』岩波書店、二〇〇三／『広島　記憶のポリティクス』岩波書店、二〇〇五。

上野千鶴子（立命館大学特別招聘教授）

『フェミニズムから見たヒロシマ：戦争犯罪と戦争という犯罪のあいだ』ひろしま女性学研究所、二〇〇三／『当事者主権』岩波新書、二〇〇三／共著『戦争が遺したもの』新曜社、二〇〇四／『ナショナリズムとジェンダー新版』岩波現代文庫、二〇一二／『思想をかたちにする』青土社、二〇一六。

加納実紀代（女性史研究者）

『ひろしま女性平和学試論：核とフェミニズム』ひろしま女性学研究所、二〇〇二／『ヒロシマとフクシマのあいだ：ジェンダーの視点から』インパクト出版会、二〇一三。

マヤ・モリオカ・トデスキーニ（ジュネーブ大学上級講師）

編著『核時代に生きる私たち：広島・長崎から50年』時事通信社、一九九五／「映画に描かれた女性被爆者像・フェミニズムの視点から考える」『女がヒロシマを語る』インパクト出版、一九九六。

これまでの好評発行・発売本

井上 浴 著
学校が火事にでもならんかいな
1987年

…と思っているコドモたちと〈学校〉に疑問を抱かないオトナたちへ。

1238円+税

河合 藤子 編著
水《か》主《こ》町官有103番地が消えた日
広島県病院看護婦たちの8月6日

1996年

―あの日瀬戸に流れた「娘たちのわだつみの声」

1714円+税

執筆／宮迫千鶴・樋口恵子・駒尺喜美・藤枝澪子
春日キスヨ・鄭暎恵・西川祐子・河野貴代美
長井八美・岩瀬成子
「家族」10人が語るフェミニズム
1996年

月刊家族創刊10周年記念として刊行（'86年3月〜'96年3月まで毎月巻頭を飾ったエッセー）。変容していく女性・家族を映し出し、生きていくことへの多くのヒントを提示する。

1714円+税

岡崎 勝 著
わし、教員だわ
―笑いと怒濤の学校社会学

1996年

名古屋弁教育実戦論。「面白さにもいろいろあるがこれだけ質の高い、教育の核心をついた本があっただろうか。岡崎ワールドのジュラシックな笑いは、〝ゆとり〟を生み、好奇心をかきたてる」。

1905円+税

春日キスヨ 著
1998年 山川菊栄賞受賞
介護とジェンダー
男が看とる女が看とる

1997年

どうして女ばかりが看とるのか？ 介護はついに報われないのか？ 介護とジェンダー、介護とセクシュアリティをめぐって、春日さんは誰も答えたことのない問いに踏み込む。いのちに寄りそう「愛の労働」がくれる「贈り物」を、女も男も、子どもも地域も、分かちあうことの必要を、現実の深みから説く魂に届く研究書である。（上野千鶴子）

1714円+税

井上 浴 著　study Inc 発行
太田川
評伝・渡康磨・川漁師

2003年

西中国山地から流れる太田川沿いに30戸余りの集落・野冠がある。本書は、その地で代々、狭い農地とアユ漁を生活の基盤にしてきた人々が、産業構造の激変に曝され変貌していく姿を、川漁師の人生を通して追う昭和史。

1800円+税

ブックレットhiroshima 1000シリーズ

①ひろしま女性平和学試論
—核とフェミニズム

加納 実紀代 著　2002年

女性そしてヒロシマの「被害者であって加害者である痛苦」をバネに、核を容認する世界に対抗するフェミニズム平和論に挑む。　1000円＋税

②フェミニズムから見たヒロシマ
—戦争犯罪と戦争という犯罪のあいだ

上野 千鶴子 著　2002年

「…弱者の尊重を主張してきたのがフェミニズムである」とし、公的暴力・私的暴力を問わず「あらゆる暴力の犯罪化」という方向を目指す以外にフェミニズムの解はないと主張。もちろん、そこには「戦争の犯罪化」も含まれる。　1000円＋税

③不老少女コマタカのぼやき通信
—お気楽フェミニストは大忙し

駒尺 喜美&中村 隆子 著　2003年

日本で初めてのウーマン・リブ集会で偶然隣り合わせた2人。その後、文学者・コマさんは大阪ウーマンズスクール、友だち村をつくり、ジャーナリスト・タカさんは家族社をつくり、女遊びまっしぐら。今、隠居仕事に忙しい70代フェミニストの辛口漫談——。　1500円＋税

④アジアで女性として生きるということ
韓国女性映画監督●ビョン・ヨンジュの世界

ビョン・ヨンジュ 著／田端かや 監訳／椿 朋子 翻訳　2003年

10年を費やして元日本軍「慰安婦」を描いたドキュメンタリー「ナヌムの家」3部作——監督が激動の韓国社会で映画づくりの夢を実現させていく格闘の軌跡を絶妙なユーモアを交えて率直に語る自伝。それは韓国女性史でもあり、女性映画史でもある。　1500円＋税

⑤CR（意識覚醒）グループ
—ガイドラインとファシリテーターの役割

田上 時子 著　2004年

10年ぶりの改訂版。『CRとは何か？』（わかったぷらんにんぐ）と『CRを実践するために』（家族社）が1冊に！ 語り合い、癒し合い、自尊感情を回復して私らしさを取り戻す。私の意識が変われば、社会の見方も変わる。そのための手法——CRグループ。　1000円＋税

⑥山代巴
—中国山地に女の沈黙を破って

小坂 裕子 著　2004年

作家・山代巴は、数々の作品を「呼び水」にして沈黙の底から女たちの言葉を引き出し、ともに自立と連帯に向かう道を模索した人である。『荷車の歌』から50年。山代の格闘はどこに着地し、何を積み残してきたのか。本書は広島女性史の忘れられた水脈を掘り起こし、いまにつなぐ試みの、はじめの、しかし大きな一歩である。　1500円＋税

駒尺 喜美 著

⑦〈魔女〉が読む源氏物語

2005年

「『源氏物語』の作者・紫式部はフェミニスト」だと、これまでの紫式部言説に新たな視点で挑んだのが『紫式部のメッセージ』（1991）。著者は難解な古典『源氏物語』そのものに分け入り、光源氏という男と男をめぐる女たちの世界を女性の視点で読み直し、女と男のすれちがい、今も変わらぬ結婚制度の罠を明解に解き明かす。　1000円＋税

若尾 典子 著

⑧ジェンダーの憲法学

—人権・平等・非暴力

2005年

「ジェンダーに敏感な視点」から憲法を読むと、いったい何が見えてくるのか。「日本国憲法もジェンダー研究も、政治の逆風のなかにある。どちらも、私たちの過去・現在・未来を照らし出す大切な智の泉。逆風に負けないで、このような時期にこそ、憲法をともに学びあいたい」と呼びかける。　1500円＋税

いさじ 章子 著

⑨ジェンダーのアート散歩

—見る力・美の力・もうひとつの美術批評

2005年

若かりしころ、裸婦を描きながらふっと湧いた違和感、疑問——女であるわたしはいったい彼女の何を描きたいのか——西洋美術の「普遍性」に居心地の悪さを感じつづけた著者が、この根源的な問いとジェンダー視点を手に、アートを散歩し、道草して楽しむ、もう一つの美術批評。　1000円＋税

平井 和子 著

⑩「ヒロシマ以後」の広島に生まれて

—女性史・「ジェンダー」…ときどき犬

2007年

犬好きで、女性史研究者で、戦後広島生まれの著者。著者は、ジェンダー視点によって見えてきた課題に対し、性別特性論や「日本の伝統」を持ち出し性別役割分担強化をはかる人々にはっきりと「物申す」。「ヒロシマを継承するため」に。　1000円＋税

春日キスヨ 著

⑪高齢者とジェンダー

—ひとりと家族のあいだ

2009年

『介護とジェンダー』から10年、「高齢者介護と家族」というフィールドを研究し続けてきた著者は、日本の家族の変化を「高齢者の孤独」「高齢者をめぐる家族の変化」「高齢者虐待」「高齢者を支援するということ」の四章を通して再び問う。「一人で生きるときも…生きる支えとなる『家族』をどうすればつくることができるのだろうか」と。　1200円＋税

東 琢磨 編

⑫広島で性暴力を考える

—責められるべきは誰なのか？ 性・家族・国家

2009年

第1部は、’07年に発生した岩国米兵集団強姦事件とその顛末に関してのシンポジウムの記録。広島に暮らす私たち自身がどう考えているのか、私たち自身に、「私たち」であるだろう「あなたたち」に問いかける。第2部は、’08年9月初めに広島市で開催された「G8下院議長サミット」に対しての、「反」ではなく「非」の姿勢を貫くための「H8」の記録とその報告である。　1000円＋税

藤目ゆき 著

⑬女性史からみた岩国米軍基地

—広島湾の軍事化と性暴力

2010年

本州唯一の米軍海兵隊基地がある岩国と広島湾に焦点を当て、綿密な取材と歴史的・現在的考察で米軍犯罪、ことに性暴力の可視化を試み、「軍事基地と女性」のいまを明らかにする。著者は『性の歴史学—公娼制度・堕胎罪体制から優生保護法・売春防止法体制へ』で1997年度山川菊栄賞を受賞。

1500円＋税

テレーズ・スヴォボダ 著／奥田暁子 訳

⑭占領期の日本

—ある米軍憲兵隊員の証言

2011年

本書は占領期の日本で米陸軍のMPとして第八軍営倉（刑務所）の監視人（看守）を経験したドン・スヴォボダの姪によって書かれた。収容されていたのは第二次大戦中太平洋戦域で戦い、戦後レイプや殺人などの罪を犯した米兵である。著者は日本にまで足を伸ばし聞き取りをしている。占領者の側から占領とは何か、戦争の正義とは何かを問う姿勢が見られ、占領も戦争の一種であり、被占領者だけでなく占領者の側にも深刻なマイナスの影響を与えていることを明らかにする。

2000円＋税

高雄きくえ 編

⑮思考するヒロシマへ

—性暴力・ジェンダー・法

2011年

本書は「広島で性暴力を考える②」である。①をさらに深化させ、性暴力は〈家庭〉から〈戦場〉まであらゆる場で起きているなかで、広島が固有にはらむ性暴力をめぐる問題とは何なのかに迫る。一部は「性暴力禁止法をつくろうネットワーク」全国シンポジウムの一環として開催したシンポジウムの記録、二部は、東琢磨による「性暴力、法、身体」論考。これまで不可視化されてきた〝性暴力〟への眼差しを研ぎ澄ますために。

1000円＋税

石井出かず子 著

⑯鉄と石炭と女

—石井出かず子の戦後史

2013年

1928年島根県石見町（現邑南町）に生まれ、3歳のとき母の再婚のため筑豊へ。1945年3月17歳で渡満、西安（現遼源）で敗戦を迎える。翌年2月から約半年、八路軍とともに行動、12月に博多港へ。帰国後、美容師の資格を取り広島で美容院を（1958—1984）営む。1970年から筑豊に通い続け、美容院をやめた後はアルバイトをしながら、炭鉱・たたらの研究・執筆を続けるひとりの女の社会史。

1500円＋税

高雄きくえ 編

⑰言葉が生まれる、言葉を生む

—カルチュラル・タイフーン2012 in 広島

ジェンダー・フェミニズム篇

2013年

広島から／への〝異なる声〟に耳を傾けたときに「問い」は生まれ、「応え」として言葉を生み、言葉が生まれる。そのうまれたての言葉が本書で響きあっている。「女性化」の今日的意味を問う／女の「語り」／「差異」と「多様性」をことほぐ／「ローカリティ・ジェンダー・言葉」をめぐる地方文化の現在／原子力事故後を考える。

1800円＋税

シリーズ・シャリバリ

東 琢磨・高雄きくえ 編　ヒロシマズ・ノート①

〝平和構築〟ってなんですか？

愚直に、間抜けに、ヒロシマを問う

２００９年

広島には「平和」をめぐる言葉が溢れ、平和教育・平和運動・平和行政がさかんであるかのように思われている。はたして、そうか？ メールやメーリングリストでの議論が生んだライブ感覚そのままの熱い広島論。現在のことばを作る空間という意味でのもう一つの可能性がここにある。

定価 ５００円

行友 太郎・東 琢磨 著

フードジョッキー

その理論と実践

２００９年

カセットコンロをターンテーブルのごとくあやつり、とめどなく料理を作り、食らい、語り続け、楽しみ、片付け、厚かましいまでに人々をもてなす、歓待装置＝フードジョッキーいま・ここ広島から登場！

１２００円＋税

ヒロシマ平和映画祭実行委員会 編

ヒロシマ平和映画祭2009GuideBook

映画交歓都市・ヒロシマの創造に向けて

２０１０年

まったくの有志で隔年ごとに開催してきたヒロシマ平和映画祭。２００５年は「ヒロシマ・戦争・核をテーマにした映画群」、２００７年は「あらゆるスタイルで平和を語る映画群」が集結した。２００９年は「映画交歓都市ヒロシマ」という新たな都市像と平和像を提案する映画群をガイドブックに展開。映画の力が漲る１冊。

７００円＋税

柿木 伸之 編

アメリカ、オキナワ、ヒロシマ

新たな戦争を越えるために

ヒロシマ平和映画祭２００９ シンポジウム記録

２０１０年

アメリカ合衆国や沖縄で現在何が起きつつあるのか。アメリカや沖縄の人々はどのような経験をしつつあるのか。アメリカとヒロシマのあいだにオキナワを介入させることによっていま広島から何が見えていないかを照らし出す。

１０００円＋税

柿木 伸之 編

広島の現在と〈抵抗としての文化〉

政治、芸術、大衆文化

２０１０年

２００８年秋、Chim↑Pomが飛行機の排煙で広島の空に「ピカッ」という文字を描いた。結果、謝罪と自粛を強いられた。２０１０年、暴走族の少年を主人公とする『BAD BOYS』のロケ撮影に広島フィルム・コミッションは協力を拒否した――

１０００円＋税

高雄きくえ 編

「大震災」とわたし

２０１２年

世界にうごめく無数の、それぞれ特異な声たちに耳をすます（ヒロシマ平和映画祭２０１１テーマ）――２０１１年3月11日から半年間の軌跡を言葉にした15人の思考風景。共通点は、「ヒロシマと広島」を手放さないこと、その１点が「わたし」に込められている。

１０００円＋税

撮影・構成　青原さとし

〈DVD〉イトー・ターリ パフォーマンス

「ひとつの応答」in 原爆ドーム

2012年

原爆被害者と元日本軍「慰安婦」と米軍性暴力被害者たち「当事者同士の邂逅」からしか希望は見えないというパフォーマンサー・ターリの皮膚呼吸が、開始直前に止んだ雨とともに、河に連なるドーム前の空気を揺らす。

1000円＋税

青木和子　著

「野溝七生子」を散歩する

——少女小説の視点

2014年

小説『山梔』で知られる野溝七生子（1897—1987）に出会って、「だらりとした日常に棘がささったような衝撃を受けた」著者は、〝過剰〟な情熱を喚起させられ、「寺」という家庭環境を生きた自らの「少女性」と重ねながら、野溝七生子をたっぷり散歩する。

2000円＋税

シリーズ・論

徳永恭子　著

なぜ防げない？

スクール・セクシュアル・ハラスメント

アンケート調査に見る教職員の実態

2012年

かつて勤務していた小学校で同僚が教え子へのわいせつ行為で逮捕される事件に直面した著者は、被害児童に何らのケアもなく、緘口令を敷かれた体験に衝撃を受け、退職後、大学院に入り研究を始めた。41年間の小学校教諭経験、現教職員へのアンケートから、事例や調査を踏まえた対策を提言する。

1000円＋税

シリーズ・広島県地域近現代史——1

阪上史子　著

大竹から戦争が見える

2016年

軍都廣島の衛星都市であり、戦地からの引揚港でもあった大竹の尋常ならざる戦争体験を明らかにした著者は、「戦地で外地でご苦労様、だけで終わったらアカンでしょ！」と、自らの足元の近現代史を掘り起こす重要性を訴える——今だからこそ。

1000円＋税

被爆70年ジェンダー・フォーラム in 広島「全記録」
ヒロシマという視座の可能性をひらく

2016 年 11 月 25 日　初版第 1 刷　発行
編集・発行人　高雄きくえ
発行所　ひろしま女性学研究所
〒730-0001 広島市中区白島北町16-25
tel 082-211-0266
E-mail kazokusha@enjoy.ne.jp
HP http://www.enjoy.ne.jp/~kazokusha/
郵便振替口座　01350-4-86346
●
印刷所　協栄印刷㈱
〒734-0021 広島市南区上東雲町20-6
tel 082-285-0070
●
装画　いさじ章子
装幀　小川佳子
●
書店でお求めの場合：地方小出版流通センター扱い